정절의 역사
조선 지식인의 성 담론

정절의 역사

조선 지식인의 성 담론

이숙인

푸른역사

서설

우리 역사에 기록된 최초의 정절 여성은 도미都彌 부인이다. 도미 부인은 2세기 때 백제 사람으로 고려에서 조선으로, 그리고 지금에 이르기까지 정절의 화신으로 회자되고 있다. 부부가 살던 곳이었다는 보령에서는 '정절사貞節祠'라는 사당을 지어 매년 10월 그녀의 정신을 기리는 제사를 지내고 있다. 또 그들 부부는 사랑의 진정성이라는 영원한 주제를 구현한 주인공이 되어 연극, 무용 등 각종 예술작품으로 거듭나고 있다.

도미 부부는 《삼국사기》〈열전·도미〉에 처음으로 등장한다. 지금으로부터 1,850여 년 전, 백제 제4대 개루왕(재위 128~166)은 의리와 절개로 이름난 도미 부부에게 질투를 느꼈는지 그들을 시험하고자 했다. 왕은 먼저 남편인 도미를 불러 "아무리 정절이 뛰어난 여자라도 은밀한 곳에서 교묘하게 꾀이면 마음이 움직이지 않겠는가?"라고 부인의 절개를 의심했다. 이에 도미는 "사람의 정을 헤아리기란 쉽지 않으나 신臣의 아내만은 비록 죽더라도 두 마음을 갖지 않을 사람입니다"라고 응수했다. 이에 왕은 도미와 내기를 제안한다. 왕의 예상과는 달리 도미의 아내는 꿋꿋한 절개로 똘똘 뭉친 여자였다. 왕은 속임수를 써서 도미 부인을 궁으로 데려다 놓고 갖은 방법으로 유혹을 해보지만 그녀는 끄떡도 하지 않았다. 화가 난 왕은 그녀의 남편 도미의 두 눈알을 뽑아버리고는 작은 배에 실어 강물에 띄워 보냈다. 눈이 멀었으니 물결 따라 흐르다가 물에 빠져 죽도록 한 것이다.

사태의 심각함을 알게 된 도미 부인은 꾀를 내어 왕의 요청에 응하는 척 했다. 왕이 방심한 틈을 타 마수에서 도망쳐 나온 부인은 도미를 찾아 강가로 달려갔다. 하지만 도미는 온데간데없었다. 절망한 부인은 하늘을 향해 울부짖었다. 이때 홀연히 작은 조각배가 물결에 밀려왔다. 조각배에 올라 탄 도미 부인은 물 따라 흘러가다 천성도라는 곳에 이르렀다. 그곳에서 거리를 헤매는 눈먼 도미를 만났다. 극적으로 해후한 부부는 함께 배를 타고 고구려 땅으로 들어가 서로 의지하며 행복하게 살았다는 이야기다.

한국판 정절의 대표 주자 도미 부인은 부귀영화를 헌신짝처럼 여기며 일편단심 한 남자만을 사랑했다. 도미 또한 왕과 내기를 걸 정도로 아내를 향한 사랑과 믿음이 확고했다. 그러나 "내 아내는 절대 그렇지 않다!"며 왕과 정면 승부를 건 도미의 사랑의 표현 방식은 위태위태한 감이 없잖아 있다. 도미는 사랑하는 아내를 위험에 빠뜨리고, 불구가 된 자신을 평생 돌보아야 하는 짐을 아내에게 안겨주었다. 반면에 부인은 지혜로운 대응과 적극적인 행동으로 사랑을 끝까지 지켜냈다. 이 이야기는 호메로스의 서사시에 나오는 율리시스의 아내 페넬로페[1]

가 낮에는 옷을 짜고 밤에는 다시 풀면서 7년간 남편을 기다린 신화를 연상시킨다. 그런데 도미 부인의 방식이 훨씬 더 적극적이다. 어쨌든 도미 부부는 외부의 그 어떤 힘도 둘의 사랑과 절개를 깨뜨릴 수 없다는 군건한 인간 사랑의 승리를 보여주었다.

그런데 역사 속에서 이 부부의 '서로 사랑'은 부인의 '일편단심'으로 한 차례 변주가 일어난다. 그 사이에 무슨 일이 일어났을까. 세종대에 제작된 《삼강행실도》는 그들의 이야기를 〈도미의 처, 풀을 뜯어먹다[彌妻啖草]〉라는 제목으로 〈열녀도烈女圖〉에 실었다. 도미 부인이 열녀가 된다는 것은 도미의 아내 사랑보다는 부인의 정절 행각에 주목하겠다는 뜻이다. 남편을 찾겠다는 일념으로 죽음도 불사한 도미 부인의 용기는 남편을 위해 어떤 일이든 감당해야 했던 조선시대 여성들의 롤 모델이 되었다. 도미 부인의 후예들은 남편을 물어 가는 호랑이를 맨손으로 때려잡고, 손가락을 자르고 허벅지를 뜯어내어 남편의 병을 치료하고, 남편 대신 죽기도 하고 남편 원수를 갚기 위해 살인도 서슴지 않았다. 죽은 남편을 애모하며 수십 년을 하루같이 웃지 않고 먹지 않고 말하지 않은 고행의 길을 걸어간 여인들, 낙토를 밟듯 남편을 따라 스스로 무덤 속으로 들어간 여인들. 그런 그녀들의 행위는 정절의 이름으로 칭송되고 포장褒奬되고 선양되었다.

***

역사상 존재했던 대부분의 사회는 여성의 성sexuality에 대한 일정한 의미체계를 만들어왔다. 그것은 사회 속에서 조직되고 사회관계를 반영한 것인데, 유교 사회였던 조선도 예외는 아니었다. 특히 조선에서는, 여성의 성을 어떻게 의미화하고 어떤 방식으로 조직화할 것인가 하는 문제가 사회통합의 원리로 수렴되고 나아가 제도와 이념으로 구현되었다. 이는 조선 5백 년의 역사를 통해 꾸준히 전개되었던 절부 발굴과 열녀 포상의 정책들에서 확인할 수 있다. 국가가 정절녀와 모종의 거래를 하는 동안 지식인들은 사실과 상상의 경계를 넘나들며 다양한 이야기를 발굴하여 재구성했고, 그것으로 조선 여성의 삶을 심판하는 자료로 삼았다. 여기에서 '믿거나 말거나' 식의 기이하고 괴기하기까지 한 각양각색의 담론들이 경쟁하듯 쏟아졌다. 이 '그로테스크한 잔치'는 '정절'이라는 무대에서 행해졌다.

정절貞節은 성sexuality과 결부된 개념이지만 실제로는 여성의 모든 것을 포괄하는 복합적인 의미체계로 군림했다. 20세기 초 한 여성 지식인의 항변은 정절의 위력을 웅변적으로 말해준다. "여자의 정조란 단지 성행위만을 의미하는 것이 아니라 일생을 통한 일거일동이 모두 정조라는 철칙 아래 움직이고 있다." 정절에서 '정貞'은 육체적·정신적 순결을 포괄하는 성적인 의미가 강하고, '절節'은 믿음이나 신의를 내포한 사회적 의무 개념에 가깝다. 다시 말해 정절은 성의 문제와 사회적 의무를 포괄하는 개념인 것이다. 실제로 유교적 정절 개념의 종주국인 중국에서는 이 둘이 구분되기도 하고 통합되기도 하는 방식으로 그 시대의 문제들과 길항하며 전개되었다. 예컨대 개가하지 않음으로써 남편에 대한 성적 순결을 지킬 것인지 아니면 남편의 유일한 혈통인 아들의 양육을 위해 개가함으로써 성적 순결을 포기할 것인가의 문제가 정절의 범주에서 논의되었던 것이다. 다시 말해 어떤 것이 정절이고 어떤 것이 정절이 아닌지, 또 성적 순결의 문제가 큰 것인지 사회적 의무가 큰 것인지는 그 사회 속에서 결정되었다.

***

유교를 국가 이념으로 삼은 조선은 정절 개념을 중국으로부터 그 방법과 사례를 수입했다. 정절의 유교적 개념은 기원전 중국 고대 경전 시대에까지 거슬러 올라간다. 거기에 나타난 정절은 주로 기혼여성의 성과 관련한 것이다. 즉, 부계혈통의 순수성을 지키기 위해 '아내'의 성을 통제하면서 그 도덕성의 개념으로 정절이 대두되었다. 정절은 역사의 전개에 따라 문화적 내용이 풍부해졌으며 그 개념에도 변화가 뒤따랐다. 정절은 여자의 결혼 횟수와도 관련되다가 여성 일반의 성적 태도를 가리키는 개념으로 확대되었고, 궁극에는 '올바른 성'을 표상하는 대표 개념으로 자리 잡았다. 다시 말해 부계혈통의 확인과 보장이라는 현실적 요구에서 고안된 정절이 가부장제가 심화되는 역사적 전개에 따라 관념화되고 추상화된 것이다.[2]

한편 정절과 연관된 사례나 행위가 다양해지면서 정貞·절節·열烈을 구분하기 시작했다. 개념의 분화가 일어난 것이다. 남편이 죽은 후에 그 아내가 선택한 행위를 유형화하여 정부貞婦·절부節婦·열부烈婦로 구분했고, 그 행위를 정절貞節·정렬貞烈·열절烈節로 분류했다. 17세기 중국에서는 "힘들고 어려운 고비를 넘기며 고통스럽게 절개를 지키는 것을 '정貞'이라 하고, 애통해하고 슬퍼하며 삶을 버리는 것을 '열烈'이라"[3]고 정의했다. 여기서 '열'이란 정절의 극단적 형태를 말하는 것으로 반드시 목숨을 버리는 데까지 가야만 하는 것으로 정했다. 18세기 조선의 지식인 이덕무(1741~1793)는 정절과 연관된 행위를 좀 더 세분화하여 정의했다. 남편이 죽고 나서 절개를 지킨 사람을 절부라 하고, 남편이 죽은 뒤에 따라 죽거나 또는 난을 당하여 대항하다 죽은 사람을 열부라 했으며, 혼인 약속만 한 상태에서 신랑이 될 사람이 죽어도 계속 절개를 지키는 사람을 정부貞婦라 했다.[4]

이 모든 상황을 포괄하는 것이 정절이지만, 다른 개념들과 마찬가지로 정절 또한 역사적 시공간 속에서 구성되고 재구성되는 과정을 거쳐 왔다. 조선 초기에는 남편 사후 수절하는 것만으로 '정절녀'의 칭호를 얻었으나 후기로 가면 더 강하고 혹독한 형태를 요구하기에 이르렀다. 19세기의 이유원李裕元(1814~1888)은 조선의 정절이 중국에 비해 더 가혹하다는 점을 상기시켰다. 그에 의하면 중국에서는 정절녀를 위한 정문을 세울 때 '정절지문貞節之門'인지 '정렬지문貞烈之門'인지를 구분했다. 여기서 정절은 남편이 죽은 뒤 그 아내가 종신토록 절개를 지키다가 죽은 경우를 일컫고, 정렬은 남편의 죽음을 따라간 특이한 행실을 보인 경우를 일컫는다. 하지만 조선은 '열녀모씨지문烈女某氏之門'만 있는데, 이것은 조선시대의 부인들은 대개가 수절을 함으로 특이한 행실이 있는 '열부'일 경우에만 정문을 세워주기 때문이다.[5] 즉, 정절 개념의 운용에서 종주국 중국보다는 조선이 더 이념적이고 엄격한 기준을 적용했다. 정절의 역사가 5백여 년에 이른 19세기에 들어서서는 남편이 죽은 후 수절하며 평생을 보내는 것은 당연한 일로 전혀 주목받지 못했다. 정절로 국가의 관심과 사회적 주목을 받기 위해서는 일상적이지 않은 방식을 감행할 수밖에 없었다. 조선 후기에 쏟아져 나온 열녀들은 대부분 죽은 남편의 뒤를 좇아 자결하는 것을 뜻하는 '하종下從'을 택한 경우들이다.

정절을 둘러싼 조선 사회의 인식과 실천은 유교의 지식체계와 조선의 역사 공간이 빚어낸 산물이다. "충신은 두 임금을 섬기지 않고 열녀는 두 남편을 얻지 않는다"든가 "굶어 죽는 것은 작은 것이고 절개를 잃는 것은 큰 것이다"라는 등의 중국의 각종 담론이 조선 사람의 정절의식을 부추기는 지식의 원천이 되었다. 풍속과 교화의 정치를 표방한 조선에서는 정절녀를 발굴하는 정려 사업을 활성화했고, 정책을 운영하는 관리들의 '충성심'으로 교조화된 형태의 열녀들이 생산되었다. 또 절의의 정신을 표방한 사림들이 학문과 정치를 주도하게 되면서 정절이 최상의 도덕적 좌표로 설정되었다. 여기에 왜란과 호란의 두 차례 전란이 초래한 국가적 위기를 해소하기 위해 여성의 정절을 사회통합의 주요 수단으로 강조했다. 그리고 여성의 성적 순결을 과도하게 해석함으로써 다른 사회적 의무를 평가절하한 조선 지식인의 여성 인식도 지적되어야 한다. 조선의 정절 개념은 성애적 측면이 과도했음을 보게 될 것이다.

***

이 책을 통해 정절의 이름으로 조선 사회에서 행해진 의식과 실천의 역사를 네 가지 범주로 나누어 담아내고자 했다. 먼저 정절과 관련한 법과 제도에 주목했다. 성의 범주를 사회통합의 주요 관건으로 인식한 조선 건국의 주체들은 정절의 법제화를 추진했는데,《조선경국전》

과《경제육전》그리고《경국대전》으로 이어지는 법전의 계보 속에서 정절 관련 규범들을 확인할 수 있다. 한편 유교 사회 조선에서는 이와 유사한 기능을 가졌던 예제禮制가 있었는데, 일종의 도덕법이다. 도덕 사회 실현을 목표한 사림들의 도덕법에서 여성의 정절은 어떻게 해석되고 고취되는가를 향약을 중심으로 살펴보았다. 남성의 충절과 여성의 정절이 하나의 쌍을 이루는 체계에서, 절의를 강조하는 사림의 등장은 여성 정절을 더욱 강화시키는 쪽으로 전개되었다. 그렇다면 '정절을 해친 죄'에 대해서는 어떤 법적 대응이 있었을까. 법전의 규정과 사건 판례집을 통해 처벌의 양상을 규명했다. 화간和姦으로 '정절을 해친' 여성들에 대한 '법 가부장'의 분노와 응징 그리고 정절을 위한다는 명목으로 자결한 여성들에 대한 국가 차원의 격려와 포상의 사례들을 소개했다.

둘째, 정절의 문화정치학이라는 주제로 국가 차원에서 행해진 절부 발굴의 실태와 이념을 규명했다. 여성의 정절이 풍속과 교화를 주도하는 주요 수단으로 인식되면서 절부를 발굴하여 포장褒獎하는 행사가 19세기 말에 이르기까지 5백여 년 동안 지속되었던 것이다. 전국을 대상으로 하여 각 조정이 발굴해낸 절부는 심의를 거쳐 정문 혹은 복호되었다. 정절 여성을 포장하는 한편 '음란' 행위를 검열하고 감시하는 시스템을 가동시켰다. 실행녀失行女로 일단 규정되면 당사자는 물론 그 남성 가족과 자손들도 검열의 대상이 되었다. 대개의 경우 실행녀의 남성 가족들은 관직에서 물러나거나 관직 진입이 봉쇄되었다. 자손을 볼모로 실행 부녀를 감시하고 검열한 것은 조선 사회 정절문화의 특징이기도 하다. 한편 실행의 여부가 여성을 평가하는 중요한 기준이 되면서 오용과 악용의 사례가 속출했는데, 몇 가지 사례를 통해 그 문제점을 논의했다.

세 번째는 정절의 확산을 위해 각종 교육서가 편찬되는 것에 주목했다. 정절의식의 대중화를 위해 제작된《삼강행실도》를 비롯한 각종 행실도류는 극단적인 형태의 절행이나 열행을 담고 있다는 점에 특징이 있다. "여자는 정숙해야 하고 그 행실은 반드시 굳세어야 한다"는《삼강행실도》의 제작 취지는 사실상 열녀의 기본 방향을 제시한 것이다. 실제로 정절이 위협받는 상황에서 자결하거나 남편의 죽음에 종사從死를 택하는 '정절녀'의 행위가 행실도류의 유형들과 유사한 모습을 보이는 것은 우연이 아닐 것이다. 그리고《열녀전》과《여사서》그리고《예기》와《소학》등에서 정절 관련 내용들을 뽑고 그 의미를 분석했다. 이와 함께 정절의 지식체계를 원론적인 입장에서 재검토했고, 조선 지식인들이 정절에 부여하는 의미를 각종 자료를 통해 확인했다.

마지막으로 정절의 문제를 내포한 주요 사건과 논쟁을 재조명했다. 세종조의 유감동 사건과 성종조의 박어을우동 사건은 간통에 대한 국가의 처리 방식과 음부淫婦 및 간부奸夫에 대한 남성 사대부들의 인식을 보여준다. 또 16세기 한 사족 부인의 음행 소문을 통해 여성의 성과 담론권력의 문제를 조명했다. 그리고 조선 전기 '재가금지법' 제정을 놓고 벌어진 개가논쟁은 여성의 성에 대한 국가 차원의 공식적인 토론이라는 점에서 의미가 크다. 이를 통해 여성의 성에 대한 남성 사대부들의 생각이 동일하지만은 않음을 확인할 수 있다. 또 지식인들의 열녀론을 통해 정절에 대한 논의가 다각화되는 조선 후기 양상을 살펴보았다. 이른바 열행의 성격이 과격해지면서 동시에 이에 대한 비판적 인식이 조성되는 것을 볼 수 있다. 이것은 주로 개인 문집에 수록된 '논論'이나 '설說' 등의 형태로 논의된 것이다.

***

정절은 기본적으로 애정을 바탕으로 한 배우자의 상호 의무 개념이다. 하지만 조선에서는 아내의 일방적 의무 개념으로 전개되었다. 그것은 임금에 대한 신하의 충忠과 어버이에 대한 자식의 효孝와 같은 맥락에서 제기된 하위자下位者의 의무였다. 또한 정절은 부부의 사적 관계를 반영한 도덕 개념이지만 삼강三綱의 질서로 편입되면서 사회 및 국가의 이념과 결부된 공공의 것이 된다. 정절을 지킨 아내를 국가가 나서서 적극적으로 보상하고 '정절을 해친' 아내에 대해 국가가 분노하고 응징하는 것은 무엇 때문이겠는가. 정절은 곧 국법이었다. 정절에 내포된 이러한 복합적인 의미와 그 숨겨진 비밀을 밝힘으로써 조선시대 여성의 또 다른 진실을 담아내고자 한다.

***

미불유초靡不有初나 선극유종鮮克有終이라! '시작은 있으나 끝을 잘 맺기는 어렵다'는 뜻으로《시경》에 나오는 말이다. 30여 년 전 동초東樵 선생 문하에서 한학을 배우던 시절, 겸연쩍은 지각생을 맞이하는 말씀이었다. 거의 새벽에 가까운 공부시간이 버거웠던 내게 회초리를 대신한 이 말씀이 그렇게 부담스러울 수가 없었다. 내 발목을 붙들었던 그때의 아기 로몬은 이제 와 "자신을 기른 것은 8할이 바람이었다"고 짓궂게 농담을 한다. 공부하는 엄마 대신에 쪽지에 적힌 대로 반찬거리를 사러 슈퍼에 드나들던 초등생 로마는 친구들 사이에 '주부'로 불리었다. 결코 좋은 엄마가 아니었을 나에게 그들은 참으로 훌륭한 아들이었다. 두 아들은 나에게 시작의 의미를 되새겨주는 동학과 같은 존재였다.

이 책, 《정절의 역사》는 '전통의 향기'를 꿈꾸는 이들을 불편하게 할 수도 있을 것이다. 또 이 책에 소개된 정절 담론은 21세기 남성들의 생각과 그다지 큰 차이가 나지 않을 수도 있다. 하지만 '이 역사'는 누군가에 의해 언젠가는 밝혀지고 논의되어야 할 주제이다. 최선을 다했지만 미진하고 아쉬운 점이 많음을 고백하지 않을 수 없다. 나의 가부장제 비판의 글쓰기에서 나름의 균형을 고민한 데는 남편 손동진의 역할이 컸다. 학문과 일상을 함께 나누며 늘 읽어주고 격려해준 남편에게 고마움을 전한다.

2014년 6월
이숙인

차례

서설 _ 005

1부
정절의 법과 제도

정절의 법과 예禮
- 정절의 법: 구상에서 제정으로 _ 021
- 정절의 예제: 향약을 중심으로 _ 036

실행失行 여성 처벌
- 실행의 범주와 처벌의 양상 _ 045
- 음행에 대한 법 가부장의 분노 _ 065

정절 여성 포상
- 수절 과부와 수신전守信田 _ 078
- 정절에 대한 법 가부장의 격려 _ 084

2부
정절의 문화정치학

절부의 발굴
- 절부 발굴의 실상 _ 097
- 절부 발굴의 이념 _ 131

실행의 검열
- 실행의 발명 _ 151
- 실행녀의 자손 _ 159

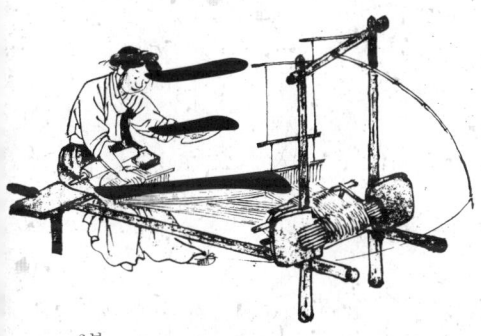

3부
정절의 학습과 지식

정절의 학습
- 행실도行實圖 속의 정절 _ 173
- 교화서를 통한 정절의 유포 _ 198

정절의 지식체계
- 정貞과 절節: 성적 순결과 사회적 의무 _ 226
- 조선 지식인의 성性 인식 _ 237

4부
정절의 사건과 논쟁

정절의 사건
- 음부淫婦와 간부奸夫들 _ 250
- 과부의 성과 소문 _ 271

정절의 논쟁
- 개가 논쟁 _ 298
- 열녀 논쟁 _ 325

책을 맺으며 _ 351

참고문헌 _ 369
주　　석 _ 380
찾아보기 _ 412

1부

정절의 법과 제도

정절의 법: 구상에서 제정으로

정욕에 대한 법전적 구상: 《조선경국전》

조선은 건국과 함께 유교를 토대로 정치와 생활을 대대적으로 재편했다. 조선 건국 초 정절 개념은 법·제도적인 구상을 거친 후 법전으로 명문화되었다. 정절에 대한 법제도화의 단초는 조선의 건국과 동시에 나온 《조선경국전朝鮮經國典》에서 볼 수 있다. 1394년(태조 3) 정도전鄭道傳(1342~1398)이 집필한 《조선경국전》은 신왕조 조선의 법전적 구상을 담고 있다. 여기에는 향후 조선의 정절 개념이 어떤 방향으로 전개될 것인가를 시사하는 대목이 있다.

군자의 도는 부부에서 시작되고, 왕자王者의 교화는 규문閨門에서 출발한다. 잘 드러나지 않는 은미한 것이 이처럼 매우 중요한 것이다. 규문 단속이 허술하여 남녀 간에 구별이 없다면 인도人道가 문란해져 왕화가 민멸될 것이다. 그러고도 어떻게 국가를 다스리겠는가? 옛날 성왕들은 예禮를 만들어서 그들의 정욕을 절제했고 형刑을 제정해서 그들의 음탕한 행동을 억제했으니, 지치至治를 일으키고 풍속을 아름답게 만드는 방법이었다. 그러므로 혼인에 대한 제도는 〈예전禮典〉에서 신중하게 다루고 범간犯姦에 대한 법령은 〈헌전憲典〉에서 엄중하게 다룬다. 이것은 대개 예에서 이탈하면 반드시 형刑에 들게 되므로 예로써 바루고 형으로써 징계하자는 뜻이다. 성인이 이 관계를 중시함이 이와 같았거늘 후세에 입법하는 사람이 이것을 어찌 소홀히 할 수 있겠는가?⁶

이에 의하면, 남녀 사이에서 발생하는 욕망은 예禮로써 관리하고, 형刑으로 억제해야 한다. 정욕情欲을 관리하는 데 일정한 규칙이 없다면 도덕적인 국가는 고사하고 나라를 다스리는 것조차 불가능하게 된다는 것이다. 그래서 옛 성인들은 이 남녀관계를 매우 신중하게 다루었고, 고대의 성왕들은 예禮와 형刑을 제정해서 정욕의 방종을 막고자 했다. 다시 말해 남녀의 성적 행위는 예禮의 범위 내에서 허용되는데, 그것을 어길 경우 형刑의 지배를 받게 되는 것이다. 남녀의 정욕을 문화적 규범을 통해 관리하는 일은 예전禮典의 관할이었고, 규범을 어긴 자에 대한 법적인 조치는 헌전憲典의 관할이었다. 《조선경국전》에서 보인 바 법전적 구상의 단계에서는 정욕으로 인한 문제는 남녀 모두에 해당되었다. 다시 말해 정욕의 관리와 통제의 대상은 남성과 여성

둘 다인 셈이다.

《조선경국전》이 나온 지 1년 후에 《경제문감經濟文鑑》이 나왔는데, 이 역시 정도전의 작품이다. 1395년(태조 4)에 나온 이 책은 중국과 고려의 고사를 참작하여 여러 관직제의 유래와 기능을 정리한 것이다. 《경제문감》은 《조선경국전》과 마찬가지로 법전의 전초 작업이면서 새로운 국가 조선이 나아갈 방향을 담고 있다. 조선의 정치에서 의미를 가지게 되는 '가정家庭'이라는 단위가 여기서 등장한다. 즉, "가정에서의 도리가 지극하면 걱정하거나 수고하지 않아도 천하가 다스려진다"[7]고 했다. 이것은 가정이 통치 수단이자 방법이 될 것이고 이와 함께 가족 규범이 발달할 것임을 말해주는 것이다. 법전적인 두 구상서, 《조선경국전》과 《경제문감》을 종합하면 정욕의 문제가 가족 질서 정립의 차원에서 논의될 것임을 시사한다.

초기 조선의 시대적 과제가 부국강병과 사회통합이었다면 그 방법은 왕권 강화와 법·제도의 정비였다. 성의 범주는 가부장권 강화의 맥락에서 사회통합의 주요 관건으로 대두되었고, 윤리·도덕의 기능보다 더 강력하면서 더 빠른 효과를 보장하는 법과 제도의 정비로 구체화되었다. 여성의 몸과 마음을 관리하는 기제, 정절 개념이 법과 제도로 구체화된 것은 조선 초기 사회통합의 전망과 맥을 함께 한다.

정절의 법 제정: 《경제육전》 및 《경국대전》

《경제육전經濟六典》[8]은 조선 최초의 법전으로, 건국 후 5년이 지난 1397년(태조 6)에 나왔다. 유학의 이상을 바탕으로 하면서도 조선의 현실을 반영한 이 법전은 1388년(고려 우왕 14)부터 1397년까지 시행

남녀가 만나 부부가 되고 대소사를 함께 하며 평생을 해로하기란 별 것 아닌 것 같지만 《중용》에 보면 성인聖人들도 어렵게 여겼다. 그렇다면 세 그림의 주인공들은 어땠을까. 실명이 밝혀진 ③ 그림 〈박연부부〉의 아들 박자형은 혼수에 불만을 품고 신부를 실행失行으로 몰아 이혼을 주장하다가 법에 걸려 장杖 60에, 도徒 1년 형을 받고 혼인한 처와 다시 살게 되었다. 본문 155쪽 참조.

① 작자미상, 〈혼인식〉, 《평생도》, 19세기 말~20세기 초(국립중앙박물관)
② 김홍도, 〈회혼례〉, 《평생도》(국립중앙박물관)
③ 작자 미상, 〈박연부부상〉, 충북 영동군 난계사

된 규정을 모은 것이다. 태조 즉위 후에 곧바로 이런 말이 나왔다.

옛날에는 시집간 여자의 경우 부모가 죽고 없으면 친정에 갈 수 있는 법이 없었으니 매우 엄격했다 할 수 있습니다. 고려 말에 풍속이 퇴폐해져 사대부의 아내들이 권문세가를 찾아다니는 것을 당연시했으니 식견을 가진 사람들은 이를 수치스럽게 여겼습니다. 지금부터 문무文武 양반의 부녀자들은 부모·친형제·친자매·친백숙부·친외숙·친이모를 제외하고는 서로 왕래하지 못하게 하여 풍속을 바로 잡으소서.[9]

여자의 친정 출입을 규제하면서 시집 중심의 문화로 전환하려는 이 기획은 태조 원년에 나온 것이다. 이는 《경제육전》을 통해 법령으로 명문화되었다. 즉, "양반의 부녀는 부모·친형제·자매·친백숙부·고모·친외숙·이모 외의 사람과 내왕하는 것을 허락하지 않으며, 어기는 자는 실행失行으로 논한다"[10]는 것이다. 이로써 여자가 만날 수 있는 사람은 내외 삼촌三寸 이내로 한정되었고, 사촌四寸 이상의 친인척들과 내왕하는 것은 불법으로 간주되었다. 1396년(태조 5)에는 '처녀', '개가' 등 정절의 개념을 내포하는 용어들이 상소에 등장한다.

무릇 부인으로 봉封함을 받는 자는 모름지기 처녀[室女]로서 남의 정처正妻가 된 자라야 봉함을 얻고, 비록 정처라 하더라도 원래 처녀가 아닌 자는 봉작封爵하는 것을 허락하지 말며 …… 그 세계世系에 명백한 허물이 있는 자는 비록 정처라도 봉작을 허락하지 말고, …… 가장이 죽은 후 개가한 자는 봉작을 추탈하게 하소서.[11]

이에 의하면 여성은 '처妻'의 자격을 통해 사회적 신분을 획득하게 되는데, 여기에는 육체적 순결의 함의를 충족시켜야 한다는 단서가 붙었다. 상소의 형태로 제기된 이러한 논의는 역시《경제육전》에서 법령화되었다.《경제육전》은《경국대전》처럼 모든 조문의 중복과 모순을 조종하여 만든 종합법전이 아니라 수시로 모은 수판受判 및 정령政令의 조례를 엮은 수교집이다. 곧《경제육전》은 속전을 필수적으로 편찬해 새로운 사실들을 계속 담아내야 하는 것이었다. 그래서 1407년(태종 7)에《경제육전》(1397) 이후에 나온 국왕의 수교受敎·조례條例가 추가되어《경제육전속전》이 편찬되었다. 이때 혼란을 피하기 위해 태조 때 편찬된《경제육전》을《경제원육전》,《원육전》,《방언육전》이라 했고, 태종 때의《경제육전속전》을《속육전》,《속전》이라 했다. 여성의 정절은《경제육전》과 그 속전續典들을 거쳐《경국대전》으로 이어지는 법전의 계보 속에서 제도화되어 갔다.

즉,《조선경국전》에서 '왕화王化의 출발'이라고 한 부부관계는 1406년(태종 6)의 수교受敎에서 부인의 정절문제로 비약되었고, 정절은 개가改嫁의 문제로 확대되었다. 태종 6년에 대사헌 허응許應이 올린 시무 7조에는 여자의 혼인 횟수를 규정짓는 문제를 제안했다.

부부는 인륜의 근본이기 때문에 부인은 삼종三從의 의리는 있어도 개가하는 도리는 없습니다. 지금 사대부의 정처 가운데 남편이 죽은 자나 남편에게 버림을 받은 자가 혹은 부모가 그 뜻을 빼앗기도 하고, 혹은 몸단장을 하고 스스로 시집가기도 하여 두세 번씩 남편을 얻는 데 이르니, 절개를 잃고도 부끄러워하지 않아 풍속에 누累가 됩니다. 원하건대, 대소 양반의 정처로서 세 번 남편을 얻은 자는 고려의 법에 의하여 자녀안恣女案에 기록하여 부도婦道를 바르게 하도록 하소서.[12]

이 예문을 가만히 보면, 남편과 아내로 이루어진 부부가 인륜의 근본이라는 전제 위에 부인의 의무만을 제시했다. 즉, 남편이 죽었을 경우는 물론이고 남편에게 버림을 받았을 경우에도 아내의 개가를 규제하고자 했다. 물론 이 법이 적용되는 범위는 양반 이상의 신분일 뿐 상인常人이나 노비는 원칙상 혼인 횟수에 아무런 규제를 받지 않는다. 혼인을 둘러싼 조선 전기 규제의 담론은 혼인제의 무질서가 파생한 고려 사회의 경험으로부터 그 사회문제를 최소화하자는 취지에서 나왔을 것이다. 하지만 정욕 관리의 문제를 여성의 정절로 접근하여 '정결한 성'과 '더러운 성'으로 이분화하고 이를 이념적으로 강화한 것은 조선 사회의 유별한 특성이다.

자녀안恣女案은 품행이 부정하거나 세 번 이상 개가改嫁한 양반집 여자의 이름과 소행을 적어 두는 대장이다. 양반의 정처로서 세 번 시집가는 자를 자녀안에 올리자고 한 대사헌의 제안은 수교의 형태로 법적 기능을 하다가 1407년(태종 7)에 편찬된 《속육전》에 등재되었다. 즉, "사대부의 처로서 세 번 남편을 얻는 자는 자녀안에 기록한다"[13]는 것이다. 하지만 이 법령은 만들어진 지 30년이 지나도록 주무할 관청도 없어 '허문虛文'이 되었다. 그래서 1436년(세종 18)에는 《속육전》에 명시된 '자녀안'의 법령을 사헌부에서 주관토록 하자는 건의가 있었다.[14]

'부부가 인륜'의 근본이라는 말은 《중용》의 '부부조단설夫婦造端說'에서 기원하는데, 그것은 부부 각각의 책임과 의무를 요청하는 상호성의 원리를 함축하고 있다. 즉, "군자의 도는 부부에서 출발한다. 지극한 경지에 이르게 되면 천지의 원리를 통찰할 수 있다"[15]고 했다. 이 원리에 의하면 절부節婦가 있으면 의부義夫가 있게 되고, 신의를 지킨 아내가 있으면 신의를 다한 남편이 있게 된다. 조선 전기에는 '신의를 다한 남편' 의부義夫가 거론되는데, 태조는 즉위교서를 통해 "충신·효자·의부·절부節婦를 권장할 것"[16]이라고 했다. 그런데 절부와 짝을 이루는 의부의 존재와 담론은 건국 60년이 지난 1454년(단종 2)을 마지막으로 사라졌다. 그리고 '신의를 지킨 남편'이라는 문자적 의미는 현실 사회에서 존재하지 않았다. 그것의 용례를 보면 '의리 있는 사나이' 정도로 이해된다.[17]

앞서 언급한대로 《속육전》은 《경제육전》을 모본으로 하면서 계속 추가되는 수교와 조례를 엮은 것으로, 대개 10년 또는 20년 단위로 추가된 법령을 모아 편찬했다. 1397년(태조 6)에 《경제육전》이 처음 나온 후 그것은 속전의 형태로 계속 편찬되었다. 《경제육전》과 그 속전들은 《경국대전》이 만들어질 때까지 국가 경영의 표준적인 법전으로 기능했다. 다시 말해 조선 초기의 6~70년간은 각종 교지나 조례 등을 모아 증보해나가는 《경제육전》의 시대였다. 《경제육전》과 그 속전續典이 《경국대전》으로 계승되는 과정에서 중대한 차이를 노정하기도 했다. 여성의 성과 관련된 각 법전의 해석이 명확하지 않았다. 자녀恣女란 '성적으로 방종한' 여자라는 뜻이다. 그런 여자를 기록한 책인 '자녀안'은 부정적 인물을 기록하여 역사의 교훈으로 삼자는 취지의 여성 관리의 한 방법인 것이다. 그런데 어떤 여성이 성적으로 방종한가에 대한 문제가 남는다. 《경제육전》에는 "사대부의 처로서 세 번 이상

> 정절 관련
> 주요
> 법규정

《조선경국전》
(1394년, 태조 3)
- 정욕 관리에 대한 구상
- 혼인에 대한 제도는 〈예전禮典〉에서 신중하게 다루고 범간에 대한 법령은 〈헌전〉에서 엄중하게 다룬다.
  (《헌전憲典》 '범간犯姦').
- ◆ 법전적 구상서의 성격

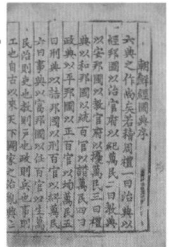

《경제문감》
(1395년, 태조 4)
- 가정에서의 도리가 지극하면 걱정이나 수고하지 않아도 천하가 다스려진다.
- ◆ 법전의 이론 근거를 제시

《경제육전》
(1397년, 태조 6)
- 양반의 부녀는 부모·친형제·자매·친백숙부·고모·친외숙·이모 외의 사람과 내왕하는 것을 허락하지 않으며, 어기는 자는 실행失行으로 논한다.
- 부인으로 봉封함을 받는 자는 모름지기 처녀로서 남의 정처正妻가 된 자라야 봉함을 얻고, 비록 정처라 하더라도 원래 처녀가 아닌 자는 봉작封爵하는 것을 허락하지 않는다. 가장이 죽은 후 개가한 자는 봉작을 추탈한다.
- ◆ 조선의 최초 법전
  1388~1397년 동안 시행된 규정 모음

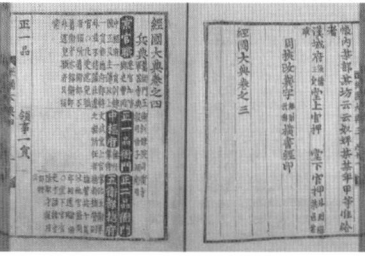

《경제속육전》
(1407년, 태종 7)
- 사대부의 처로서 세 번 남편을 얻는 자는 자녀안에 기록한다
- 부녀와 여승이 절에 올라가는 것은 실절한 것으로 논한다〈예전〉.
- ◆ 1397~1407년 동안 시행된 규정 모음

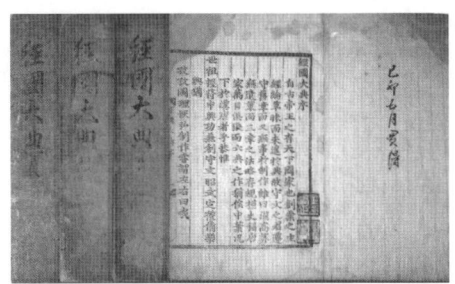

《경국대전》
(1485년, 성종 16)
- 유생과 부녀로 절에 올라간 자,
  사족부녀로 산천에서 유흥을 즐긴 자는
  장 1백에 처한다(〈형전〉).
- 사족 부녀로서 실행한 자(세 번 시집간 자 포함)는
  자녀안에 기록한다(〈형전〉 '금제禁制').
- 실행 부녀의 소생所生과 개가 부녀 소생所生은
  문반과 무반 모두에 서용하지 않는다.
  (〈형전刑典〉 '금제禁制').
- 실행 부녀의 자식과 서얼 자손은
  과거 응시를 허락하지 않는다.
  (〈예전禮典〉 '제과諸科').
- 장리贓吏의 자손과 실행 부녀의 자손은 정부의
  육조와 대간, 도사, 수령 등의 직에 제수될 수 없다.
- 사족의 딸로 나이 30에 가난하여 시집가지 못한 자는
  혼수 비용을 준다(부주附注: 가난하지 않은데
  나이 30 이상의 딸을 시집보내지 않는 자는
  그 가장을 엄중하게 다룬다(〈예전〉 '혜휼惠恤').
- 조선의 종합법전. 모든 법전의 기본이 됨

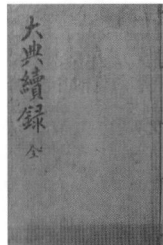

《대전속록》
(1493년, 성종 24)
- 《경국대전》을 계승. 특이사항 없음
- 《경국대전》 시행 후 1491년까지의 법령 모음

《대전후속록》
(1543년, 중종 37)
- 열녀로서 가난하여 구걸하는 자가 있으면
  계문啓聞하여 매년 쌀 5석과
  사철의 옷 1벌씩을 지급한다(〈예전〉).
- 사족의 부녀로서 음란한 행위를 자행하여
  풍속과 교화를 어지럽힌 자는 그 간부奸夫와 함께
  교형絞刑에 처한다(〈형전〉).
- 《대전속록》 시행 후 1542년까지의
  현행 법령을 수집, 편찬

《수교집록》
(1698년, 숙종 24)
- 적모嫡母나 계모繼母가 다른 사람에게
  개가改嫁했거나 다른 남자와 몰래 간음했으면
  고소하라(〈형전〉 '고소告訴').
- 투기로 여종을 죽인 부녀자는 종루에서
  장형에 처하여 정배한다(〈형전〉 '추단推斷').
- 양반의 처녀를 겁탈한 자는 주범과
  종범 구분없이 참형에 처한다(〈형전〉 '추단推斷').
- 상인常人 여자를 겁탈한 자는 주범은
  교형에 처하고 종범은 당사자에 한해 먼 변방의
  종으로 삼는다(〈형전〉 '추단推斷').
- 《대전후속록》 이후의 수교, 조례를 모아 편찬

《신보수교집록》
(1739년, 영조 15)
- 열녀·효자의 복호는 당사자에 한하고 자손에게 연장하는 일은 없다. 지금부터는 당사자가 사망한 뒤에는 복호하지 않는다(〈호전戶典〉 '급복給復').
- 빈궁하여 자력으로 생활할 수 없어 남편을 넷이나 바꾸고 몰래 간통한 것이 몇 번인지를 알지 못한 경우에는 사족의 부녀라도 간음한 죄목으로 죄줄 수 없으니 간부도 모두 형추하지 않는다(〈형전〉 '간범奸犯').
- 사족 부녀의 실행이 다른 사람의 유혹으로 인한 것은 음욕을 제멋대로 행한 것과는 차이가 있으니 사형에서 감하여 정배한다(〈형전〉 '간범奸犯').
- 다른 남자가 치마를 잡아당기거나 그와 마주 앉아 밥을 먹는 장면을 본 남편이 화가 지나쳐 잘못 사람을 죽였을 경우 모두 가벼운 형률로 처분한다.
- ◆《수교집록》이후 공포된 법령 중 추려 편찬.

《속대전》
(1746년, 영조 22)
- 처의 상전을 통간通奸한 자는 부대시처참不待時處斬한다[주註: 겁간劫奸을 이루지 못한 경우 장 1백에 유流 3천 리에 처한다](〈형전〉).
- ◆《신보수교집록》을 그대로 승계

《대전통편》
(1785년, 정조 9)
- 앞의 법전을 계승, 정절 관련 변화된 사항 없음

《대전회통》
(1865년, 고종 2)
- 실행한 부녀자 및 개가한 여자의 자식은 동·서반 관직에 임명되지 못한다. 다만 증손曾孫 대에 가서야 비로소 이상 열거한 관사 이외의 관직에 임용하는 것을 허락한다(〈이전吏典〉 '경관직京官職').
- ◆ 조선 왕조 최후의 육전 체제 통일 법전

 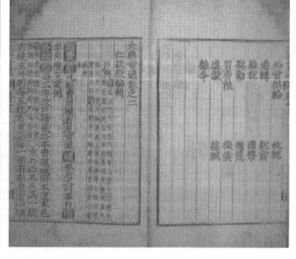

혼인한 자"가 성적으로 문란한 '자녀恣女'였다. 그런데《경국대전》에
서는 '세 번 이상 혼인한 자' 뿐 아니라 '실행失行한 자'[18]도 자녀恣女의
범주에 들었다. '세 번 이상 혼인한 여자'란 사실 판단이 가능한 것이
지만 '실행한 자'라는 것은 다양한 해석과 변용이 가능한 추상적인 개
념이다. 무엇이 실행失行인지, 무엇을 '실행'으로 간주할 것인지를 정
할 때 특정 권력이 개입하여 조작할 수도 있는 것이다.

《경국대전》의 〈형전刑典〉에는 "실행한 부녀의 소생所生이나 개가한
여자의 소생은 문반과 무반 모두에 서용하지 않는다"[19]고 했다. 《경국
대전》의 〈예전禮典〉에는 "실행한 부녀의 자식과 서얼 자손은 과거 응
시를 허락하지 않는다"[20]고 했다. 과거 응시 그 자체를 허락하지 않는
다는 것은 더 강하게 규제하겠다는 뜻이다. 1483년(성종 14)에는 《경
국대전》을 인용하여 "장리贓吏의 자손과 실행 부녀의 자손은 정부의
육조와 대간, 도사, 수령 등의 직에 제수될 수 없다"[21]고 했다. 이것은
과거 금제가 나오기 전에 등용된 사람들을 겨냥한 것으로 보인다. 즉,
실행 부녀의 자손은 관리를 감찰·평가하는 직책이나 백성을 계도하
는 직책을 감당할 수 없다는 것이다. 그 직책은 도덕적으로 떳떳해야
하기 때문이다. 그리고 실행에 대한 정의가 분명히 제시되지 않는 가
운데 '실행녀'란 재가녀再嫁女와 서얼庶孼, 관리로서 뇌물을 받은 장리
贓吏와 동급으로 이해되었다. 또 그 '실행 부녀'를 논죄하는 방식은 '실
행' 당사자가 아니라 그 자손을 금고禁錮시키는 것이다.

다시 여성의 정절문제와 관련된 조선 전기의 법적 전개를 정리해보
자. 건국 직후 2~3년간의 법전 구상의 단계에서는 풍속의 정화와 통치
의 필요에 의해 '남녀 사이의 정욕'을 제도적으로 관리할 필요가 있다

는 제안이 있었다. 따라서 남녀의 정욕 관리는 혼인제도를 통해 신중히 하고, 규정을 어긴 자에 대해서는 엄중하게 처벌해야 한다는 것이다. 그런데 법전 구상에서 법적인 조처가 나오게 되는 수교受敎의 단계에서는 정욕 관리의 대상이 여성으로 한정되었다. 수교집이자 최초의 법전인《경제육전》에서 양반계층의 부녀가 만날 수 있는 범위가 정해졌다. 사대부 부녀들은 내·외 삼촌三寸 이내의 사람들만 허용될 뿐 그 외에는 만날 수 없었다. 어기는 자는 '실행한 자'로 논한다고 했다. 그리고 '처녀', '개가' 등 정절과 관련된 개념들이 법과 제도 속으로 들어왔다.

   사실 여성의 정절을 강화해 성관계를 통제하는 법률을 제정하는 것이 조선만의 특성이라고 할 수는 없다. 거의 모든 문화권에 걸쳐 성관계를 통제하는 법률로 배우자 간의 아주 불평등한 관계를 설정했으며, 이러한 결혼 규범과 관행을 통해 여성의 재생산을 통제하고자 했다. 대부분 여성은 결혼할 때 처녀여야 한다는 점을 명시하고 결혼한 여성이 부정을 저지를 때는 엄격한 처벌을 가하는 법률을 제정했다. 가문의 영광에 대한 관심은 남성의 성욕과는 관계가 없고 여성의 성욕에만 관계되었다.[22]

   조선의 종합법전인《경국대전》은 사람들의 행위를 읽고 평가할 뿐 아니라 삶의 방향을 제시하는 중요한 기준이었다.《경국대전》은 많은 부분을 명나라의 기본법전인《대명률大明律》에 근거했으며, 조선의 형법으로서 일반 형사 사건에 적용되었다. '정절과 관련된 죄'에 대해서는 〈형률刑律〉의 '범간犯奸' 조에서 따왔다.[23] '범간'에서 다루는 간통이나 강간 등 성 관련 범죄는 오늘날의 성범죄 유형과 대부분 유사하다. 그런데 이 중 '남의 정절을 해친 죄'에 대한 규정이 있어 시선을 끈다.

즉, 처첩을 남과 통간하도록 용인한 자는 간통 당사자뿐 아니라 그 본부本夫도 장杖 90에 처해졌다. 또 처첩이나 수양녀를 강제로 남과 통간하게 한 자는 그 남편 또는 의붓아버지에게 각각 장 1백에 처하고, 간부는 장 80의 형에 처하며 해당 여자는 처벌하지 않고 이혼시켜 친정으로 돌려보냈다.[24] 그런데 정절을 해친 죄를 다룸에 있어 조선 사회는 《대명률》보다 더 엄격한 측면이 있었다. 이 같은 점은 1477년(성종 8) 시강관侍講官 최숙정(1433~1480)이 "음행淫行을《대명률》로 다스리니 오히려 활개를 친다"며, "세종조에서 음행 통제가 효력을 발휘했던 것은 율律 밖의 법으로 다스렸기 때문"[25]이라고 말한 데서 알 수 있다.

《경국대전》은 수차례 수정과 보완 과정을 거치다가 더 이상 수정하지 않기로 한 완성본이 1481년(성종 12)에 나왔다. 그 뒤에도 구체적이고 개별적인 법령들이 계속 만들어져, 1491년(성종 22)에는 《대전속록大典續錄》이 편찬되었다. 또 《대전속록》이 시행된 이후 약 50년간의 현행 법령을 수집하여 1542년(중종 37)에 《대전후속록大典後續錄》을 편찬했다. 《대전후속록》이 편찬되자 앞서 나온 《대전속록》은 《대전전속록大典前續錄》으로 일컬어졌다.

《경국대전》의 보완적 의미를 갖는 이후의 속록들은 새롭게 제기된 문제를 해결하기 위해 나온 것이다. 《대전후속록》〈예전〉에서는 "충신·효자·순손順孫·열녀로서 가난하여 구걸하는 자가 있으면 계문啓聞하여 매년 쌀 5석과 사철 옷 1벌씩을 지급한다"[26]고 했다. 또 〈형전〉에서는 "사족의 부녀로서 음란한 행위를 자행하여 풍속과 교화를 어지럽힌 자는 그 간부奸夫와 함께 교형絞刑에 처한다"[27]고 했다. 어느 정도여야 '음란행위'이고 '실행 부녀'인지가 규정되지 않은 가운데, 자손의 출세길을 막아 가족의 부담이 되었던《경국대전》의 '실행 부녀'가《대전후속록》에서는 사형을 당하기에 이른 것이다.

'실행 부녀'의 자손에 대한 금고 조치는 1865년(고종 2)에 편찬된 조선의 마지막 법전《대전회통》에서도 승계되었다. 즉, "실행한 부녀자 및 개가한 여자의 자식은 동·서반 관직에 임명되지 못한다. 다만 증손曾孫 대에 가서야 비로소 이상 열거한 관사 이외의 관직에 임용하는 것을 허락한다"[28]고 했다. '부녀의 자손[婦女之子孫]'이 가리키는 범주를 놓고 한때 심한 논쟁이 일어나기도 했다. '자손子孫'을 자식과 손자로 볼 것인지, 대대손손의 의미로 볼 것인지를 놓고 벌인 쟁론이었다.《대전회통》에 증손이라고 규정한 것을 보면 '자손子孫'이 그 이전에는 '아들과 손자'가 아니라 대대손손의 의미로 해석되었던 것이다. 실제로 개가녀와 실행녀의 '자손 금고'는 아들과 손자에만 한정되지 않았다.

한편 조선 사회에는 법전보다 더 법적인 기능을 한 강상법이나 도덕법도 있었다. 다음 절에서는 예치를 통한 도덕사회의 실현을 구상한 사림들이 '도덕법'에서 여성의 정절을 어떻게 해석했는가를 살펴볼 것이다.

정절의 예제: 향약을 중심으로

조선에는 사람들을 관리하고 통제하는 법과 유사한 기능을 하는 예禮가 있었다. 사실상 조선은 예에 의한 통치를 국가의 이상으로 여겼다. 건국기의 정치가들은 조선이 나아갈 방향을 법보다는 예, 법치法治보다는 덕치德治에서 찾고자 했다. 정도전은 말한다.

> 성인이 형刑을 만든 것은 형에만 의지하여 정치를 하려는 것이 아니라 오직 형으로써 덕치를 보조할 뿐이다. 즉, 형벌을 씀으로써 형벌을 쓰지 않게 하고 형벌로 다스려도 형벌이 없어지기를 기하는 것이다. 만약 정치가 잘 이루어지면 형은 쓰이지 않게 된다.[29]

이러한 유교적 정치의 이상은 사림이 등장하는 16세기에 이르러 본격적으로 모색되었다. 사림파가 등장하면서 혈통을 중시하는 분위기가 강해졌다. 이와 함께 특권층으로 사족 신분이 형성되었는데, 그들은 지역 사회 내에 사마소司馬所를 설치하고 향약을 시행하며 향안鄕案을

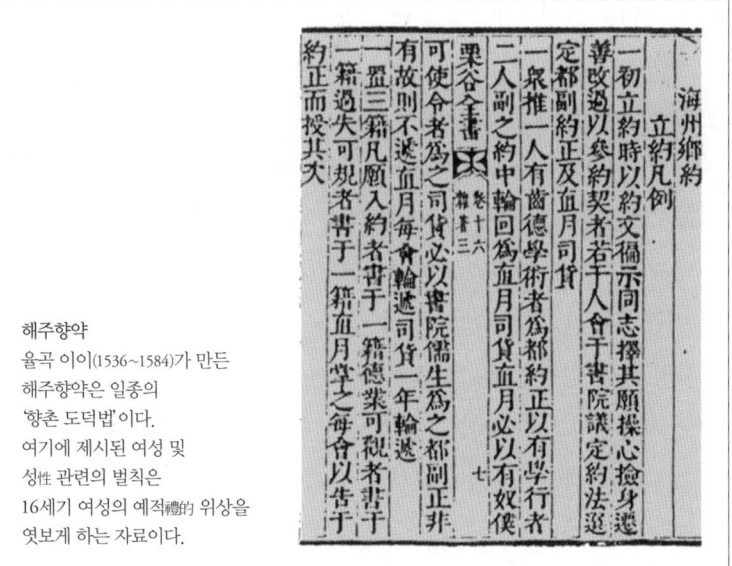

해주향약
율곡 이이(1536~1584)가 만든 해주향약은 일종의 '향촌 도덕법'이다. 여기에 제시된 여성 및 성性 관련의 벌칙은 16세기 여성의 예적禮的 위상을 엿보게 하는 자료이다.

작성하고 또 서원을 건립하는 등의 일련의 과정을 통해 향촌 질서를 그들의 영향 아래 두려고 했다.[30] 사림들은 스스로 절의節義의 도덕성을 구현하는 존재임을 표방했고, 도덕적 권위로 통제하고 권력을 운용하고자 했다. 정절의 개념은 이러한 사상적 맥락 속에서 재해석되었다.

사림들은 자신들의 절의를 증명하기 위해서 아내의 정절을 강화하는 쪽으로 방향을 잡았다. 여기에는 "군자의 도는 부부로부터 나온다"라는 《중용》의 부부관이 작용했다. 그리고 부부가 '한몸'이라는 인식은 주자학의 기본 설정이기도 하다. 정주학程朱學의 창시자 정이程頤 (1033~1107)는 "무릇 아내를 맞는 것은 몸을 짝하기 위함인데, 만약 실절失節한 자에게 장가들어 자기와 짝을 짓는다면 이는 자기도 실절한 것과 마찬가지다"[31]라고 했다. 이러한 정이의 '정절관'은 조선 유학자들에게 '부녀' 인식의 기준이 되었다. 아내의 남편에 대한 절개는 남성 사대부의 임금에 대한 지조와 유비되었다.

사림의 정신을 체현한 김정국金正國(1485~1541)은 국가가 백성들을 통제하고 이끌어나가는 방향과 방법을 구체적으로 모색했는데, 그가 지은 《경민편警民編》에 담겨 있다. 무인년(1518)에 황해도 관찰사를 역임한 경험으로 만든 이 책은 향촌민들이 저지르기 쉬운 범죄 유형을 13가지로 나누고 범죄를 저지르면 안 되는 도덕적 이유와 국법에서의 처벌 규정을 간략하게 제시한 것이다.

김정국의 《경민편》은 조선의 지방 사회와 지방민들의 범죄적 일탈이 어떠했는지 그리고 이에 대한 국가의 도덕적·법적 대응 방식은 어떤 것인지를 사림의 시선으로 보여주고 있다.[32] 그 역시 "남녀의 정욕은 쉽게 일어나니 막기 어렵다"고 하여 정욕의 문제가 남녀에게 공통적인 문제임을 전제했다. 그리고 "삼가고 조심해야 할 것으로 성범죄만한 것이 없다. 조금이라도 참지 못하면 끝내 헤아리기 어려운 죄에 빠질 것이다"라고 했다. 그러면서 그 역시 아내와 남편에게 서로 다른 기준을 적용시켰다.

《경민편》에 의하면 그 배우자를 모살謀殺·구타毆打·중상重傷·치사致死한 경우는 처벌하는데, 그것은 아내와 남편에게 공통된 사항이다. 그런데 아내의 경우는 남편보다 세 가지 범죄가 더 추가되었다. ① 남편을 배신[背夫]한 경우, ② 개가改嫁한 경우, ③ 남편 외의 다른 남자와 잠간潛奸한 경우가 그것이다. 반면에 남편이 아내를 배신하거나 재혼한 경우에 대해서는 처벌 조항이 없다. 김정국은 '정절문제는 정욕에서 발생하므로 관리되어야 하지만 관리의 대상은 여자'로 한정해 정절의 개념을 설정했다.

앞에서 살핀 바 조선 전기 7~80년간의 역사가 반영된《경국대전》에는 개가녀 자손의 관직 진출을 제한하는 '재가녀자손금고법再嫁女子孫禁錮法'이 명시되어 있다. 그런데 이 법을 가만히 살펴보면 개가녀 자손의 출세를 금지한 것이지 개가 그 자체를 직접적으로 금지한 것은 아니다. 물론 양반 사회에서 자손의 앞길을 막는다는 것은 자신에 대한 직접적인 응징보다 더 큰 형벌일 수가 있다. 다시 말해 '개가를 법으로 직접 금지시키지는 않았다'는 것이다. 그런데《경민편》에서 본 바, 조선 중기 사림들의 구상이 담긴 향촌 지배의 '법적 규정'에서는 처가 남편을 '배신'하거나 남편 사후 '개가改嫁'한 경우 직접적인 처벌의 대상이 되었다는 점이다. 여성의 정절에 대한 생각에서 '향촌 도덕법'이 조선의 국법이 규정한 것보다 더 엄격하다 할 수 있다.

그러면 조선 중기에 도입되어 향촌 질서의 향방을 제시한 향약은 정절과 관련된 여성의 성을 어떻게 이해했을까. 향약은 사림파 유학자들이 도학정치를 구현하기 위해 도입한 것으로, 16세기 초 중종대에 시작되어 명종대 후반을 거쳐 선조대에 진입하면서 한층 더 확산되었다. 대표적인 향약으로는 예안향약과 해주향약이 있다. 예안향약은 이황(1501~1570)이 1556년(명종 11)에 그가 살던 예안현의 향인들을 위해 만든 것이고, 해주향약은 이이(1536~1584)가 1577년(선조 10)에 자신이 앞서 만든 서원향약 등을 참조하여 해주에서 만든 것이다. 예안향약이 동인-남인계 향약의 전형이 되었다면 해주향약은 서인-노론계 향약의 표본이 되었다.

예안향약이 제시한 '법적 규정'은 '과실상규過失相規'에 표현되어 있다. 여기에 죄과에 대한 벌칙으로 28개 약조를 제시했다.[33] 죄과의 무게에 따라 극벌極罰·중벌中罰·하벌下罰의 3등급으로 나누고, 극벌에 7조항, 중벌에 18조항, 하벌에 4조항을 배정했다. 그중에 여성의 성과 관련된 내용은 극벌의 마지막 조항에 명시했는데, 그것은 '혼자 사는 과부를 유혹하거나 위협하여 강간한 자[守身嫠婦誘脅汚奸者]'다. 총 28개 조항 중에서 여성의 정절과 관련된 항목은 딱 하나인 셈이다. 여기서 의문이 든다.

향약은 그야말로 향촌 내부의 '약조'인 셈이다. 또한 그것은 사족이 주체인[34] '향촌의 도덕법'이라 할 수 있다. 즉, 향촌민이 저지른 사회적 문제를 향촌 내부에서 해결하겠다는 교화의 성격이 강하다. 그래서 살인이나 강간 등의 중범죄는 '고관치죄告官治罪'의 대상이었다. 예컨대 어린 여자나 처녀, 남의 아내를 강간한 죄를 향약에서 다루지 않은 것은 국가 기관으로 위임해야 할 무거운 범죄로 인식했기 때문이다. 그렇다면 '과부'의 성을 침범한 죄를 향약에서 다룬다는 것은 고관치죄의 대상이 되지 않을 정도로 가볍다는 뜻이 된다. 이는 과부에게 정절을 더욱 강요했던 현상과는 모순된다.

벌칙 매뉴얼에 불과한 예안향약과는 달리 이이의 해주향약의 내용은 자세하고도 방대하다. 향촌 질서 확립에 필요한 실천행위들은 물론 그 이론적 근거들을 제시하고 있는 것이다. 사림파 유학자들의 여성의 성과 관련한 의식은 '과실상규' 조를 통해 엿볼 수 있다. 향촌 사회에서 과실이란 "분수를 지키지 않고, 윗사람을 예로써 섬기지 않으며 아랫사람에게 은혜가 없고 약령을 준수하지 않은 행위"[35]를 말한다. 율곡의 향약에서 제시한 벌칙에는 상벌上罰·차상벌次上罰·중벌中罰·차중벌次中罰·하벌下罰의 5등급이 있고, 무거운 죄에 대해서는 공권력에 의한 처벌, 즉 고관告官하여 치죄治罪하도록 했다. 여기서 향촌 질서를 저해하는 각종 범죄에는 어떤 것이 있고, 처벌 수위는 어느 정도인지를 개략적으로 이해할 필요가 있다.[36]

여성과 관련된 것으로 향촌 자치의 범주를 넘어선 것이자 가장 무거운 형벌인 고관치죄告官治罪의 대상은 '하인의 처로서 그 남편을 구타하여 상처 입힌 자', '정처를 소박하고도 뉘우침이 없는 자', '타인의 처나 딸을 간통하고도 뉘우침이 없는 자'다. 다음으로 무거운 형벌에 해당하는 상벌上罰에는 '하인의 처로서 그 남편을 구타한 자', '정처正妻를 소박했지만 뉘우친 자'가 해당되었다. 또한 '타인의 처나 딸을 간통했지만 뉘우쳐 새사람이 되고자 한 자', '이유 없이 아내를 구타하여 상처 입힌 자'가 상벌에 해당되었다. 중벌中罰에는 '이유 없이 아내

〈표 1〉 해주향약에 명시된 여성 관련 범죄

등급	여성 관련 범죄	좌항과 동급의 범죄
고관告官 치죄治罪	– 하인의 처로서 남편을 구타하여 　상처를 입힌 자 – 정처를 소박하고도 뉘우침이 없는 자 – 타인의 처나 딸을 간통하고도 　뉘우침이 없는 자	– 부모에게 얼굴 붉히며 대든 자 – 삼촌 숙부 및 형제에게 욕한 자
상벌上罰	– 하인의 처로서 남편을 구타한 자 – 정처를 소박했지만 뉘우친 자 – 타인의 처나 딸을 간통한 자로서 　뉘우쳐 새사람이 되고자 한 자 – 죄 없는 아내를 구타하여 상처를 입힌 자	– 상례에 술을 먹거나 제사에 　공손치 못한 자 – 오촌 숙부 및 외삼촌, 　사촌 형에게 욕하고 나무란 자 – 뒤에서 상전을 욕한 자
차상벌 次上罰		– 하인으로서 사족을 보고도 　인사하지 않은 자
중벌 中罰	– 죄 없는 아내를 구타한 자 – 처로서 대중 앞에서 남편을 꾸짖은 자 – 타인의 처 및 딸을 붙잡고 친하게 군 자	– 상전이 보는 데서 　우마牛馬에서 내리지 않고 　그대로 타고 지나간 자
차중벌 次中罰	– 동네에서 남녀가 무례하고 　음란하게 농담한 자	– 하인으로 사족을 보고도 　인사하지 않고 우마를 탄 채 　내리지 않은 자
하벌下罰		– 어른이 보는 데서 삐딱하게 　앉아 있거나 우마를 타고 　그대로 지나간 자

들 구타한 자', '아내로서 사람들 앞에서 남편을 꾸짖은 자', '타인의 처나 딸을 붙잡고 친하게 군 자'가 해당되었다. 차중벌次中罰에는 '동네 안에서 남녀가 무례하게 허물없이 음란한 농담을 하는 자'가 해당되었다. 정리해보면 〈표 1〉과 같다.

두 향약이 여성의 성을 어떻게 인식하고 있는가는 조선 중기의 '정절' 개념의 맥락을 파악하는 데 필요하다. 먼저 예안향약과 해주향약은 사족 및 남성을 위주로 설계된 향약이다. 여기서 여성은 자신의 행위나 성에 대해 권리나 책임, 나아가 자신의 행위를 반성할 수 있는 도덕적 존재로서의 자격이 제한되었다.[37] 여성이 죄 구성의 주체가 되는 경우는 '그 남편을 구타한 하인의 처'와 '대중이 보는 데서 남편을 꾸짖은 아내' 정도에 불과하다. 아내에게 구타를 당할 수도 있는 남자는 '하인下人'에 국한시키고, 사족의 경우 여자로부터 받을 수 있는 최악의 사태를 '공개적인 망신' 정도에 그치는 것은 흥미로운 발상이다. 둘째, '타인의 아내나 딸'이라는 용어는 여성을 남성의 소유물로 인식하고 있음을 말해주는 것이다. 즉, 여성은 그 자신이 아니라 '누구[남성]에게 소속된 사람'인 것이다. 이러한 구조에서 볼 때 여성을 범하는 행위는 타인의 소유물을 훔치거나 침범하는 것과 같다. 셋째, 여성에 대한 성적 폭력이 경범죄 또는 '연장자 구타'와 같은 수준에서 처리되고 있는 점이다. 특히 해주향약이 제시한 사족의 죄 값은 상벌上罰의 '뜰에 세움'에서 하벌下罰의 '벌주 1잔'에 불과하다는 점에서 사족의 체면은 중하게 여긴 반면 여성의 성은 가볍게 보았다고 할 수 있다.

남성의 충절과 여성의 정절이 하나의 개념쌍을 이루는 유학의 체계에서 볼 때, 사림이 자신들을 절의의 도덕성을 구현하는 존재로 표방하면 할수록 여성에 대한 정절의 요구는 강화될 수밖에 없다. 그들에게 절의와 정절은 정체성의 중요한 부분이기도 한데, 그렇다면 그것은 각자 스스로 지켜야 하고 다른 사람에게도 지키도록 돕는 것이 이치에 맞다. 하지만 여성의 정절에 대해서는 엄격하면서, 타인[여성]의 정절을 빼앗은 자에게 관대한 것은 균형적이지 못하다.

조선 중기는 광범위한 사회제도의 변환이 이루어지면서 가족·친족 제도의 변화 및 그것의 재구조화가 이루어진 시기다. 이 시기는 혼인제[혼인 후의 거주제]와 상속제[재산·제사]가 변하기 시작했고, 가족계승 원칙에 근거한 양자제養子制가 보편화되었다. 양자의 보편화는 무후자無後者가 부계의 계통을 이어간다는 의미에서 씨족의 형성 유지와 표리일체의 관계에 있다. 이는 곧 부계주의父系主義와 동성동본자의 조직인 부계 조직화父系組織化의 강화로 이어진다. 조선 중기의 가족·친족제의 변화는 이 시기의 광범위한 사회변동의 연장선상에 있으며, 그 바탕에는 사림파의 대두와 그들이 고수하고 있는 유교적 가치체계가 깔려 있다. 이 시기의 사림파는 제도개혁과는 달리 분위기나 여건의 조성을 통하여 유교적 윤리 질서 및 통치 질서의 수립을 꾀하려고 했다.[38]

부계주의 및 부계 조직화의 강화는 자연스럽게 여성 성sexuality의 관리로 이어진다. 여기에서 법제와 예제는 수절이나 정절을 당연시하고 관습화하는 데 큰 몫을 하였다.

실행의 범주와 처벌의 양상

실행의 범주

정절의 법이 제정되던 조선 전기에는 '실행'에 대한 논의가 폭발적으로 일어났다. 앞서 본 것처럼 《경국대전》에는 "실행한 부녀 및 재가녀의 소생은 동·서반직에 서용하지 않는다"[39]고 했다. 부녀의 실행이 법의 조명을 받게 되자 무엇이 실행인가를 놓고 또는 무엇을 실행으로 할 것인가를 놓고 논쟁이 일어났다. 여기서 말한 실행失行이란 사실 판단의 범주에 속하기보다 다양한 변주가 가능한 추상적인 성격이 강하기 때문이다. 먼저 불공을 드리러 절에 올라가는 행위와 바깥출

입을 실행의 문제로 연결시켰다.

1407년(태종 7)에 편찬된 《경제육전》에는 "중[僧]으로서 과부寡婦의 집에 출입하는 자는 여색을 범한 것으로 논하고, 여승[尼]으로서 절에 올라가는 자는 절개를 잃은 것으로써 논한다"[40]고 했다. 여승이 절에 있는 것은 당연하지만, 여기서는 여자가 혼인하지 않고 중이 되어 절로 들어가는 것을 말한 것으로 보인다. 1436년(세종 16)에 편찬된 《속육전》에는 "부녀와 여승이 절에 올라가는 것은 실절한 것으로 논한다"[41]고 했다. 정욕 절제의 요구나 '실행'의 담론은 여성의 성을 관리하기 위한 의도에서 나온 것이지만 '이단'의 종교인 불교를 공격하는 데에도 활용되었음을 볼 수 있다.

그러다가 《경국대전》에 가서는 여승의 상사上寺 금지 항목은 없어지고 부녀만 남게 되었다. 《경국대전》〈형전刑典〉에서는 "유생과 부녀로 절에 올라간 자, 사족 부녀로 산천에서 유흥을 즐긴 자는 장 1백에 처한다"[42]고 했다. 또 '상사 금지上寺禁止' 조항은 《경제육전》과 《경국대전》에 공통적으로 들어 있지만 앞선 《경제육전》에는 〈예전禮典〉에 편성되어 있고, 뒤에 나온 《경국대전》에서는 〈형전〉에 편성되어 있다. 이것은 처음 교화의 차원에서 나온 '상사 금지'가 뒤로 갈수록 형법의 소관으로 옮긴 것인데 규제가 더 강화된 것이라고 할 수 있다.

1473년(성종 4)에는 '부녀가 절에 올라갈 경우 그 당사자만 논죄하고, 중과 여승을 논하지 않는' 현행법을 문제 삼고, 풍기문란을 다스리기 위해서는 승려들도 함께 논죄해야 한다고 했다. 서거정徐居正(1420~1488)의 작품이다. 이에 성종은 "《경국대전》에는 부녀婦女의 상사上寺를 금지한 것이지 여승들을 금지한 조문은 없다"며 들어주

지 않았다.[43]

이처럼 무엇을 '실행'으로 볼 것인지에 대한 논의가 유학 관료들 사이에서 꾸준히 있어 왔다. 한편 세종조의 대사헌 신개申槩(1374~1446)는 법에 정해진 범위를 넘어서 친정을 왕래하는 행위를 실행으로 간주한다는 《경제육전》의 법령을 재확인했다.

> 대사헌 신개申槩 등이 상소하기를, "《예禮》에, 부인은 낮에 뜰에서 놀지 않고 까닭 없이 중문으로 나오지 않는 것은 부도婦道를 삼가는 소이입니다. 본조의 《경제육전》〈예전禮典〉에 '양반의 부녀는 부모·친형제·자매·친백부·숙부와 고모·친외삼촌과 이모 외에는 가보기를 허락하지 아니하고, 어기는 자는 실행으로 논한다'고 했습니다."[44]

이것을 시발로 실행의 범주가 확대되었다. 즉, 양반 부녀로서 산천의 귀신에게 제사하러 가는 행위나 봄가을 산천으로 놀러다니는 행위까지도 실행으로 간주해야 한다는 주장이다. 대사헌 신개는 말한다.

> 지금 사대부의 아내가 귀신에게 아첨하고 혹惑하여, 산야의 음혼淫昏한 귀신에게 제사하러 갑니다. 그중에 송악산과 감악산紺嶽山 섬기기를 더욱 극진히 하여 매양 봄과 가을에 친히 가서 제사하며 술과 반찬을 성대하게 하고 있습니다. 귀신을 즐겁게 해준다고 하며 풍악을 치고 즐기어 밤을 지내고 돌아오기도 합니다. 도로에서 자랑하고 떠벌리며, 광대와 무당이 앞뒤를 따르고 말 위에서 난잡하게 풍악을 베풀어 방자하게 놀이를 행하지만 그 남편이라는 사람은 금하지 않을 뿐만 아니라 태연히 함께 행하니 부녀

그림으로 남은 조선 여성들

정절을 지킨 것 외에는 한 일이 없는 여자와 정절보다는 자신과 가족, 사회를 위해 많은 일을 한 여자, 우리는 어떤 여자를 원하는가? 근대 초기 한 여성해방론자가 던진 이 질문을 그림 속의 조선 여자들은 어떻게 받아들일까. 물 긷고 빨래하고 길쌈에 농사일, 장사하여 생업 꾸리기 등, 이들에게 정절은 일 없는 여자들의 유희가 아니었을지.

의 실행이 이보다 클 수 없습니다. 청컨대, 지금부터 중외의 명산과 신사神
祠에 부녀들의 내왕을 엄하게 금하고, 만일 어기는 자가 있거든《경제육
전》에 의하여 실행失行으로 논하옵소서.⁴⁵

앞서《경제육전》및《경국대전》에 명시된 대로 세 번 시집간 행위가
실행으로 간주되어 법의 심판을 받았다. 1476년(성종 7) 수원 사람 박
자수朴自秀의 딸이 논죄의 대상이 되었다. 그녀는 11세에 혼인한 후 남
편이 죽자 재가했고, 두 번째 남편도 죽자 다시 시집간 것이다. 박씨
의 세 번 시집간 행위는 "사족 부녀 실행자는 자녀안에 올리는데, 세
번 이상 시집간 자도 동일한 규정을 받는다"는《경국대전》에 의거해
시행되었다.⁴⁶ 즉 자녀안에 기록했다는 뜻인 것 같다.

실행의 정의와 그 범주가 마련되자, 이제 어떻게 실행을 막을 것인가
를 논의하기에 이르렀다. 다시 말해 '부녀의 정욕을 어떻게 관리할 것
인가'의 문제였다. 이에 남녀를 혼인관계 속에 묶어두는 것이 하나의
방법으로 채택되었다. 곧 남녀의 '자연스런' 성정을 혼인이라는 책임과
의무의 체계 속에 맡김으로써 정욕의 문제적 측면을 방지할 수 있다는
생각이었다. 이에 혼인의 중요성이 강조되었다. 또한 혼인을 통한 가
족의 구성은 옛 성인들도 경험했듯이 국가의 통치를 원활하게 해주는
측면이 있다. 그래서 혼인이 실행 방지의 측면에서 주목되었다.

1427년(세종 9)에는 "여자가 실행失行하는 것은 혼인 시기를 잃었기
때문"⁴⁷이라고 했고, 1435년(세종 17)에는 가난하여 혼인 시기를 놓친
여자에게는 친족 및 국가가 그 비용을 부담해주고, 아무런 이유 없이
혼인하지 않은 사람은 법전에 기재된 대로 그 주혼자主婚者를 논죄한

다고 했다.⁴⁸ 이러한 수교受敎가 《경국대전》에 반영되어 "사족의 딸로 나이 30에 가까웠는데 가난하여 시집가지 못한 자는 예조의 계문으로 혼수 비용을 준다"⁴⁹고 했다. 그 부주附注에는 "가난하지 않은데 나이 30 이상의 딸을 시집보내지 않는 자는 그 가장을 엄중하게 다룬다"고 했다. 즉 혼인에 대한 조선 초기의 담론과 그 법제화는 여자로서 반드시 해야 할 강제 사항으로 인식되도록 했다. 이에 유교의 경전과 지식은 이 시기 남녀관계의 제도적 모색을 합리화하는 근거가 되었다. 모든 문제를 실행失行과 연결시키고 종국에는 부녀의 정절로 귀결시킨 것은 당시 관료 지식인들의 현주소였다.

  세조대에 참찬參贊에 임명된 김개金漑(1405~1484)는 그 어머니가 '세 번 시집간 행위'를 한 것으로 인해 대신들의 공격을 받았다. 김개는 개국공신 김정경金定卿(1345~1419)의 아들로 음직으로 벼슬을 얻었다. 김개의 아버지 김정경은 고려 말 벼슬에 올랐는데 이성계를 지지하여 조선 개국에 공이 있었고, 이방원이 정권을 잡는 과정에서도 큰 활약이 있어 그 공으로 연성군連城君에 봉해졌다. 용맹하고 매사에 적극적이었으나, 재물을 좋아하여 사람들로부터 비난을 받기도 했다. 그의 아내 왕씨는 남편이 죽은 지 1년도 못 되어 산천으로 놀러다니며 유희를 즐겼고, 세 번 혼인한 경력이 있었다. 이에 그 아들 김개는 '삼가녀三嫁女의 자식이 되었으니 그 직책을 거두어야 한다'는 대신들의 상소가 연이어 일어났다.

  무릇 사대부의 아내로서 세 지아비에게 번갈아 시집가는 자는 헌부憲府로 하여금 성명을 갖추어 문안文案에 기록하게 하고, 비록 후손에 이르더라도 현직顯職에 등용하지 못하게 하는 까닭은 기왕에 죽은 해골을 죄 주려는 것이 아니라, 장래에 풍속 교화敎化를 권려勸勵하려는 때문입니다. 이제 김개의 어미가 세 번 시집간 허물이 있고, 김개도 또한 명망名望이 없는데, 특히 성상의 은혜를 받아서 갑자기 극품極品에 이르니, 공의公議와 사망私望이 너무 지나친 것입니다. …… 상께서는 세 지아비에게 번갈아 시집가는 일이 음분하는 일과 차이가 있다고 하십니다. 그런데 김개가 어질어 세류世類에 해가 되지 않는다 해도 예禮에는 세 번 시집가도 좋다는 명문名文이 없으니, 그것이 실절인 것은 마찬가지입니다. 하물며 그에게 큰 허물이 있으니 이러한 덕도 없는 자를 두고 무엇을 말하겠습니까.[50]

국왕 세조는 세 번 시집가는 행위와 '실행'은 다르다고 했다. 이에 대신들은 삼가三嫁와 실행이 다를 바 없다고 반박했다. 이 논리에 따르면 세 번 시집가도 좋다는 것이 법으로 명시되어 있지 않기 때문에 '실절'로 보아야 한다는 것이다. 임금은 어미의 삼가 사실을 빌미로 김개의 참찬 임명을 반대하던 대신들의 상소를 읽어보지도 않고 승정원으로 내려보냈다. 이에 대시힌 양성기梁誠之 등은 사흘 후 재차 상소했다.

신 등이 삼가 자녀안을 상고해보니, 김개金漑의 어미 왕씨가 처음에는 조기생趙杞生에게 시집갔다가, 장철張哲에게 재가한 다음에 또 김정경金定卿에게 시집갔습니다. 김개는 김정경의 아들이니, 김개 집안의 추악함을 나라 사람들이 다 비루하게 여기는 바입니다. 또 특별한 재덕도 없는데 성상의 은혜를 특별히 입어서, 지위가 1품品에 올랐으니 김개의 분수에도 지나친 것이요, 인망人望에도 지나친 것입니다. …… 어찌 김개 한 사람을 용납하려고 절의를 폐지시킬 수 있습니까. 자녀恣女의 자손이 대성臺省과 정조政曹와 정부政府의 관직을 얻은 자가 이전에는 없었습니다. 어미가 자녀恣女의 문안文案에 있는데 아들이 참찬參贊의 자리에 있으니, 이러한 문호門戶가 한 번 열리면 뒤에는 더 이상 막기가 어려울 것입니다.[51]

실제로 김개의 어머니 왕씨는 세 번 혼인한 경력이 있었다. 그런데 당시는 그게 문제가 되지 않았다. 무엇을 실행으로 볼 것인가, 조정 대신들은 '삼가三嫁'를 실행으로 규정하기로 했다. 김개는 왕의 비호를 받고 승승장구하는 장래가 촉망되던 젊은 관료다. 그러나 그의 어머니가 세 번 시집간 행위는 경쟁자가 그를 배제하는 논리로 충분한 자료가 되었다. 나중에 김개의 아들 김맹강과 김맹린도 조모가 세 번 결혼한 사실 때문에 곤혹을 치른다.

처벌 양상

조선에서 성과 관련된 범죄의 처벌 기준은 《대명률》〈형률〉 '범간犯奸' 조에 의거했다. 하지만 사안의 경중에 따라 율문 밖의 처벌을 하는 경우가 있었는데, 그럴 경우 국왕은 율문에 근거하지 않는 것을 늘 부담스러워 했다. 법의 권위가 훼손될 수 있기 때문이었다. 세종조에서는 사족·벌열 집안의 성추문 사건으로 사회가 어수선했다. 세종 5년(1423)에는 관찰사 이귀산李貴山의 아내 유씨가 지신사 조서로趙瑞老(1382~1445)와 간통한 사건이 있었다. 세종은 유씨에게 율 밖의 형벌을 써서 3일 동안 저자에 세웠다가 목을 베었다. 그리고 세종은 다음과 같이 말했다.

우리 동방은 예의로써 나라를 다스렸으니, 그 유래가 오래다. 대대로 벼슬한 세족世族의 집에서는 이 같은 행실이 있지 않았다. 왕명의 출납을 맡은 지신사는 그 임무가 지극히 무겁거늘 그의 죄는 강상綱常을 범한 것이다. 하지만 공신의 적장嫡長인지라 형을 가할 수 없다. 유씨는 대신의 아내로서 감히 음탕한 짓을 행했으니 크게 징계하여 뒷사람을 경계하도록 하라.[52]

율문에는 "화간和姦은 장 80의 형에 처하고, 유부녀는 장 90의 형에 처한다"[53]고 했다. 화간녀 유씨를 참형에 처한 것은 율문보다 훨씬 무거운 것이다. 이 일이 있은 지 10여 년이 지나 형부와 처제의 간통 사건이 일어나자 대신들은 예전의 처벌을 상기시키며 율문보다 무거운 형벌을 내릴 것을 아뢰었다. 그들의 주장을 요약해보자. 먼저 사헌부에서는 화간은 장 80대이나 처제와 통간한 이석철李錫哲은 장 1백에 도徒 3천에 처해야 한다고 했다. 장 1백에 도 3천은 아내가 전남편과의 사이에서 낳은 딸, 곧 의붓딸과 간통한 자에게 해당되는 형이다. 처제와 통간한 이석철의 형벌이 율보다 무거워야 하는 것은 조선 풍속이 처가살이를 하기 때문에 처친妻親과의 의리가 골육骨肉과 같기 때문이다. 즉, 이석철과 그 처제 종비의 행실은 금수와 같다는 주장이다.

세종은 더 이상 율문 밖의 형벌을 채택하는 것에 부담을 느낀다. 왕은 그의 재위 10년(1428)에 일어난 유장柳章의 딸 유연생柳延生이 그의 사촌 오빠 홍양생洪陽生과 간통한 사건, 재위 15년(1433) 때 별시위 이진문李振文의 아내가 부사정 이의산李義山 및 양인良人 허파회許波回와 간통한 사건을 떠올렸다. 즉, 모두 다 율에 의하여 결죄하고 외방으로 축출했음을 상기시켰다. 그리고 "지난날 행한 바, 한두 가지 율 외의 형벌이 지금 후회가 된다"고 했다.[54] 그래서 형부와 간통한 종비는 율에 의거하여 장 80대에 처해졌다.

여자의 '실행' 또는 '음행'의 처벌에서 형률을 따를 것인지 상황을 중시할 것인지는 항상 논쟁거리가 되었다. 연산군은 사족의 딸이자 종실의 부인인 옥금이 음행 사건을 일으키자 사형을 언도했다. 이에 대신들은 실행한 부녀에게 형률 외의 죄로써 사형을 적용시킨 경우가 더러 있었지만 그것을 전례로 삼을 수 없다고 했다. 즉, 옥금의 죄는 사형에 이르지는 않는다고 하고, 사죄가 아닌데 사죄로서 논단하는 것은 '호생好生하는 인덕仁德에 또한 결점'이 될 수 있다고 했다.[55] 이에 연산군은 다음과 같은 논리를 펴면서 사형을 강행했다.

절의는 천하의 큰 방금防禁이다. 큰 방금이 한 번 무너지면 다시는 막을 수 없으므로 우리나라는 더욱 절의를 중하게 여긴다. 그런데도 음녀가 풍화를 간범하는 일이 사족의 가문에서 생겨난다. 조종祖宗 때에는 모두 형률 외의 죄로써 이를 처단하여 혹은 죽이기도 하고 혹은 죽이지 않기도 하여 법이 일정한 제도가 없으므로 사람들이 더러 쉽사리 범하게 되었던 것이다. 근일에 옥금玉今은 사족의 딸이며 종실의 부인으로서 음욕을 자행하여 풍교를 문란케 했으니, 일찍이 예의의 나라에서 이런 일이 있으리라 생각했겠느냐. 이 일은 여러 사람의 의논을 수합하여 중형에 처했다. 그리고 지금부터는 풍속이 바르게 될 때까지 사대부[衣冠族]의 여자로서 이렇게 강상을 더럽히는 사람이 있으면 간부까지 함께 사형에 처하여 풍속과 교화를

① 죄 지은 여자 곤장치기, ② 조선시대의 교형 장면,
③ 조선시대 법정의 모습(김윤보의 〈형정도첩〉에서. 19세기 작)

격려하리라.[56]

정욕을 억제하여 절의를 세우는 일은 각자 '수신修身'하는 것이 중요하지 엄중한 형벌이 좋은 방법일 수 없다고 조선의 도학자들은 늘 말한다. 다만 예禮로써 통제되지 않는 인간들에 대해서는 형형刑을 가할 수밖에 없다고도 했다. 현실 정치를 담당한 왕을 비롯한 조정 신하들은 이 실행 여성들을 처벌할 방법을 고심했다. 이에 관리들은 '실행 여성'을 찾아 '업적'을 올리는 일에 몰두했던 것 같다.

검시檢屍 장면
(김윤보의 〈형정도첩〉에서)
사망 사건이 발생하면
소속 관아의 검시관들은
사망 원인을 파악하기 위해
과학적 방법을 동원하여
시체를 살피는 검시를 행한다.

1478년(성종 9)에는 추수를 끝낸 전라도 백성들이 나주 금성산錦城山으로 몰려가 제를 올리는 풍속이 포착되었다. 그들은 남녀노소 할 것 없이 금성산으로 향하는 대열에서 부녀 실행의 '씨앗'을 본 것이다. 그것은 "남녀가 섞여 이로 인해 음란淫亂해지고 혹은 그 부녀婦女를 잃는 자도 있었고, 딸을 시집보낼 자는 처녀를 데리고 가 산신 앞에 앉히는" 풍경이었다. 왕에게 그 처벌을 제안했다.

신 등이 자세히 보건대 음사淫祀를 금하는 것이 《경국대전》에 실려 있으나, 어리석은 백성이 요사스러운 말에 미혹되어 방자하게 행하고도 꺼림이 없으니, 엄한 법이 아니면 금단하기가 어렵습니다. 청컨대 이 뒤로는 금성산의 음사에서 유숙하는 부녀는 실행失行한 것으로 논하고, 그 가장家長은 제서유위율制書有違律로 논하며, 살고 있는 곳의 수령으로서 검거하지 못하는 자 역시 중하게 논할 것입니다. 또한 다른 도道에도 아울러 엄하게 금하여 폐풍을 없애게 하소서.[57]

여기서 실행 부녀에게 어떤 형벌을 가했는지 구체적으로 나와 있지는 않다. 그리고 '가장家長'에게 해당되는 '위율違律'의 책임이 무엇인지도 분명하지 않다. 다만 1455년(세조 1) 공조판서에 임명된 김문기金文起(1399~1456)에게 간통 사건을 일으킨 딸에 대한 가장으로서의 책임을 묻는 논의[58]를 통해 유추해볼 수는 있다. '가장家長 책임론'을 들어 김문기의 판서직 임명을 반대한 대신들의 주장을 국왕 세조는 무시해버렸다. 이렇게 '실행 부녀'들을 엄하게 형벌해야 한다는 논의는 잠잠할 날이 없었다.

음란한 풍습은 풍속과 교화에 크게 방해가 되며, 국가가 망하는 것은 반드시 이로 말미암을 것이니 매우 심각한 문제입니다. 천인들이 음란한 것이야 어쩔 수 없지만 사족 부녀는 엄하게 다스려야 합니다. 그들은 규문에서 생장하여 바깥사람들을 접할 수 없는데도, 음욕에 끌려 방탕한 행동을 거리낌 없이 하니 풍속과 교화를 더럽힘이 이보다 클 수 없습니다. 그 금제禁制를 엄중하게 하지 않을 수 없으니 마땅히 중한 법에 처해야 합니다.[59]

율문에 실린 바로는 여자가 아무리 음행을 저질러도 사죄死罪에 해당되지는 않는다. 다시 말해 범간犯奸한 부녀를 처형하는 법은 율문이나 《경국대전》에도 없었다. 처형의 법이 《경국대전》에 없는 것은 단순히 실수나 생각이 얕아서가 아니라 그 깊은 뜻이 있을 것이라는 논의가 나왔다.

…… 실행한 부녀를 사형에 처할 수 없다는 것은, 신 등이 전일 의논 때 경연經筵에서 이미 아뢰었습니다. 비록 다시 생각해보아도, 지금 만약 풍속을 바로잡으려고 형법을 준엄하게 한다면, 한갓 임금의 큰 덕만 이지러지게 할 뿐 후세에 사체事體를 아는 사람이라면 반드시 웃게 될 것입니다.[60]

음행으로 처형당한 부녀는 단순히 음행뿐 아니라 그것과 관련하여 본부本夫를 살해한 경우다. 그 예로 1454년(단종 2)에 함길도 사람 춘덕이 간부와 함께 본남편을 모살하여 율에 의해 능지처사를 당한 것을 들 수 있다.[61] 또 1469년(예종 1)에는 개천价川의 중생仲生이 간부 두왕豆往과 함께 남편 석구지石仇知를 죽여 시체를 불살랐다. 율문에 의

해 그녀와 간부는 능지처사를 당했다.[62]

그런데 음행 그 자체를 처벌하는 법안이 필요하다는 인식이 대두되었다. 중종조 전라도 관찰사 권홍權弘(1467~1516)은 음란한 풍토를 조장한 사람들에 대한 징계와 처벌의 법을 마련해줄 것을 장계狀啓했다.

> 본도本道의 폐풍弊風을 보건대, 거사居士라는 남자들과 회사回寺[63]라는 여인들은 모두가 농업에 종사하지 아니하고 마음대로 음탕한 짓을 하며 횡행하여 풍속을 그르치니, 법으로 금해야 합니다. 그들 중 양중兩中이라는 자들은 남자 무당인 속칭 화랑花郎보다 더 심각한 일을 벌이고 있습니다. 일반 가정에서 귀신에게 제사지낼 때에 여자 무당이 많이 있는데도 반드시 양중이 주석主席이 되게 합니다. 주인집과 거기 모인 사람들은 양중을 공손하게 맞이해놓고 밤낮으로 노래하고 춤추어 귀신을 즐겁게 합니다. 이때 남녀가 서로 섞여 정욕 이야기와 외설猥褻한 짓을 거리낌 없이 해대니 사람들은 놀라워하면서 박수치며 웃고 즐깁니다. 간혹 수염이 없는 젊은 자가 있으면, 여자의 옷으로 변장하고 분을 발라 화장을 하고 남의 집에 드나들곤 합니다. 밤이면 여자 무당과 함께 섞여 앉아서 틈을 엿보아 남의 부녀를 간음하나, 형적이 은밀하여 적발하기가 어렵습니다. 혹 사족의 집에서도 이렇게 된다면 상서롭지 못함이 이보다 더할 수 없습니다.[64]

권홍의 건의에도 불구하고 '음란 풍토'를 응징할 법을 마련하는 일은 요원했고, 산사로 놀러 다니는 부녀의 행렬은 끊이지 않았다. 명종조에는 정원에 전교하기를, "유생과 부녀는 절에 올라갈 수 없다는 규정이 국전國典《경국대전》)에 실려 있으니, 지금부터 능침陵寢과 제막祭

幕에서 만일 작폐하는 자가 있으면 법에 의해서 죄를 다스리도록 형조에 이르라"⁶⁵ 했다. 그럼에도 조선 후기에 이르기까지 부녀 음행에 대한 처벌 기준이 확고하게 정립되지 못했던 것 같다. 1745년(영조 21)에 영의정 김재로(1682~1759)는 '음행 부녀'를 죄 줄 구체적인 법률 마련이 시급함을 보고했다.

> 여종의 남편과 통간을 해도 율문에 없기 때문에 형조刑曹에서는 단지 음녀 淫女로 규정지어 속공屬公할 뿐이고, 아무 탈 없이 그냥 있다고 합니다. 우리나라 풍속에는 비부를 자신의 종과 같이 여기는데, 근래 민간에 비주婢主의 명분名分이 크게 무너져서 비부로서 처의 상전을 능욕하는 자가 흔히 있습니다. 처의 상전을 통간하는 것은 큰 변고로 명분이 크게 무너진 것이라 할 수 있습니다. 신의 생각에 남녀를 공히 엄법으로 응징한다면 교훈의 의미도 그 가운데 있을 것입니다.⁶⁶

비주婢主와 비부婢夫의 간통을 응징할 율을 만들어야 한다는 영의정의 제안에 영조는 '새로운 율에 관계되는 일이니 형조 및 대신들과 충분히 의논하라'⁶⁷고 할 뿐이었다.

《경국대전》이 시행된 후 계속되는 현행 법령을 수집하여 《대전전속록》과 《대전후속록》이 나왔음은 앞에서 이미 거론했다. 《대전후속록 大典後續錄》 이후에 각 도 및 관청에 내려진 수교·조례條例 등을 모아 1698년(숙종 24)에 편찬한 법전으로 《수교집록受教輯錄》이 있다. 또 《수교집록》 이후에 공포된 법령 중에서 시행할 법령만을 추린 법전으로 1743년(영조 19)에 편찬된 《신보수교집록新補受教輯錄》이 있다. 조선시대 법전의 기본 재료가 된 것은 국왕의 명령이 법으로 인정된 수교다. 수교는 개별 단행법령으로서의 효력을 가지고 있었고 이 수교들이 집적되어 수교집이 형성되고 수교집에서 장기간 시행될 만한 것들을 뽑아서 법전에 규정하는 것이 조선의 원칙적인 법전 편찬 방식이다.[68] 이들은 《경국대전》 이후 법의 적용과 재해석이 실생활에서 어떻게 이루어졌는지를 보여주는 자료다.

《수교집록》에는 적모嫡母나 계모繼母가 다른 사람에게 개가改嫁했거나 다른 남자와 몰래 간음했으면 고소하라[69]고 했다. 개가가 고소의 사안이 되었다. 이 경우는 서자로서 또는 전실 자식으로서 아버지의 처를 고소할 수 있다는 것이다. 그리고 투기로 여종을 죽인 부녀자는 종루에서 장형에 처하여 정배했다.[70] 또 양반의 처녀를 겁탈한 자는 주범과 종범 구분 없이 참형에 처했다.[71] 상한常漢(상민) 여자를 겁탈한 경우에 주범은 교형에 처하고 종범은 당사자에 한해 먼 변방의 종으로 삼았다.[72] 그리고 양반 처녀를 길에서 위협하여 강간한 자는 때를 기다리지 않고 참형에 처했다.[73] 시녀가 병이라 칭하고 제 아비의 집으로 나가서 큰 형부와 몰래 간통하여 임신한 자는 1백 일을 기다리지 않고 곧 형을 집행했다.[74]

《신보수교집록新補受敎輯錄》에서는 열녀에 대한 특혜가 그 당사자에 한하여 효력이 있을 뿐 자손에게 연장해주지 않는 것으로 정했다. 그 전까지는 열녀의 자손들도 세금을 면제해주는 '복호復戶'의 특혜를 누릴 수 있었다는 말이다. 이 법령은 복호의 대상이 된 열녀가 증가함으로써 국가적 차원에서 문제가 발생하고 있음을 말해주는 것이다.

효자·열녀에게 복호하는 것은 그 당사자에 한하여 복호하고 원래 자손에게 연장하는 일은 없으니 지금부터는 당사자가 사망한 뒤에는 복호하지 말라.[75]

실행失行의 처벌 또한 법전의 규정을 적용하기보다 그때마다의 상황 논리가 작용했다. 중종조와 숙종조의 판결을 보면 사족 부녀의 정절보다 '생존'의 문제가, 실행하게 된 동기의 문제가 더 중요하게 인식되기도 했다.

비록 사족이나 빈궁하여 자력으로 생활할 수 없어서 몸소 땔나무를 하고 물을 긷는 일을 하며 남편을 넷이나 바꾸고 몰래 간통한 것이 몇 번인지를 알지 못한 경우에는 사족의 부녀라도 간음한 죄목으로 죄 줄 수 없으니 간부도 모두 형추하지 말고 석방하라.[76]
비록 사족의 부녀라 할지라도 그 실행한 것이 사실은 다른 사람이 시종 유혹함에서 연유된 것이라면 음욕을 제멋대로 행한 것과는 차이가 있으니 사형에서 감하여 정배하라.[77]

한편 음행으로 친속관계나 신분 질서를 교란시킨 행위는 엄중한 율이 적용되었다. 1681년(숙종 7) 경기 양지陽智의 유학幼學 유진무柳晉茂의 딸 순順이 그의 종과 음행했으므로, 삼성추국三省推鞫하여 자복을 받아 사형시켰다.[78] 1724년(경종 4) 동성 3촌 조카와 간음하여 잉태한 여자는 즉시 참형에 해당하나 출산을 기다린 후에 형이 집행되었다.[79] 또 영조조의 한 사건의 경우 강상윤리와 성윤리가 경합하는 양상을 보여주었다. 즉, 계모가 다른 이와 간통하여 두 명의 자식까지 낳게 되자 적자가 임의로 계모를 구타했다. 이에 대해 "그 계모가 이미 그 아비와 부부의 도리를 끊은 것이니 자식으로서 어미를 구타한 율로써 처벌함은 과중하여 2차례 엄형하여 사형에서 감하여 외딴 섬으로 정배하라"[80]고 했다. 여성의 정절이 더 큰 문제로 해석되었다.

이와 유사한 사건이 성종조에도 있었는데, 종친인 고 덕성군德城君의 부인 구씨가 사통하여 아이를 출산한 사건이 그것이다.[81] 이 사건은 워낙 은밀한 것이라 묻힐 수도 있었으나 그녀의 의자義子인 영인군寧仁君에 의해 세상에 드러났다. 의금부가 그간의 사정을 보고하고 죄를 청했다.

영인군 이순李掏이 구씨를 해치고자 하여, 아이를 낳았을 때 그 아내로 하여금 지키게 하여서 자취를 없애지 못하게 했기 때문에 대죄大罪에 이르게 되었습니다. 《경국대전》의 '자손이 부모를 고하면 교형絞刑에 처한다'는 것에 의하도록 하소서.
이순과 구씨는 어미와 자식의 분수가 이미 정해졌으니, 구씨에게 비록 극악무도한 대죄가 있더라도 진실로 마땅히 숨겨주어 인륜人倫을 온전하게 하는 것이 옳습니다. 그런데 감히 해산할 시기를 엿보고 있다가 어미의 죄악을 폭로하여서 대벽大辟에 빠지게 했으니, 잔인하고 모진 상황을 차마 말할 수 없습니다. 청컨대 《경국대전》에 의거하여 그 죄를 명백하게 바로잡도록 하소서.

조선 전 시기를 통해 발생한 강상윤리와 성윤리의 충돌을 법적으로 어떻게 해결할 것인가의 문제는 조정의 상시적인 논쟁거리였다. 정절과 관련한 여성의 행위는 강상윤리에 의해 '보호'받는 경우도 있지만 강상윤리에 의해 '불리'한 경우가 더 많았다. 주로 '누구의 아내'로서 발생한 정절 관련 죄는 강상윤리에 의해 가중되는 양상이었다. 남편은 아내의 '소천所天'이고 아내의 '음행'은 소천을 배반한 죄가 되기 때문이다. 예컨대 신하로서 군주를 배반한 '천하의 대악大惡'을 처단하는 것은 법을 기다릴 필요 없이 누구에게나 허용된 것이지만, 아들이 그 아비를 배반한 것과 아내가 그 남편을 배반한 것은 절개로 삼지 않는다고 했다. 그 이유는 아들에게 아비는 그 존재의 근거가 되는 '소천所天'이고 아내에게 남편은 또한 '소천'이기 때문이다. 즉, 신하가 자신의 '소천'인 군주를 배반한 죄를 또 다른 '소천'을 배반한 자에게 맡긴다는 것은 논리적 모순이 되기 때문이다.[82] 이 논리에서 볼 때 '바람난 아내'에 대한 응징을 남편과 논리적으로 '동급'인 군주가 대신 처리해주는 것이 가능하다.

음행에 대한 법 가부장의 분노

남녀 사이의 정욕을 제도로서 관리하는 데에는 한계가 있었다. 이것은 조선 초기 법전적 구상을 주도했던 정치가들이 우려했던 바이기도 하다. 간통이라는 '음행'으로 법의 심판대에 오르는 남녀가 줄을 이었다. 법전은 '음행 남녀'에게 공평했다. 그런데 현실에서 법전이 사용될 때는 남녀를 가르는 보이지 않는 힘이 작용했다. 법전 정립의 단계에서는 그래도 율문을 벗어나지 않아야 한다는 나름의 인식이 있었다. 하지만 정절의 문화와 학습이 강화되면서 '음행 여성'은 분노의 시선과 직면하게 되었다. 여성의 '음행'을 논죄하고 치죄하는 법의 태도는 가부장적인 분노로 가득했다.

여기서 법의 적용 및 변용의 과정을 살펴보도록 하자. 특히 법제도가 성립된 지 근 3백여 년이 지난 조선 후기 사회에서 법이 적용되고 해석되는 양상은 어떤가. 여기서 여성 '음행'에 대해 법 가부장은 어떻게 반응했고, 어떤 논리로 대응했는가를 볼 수 있을 것이다. 사건 판례집인 정조대(1775~1800)의 《심리록審理錄》[83]은 현실의 논리와 법의 논리가 충돌하고 협상하는 복잡한 실례들을 보여준다. 《심리록》은 사건이 일어난 해당 도의 의견, 관할 부서인 형조의 의견, 마지막으로

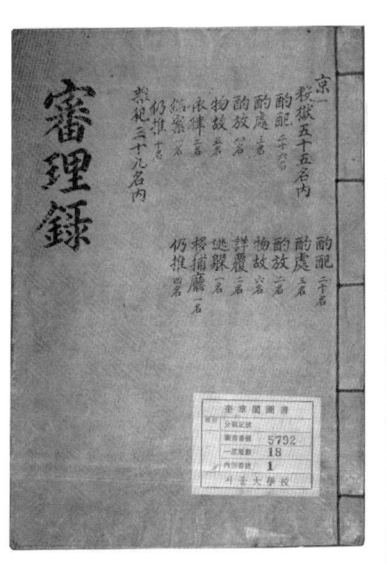

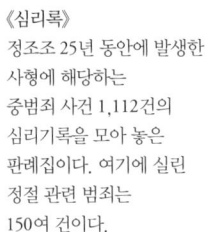

《심리록》
정조조 25년 동안에 발생한
사형에 해당하는
중범죄 사건 1,112건의
심리기록을 모아 놓은
판례집이다. 여기에 실린
정절 관련 범죄는
150여 건이다.

왕의 판결인 판부判付로 이루어져 있다. 이 사이에도 사건을 보는 시각의 차이가 존재하는 것이다.

《심리록》은 정조의 정치가 시작되는 1776년 1월부터 세상을 떠나기 직전인 1800년 6월까지 25년간, 사형에 해당하는 중범죄 사건 1,112건에 대한 심리기록을 모아 놓은 판례집이다.[84] 여기에서 성sexuality의 문제를 내포하는 사건으로 볼 수 있는 것은 148건이었다.[85] 정절 관련의 법이 적용되고 변용되는 과정을 보기 위해서는 사람들의 성적 관행과 의식보다는 그런 현실에 대해 법 가부장의 해석과 판결의 논리를 보는 것이 필요하다.

성性은 인간을 성숙하게 하면서 예술과 문화를 창조하는 일을 주도하기도 하지만, 폭력과 살인이라는 파괴적이고 추악한 결과를 초래하기도 한다. 《심리록》에서 만나는 성은 후자에 속하는데, 이른바 '음옥淫獄'에서 다루어지는 성이다. 여기서 음淫이란 정貞의 상대 개념이다. 즉, 음란이란 정절이 무엇인가를 정의하는 역할을 하는데, 그런 점에서 정절의 개념과 짝을 이룬다. 이 음옥을 처리하는 과정과 논리 속에는 정절에 대한 인식과 해석이 반영되어 있다. 음옥이란 단순 인명人命 사건인 살옥殺獄과는 성격이 다르지만, 《심리록》의 음옥은 살옥을 동반한 사건들이라는 것이 특징이다.

유교를 지배이념으로 한 조선 사회의 맥락에서 볼 때, 아내의 간통 행위는 남편과의 관계뿐 아니라 국가와의 관계를 함축하는 것이다. 그것은 남편에 대한 배신행위이자 국가의 근간인 강상綱常 질서를 해친 행위가 되기 때문이다. 간통의 문제로 폭행치사에 이른 사건은 거의 아내의 간통으로 인한 것이지 남편의 간통 때문은 아니었다. 아내의 간통에 대한 남편의 분노는 당연시되지만 남편의 간통에 대한 아내의 분노는 가시화되지 않는다. 이는 가부장제 사회의 일반적인 현상이다.[86] 나아가 아내[여성]의 '음행'에 대한 남편[가부장]의 분노는 심리적인 이유로 합리화되고 제도적인 장치를 통해 지지되었다.

  조선시대 간통에 대한 법의 해석은 《대명률》에 근거했지만, 조선의 현실 상황을 감안해 보완하는 방향이었다. 《대명률》에서는 '간姦'을 화간和姦·조간기姦·강간强姦의 세 가지로 구분했는데, 간통에 해당하는 것은 화간과 조간 두 종류다. 화간은 남녀 합의 아래 행한 간통이고 조간은 여자를 꾀어내어 행한 간통이다. 화간은 장 80으로 처벌하되 간통한 여자에게 남편이 있을 경우에는 장 90에 처하도록 했다. 또 조간은 장 100, 강간은 교형에 처하되 강간미수자는 장 1백에 유流 3천 리로 처벌하도록 규정하고 있다.[87]

  《대명률》이 명시한 간통에는 두 가지 종류가 있지만 조선에서는 거의 화간에 한정되었다. 또 오늘날 간통이란 대개 합법적인 혼인관계에 있는 남녀가 배우자 이외의 이성과 합의하여 맺은 성관계를 의미한다. 따라서 미혼남녀의 성관계는 간통죄에 해당되지 않는다. 그런데 조선에서는 혼인 전이나 혼인 후를 막론하고 혼외婚外의 성관계 모두를 간통으로 취급하여 처벌 대상으로 했다. 미혼남녀의 경우 기혼의 경우보다 처벌은 가볍지만 엄연한 간통으로 취급되었다. 또 간통한 여자에게 남편이 있는가의 여부에 따라 형량이 차이가 나지만, 간통한 남자에게 처가 있는가의 여부는 문제가 되지 않았다.[88] 또한 오늘날 간통죄의 구성이 배우자의 고소를 필수 요건으로 하지만, 조선에서는 고소 여부와 상관없이 적발 즉시 처벌 대상이 되었다. 다만 원칙적으로 간통 장소에서 발각된 범행이어야 했다. 즉, "간통하는 현장에서 잡은 것이 아니면 논하지 않는다"[89]는 것이다.

그런데 국왕 정조가 성범죄 관련 옥사를 처리하는 방법과 논리는 법전에 명시된 바의 원칙이나 규정들이 현실에 어떻게 적용되고 변용되며 해석될 수 있는가를 보여준다. 이는 곧 법과 제도를 통한 정절 이해의 다른 차원을 보여주는 것이다. 그러면 판례집에 나타난 사례 중 주제에 부합하는 사건들을 중심으로 '법 가부장'의 여성 정절 인식을 살펴보자.

1787년(정조 11)의 기록에 의하면 밀양의 최옥만이 아내 김송악金松岳의 간통을 목격하고 현장에서 칼로 찔러 그날로 죽게 했다. 사건에 대한 일차적인 분석이라 할 수 있는 '본도[경상도]의 계사啓辭'에는 "(아내가) 네댓 차례나 간통을 하여 분노가 이미 쌓였을 텐데 18일 밤을 을러대기만 했으니, 그 용인함이 너무 지나치다"고 했다. 이어서 국왕 정조는 판부判付를 통해 이렇게 판결했다.

최옥만은 못난 사내라서 입으로만 우물거리고 마음이 여려서 일찍이 한 번도 노여움을 풀지 못하다가, 그 일이 어쩔 수 없는 지경에 이르러서야 비로소 약간이나마 손을 쓰지 않을 수 없었던 것이 이와 같이 사람을 죽이기에 이른 것이다. 그 아내가 그의 손에 죽고 일찌감치 법에 의해 제재를 받지 않은 것만도 요행이라고 할 만하다. 최옥만을 살려주는 쪽에 부치는 것은 다시 논의할 것조차 없으니, 엄히 형신을 가하는 것으로 일을 마무리하여 석방하도록 하라.[90]

아내의 잦은 간통으로 속만 끓이던 최옥만이 드디어 칼로 아내를 찔러 죽이자 국왕 정조는 거의 박수를 치는 듯한 반응을 보인다. 1790년(정조 14) 서부 조명근의 옥사에서 국왕 정조가 보인 심리도 이와 유사했다. 서울 서부의 조명근은 아내 삼매三每의 행실이 더러운 것에 격분하여 칼로 찔러 그 자리에서 죽게 했다. 아내를 죽인 조명근을 국왕 정조는 특별히 방면하고, 관련된 여러 사람들 또한 방면하라고 판결했다. '음란한' 아내를 죽인 남편을 용서하는 국왕의 논리는 다음과 같다.

이 옥사는 한마디로 말해서 성립될 수 없는 옥사다. 치마를 끌어당긴 자나 마주 앉아 밥을 먹은 자를 그 여인의 남편이 죽인 경우에는 옥사를 성립시키지 말라고 한 것은 바로 선왕조의 수교다. 그러나 삼매의 소행이 어찌 치마를 끌어당긴 것에 비할 것이며, 또 어찌 마주 앉아 밥을 먹은 것에 비할 것인가. 그녀는 사천私賤인데다 또 음란한 행실이 있어 아침에는 이가李哥, 저녁에는 장가張哥와 관계하여 모두가 남편이었으니, 그 자취는 화간和奸보다 심하고, 증거는 현장에서 들킨 것보다 더하다. 이른바 삼매의 지아비 조명근이라는 자는 단지 오장육부도 없는 놈으로 분노를 참는 정도가 지나치고 비교할 수 없을 정도로 분별력이 없다.[91]

법을 대변하는 국왕 정조는 아내의 음행을 알고도 대처하지 않거나 분노하지 않는 남편을 참을 수 없었다. "남편으로서 자신의 아내가 대낮에 간통하는 것을 보고서 멀거니 바라보기만 하고 칼로 찌르려는 거조가 없다면, 이는 보통 사람의 생각으로는 논할 수 없는 것이다."[92] 또 바람난 아내를 본 "권순삼이 비록 매우 어리석고 잔약하여 질투하는 마음이 전연 없었지만 평소에 간직하고 있던 분심이 술기운을 틈타 세게 때린 것으로 실로 이상한 일이 아니다"[93]라고 했다. 아내의 음행에 대한 남편의 분노를 법 가부장은 적극적으로 지지했다.

같은 맥락에서 아내의 잦은 간통을 보고도 분노할 줄 모르던 '못난 사내'가 갑자기 용기를 내서 아내를 죽인 경우를 두고, 사건 심리에 참여한 법 집행자들은 적극 응원하는 모습을 보여준다. 광주의 박똥개는 다른 남자와 간통한 아내의 코를 베고 배를 찔러 그날로 죽게 했다. 이에 대해 형조刑曹와 판부判付는 각각 '이미 규방閨房의 법도를 범한 아내의 죄는 만 번 죽어 마땅하고 그 남편이 혈기를 부린 것은 당연하다'고 했고, '혈기 있는 남자로서 그런 아내에게 어찌 손을 대지 않을 수 있겠는가'라고 했다.[94]

여성의 음행에 대한 가부장의 이러한 분노는 자연적인 것이며 당연한 것으로 이해되었다. 〈영암 천업봉 옥獄〉(1787)에서 국왕 정조는 "평범한 사람들의 경우 혈기血氣의 분노가 그 짝을 잃어버렸을 때보다 더 심하게 폭발하는 경우는 없다"고 했다. 여기서 '혈기의 분노'는 당연히 남성에 한정되는 것이다. 다시 말해 아내의 음행淫行이나 실행失行에 대해 남편으로서 분노하는 것은 자연적인 심리현상인데, 그렇지 않은 남편이 있다면 비정상적인 부류에 속하는 것이다. 국왕 정조는 심하게 어리석고 못나서 '사내'라고 할 수 없다고 했다.

다시 말해 아내의 음행에 대한 남편[가부장]의 분노는 '사나이'의 자연적인 심리현상으로 합리화되었다. 이 분노의 심리는 긴 가부장제의 역사 속에서 남성들에게 요구되고 권장되어 온 것이라 할 수 있다.[95] 그런 분노의 심리는 제도의 적극적인 지지를 받았다. 국왕 정조는 "간통한 현장에서 간부를 살해한 경우 사형에 처한다는 조문이 《대명률》[96]에 없다"[97]는 것을 중요한 자료로 활용했고, "본부本夫가 간부奸夫를 죽인 경우 죄를 묻지 않는다는 율문을 참고할 만한 단서가 된다"[98]고 했다. 1785년(정조 9) 초산 박초정朴初珽의 옥사에서 보인 정조의 심리를 보자.

> 간부奸夫와 음녀淫女를 간통 현장에서 일시에 함께 살해했을 경우 법조문을 참조해보면 털끝만큼도 죄를 줄 만한 단서가 없다. 그러니 목 매단 것처럼 거짓 흔적을 만들어 사람들의 눈을 가려보려는 계책을 꾸민 것은 단지 무식한 자가 법조문을 알고 있지 못한 데서 빚어진 것이다.[99]

박초정은 아내와 최유서崔有西가 몰래 간통하는 현장에서 먼저 최유서를 발로 차고 이어서 아내를 위에서 억누르며 버선으로 입을 막아 그 자리에서 죽게 했다. 그런데 박초정은 아내가 목을 매 자살한 것처럼 가장한 것이다. 이에 국왕 정조는 간통 현장에서 아내를 죽인 것은 법적으로 무죄인데, 무지하여 법을 잘 몰랐던 탓에 필요 없는 수고를 하게 되었다는 것이다.

1785년(정조 9)의 정주 동방영 옥사에서는 성 관련 범죄는 '현장'의 확인이 무엇보다 중요하다는 기존의 법이 확대 해석되었다. 다시 말해 간통 현장이 아니더라도 그것과 다름없다고 판단되는 상황이면 '간통 현장'으로 보겠다는 것이다. 법 그 자체인 국왕 정조는 말한다.

> 간통 현장에서 간부奸夫를 죽였을 때에는 목숨으로 보상시키는 데까지 이르지 아니하나, [간통 현장이 아닌 곳에서] 단지 간부만 죽였을 경우에는 본

디 용서함이 없으니[100] 문중신은 정말 죽어야 할 것이다. 그러나 문중신을 어떻게 죽일 수 있겠는가. 문중신은 본남편이고 노명철은 간부다. …… 지금 단지 간부만 죽였을 경우의 법조문을 인용하여 목숨으로 보상시키기로 한다면 이후로 못나고 연약한 보통 사람들은 장차 아내를 잃고서도 감히 누구냐고 따져 묻지 못할 경우가 이루 헤아릴 수 없이 많게 될 것이다.[101]

간통의 범주에는 "치마를 당기거나 마주 앉아 밥을 먹는 행위"도 포함되었다. 국왕 정조는 말한다. "비록 간통 현장을 직접 잡은 경우가 아니라 할지라도 치마를 잡아당기고 마주 앉아 밥을 먹는 등 갖가지 의심스러운 자취가 있어 죽였을 때는 관대한 법을 적용하도록 허락했으니, 이것은 수교受敎[102]를 보면 알 수 있다."[103]

아내의 간통을 의심하여 '살처殺妻'한 많은 남편들은 '나라의 법에 살인자는 목숨으로 갚는다'는 형벌에서 벗어날 수 있는 방법이 추가된 셈이다. 이런 식의 법 해석으로 일반 살인 사건이 성 관련 사건으로 둔갑하는 경우가 생겨났다. 국왕 정조는 말한다. "남편이 아내를 죽인 사건은 진실로 실정이나 자취에 터럭만큼이라도 용서할 만한 점이 있다면, 상처가 급소이거나 비교적 무거운 경우를 막론하고 한결같이 그 남편을 살려주는 쪽에 두었는데, 이것이 근래의 옥사를 판단하는 데 마치 하나의 당연한 규범처럼 굳어져버렸다."[104] 이것은 남편의 폭력에 대해 법을 관대하게 적용했다는 말이다.

반면에 남편의 간통에 대한 아내의 반응 및 그 결과는 남편이 보인 그것과는 전혀 다르게 전개되었다. 다시 말해 배우자 음행에 대한 여성 쪽의 분노는 여성 자신에게 오히려 불리하게 작용했던 것이다. 강계의 전田씨는 여종과 간통한 남편을 투기하여 다투다가 남편과 시아버지에게 구타를 당해 죽었고(〈강계이종대옥江界李宗大獄〉), 부매富梅는 박 여인과 몰래 간통한 남편을 투기하다가 남편 안종현에게 맞아 죽었다(〈서부안종현옥西部安宗玄獄〉). 부정한 배우자에 대한 남편의 분노는 심리적·제도적으로 지지를 받았지만, 아내의 분노는 도덕적으로나 법적으로나 보호받지 못했다. 성과 관련된 문제 및 사건에서 남편과 아내 각각에 적용되는 법과 논리가 달랐던 것은 삼강三綱의 질서나 삼종지도三從之道의 관념이 작용했기 때문일 것이다. 다시 말해 법이 법전法典을 떠나 현실 속으로 들어올 때, 관습적인 의식과 결합하면서 다양한 변주를 일으켰다.

1777년(정조 1) 의령 업이業伊의 옥사를 심리한 국왕 정조의 법 해석을 보자. 의령의 관노官奴 업이는 첩의 간통을 의심하여 그 상대남을 죽였다. 그런데 업이의 첩이 과연 간통을 했는가에 수사의 초점이 두어져 업이의 처 막례가 그 증인으로 나섰다. 막례는 업이의 첩의 간통 사실을 부정했는데, 이는 결과적으로 남편 업이에게 불리한 증언이 되었다. 이에 정조는 업이의 아내 막례를 인륜적 도리를 저버린 인간이라고 비난했다.

피고와 원고 양측의 단서가 의심스럽던 차에 갑자기 막례를 새로 증인으로 삼아 결국 그의 말 한 마디로 인하여 제 남편을 반드시 죽게 될 함정으로 밀어넣었으니, 이것을 어리석은 아내가 사리를 몰라서 그렇게 한 것이라고 할 수 있겠는가. 그가 비록 먼 변방의 어리석은 백성이라 하더라도 역시 인륜의 도리는 갖추고 있을 것이니, 그가 증인이 되었은즉 자기 남편을 살리고자 하는 마음으로 기우는 것은 실로 인정의 도리가 그런 것이다. 그런데 도리어 시친을 위한 주장을 했으니 가히 인간의 도리가 끊어졌다고 할 수 있다.[105]

1783년(정조 7) 나주 취삼의 사건을 심리한 국왕 정조의 논리를 보자. 취삼은 자기 처와 간통한 것으로 의심되는 남자를 동생 석삼과 함께 때려서 그날로 죽게 했다. 이에 취삼의 처 김 여인은 공초에서 무릎을 맞대고 손을 잡은 일이나 치마를 벗고 마주 대하여 밥을 먹은 상황에 대해 하나하나 해명했는데, 그 말에 조리가 있음을 국왕 정조도 인정했다. 다시 말해 간통한 사실이 없었다는 김 여인의 주장을 인정한 것이다. 그러나 정조는 이 사건의 진실 이전에 김 여인의 도덕성을 문제 삼았다.

취삼의 처 김조이는 차라리 간통했다는 오명을 덮어쓸망정 지아비를 죽을 죄에서 살려낼 방도를 도모했어야 하는데, 끝내 이러한 뜻이 없이 도리어 증인이 되고자 했으니, 그 정상은 너무나도 놀랍고 윤리는 그만 없어지고 말았다.[106]

1784년(정조 8)의 기록에 의하면 삼한은 자신의 아내가 다른 사람과 정을 통했다고 의심하여 칼로 찔러 죽였다. 그런데 아내의 그런 사실이 확인되지 않아 의혹을 남기는 사건이 되었다. 하지만 국왕 정조는 우발적인 사건이었을 것이라고 하며 죄인 삼한의 손을 들어주었다. 그리고 말했다.

살인한 자를 사형에 처하는 형률은 죽은 자의 원혼을 위로하기 위해서다. 지아비가 마음에도 없는 죄를 범했는데 고의로 범한 죄에 적용하여 끝내 사형에 처하고야 만다면 죽은 여자의 마음에 반드시 흡족하지만은 않을 것이다.[107]

남편에게 폭력을 당하고 죽은 여성이 그 남편에게 살인죄를 적용하여 사형시키는 것을 원하지 않을 것이라는 해석이다. 남편을 죽이는 것은 죽은 아내의 마음을 불편하게 할 것이라는 논리는 가부장적인 사고를 유감없이 드러내주는 것이다.

한편 의주의 최성척은 아내를 강간한 자를 발로 차서 죽게 했다. 그런데 이 사건의 사실성이 의문시되면서 죄인의 뜻대로 풀리지 않았다. 즉 최성척의 아내는 강간당한 사실이 없었다는 것이다. 이 사실이 재판관에게 전달되자 최성척 사건은 일반 살인 사건으로 전환될 상황이 되었다. 이에 최성척의 아들 최익대가 격쟁하여 호소했다. 즉, 어미가 강간을 당한 것이 확실하다는 것이다. 이에 심리를 주관한 판관들은 아비를 위한답시고 그 어미의 악행을 드러낸 자식을 문제 삼았다.

최익대에 이르러서는 자기 아비의 원통함을 호소한다는 것에 의탁하여 이에 감히 자기 어미의 악행을 드러내어 글에다 쓰기를 조금도 거리낌이 없이 했으니, 그 윤리를 해치고 의리를 무너뜨린 것은 다시 여지가 없게 되었다.[108]

이 딜레마를 해결하기 위해 정조는 "최성척의 처가 되지 못한다면 또한 최익대의 어미도 될 수 없다. 이미 아비를 위하여 원통함을 송사한 것이라고 말했으니, 어찌 쫓겨난 어미의 허물이 보태지는 것을 돌아보겠는가?"라는 논리를 제시했다.

금천의 박춘복朴春福은 처형인 이이복의 처가 간통한 일에 이이복 형제와 함께 간부姦夫를 때려죽였다. 이 사건에서 범죄가 용서되는 사람은 간부姦婦의 남편인 이이복 한 사람이다. 이에 대해 국왕 정조는 "형이 아우를 위해 주고 아내가 남편을 위해 주는 마음은 모두가 가지고 있는 타고난 양심"이라고 했다. 이어서 《속대전續大典》의 '그 어미가 타인과 몰래 간통했을 때 간부를 간통 현장에서 칼로 찔러 죽인 사람은 정상을 참작하여 정배한다'는 법조문을 참조할 수 있다고 했다. 즉 비추어 참작할 수 있는 단서로 충분하다고 했다.[109]

이외에도 《심리록》의 사건 파일에는 어미의 간부를 죽인 사건이 아버지에 대한 의리를 지킨 것이라 하여 무죄가 선포되었고,[110] 여자는 간통으로 맺어진 사이라도 그 남자에게도 부부윤리에 준하는 일정한 의리를 지켜야 한다는 주장도 등장한다.[111] 여기에서 여성의 '정결한' 성을 강조하면서 동시에 강상綱常 질서를 우선시함을 보게 된다.

한편 여성이 간통을 했거나 강간을 당했을 경우, 분노하는 남성[가부장]은 남편에만 국한된 것은 아니었다. 여기서 간부姦夫는 남성이지만 그의 정체성은 '가부장'을 위협하는 적대적인 존재, 즉 간부姦婦의 파트너로서 의미를 갖는다. 가부장들이 집안 여자의 성문제에 개입하여 간부姦婦와 간부姦夫를 처벌하는 것은 이들의 행위가 그 집안의 가부장권에 대한 침해로 이해되었기 때문이다. 여성의 음행에 대한 가부장 가족의 분노는 당연하다는 것이 조선 후기 법창에 비친 현실이었다.

정절
여성 포상

수절 과부와 수신전守信田

여성의 정적은 경제제도를 통해서도 권장되었다. 《조선경국전》에는 "과부로서 수절하는 자에게는 토지를 준다"112고 했다. 수신전守信田이라는 토지를 말한다. 중국에서는 문무관 3품 이상 관리의 아내로서 수절한 자는 작爵을 봉해주었다고 한다.113 고려에서도 과전科田의 형태를 띤 유사한 제도가 있었다. 조선은 건국 초기부터 수신전을 설치해놓았다. 이것은 사회복지의 맥락에서 나온 '환과고독鰥寡孤獨'의 구제 정책으로 이해될 수 있다. 그런데 '정절'의 단서가 붙은 이 제도는 각종 사건 및 담론과 결합되면서 여러 가지 문제를 야기했다.

수신전은 여성이라는 자격으로 받을 수 있는 유일한 전지田地다. 하지만 그 여성은 과부여야 하고, 과부 중에서도 재가하지 않은 사람이여야 하며, 그중에서도 과전을 받았던 관료를 남편으로 둔 사람이어야 했다. 즉, 일정 이상의 관직에 종사하던 남편이 받았던 것을 남편 사후에도 그대로 유지하는 성격의 토지인 것이다. 그런 점에서 수신전을 받을 수 있는 여성은 매우 제한된 수에 불과하다고 할 수 있다. 하지만 수신전 수급의 자격에 대한 논의나 악용의 사례 등은 정절을 둘러싼 조선 전기 지식인들의 인식을 보여준다.

《조선경국전》에 따르면 '수절하는 과부'만 남편의 토지를 물려받을 수 있었으며 자식의 유무는 따지지 않았다. 그러나 몇 년이 지나 편찬된《경제육전》에서는 자식이 있는 경우와 없는 경우를 세분하여 토지 지급을 차등화했다.

> 남편은 죽고 자식이 있는 자는 남편의 토지 전부를 물려받고, 자식이 없는 자는 반을 물려받는다. 그러나 본래부터 절개를 지키지 아니한 자는 이 법의 보호를 받을 수 없다.[114]

여기서 수신전을 받은 과부가 개가를 했을 경우는 죽은 남편이 남긴 토지를 모두 회수했다. 따라서 어머니가 개가할 경우 그 자식 역시 아버지의 전지를 상속받을 수 없었다. 자녀가 아버지의 재산을 직접 상속받는 것이 아니라 어머니를 통해 받기 때문이다.

태종은 수신전을 받은 부녀가 개가를 하게 되면 죽은 남편의 토지 전부를 회수하는 과전체수科田遞受의 제도가 남은 자식들에게 너무 야

박하다고 보았다. 그래서 어미는 비록 실절失節을 했지만 그 아비의 마음으로 자녀에게 토지를 이급移給하는 것이 어떠한지를 물었다.[115] 왕의 이러한 생각이 5년 후 토지의 상속제도를 개정하면서 "재가再嫁한 여자는 전남편의 자식이 대신 그 아비의 전지를 받는 것"[116]으로 정해졌다. 다시 3년 후에는 "자식이 있는 처의 수신전은 3분의 2만 지급"[117]하도록 했다.

한편 조선의 토지상속제도에는 개가한 어머니의 자녀는 외조부모의 전지田地를 받을 수 없었다. 그것은 외조부모와의 관계란 어머니를 통해 성립되는 것이고, 또 수신하지 못한 어미를 둔 것은 '모자母子'의 계통도 끊어진 것으로 보았기 때문이다.[118] 그런데 이러한 상속의 원칙이 흔들리면서 자녀의 유무에 따라 남편의 전지 상속분에서 차이가 나기 시작했다. 또 어머니가 재가하더라도 자녀가 그 아버지의 전지를 상속받게 되는데, 이것은 상속에서 자녀의 권한이 커지는 반면 어머니의 권한이 축소됨을 의미한다. 또한 이것은 부계혈족의 위치를 강화시키는 가부장적 질서화의 과정으로 이해된다. 여기서 부인과 어머니의 재주권財主權은 약화된다.[119]

그렇다면 다시 처음으로 돌아가 수신전의 본질적 기능이 무엇인가를 생각해보자. 그것은 남편이 받았던 과전을 남편 사후에도 부인이 계속 받음으로써 자신과 그 자녀의 생계를 도모하자는 데 있었을 것이다. 그것은 곧 국가의 지원으로 미래의 인재를 양성한다는 의미 외에 세록世祿의 함의를 가지는 사회통합의 한 방법이라고 할 수 있다. 그런데 1407년(태종 7)에 제기된 토지상속제도에 대한 논의는 수신전의 본래 의미를 희석시키는 방향이었다.

처부모의 전지田地를 물려받은 뒤 아내를 버린 경우에, 그 아내가 소송하기를, '소박하여 헤어진 남편이 내 부모의 전지를 가지고 먹고 사는 것은 사리에 합당하지 않으니, 수신守信하는 제 몸에게 이급移給하여 주소서' 했습니다. 만일 그 소송대로 따른다면, 남편이 죽지 않았는데 아내가 수신전守信田을 받게 되니, 진실로 그런 예가 없습니다. 그대로 그 남편에게 주기를 청합니다. 하지만 그 아내를 버리고서 그 전지를 가지고 그대로 먹고 사는 것은 참으로 편치 않으니, 모두 회수하소서.[120]

이 경우는 수신전의 범주에서 다룰 사안이 아니다. 이 시대 사람들은 '수신전'을 여성이 가질 수 있는 토지의 대명사로 사용한 것이 아닌가 한다. 다시 말해 정절의 함의를 가진 '수신守信'이 토지를 가질 수 있는 필요조건이 된 것이다.

명황제의 후궁이 된 누이로 인해 중국으로부터 광록소경光祿少卿의 벼슬을 받은 한확韓確(1403~1456)은 그 어머니의 수신전을 체수하고자 했다. 그가 받은 품계는 조선에서는 정3품에 해당했다. 1429년(세종 11) 나라에서는 한확에게 종2품과로서 절급했다.[121] 연로한 한확의 어머니는 1423년(세종 5)에 죽은 것으로 확인되었다. 그런데 여기서 말한 수신전이 어머니가 한확의 아버지 사후에 과부의 자격으로 승계한 전지인지, 아니면 어머니가 남긴 모든 재산을 말하는지 분명하지는 않다. 수신이란 남편의 전지와 관련한 자격일 뿐인데, 친정부모의 전지를 승계하는 자격이 되기도 했기 때문이다. 어쨌든 최고 권력층의 사대부인 한확의 사례는 수신전이 사회적 약자를 위한 인정仁政의 제도라고 하기는 어렵다. 그는 후에 세조의 사돈이자 성종의 외조부가 되었다.

《경국대전》 '과전체수科田遞受' 조에는 남편이 죽으면 상을 마친 다음해 안으로 호조戶曹에 고하고, 호조는 전지에 관계된 작첩에 따라 체급한다고 했다. 이때 신고하지 않고 몰래 수조收租하는 자는 그 햇수를 헤아려 추징하고 전지는 환수한다고 했다. 또 수신전을 받은 뒤에 개가한 자, 처부모의 전지를 받은 뒤에 아내를 버린 자는 족친이 관에 고하는 것을 허락하고, 국가가 그 토지를 환수한다고 했다. 그런데 수신전을 악용하는 사례가 많아지자 1465년(세조 11)에는 "수신전을 받은 뒤에 다른 사람에게 시집간 자, 처부모의 전지를 바꾸어 받은 뒤에 아내를 버린 자는 논죄"[122]하는 것으로 법령화되었다. 이 수신전은 1468년(세조 14) 이전에 이미 혁파되었다.[123]

1473년(성종 4)에는 수신전을 부활하자는 논의가 나왔다. 즉, "남의 아내가 된 자에게 절개를 권장하는 것이니만큼 백성들을 교화敎化하고 풍속을 이루는 데 작은 보탬이 되지 않겠느냐"[124]는 것이었다. 이 논의를 통해 세조 때에 폐지되었던 수신전이 부활되었던 것 같다. 그로부터 5년이 지나 1478년(성종 9)에 수신전을 폐지하자는 논의가 다시 제기된 데서 유추해볼 수 있다. 당시 대신들은 수신전이 "백성들로 하여금 절의節義를 숭상하고 염치廉恥를 힘쓰게 하기"[125] 때문에 필요하다고 보았다. 하지만 수신전은 폐지하는 쪽으로 가닥이 잡혔고, 다시 그 폐지를 철회하고 부활시키자는 주장들이 제기되었다. 1480년(성종 11)에 제기된 수신전 부활의 논리를 보자.

의식衣食이 족한 연후에야 예의를 닦을 수 있는 것입니다. 국초에는 수신전이 있어 절의節義를 양성했는데, 지금은 폐하여 직전職田을 만들었기 때문에 남편이 죽으면 의지할 곳이 없어 혹 재가합니다. 그런데 실행失行했다 하여 자손을 서용하지 않으니, 이것이 어찌 절의를 양성하는 도리입니까? 청컨대 사사전寺社田을 혁파하고 직전을 감하여 수신전을 회복하소서" 했다. 임금이 말하기를, "열녀烈女는 두 지아비를 고치지 않는 것이니, 어찌 의식이 족한 것을 기다린 뒤에야 절개를 지키랴? 이것은 사사전을 혁파하고자 하여 이런 주장을 하는 것이다" 했다.[126]

정절 부녀의 물질적·정신적 지원을 위해 기획된 수신전이 토지 상속문제와 같은 이해관계가 얽히면서 본래의 의도만으로 유지될 수 없게 되었다. 1백 년 남짓한 역사를 가진 수신전은 1515년(중종 10) 기사를 마지막으로 더 이상 논의되지 않았다. 수신전을 부활시키자는 논의가 다시 대두되자 "지금 사대부의 아내로서 누가 신의를 지키지 않습니까?"[127]라고 하여 '무용한' 수신전은 역사 속으로 사라졌다.

수신전의 표면적 기능은 과부가 된 사족 여성의 기초생활을 보장하는 것에 있었는데, 이는 개가 규제와 맞물려 실제적인 사회 질서에 도움이 되었을 것이다. 수신전을 부활시키자는 것은 표면적으로는 도덕성의 회복이나 여성의 정절의식를 고취시키는 데 있다. 하지만 그 전개를 보면 토지 상속을 둘러싼 현실적 문제들이 수신전 논의의 중요한 부분을 이루고 있는 것이다.

정절에 대한 법 가부장의 격려

자신의 의지와 별개로 강간(미수)이나 음해, 추문 등으로 자신의 성이 위협받을 때 여성이 취하는 행위로는 여러 형태가 있을 수 있다. 조선 후기 법창法窓에는 성적 폭력의 극한 상황에서 저항하다가 피살되거나, 저항의 한 방식으로 자살하거나, 그 관련인을 죽인 사건들을 특별 관리하고 있다. 다양한 형태의 성적인 폭력으로부터 자신을 지키고자 한 여성들에 대해 국가는 정려旌閭와 복호復戶로써 응답했다.

앞서 언급했듯이 《심리록審理錄》은 1776년부터 1800년까지의 25년간, 사형에 해당하는 중범죄 사건 1,112건에 대한 심리기록을 모아 놓은 판례집이다. 여기서 성 관련 인명人命 사건으로 분류된 것은 148건인데, 사건의 성격에 따라 그것은 다시 간통·강간(미수)·성적 음해 등으로 구분되었다. 여기서 화간에 의한 간통이 원인이 된 인명 사건이 58건이었고, 강간(미수)으로 인한 인명 사건은 34건이었으며, 의심·추문·추행으로 인한 인명 사건이 56건이었다.[128] 앞서 살펴본 것처럼 화간한 간통 부녀에 대한 법 가부장의 태도는 '분노' 그 자체였다.

그리고 강간(미수) 사건에서 타살이든 자살이든 피해자의 죽음으로 귀결된 것은 19건으로 강간(미수) 범죄의 56퍼센트에 해당한다. 수치와 분노를 이기지 못한 피해 여성이 스스로 자살하거나 폭행에 저항하다 피살된 경우다. 이 중 성범죄자에게 피살된 경우는 5건이고, 나머지 14건은 피해 여성 스스로 목숨을 끊은 경우다. 그리고 피해자(측)의 성범죄자 살해는 10건이다. 또 자신의 성에 대한 무고·음해, 그리고 성과 관련한 위협이 원인이 된 인명 사건 56건 중에서 자살한 여성이 8건이었다. 성과 관련된 소문이나 음해로 여성이 받는 피해는 실제로 성폭력을 당한 것과 그다지 큰 차이가 없다. 그것은 공동체적 성격이 강한 사회에서, 떠도는 소문이란 사람을 죽일 수도 있고 살릴 수도 있는 강력한 권능을 행사하기 때문이다.

자살이라는 방식으로 성적 폭력에 응답한 여성은 22명이었다. 이 중 대부분의 여성은 그 '열녀적' 행위가 높이 평가되어 정려되거나 복호되었다. 함평 김봉기의 옥사에서 보인 국왕 정조의 논리를 보자. 김 여인은 자신을 겁탈하려던 김봉기의 어깨를 물어뜯어 위기에서 벗어났는데, 사건이 있은 지 23일 만에 약을 먹고 자결했다. 이에 대해 국왕은 강간범 김봉기를 귀양 보내라 하고, 죽은 김씨의 영혼을 위로하라는 판결을 내렸다.

> 김 여인은 품팔이로 살아가는 사람으로 처음에는 이미 몸을 깨끗이 했고, 결국에는 능히 죽음으로써 마무리하여 한 가닥 정절로 양반의 본색을 잃지 않은 자이니, 매우 가상하다. 특별히 복호復戶를 주는 은전을 베풀어 풍교風敎를 수립하고, 죽은 영혼을 위로하도록 하라.[129]

1794년(정조 18)에는 김 여인처럼 미천한 신분의 또 하나의 여성에 대한 심리가 열렸다. 함양의 한조롱韓鳥籠은 자신을 간음하려던 장수원을 거절하여 따르지 않고는 곧 물에 빠져 죽었다. 본도[경상도]의 계사에서는 장수원을 가리켜 "포악한 놈이 감히 순결에 흠집을 내려 했으나 정절을 지닌 여인의 굳은 절개는 변하지 않았다"고 했다. 형조刑曹에서는 한조롱을 가리켜 "물에 빠져 죽는 일을 극락세계에 가듯 했다"고 해석했다. 최종 판결권을 쥔 국왕 정조는 판부를 통해 이렇게 말한다.

이번 한조롱의 옥안은 몇 번을 훑어보아도 경탄을 금할 수 없다. 아, 저 한조롱은 일개 농가의 천한 여인이요 품팔이꾼의 어린 누이로서, 나이는 아직 결혼할 시기가 되지 않았고 글자 한 자도 볼 줄 모르는 무식꾼이다. 그런데 아무도 없는 방 안에서 강포한 놈을 만나 한밤중 벽촌에서 욕을 당하자, 처음에는 울면서 힘껏 항거하다가 끝내는 죽기로 거절했다. 이에 또 몸과 이름이 더럽혀진 것에 분노하고 도적의 계략에 다시 빌미가 될 것이 두려워서, 의리로는 죽기를 결심하고 마음으로는 물고기의 뱃속에 장사 지낼 것을 달게 여겼으니, 이는 "잠깐 캐고 캐노라 저 물길을 따라, 천 길 되는 푸른 물에 내 몸 의탁했네"라고 칭찬할 만하다. 이것은 효녀 조아曹娥가 7일 동안 통곡한 사실과 비교해도 정상이 더욱 슬프고, 영녀令女와 같은 삼종三從의 절개를 지키지는 않았으나 그 자취는 같은 것이다. 그 매운 지조와 곧은 절개는 하찮은 여인네들이 조그마한 신의를 지킨다고 개천에서 개죽음을 당하는 것과는 함께 논할 수 없다. 그러니 《열녀전》의 속편을 만들고자 하는 자는 한조롱의 일을 꼭 선정해야 할 것이다. …… 반드시 진실을 밝혀 죽은 이의 원혼을 풀어주도록 하라.[130]

국왕 정조가 인용한 '효녀 조아'는 한漢나라 사람으로 물에 빠진 아버지를 구하기 위해 뛰어들었는데 3일 만에 아버지를 끌어안은 채 시체로 떠올랐다고 한다. '영녀'는 위魏나라 조문숙曹文叔의 아내로 남편이 죽자 개가시키려는 부모의 청을 거절하며 귀를 잘라내고 코를 베어내면서까지 정절을 지켰다고 한다. 이 두 이야기는 《여사서》에 나온다.[131] 1797년(정조 21) 안동 이석의 옥사를 심리하는 국왕 정조의 태도는 법을 집행하는 최고 권력자라기보다 열녀를 찬양하기 위해 나온 전도사 같은 느낌을 준다.

> 안동의 금씨琴氏가 죽음을 결심하고 목숨을 버릴 때 취했던 높은 절개와 우뚝한 지조를 생각하면 애통하기 그지없다. 예로부터 정녀貞女와 열부烈婦가 혹 강포한 자의 위협을 받아 모욕을 당했을 때 몸을 깨끗이 하고자 하여 죽음을 선택한 경우가 어찌 한이 있겠는가마는, 금씨처럼 다섯 손가락을 깨물어 절단하고 목을 세 번이나 찌르며 심지어 강물에 몸을 던지기까지 했으나 물이 얕아 죽지 못하자 촌가로 숨어 들어가 마침내 스스로 목을 매 죽은 경우는 《삼강행실도》에서도 보지 못했다.[132]

국왕 정조는 괴산 이파금의 옥사에서도 이와 유사한 정서를 보인다. 괴산의 문 여인은 이파금의 강간을 피해 반항하다가 살해되었다. 이 사건을 접한 국왕 정조는 "문 여인의 우뚝한 정조는 옥처럼 맑고 서리처럼 깨끗하니, 하호下戶 가운데 이런 열행이 있을 줄 어찌 짐작이나 했겠는가"라고 하며 감탄했다. 범인 이파금이 공초 과정에서 '문 여인의 정조가 전부터 더러웠다'고 하자 "정절녀가 안다면 장차 황천에서 통한을 머금게 될 것"이라고 했다. 이에 죄인 이파금에게 죽은 문 여인의 정절을 보증하는 다짐을 받게 했다.[133]

안동의 금씨와 괴산의 문씨는 정려·복호의 대상이 되지는 못했지만 대단한 격려와 찬사를 받음으로써 결과적으로는 죽음이 '헛되지'

않은 경우이다. 여기서 주목되는 것은, 죽은 여성이 강간을 당했느냐 아니냐가 그 여성의 가치를 판단하는 데 중요한 기준이 되었다는 점이다. 면천의 이유복 사건을 보자.

이유복이 정절녀를 더럽히려고 한 죄는 우선 차치하고, 배 여인처럼 우뚝한 지조는 옛날에도 알려진 일이 드물다. 그 몸이 더럽혀지지도 않았는데 죽음을 결행했으니 어찌 더럽혀지고 나서 죽어 그 죽음이 어쩔 수 없는 상황에서 기인한 것보다 열 배나 더 훌륭한 일이 아니겠는가. 궁벽한 고을에 이렇게 우뚝한 행실을 지닌 여인이 있다니, 죽음으로 보상하여 억울함을 씻어주기 전에 먼저 배 여인에게 포장褒奬하는 의전儀典을 시행하는 것이 실로 절의를 중시하는 정사에 합당할 것이니, 도신에게 급복給復하라고 분부하라.[134]

심리審理를 주관한 법 집행자들은 그녀들의 행위를 정조나 정절을 더럽히지 않으려고 저항한 것으로 해석했지만, 소문과 무고에 살아남을 수 없었던 여성들의 현실에 주목할 필요가 있다. 예컨대, 그런 상황에 직면하여 정당방위의 돌발적인 행위나 강간 혹은 강간미수의 사건이 있고 난 며칠 혹은 십수 일이 경과한 후 자살의 방식을 택한 여성들, 그녀들의 진실이 과연 무엇이었는지 좀 더 주의 깊게 이해해야 한다. 일단 국왕 정조도 여성들이 자신의 성과 관련한 각종 시선으로부터 자유롭지 못했던 상황을 인지하고 있었던 것으로 보인다.

대저 시골이란 양반과 상민을 구분할 것 없이 정숙한 여자가 포악한 자들에게 욕을 당하거나 나물을 캐다가 한 번 끌려가기라도 하게 되면 갑자기 바람을 피운다고 손가락질을 받아 온갖 오명을 쓰게 된다. 그러면 강간을 당하고 안 당하고를 막론하고 바람을 피웠다는 모함은 자신이 죽을 때까지 씻기 어려운 것이라서 방 안에서 목을 매어 자결하기로 맹세하게 되니, 그 일은 어둠에 묻혀 밝혀지지 않고 그 심정은 잔인하고도 비장하다. 집으로 돌아와 식구들에게 호소해봤자 더러는 눈물을 훔치며 방문을 나서고 더러는 남 보듯 하면서 다른 데로 가버리니, 적적한 빈 방에서 수치와 분노가 가슴속에 교차되어 구차하게 살아보려 하여도 참으로 어떻게 할 도리가 없었던 것이다. 포상의 은전은 비록 함부로 논의할 수 없다 하더라도, 요컨대 몸을 맑히고 지조를 지킨 것은 지나친 말이 아님에도 검관은 스스로 불러들인 화간和奸이라고 했으니, 어찌하여 남의 미덕을 이루어주는 일을 그리도 달갑잖아 하는가.[135]

저항의 가장 극단적 방법인 자살과 살인이 국왕 정조에게는 기절과 용기를 가진 훌륭한 행위로 평가되었다는 사실에 주목할 필요가 있다. 구성의 최조이 사건의 경우 강간의 위기에 저항하다가 도구를 이용하여 쳤는데, 범인이 7일 만에 죽었다. 이에 어사御使는 "강제로 겁탈하는 것을 면하고자 한 것이니, 어찌 살인이라 논하겠습니까"라고 했고, 형조刑曹는 "비록 목숨으로 갚게 할 수는 없지만, 마땅히 차율次律을 시행해야 합니다"라고 했다. 법 가부장의 정점에 위치한 국왕 정조는 최 여인에게서 '간부奸夫를 거절하는 절개'를 본다고 하며 그녀의 행위를 극찬했다.

장강長江과 한수漢水의 유녀游女들이 정숙하고 결백한 몸가짐을 갖자, 시인詩人이 그것을 노래하여 문왕의 교화로 돌렸다. 아, 이제 각박하고 더러운 풍속으로 보아 그런 기풍이 묘연한데, 차츰차츰 교화에 젖어든 미풍을 최 여인이 죽음을 맹세코 수절한 일에서 다시 듣게 되었으니, 진실로 기이한 일이다. 번철로 머리를 친 것은 북을 내던져 이를 부러뜨린 일과 다름이 없으니, 이런 일을 옥사로 성립시키는 것이 합당한지 모르겠다. …… 구성의 최 여인은 평범한 평민인데도 간부를 거절하는 절개가 있었다. 그러니 조정에서 선을 표창하고 악을 징계하는 정사를 이 옥사에 시행하지 않고 어디에 쓰겠는가. 어사가 올린 단자單子에는 용서하는 쪽에 부치고자 했고, 경의 계사는 차율로 비의했다. 그것은 모두 제각기 근거하는 바가 있지만, 왕정王政의 급선무는 풍화風化에 있는지라 본 사안은 마땅히 살려주는 법을 써야 할 것이다. 최 여인을 특별히 무죄 석방하라.[136]

1785년(정조 9) 강진의 김은애는 자신을 성적으로 모함하고 음해한 여인을 칼로 찔러 잔인하게 죽였다. 이 사건의 심리에서 국왕 정조는 뼛속까지 사무치는 가장 억울한 상황은 정숙한 여인이 음란하다는 무고를 당하는 일이라고 하고, 그녀의 기절과 용기를 존중하면서 특별히 사면토록 했다. 또 옥안獄案의 개요와 판부 내용을 널리 유포시켜 인간의 윤리와 기절을 재확인하는 기회가 되도록 하라고 했다. 국왕 정조의 지대한 관심에 힘입어 김은애는 이덕무(1741~1793)의 〈은애전〉과 성해응(1760~1839)의 〈김은애전〉으로 다시 태어났다.

수동적이고 방어적인 여성에서 원수를 갚기 위해 계획하고 실천하는 적극적인 여성이 칭송되는 이 현상에는 특정한 사회적 요구가 있었을 것이다. 외부 폭력에 저항한 여성들을 향한 '격려'의 언어들을 비판적으로 볼 필요가 있는 것이다. 다시 말해 그녀들의 저항과 자살이 정녀가 되거나 열녀가 되기 위한 열망이기보다 그저 한 인간으로서의 자존감에 바탕을 둔 것으로 볼 수도 있다. 이 여성들을 이념의 충실한 수용자 또는 이데올로기의 희생자로 보는 것은 이들을 일정한 틀 속에 가두는 것으로서, 주체성과 관련한 자율·자존 등의 가치를 여성에게서 탈각시키는 결과를 가져올 것이기 때문이다.

한편 강상에 관계된 문제와 성에 관련된 문제가 갈등하는 국면에서는 강상윤리가 우선되었다. 즉 자신의 성적 태도를 둘러싼 왜곡이나 음해에 대해 적극적인 조치를 취한 여성의 경우, 대체로 그 '기개'가 높이 평가되었지만 그것이 남편을 불리한 상황에 놓이게 한 경우는 오히려 처벌되었던 것이다. 이러한 맥락에서 《심리록》에 나타난 여성의 성은 가부장 국가 및 가족에 의해 관리를 받는 대상이면서, 그들의 이해利害에 따라 활용되는 대상이었다.

2부

정절의 문화정치학

절부의 발굴

조선의 첫 국왕 태조 이성계는 1392년 7월 17일 개성 수창궁에서 즉위했다. 그로부터 열흘 후에 즉위 교서를 발표했다. '왕은 이르노라[王若曰]'로 시작하는 이 교서는 새 왕조 조선의 정당성과 17항목에 이르는 국가 정책의 기본 방향을 담고 있다. 그중 하나가 군신·부자·부부 관계의 강령이었다.

> 충신·효자·의부義夫·절부節婦는 풍속에 관계되니 권장해야 할 것이다. 각 지방관은 그들을 찾아 상부에 알리라. 우대해서 등용하고 문려門閭를 세워 정표할 것이다.[137]

여기서 충신·효자·절부는 각각 신하로서 임금에게 충성한 자, 자식으로서 부모에게 효도한 자 그리고 아내로서 남편에게 신의를 지킨 자를 가리킨다. 그런데 즉위 교서에는 의부義夫라는 존재가 보인다. 그는 어떤 사람일까. 아내와 짝을 이루는 남편으로서 의리를 다한 자를 가리키는 것인가? 그렇다면 이는 부부관계의 상호 의무를 나타내는 용어라고 할 수 있다. 절부와 항상 짝을 이루어 등장하는 의부의 용례를 당시의 문맥에서 찾아보자. 1420년(세종 2) 정려자 명단에서 의부 3명의 구체적인 행위가 소개되었다.

의부로 호명된 무관직의 낭장 강용진姜用珍은 왜적의 침입을 당해 진주 목사 박자안朴自安과 함께 싸우다 패하여 적에게 잡혔다. 그때 그는 자신의 말을 목사에게 주며 도망치도록 했다. 또 한 사람인 김제의 정곤鄭坤은 사재로 서원을 세워 지역 사람들을 교육했고, 세 번째 의부 광주의 최보민崔保民 역시 사재로 서원을 세워 생도를 가르쳤다.[138] 이들의 특징은 아내의 남편이라는 의미와는 아무런 관련이 없다. 공익을 위해 헌신한 '의로운 사나이'라는 뜻이다. 따라서 절부와 짝을 이루는 의부, 즉 부부 상호 의무를 지킨 각별한 남편이라는 의미의 의부는 용어만 있을 뿐 현실에서는 찾아보기 힘들었다. 없지는 않았지만 그런 남성을 국가 차원에서 선양하지는 않았다. 따라서 행실이 특이한 자를 우대하고 정려하겠다는 조선 왕조의 정책은 실제로 부모에게 효도한 자식과 남편에게 '절의'를 지킨 아내에 국한되었다.

그러면 첫 국왕 태조(1392~1398)에서 마지막 국왕 순종(1907~1910)에 이르는 5백여 년의 역사 속에서 각 조정의 포장을 받은 절부 혹은 열녀는 대략 얼마나 될까. 어떤 행위가 정려나 복호의 요건이 되었고 어떤 과정을 거쳐 국가가 공인하는 절부나 열녀가 될 수 있었을까. 그리고 조선 전 시기를 통해 국가가 직접 나서서 온 나라를 뒤져 열행의 여인을 발굴하고자 했던 이유, 즉 절부 포장의 이념과 논리도 궁금하다. 정려旌閭는 마을에 정문을 세워주는 것이고 복호復戶는 그녀의 집안에 부역이나 조세를 면제해주는 것을 말한다. 절부를 포장하는 것은 국가 행사의 하나였는데, 절행의 조건이나 포장의 논리 등에서 시기별·왕대별로 약간의 차이가 있다. 여기서는 임의적으로 두 시기로 나누었는데, 대략 임란을 기준으로 하여 전기와 후기로 했다. 한편 명확한 개념을 가지고 사용한 것 같지는 않지만, 전기에는 주로 '절부'라고 했고, 후기로 가면 '절부'와 '열부', '열녀'를 함께 쓰면서 구분하기도 하는데, 주로 '열녀'로 호칭되고 있다.

절부 발굴의 실상

조선 전기(태조~명종)의 절부 발굴

태조(1392~1398)부터 명종(1454~1567)까지 175년간 정려나 복호 등으로 국가적 포장褒獎의 혜택을 입은 절부는 270여 명이다. 이 숫자는 실록의 기록에 근거한 것으로 국가 차원의 다른 기록을 합치면 절부의 수는 더 많았을 것이다. 그러면 그들은 어떤 행위로 절부가 될 수 있었는지, 그 특징적인 사례를 중심으로 왕대별 절부 발굴의 실상과 성격을 살피고자 한다.

旌閭

烈學文弘三金之
女生濟妻陜氏閭

열녀 정려 현판 및 정려각

① 박지원의 〈열녀함양박씨전〉에 나오는 박씨의 열녀정려비(경상남도 문화재 제240호, 함양역사 인물공원)
② 마을 어귀에 자리 잡은 열녀정려각. 마을 어귀에 설치하는 것은 더 많은 사람을 흥기시키는 효과가 있다고 보았기 때문이다.

태조·태종조의 절부

태조에서 태종까지, 건국 후 25여 년 동안 국가가 발굴하여 포장한 여성은 모두 29명이었다. 1년에 한 명 남짓한 숫자다.

태조조(1392~1398)의 6년 동안에는 8명의 여성이 절부로 정려 혹은 복호되었다. 여기서 발굴된 절부의 유형은 크게 세 가지다. 첫 번째 유형은 위기 상황에서 절개를 지키려다 살해된 경우다. 완산의 임씨, 전 별장別將 이제의 처 조씨, 함열의 홍씨, 세 여성은 왜구에 사로잡혀 항거하다 죽었다. 두 번째 유형은 젊을 때 상부喪夫하여 고령이 되도록 홀로 산 여성들이다. 춘주의 이씨와 함주의 이씨, 영흥 김부개의 조모, 조덕린의 모친 김씨, 네 여성은 수절 경력 50년 이상인 고령자들이다. 세 번째 유형은 남편이 죽은 후 9년째 무덤 곁에서 여묘살이와 제사를 지내온 양성 노씨가 절부로 채택되었다. 이 여덟 명의 절부 중에서 완산의 임씨는 세종조에 편찬된 《삼강행실도》〈열녀도〉에 '임씨단족林氏斷足'으로 수록되었다.

고려에서 조선으로 바뀐 지 10년도 안 된 태조조에서는 개가하지 않고 수절하며 고령이 되도록 산 여성도 절부의 자격을 만족시켰던 것이다. 여기서 '개가 권유를 거절했다'는 서사는 조덕린의 모친 1명에 불과하다. 그리고 태조조는 건국 후 처음 실행하는 정책이다 보니 대접이 매우 후했다. 8명의 절부 모두 복호되었고, 그 자손들도 구휼의 대상이 되었다. 특히 절부의 자손 중 벼슬하기를 원하는 자는 말[馬]을 주어 서울로 올라오게 했다. 또 나이 많고 집이 가난한 자와 부인들에게는 차등 있게 쌀을 내려주고, 또 그 동구문[閭]에 정표하게 하고는 사실을 기록해서 서울과 지방에 널리 알리게 했다.

정종조(1399~1400)에는 1건의 절부가 보고되었다. 그녀에 대한 서사를 보면, '19세에 상부했고 남편의 3년상喪을 치렀으며, 부모의 개가 권유를 뿌리치고 시어머니를 봉양하여, 지금의 나이 80세'라는 것이다.[139] 태조조에 비해 절행을 논증하는 항목이 매우 상세해진 것이다.

태종조(1401~1418)에서는 17년 동안 총 20명의 절부가 발굴되었다. 절부의 유형은 크게 다섯 가지다. 첫 번째 유형은 남편을 따라 자결한 '종사형從死型'으로 4명의 여성이 이에 해당된다. 두 번째 유형은 왜적에게 잡힌 위기 상황에서 항거하다 살해된 경우로 2명이 이에 해당한다. 이 중 진주晋州 호장戶長 정만의 처 최씨는 세종조의 《삼강행실도》〈열녀도〉에 '최씨분매崔氏奮罵'라는 제목으로 실렸다. 그리고 최씨 살해의 현장에 있었던 당시 여섯 살 아들 정습鄭習은 열녀가 된 어머니로 인해 나중에 특혜를 받게 된다.[140] 세 번째 유형은 '개가 거절'이라는 표현이 들어간 경우로, 10건으로 확인되었다. '개가 거절'의 서사 중에서도 그 절행의 모습은 다양했다. 젊어서 상부喪夫하고 수절하여 고령의 나이가 되었거나, 친정가족의 개가 권유를 굳게 물리치고 시부모를 봉양하며 수절한 경우이거나, 남편의 상장喪葬을 유교 예제에 맞게 실천한 경우 등이었다. 네 번째 유형은 죽은 남편을 위해 상제례 喪祭禮를 극진히 한 3명의 여성인데, 이들은 모두 남편의 무덤에서 여묘살이를 했다. 다섯 번째 유형은 위기로부터 남편을 구해낸 경우로 범에게 물려가는 남편을 구해내어 국가가 보증하는 절부가 되었는데, 1명이 이에 해당한다. 이 여성은 《삼강행실도》〈열녀도〉에 '김씨가 범을 때려잡다[金氏搏虎]'라는 제목으로 수록되었다.

그러면 남편의 죽음을 따라 자결한, 종사형 절부 4명은 어떤 형태의 절행일까. 어린 4명의 자식을 두고 남편을 따라 죽음을 택한 영녕현 노귀택의 처와 임신한 몸으로 남편을 따라 죽음을 택한 고창의 김여귀의 경우는 특별한 주목을 요한다.

> 영녕현 백성 노귀택이 죽었는데, 그 아내 장귀가 가난으로 예를 갖추지 못하는 것을 애통히 여겨 길쌈과 품팔이를 하여 정성껏 매장하고 산신제까지 지냈다. 집으로 돌아올 때, 죽지 못한 것을 스스로 한탄하며 독초를 캐 먹었다. 그것으로 죽지 않자 목을 매어 죽었다. 자식이 넷인데 모두 어리다.[141]

> 고창의 김여귀는 병든 남편을 극진히 간호했다. 남편이 죽자 임신한 몸으로 시체를 끌어안고 너무 애통해하자 임산부로서 적절치 않다며 그 어미가 말렸다. 그날 저녁 뽕나무에 목을 매어 죽었다. 나이 26세에 두 생명을 가볍게 하면서 남편에 대한 절개를 굽히지 않았으니 마땅히 정표하여 귀감으로 삼는다고 했다. 임금은 상장喪葬 비용을 하사하고 그 마을에 정표旌表했다.[142]

절부에 대한 서사가 교조화되어 가는 것을 볼 수 있다. 서사를 만든 사람들의 의식이 매우 의심스러워지는 대목이다. 어쩌다 어린 자식을 넷이나 남겨 둔 채 남편을 따르고자 자결한 여성이 있었고, 또 뱃속의 아기를 희생시키면서 남편을 따라 죽은 여성이 있었다고 하자. 문제는 그런 여성들을 선양하는 국가 차원의 서사에 있다. 단순히 '특이한' 사례를 찾는 나라의 정책과 그 구조에 매몰된 관리나 지식인들만의 문제일까.

세종·단종·세조조의 절부

세종에서 세조까지 50년간 국가가 발굴하여 포장한 여성은 모두 92명이었다. 1년에 두 명 남짓한 숫자다.

세종(1418~1450)은 재위 32년 동안 68건의 절부를 보고받았다. 조선 4대 왕에 즉위한 세종은 곧바로 중외에 교서를 내려 풍속에 관계된 모범적 인물을 찾으라고 했다. 그런데 그 수가 너무 많았다.

> 효자·절부·의부義夫·순손順孫이 있는 곳을 찾아 그 행적을 아뢰라고 했더니, 무릇 수백 인이 되었다. 임금이 말하기를, '그중에 특이한 행위를 한 자를 추려내라'고 하여 41인이 되었다.[143]

다시 말해 새 왕이 즉위할 때마다 그 시대가 요구하는 모범인물을 찾아내고 표창하는 것은 정책적으로 중요한 행사였다. 이러한 인물에 뽑혀 정려나 복호 대상이 된다는 것이 무엇을 의미하는지 백성들은 지난 20여 년의 역사를 통해 어느 정도 인지했을 것이다. 세종조에서 발굴된 68명의 절부는 크게 여섯 가지 유형이었다.

첫 번째 유형은 '개가 거절'의 서사가 들어있는 경우로서 31명이 이에 해당되었다.[144] 같은 수절 부녀라 하더라도 "개가 권유가 있었는데 거절했다"는 서사가 첨가됨으로써 절행의 가치가 더 올라갔음을 알 수 있다. 이 유형에 해당되는 여성들은 '가족의 개가 권유를 굳게 거절하고' 고령이 되도록 혼자 산 여성, 남편의 상제喪祭를 예에 맞게 정성껏 행한 여성, 남편 무덤 곁에서 여묘살이를 한 여성, 시부모를 성심으로 봉양한 여성 등 '절행'의 내용은 다양하다. 한편 이 여성들이 개가를 거절하는 방법 또한 다양했다. 개가 강요를 피해 중이 된 여성(평강 황재의 처 김씨), 개가를 강요하는 친척을 관에 고소한 여성(호장 박영철의 처), 개가 강권을 피해 시부모집으로 도망간 여성(원주 김준의 처, 여산의 송씨, 전주의 이씨)들이 있다. 세종조에는 여성들의 입에서 "두 번 시집가는 것은 남편에 대한 의리가 아니다"거나 "죽은 남편의 어머니를 누가 봉양할 것이냐" 는 등의 말이 나오기 시작한다. 물론 여성의 입을 빌린 남성 정치가의 말이다.

두 번째 유형은 '개가 거절'의 서사는 없지만 수절하며 시부모를 잘 봉양한 13명이 이에 해당한다. 그들은 남편이 죽은 이후에도 시가 가족의 일원으로 그 가족 역할을 잘 수행했는데, 그것으로 절부가 되었다. 세 번째 유형은 남편 사후 유교적 상제례를 정성껏 실행했거나 여묘살이를 한 14명의 절부가 이에 해당한다. 네 번째 유형은 남편에 대한 애모의 정이 특별하다는 이유로 채택된 3명의 절부가 이에 해당한다. 여흥 우승경의 처 원씨, 군위 도운봉의 처 서씨, 은진의 이덕이 그들이다. 다섯 번째 유형은 개가하지 않고 혼자 살아 고령이 된, 단순 수절의 경우로 4명이 이에 해당한다. 여섯 번째 유형은 강간에 저항하다 살해당한 경우로 3명이 있다. 왜구에게 살해당한 김언경의 처 김씨와 최유룡의 처, 강간범에 대항하다 죽은 처녀 연이가 그들이다.

세종 32년의 재위 동안 68명이라는 많은 수의 절부가 나왔지만, 자결한 사람은 한 명도 없었다. 또 유교적 예제의 실천이 절부 서사의 중요한 요소가 되었음을 볼 수 있다. 그리고 남편에 대한 아내의 절의를 내재화시켜 그 정을 극단적으로 표현한 여성들에 주목한 것도 새로운 변화다. 즉, 세종 20년에 정표된 군위 서씨의 '절행'에서 남편을 애모하는 지극한 정성을 확인할 수 있다.

경상도 감사가 아뢰었다. "군위軍威 사람 도운봉都雲奉이 집 후원에 대를 심고는 매일 이를 완상하며 즐기다가 죽었습니다. 그때 그의 아내 서씨는 28세였습니다. 서씨는 아침저녁으로 후원에 나가 대나무를 쓸어안고 애모하기가 한결같았습니다. 17년간을 계속했는데, 어느 날 백죽白竹이 돋아났다고 합니다. 옛날 중국에서는 아황娥皇과 여영女英이 상수湘水 가에서 슬피 울자 반죽班竹이 난 바 있고, 송宋나라 앙흔仰斷이 부모의 무덤 곁에서 여막살이를 하여 역시 백죽이 난 바 있습니다. 상서롭다 하여 그 마을을 표창하여 '효렴방孝廉坊'이라고 했습니다. 서씨의 경우도 이와 같으니 그의 높은 정절을 표창하여 정문을 세우고 복호함으로써, 뒷사람들을 권계하게 하옵소서." 이에 그 마을에 정문을 세우게 했다.[145]

남편을 잃은 여성의 지정至情이 천지자연을 감동시켰다는 방식의 서사는 아내의 절의가 이제는 제도나 형식의 차원을 넘어 정신적으로 진정성을 갖출 것을 요구하는 맥락에 있다. '지성이면 감천'이라는 말이 절부 생산에도 적용되는데, 은진 이덕이 그런 사람이다. 은진의 이덕은 왜적에게 살해당한 남편의 시체를 찾지 못하자 지전紙錢으로 혼을 불러 집으로 돌아와 위패를 만들고 조석으로 제를 올렸다. 그 부모가 개가를 권유하자 "저기 저 위패는 실로 나의 배필이니, 비록 내가 죽게 되더라도 맹세코 다른 마음이 없을 것이라"하고, 항상 소복을 입고 술과 고기를 먹지 않으며 간절히 슬퍼한 지 7년이 되었다. 왕이 정문을 세우고 복호하게 했다.[146] 그런데 그로부터 11년 후 이덕의 남편

문성기文成奇가 돌아왔는데, 왜적의 포로가 되어 대마도에 살고 있었던 것이다. 남편이 조선으로 돌아올 수 있었던 것은 순전히 이덕의 노력 덕분이었다. 죽은 줄 알고 제사까지 지내고 있던 문성기가 대마도에 살고 있다는 사실을 알게 된 것은 역시 포로로 억류되었다 돌아온 윤원만 덕분이었다. 이덕은 예조에 호소의 장문狀文을 보냈고, 이미 절부로 정표된 그녀의 요청이 받아들여져 예조는 대마도 태수에게 문씨의 귀환을 요청하게 된 것이다.[147] 남편을 구출해내기 위한 이덕의 적극성은 서문에서 소개한 '영원한 정절녀' 도미 부인을 연상케 한다.

또한 남편의 무덤 곁에서 행한 여묘살이가 절부의 중요한 요건이 되었다. 여자의 몸으로 깊은 산속 묘지 옆에서 3년을 산다는 것은 누구나 할 수 있는 일은 아니기 때문에 그 정성을 평가한 것이다. 하지만 여묘살이를 하는 부녀가 많아지자 문제가 발생할 것이라는 우려와 함께 금지시키자는 주장이 나오기 시작했다. 여자는 물론 남자의 여묘살이도 성인聖人의 제도에 부합하지 않는다는 것이다.[148]

단종조(1452~1455)에서는 3년 동안 22명의 절부가 정려·복호되었다. 단종조는 재위 기간 대비 가장 많은 절부를 생산해낸 셈인데 1년에 7명 정도다. 앞서 문종 2년 여의 재위 기간 동안 절부로 정표된 사람은 한 명도 없었다. 단종조에 포장된 절부의 유형은 크게 다섯 가지다. 첫 번째 유형은 개가 거절의 서사가 포함된 경우로 모두 9건이다. 그중에는 단순 수절이 있고 시부모 봉양이나 여묘살이 등의 행위가 첨가되기도 했다. 두 번째는 유교적 예제 및 상제례를 충실하게 수행한 경우로 2건이 이에 해당된다. 유교적 예제를 실행한 사람으로는 절의의 대명사인 길재吉再의 딸이 추천되었다. 세 번째는 남편에 대한 애모를 특이한 행위로 표현한 유형으로 8건이다. 이 유형에는 몸소 무덤 만들기, 손가락을 찔러 그 피로 비석에 새겨진 글자에 메우기, 여묘살이, 어육이나 훈채 등의 음식 금기, 남편 형상을 그려 방안에 걸어두고 조석전 행하기 등이 있다. 네 번째는 남편 따라 자결한 유형으로 2건이 있고, 다섯 번째는 호랑이의 공격으로부터 남편을 구해낸 것으로 1건이 있다.

단종조의 특이사항은 애도의 뜻으로 고기, 훈채, 생선, 파, 마늘 등 음식을 먹지 않은 행위가 '지극한 정성'의 표출로 평가되었다는 점이다. 또 서사가 풍부해지면서, '매우 슬퍼 방황하다'라는 등 감정이나 정신의 측면이 강조되었다. 영동 민보광의 처 정씨와 선산 백동량의 처 소사의 경우를 보자.

영동 민보광의 처 정씨는 모든 장례를 직접 치렀는데, 집 가까이 무덤을 만들어놓고 친히 염하고 관 곁을 떠나지 않으면서 죽었다 소생하기를 두세 번이나 했습니다. 무덤에 조석朝夕마다 전奠을 올리며 비와 눈이 오더라도 반드시 직접 가고 저물녘에 무덤 앞에 가서 방황하며 울다가 밤이 깊어서야 돌아옵니다. 그 일을 지금까지 29년 동안 하고 있습니다.[149]

선산의 향리鄕吏 백동량이 죽자, 그 아내 소사는 집 가까운 땅에다 장사지내고 아침저녁으로 전奠 드리는 것과 삭망제를 지내며 3년상을 마쳤습니다. 지금에 이르기까지 8년 동안 어육魚肉과 파·마늘을 먹지 않으며, 매일 무덤 앞을 깨끗이 소제하고 초하루와 보름에는 제사를 지냅니다. 제철음식이나 맛있는 음식을 얻으면 반드시 전을 올리고 방황하면서 눈물을 흘

리며 웁니다.[150]

세조(1455~1468)는 재위 13년 동안 2명의 절부를 보고받았다. 남편의 정신병 치료에 자신의 손가락을 자른 피를 써서 낫게 한 잉화이仍火伊와 남편의 원수를 갚은 홍산 나계문의 처 윤씨가 그들이다. 세조조의 절부 2명이라는 숫자는 절부 선발을 거의 하지 않은 셈이다. 이에 대해 당시의 대신들은 법전에 명시된 절부의 포상을 하지 않은 것은 각 도의 감사가 게을렀기 때문이라고 했다.[151] 하지만 이것은 지방관의 게으름 탓이라기보다 국왕 세조가 '효자·절부'에 대한 의지를 보이지 않았기 때문으로 보인다. 자신의 힘으로 왕위에 오른 세조로서는 '신의'나 '의리'와 같은 도덕적 개념을 구태의연하게 여긴 것은 아닐까.

예종(1468~1469)의 재위 1년 동안 1명의 절부가 소개되는데, 과부로 살고 있던 그녀는 친정어머니와 형제들이 개가시키려 하자 목을 매고 자결했다.[152]

성종·연산조의 절부

성종(1469~1494) 재위 25년 동안 32명의 절부가 보고되었다. 크게 세 가지 유형이다. 첫 번째는 남편에 대한 애정의 극단적 표현 또는 특이한 행위를 보인 유형으로 모두 19건이다. 이 유형의 서사로는 여묘살이, 조석전朝夕奠, 피눈물, 3년상喪, 불식不食, 슬퍼함, 곡읍哭泣, 소복素服과 소식素食, 여승 등이다. 그중에 여산 박치림朴致林의 처 막덕莫德은 조석전과 삭망전을 20년 동안 계속 행했고, 자신에게 청혼한 같은 고을 사람 김순복金順福을 관官에 고소하기까지 했다. 과부의 절의를 방해했다는 이유로 김순복은 벌을 받았다.[153] 두 번째는 죽음으로 절의를 밝힌 사절형으로 모두 9건이다. 목을 매 죽은 경우가 대부분이고 더러는 굶어 죽기도 했다. 이들이 죽음을 선택하게 된 것은 대부분 '개가 권유'가 이유가 된 것이었다. 세 번째는 위기로부터 남편을 구해낸 유형으로 4건이 있다. 4건 모두 호랑이의 습격으로부터 남편을 구출해낸 것이다. 이 중 박지지朴止芝와 조중량曺仲良의 처 조씨의 경우는 이전에 볼 수 없었던 특이한 행위를 보임으로써 열행烈行의 범주를 확대시키는 역할을 했다.

박지지는 17세에 안지의安止義의 첩이 되어 나병에 걸려 심한 악취를 풍기는 남편을 19년 동안 환부를 혀로 핥는 등 극진히 보살폈고, 남편이 죽자 조석전을 행하며 3년상을 마쳤다. 개가 권유에 죽기를 각오하고 거절했는데, 수절한 지 14년 만에 애모에 병을 얻어 죽었다. 특이한 행동을 한 지지에게 열녀문을 세워주다.[154]

박지지는 첩의 신분으로 열녀가 된 경우다. 원주의 생원 조중량의 처 조씨의 경우는 친정에 있던 중 남편이 위독하다는 소식을 듣고 시가로 달려갔는데, 조중량이 이미 죽어 염斂을 한 상태였다. 이에 조씨는 손수 염을 풀고는 1주일 동안 시체를 안고 있었다. 그 냄새가 더러워 가까이 할 수 없는데도 조씨는 시체를 끌어안고 있었던 것이다. 15일 동안을 먹지 않고 계속 곡을 하다가 결국 자결했다.[155] 여기서 무엇이 두 여성의 행위를 가능하게 한 것인지, 단지 서사일 뿐인지 다양한

2부·정절의 문화정치학 —— 109

측면에서 접근이 필요하다.

연산군(1494~1506) 12년의 재위 동안 6명의 절부가 보고되었다. 절부의 조건으로 남편이 죽고 수절하며 '웃지 않는다'거나, 철따라 혹은 명절마다 죽은 남편을 위해 '새 옷 만들어 제사지내다' 등의 서사가 등장한다.

"함평 사람 유경손의 아내 장씨는 남편이 죽자 집 앞에 빈소를 차리고 아침저녁으로 몸소 전奠을 올리며, 정리情理를 다하여 상사를 지내고 철따라 옷을 만들어 무덤 앞에 불태웠습니다. 《대전》대로 정문하여 표창하고 부역을 면제하여주기 바랍니다" 하니, 그대로 좇았다.[156]

조선 초기에는 상부喪夫 후 개가하지 않고 혼자 사는 것만으로도 절부로 인정되었다. 절부의 조건으로 '개가 거부'의 서사가 자주 사용된 시기는 태종조와 세종조 그리고 단종조다. 개가를 거부하는 행위를 선양하는 것은 부녀의 개가를 규제하는 제도의 성립과 맞물린 것이다. 한편 이것은 부녀 개가가 사회적으로는 자연스런 현상이었고 개가를 거부하거나 개가를 하지 않는 것이 특별한 경우임을 말해주는 것이기도 하다. 특히 연산조에서는 부모나 남편의 3년상을 이행한 자에게 효자·열녀로 정표하는 것은 옳지 못하다는 국왕의 전교가 있었다.[157] 그 이유는 3년상은 남편에 대한 아내로서의 당연한 도리인데 굳이 상을 내릴 필요가 있느냐는 것이었다. 연산군조에서는 2년에 한 명 꼴의 절부가 나와 공식적인 표장을 받았다.

중종·명종조의 절부

중종조와 명종조 60여 년간 110명의 절부가 정문이나 복호의 대상이 되었다. 여기서의 특징은 하층 여성들의 활약이 두드러지고 단지斷指의 사례가 늘어난다는 점이다. 단지란 병든 남편의 치료를 위해 자신의 손가락을 잘라 피를 내어 먹이는 것을 말한다.

반정으로 왕위에 오른 중종(1506~1544)은 무너진 정표를 정비할 것을 7도 관찰사에게 명했다.

> 이제 새로운 정치를 하는 처음에 가장 먼저 해야 할 일은 절의를 장려하는 것이다. 이에 앞서 충신·효자·절부·열부의 무너진 정표들을 소재처의 각 고을에 명하여 즉시 개수하도록 하라.[158]

이렇게 하여 중종조 39년간 보고된 절부의 수는 85여 명이다. 중종조에는 몇 사례를 제외한 대부분이 절행을 서술한 서사가 짧고 간략한 것이 특징이다. 그 가운데서도 서사가 특이한 것이 있다.

> 경상도 곤양군의 아전인 문종혁의 아내는 남편의 상을 당해 조석으로 곡하고 음식을 올리되 슬픔과 정성을 다했다. 3년상을 마치고도 통곡을 그치지 않으며 매번 삭망 때는 제사를 지내면서 머리도 빗지 않고 고기도 먹지 않고 흰옷을 입으며, 누구도 그가 웃는 것을 볼 수 없었다. 그리고 친척 중에 죽은 사람이 있으면 죽은 남편을 위하여 반드시 의복이며 건巾이며 버선 등을 만들어서 장지葬地로 부쳐 황천에 있는 남편에게 전해주기를 바랐다. 그의 지극한 정성은 이처럼 가식이 없었으므로 향읍鄕邑이 탄복했다.

그의 아들 문도선도 4~5세 때부터 그 어머니의 정성에 감동되어 고기를 먹지 않았다.[159]

손가락을 잘라 피를 내어 남편을 구하려는 여성들이 늘어나자 예조에서도 이런 행위를 어떻게 해석해야 할지 고민이었다. 예조에서 말하기를 "단지斷指는 일시적인 성의와 감격으로 인한 것이고, 오랜 해가 되도록 변함없어야 그 행위가 더욱 높은 법이지만 단지한 사람을 정표해 온 옛 기준이 있으므로 무시할 수는 없다"[160]고 했다. 이와 함께 절부에 대한 서사에 '단지斷指' 혹은 '할고割股'가 등장하고, "오래도록 달라지지 않아 절행이 가상하다"는 식의 서사가 하나의 패턴을 이루고 있다.

개천价川 양녀良女 막시莫時는 지아비를 위해 육신을 아끼지 않고 손가락을 끊어 태워서 약에 타 먹였는데 모두 병에 차도가 있었습니다.[161]

이윤동의 아내 홍씨는 예전에 절행이 특이하여 복호하여 권장했는데, 그 뒤에도 20여 년이나 정성과 공경이 나태해지지 않고 지절志節이 더욱 굳었습니다. 이들의 특이한 행실은 비록 《삼강행실도》에 실린 효자나 열부라 하더라도 이들보다 더할 수 없습니다.[162]

중종 23년에는 단지를 한 강릉의 진사 신명화申命和의 아내 이씨와 오랫동안 변함없는 절의를 보여준 절부 14명을 정문, 복호했다. 신명화의 아내는 신사임당의 친정어머니이자 율곡의 외조모인 용인 이씨를 말한다. 율곡은 외조모 이씨의 묘지명에 이렇게 썼다. "하늘에 빌고 단지하여 남편의 열병을 구제했으니 지극한 정성이 신명을 감동케 하셨습니다. 의리는 널리 이웃을 감동시키고 아름다운 명성은 대궐에까지 알려졌습니다. 그 마을에 정표되어 꽃다운 행실이 서책에 기록되어 전하고 있습니다."[163]

명종조(1545~1567) 22년 동안 25명의 절부가 보고되었다. 명종조에도 단지나 할고로 남편의 악질을 치료했다는 절부 서사와 남편의 상제례를 성실히 수행했다는 서사가 기본 패턴을 이루고 있다. 즉 '유씨는 남편이 악질을 앓자 다리의 살을 베어 남편의 병을 치료했고', '박씨는 남편이 역질에 걸리자 시가의 제사를 폐하게 될까 염려하여 울부짖고, 반드시 가묘에서 제사했고 사당에 불이 나자 뛰어들어가 신주를 안고 나왔다'[164]고 한다.

동부에 사는 생원 홍윤洪潤의 아내 이씨는 지아비가 병을 얻었는데 의원의 말이 '생사람의 고기를 약으로 먹여야 된다'고 하자, 즉시 칼로 발가락을 끊어 자신이 갈아서 술에 타 먹였는데 지아비의 병이 조금 나았다.[165]

한편에서는 손가락을 자르는 단지나 허벅지 살을 떼어내는 할고를 비판하는 목소리도 있었다. 그것은 절박한 상황에서 누구나 선택할 수 있는 것으로 대단한 의미가 있는 것이 아니라는 것이다. 물론 강상의 변괴가 잇달아 나오고 있는 시대적 상황에서 볼 때 그런 행위를 하는 사람들의 선택도 높이 살 필요가 있다고도 했다. 정작 문제는 단지나 할고가 본심에서 나온 것이 아니라 명예를 구하기 위한 방편으로 삼는다는 데 있었다.[166]

명종조에서 절부로 채택된 하층 여성 중에는 안동의 사비 순이順伊와 사천의 사비 광덕光德이 있다. 순이는 남편 김검동이 죽자 상제례를 지내며 슬퍼했고, 아비의 개가 권유를 피해 남편의 무덤 옆에서 목을 매고 죽었다. 광덕은 남편이 죽자 3년 동안 술과 고기, 채소와 과일을 먹지 않고, 단지 죽과 물로 연명했다. 주변의 개가 권유에 눈물 흘려 굳게 거절하면서 "옛사람은 한 번 혼례를 올려 부부가 되면 죽을 때까지 절개를 고치지 않은 까닭에, 남편이 죽어도 개가하지 않았다"고 했다. 또 "열녀烈女는 두 남편을 섬기지 않는다. 옛사람이 이미 이렇게 했는데, 나는 어떤 사람인가"라고 했다.[167] 사비 순이와 광덕 외에 관비 귀금貴今과 귀비貴非의 절행도 왕을 감동시켰다.[168] 자신의 절행을 설명하는 하층 여성들의 논리는 남성 유학자의 목소리와 구별하기 어려울 정도로 유사하다.

이상에서 다룬 태조조에서 명종조까지 국가가 정표한 절부를 그 절행의 유형을 가지고 〈표 2〉로 정리해보았다. 여기서 제시된 유형은 절대적 기준을 가진 것이라기보다 임의성이 개입된 것이다. 하나의 절행에 여러 유형들이 섞여 있는 경우가 많아 내용의 맥락을 통해 대표 유형을 정할 수밖에 없었다.

이 도표는 절행의 서사 내용을 중심으로 분류한 것이다. 적게는 1~2개, 많게는 5~6개의 항목이 다 들어있는 경우도 있었지만, 그 절행의 핵심 언어로 판단되는 것으로 대표성을 삼았다. 예컨대 '개가 권유를 피해 자결했다'라는 서사는 '자결'로 분류했다. 그러면 도표에 드러난 바, 왕대별 특징을 몇 가지로 정리해보자.

태종조와 세종조는 '개가 거절'이 절행의 중요한 조건이 되었다면

〈표 2〉 전기(태조조~명종조) 절부의 유형 및 인원 수

왕	재위기간(년)	개가거절	사절 종사형	사절 위기형	단순수절	시부모봉양	남편상제례	애모애훼	남편구함	서사없음	단지斷指	합계
태조	6	1		3	3		1					8
정종	2	1										1
태종	17	10	4	2			3		1 (호虎)			20
세종	32	31		3	4	13	14	3				68
문종	2											
단종	3	9	2			2	8		1 (호虎)			22
세조	13								1 (복수)	1		2
예종	1		1									1
성종	25	(8)	7	2			15		4 (호虎)	4		32
연산군	12					1	5					6
중종	39	7	9	4		1	48		3 (호虎·화火)	12	3	85
인종	1											
명종	22	2	6	1			4	7		1	4	25
		175	69	29	15	7	16	109	10	13	12	270

성종조에는 '개가의 권유를 물리치고 자결한' 것에서 절행의 완성이 이루어졌다. 다시 말해 성종조에서는 '개가 거절'만으로는 절부의 조건을 충족시킬 수 없었던 것이다. 단종조와 성종조, 중종조의 서사 패

턴은 '너무 슬퍼했고' '남편의 상·제례를 정성껏 행한' 것이 빈번하게 사용되었다. 특히 성종조와 중종조는 정신성을 절행의 중요한 조건으로 파악하고 있다. 또 성종 이후에는 단지가 절행의 주요 조건으로 등장했다. 절행이란 개발되거나 구성되는 성격이 강했는데, 그것은 정려를 목적으로 한 서사로서 기이하고 새로운 이야기를 통해 시선을 집중시킬 필요가 있었기 때문이다.

조선 후기(선조조~순종조)의 절부 발굴

선조(1567~1608)부터 순종(1907~1910)까지 344년간 국가 차원의 혜택을 입은 절부는 850여 명에 이른다. 이 숫자는 실록의 기록에 근거한 것이다. 후기의 절부는 절행에 대한 서사가 없거나 있어도 간략한 것이 특징이다. 또 절행에 대한 설명 없이 명단만 나오거나 절부의 숫자만 나오는 경우가 많다. 전기에 행해졌던 '화려한' 서사에 비하면 후기의 절부는 기계적인 느낌마저 든다. 또 후기에는 개가 권유를 거절했다는 사실이 절부의 요건이 되지 못하였다. 그리고 전기의 절부 항목에서 중요한 요소가 되었던 '남편 사후 시부모 봉양'이나 '남편의 상제례' '애모의 정'은 중요하지 않았던 것으로 보인다. 그것이 매우 당연한 현실이 되었기 때문일 수도 있다.

선조·광해군·인조조의 절부

선조에서 인조까지 80여 년간 발굴되어 정표의 대상이 된 절부는 240여 명이다. 이 숫자는 실록에 근거한 것으로 광해군 때의 《동국신속삼강행실도》에 수록된 열녀는 포함되지 않았다. 임진왜란 당시에 발생한 숫자를 더한다면 국가적 차원에서 파악된 열녀는 이 세 조정에서만 1천 명이 넘을 것으로 보인다.

　선조 재위 41년 동안 실록에 기록된 절부는 15명이다. 대부분 적의 침입을 받은 위기의 상황에서 자결 또는 살해된 경우다. 한편 임진왜란으로 인해 많은 사람들이 죽었고, 그중에는 성폭력을 피하다가 죽은 여성들이 많았을 것이다. 그런데 열녀로 정표 대상이 되는가 하는 심사에서 여성들의 죽음을 정절문제와 관련지어 해석하는 것은 문제라는 의견도 나왔다. 선조조에 포장된 절부의 서사를 보자.

　도승지 신식의 딸 신씨의 절개를 기려 정문, 복호케 했다. 정유재란 때 적에게 끌려가던 신씨는 "칼을 빼어 들고 소리를 높여 왜적을 꾸짖기를 '내가 어찌 감히 너를 따라가 살겠는가. 속히 나를 죽여라' 하며 오른손으로는 칼을 잡고 왼손으로는 나무를 휘어잡고는 소리를 더욱 매섭게 질렀다"[169]고 한다. 그녀의 기개에 탄복한 사람들이 현장의 상황을 전달해줌으로써 국가가 주는 정문과 복호를 받게 되었다. 또 비첩婢妾 연이燕伊는 상전이면서 동시에 남편인 생원 정양신鄭良臣에게 보인 절개로 정문, 복호의 대상이 되었다. 적이 쳐들어오자 모두가 제 살길을 찾아 뿔뿔이 도망쳤지만 연이는 정양신 곁을 지키며 적에게 "너희들이 꼭 죽이려면 나를 죽이고 상전上典은 죽이지 말라"며 항거했다. 끝내 적에게 남편이 죽임을 당하자 관곽을 마련하여 장사지내고서 호남의 동생에게로 가 몸을 의탁했다. 그곳에서 이생원이라는 자가 첩으로 삼고자 하자 '연이는 자신의 몸을 더럽힐까 두려워하여' 다시 망부 정양신의 묘 곁으로 돌아와 여막을 짓고 지금까지 수절하고 있다고 했다.[170]

16세기 중반에는 하층 여성들의 절행이 보고되었고, 이에 지식인들은 "국가가 추진한 교화의 결과"라며 적극적으로 논평했다.

이 사람들은 시골 흙집 속에서 생장하여 견문도 없는 사람들입니다. 따라서 절개를 잃고 살기를 도모한다 해도 누구 하나 금할 사람이 없는데 끝내 해를 당하면서 태연히 죽음을 맞이했으므로 이 고을 사람들이 지금까지 탄복하고 있습니다. 이것이 비록 하찮은 여자의 일이라고 하지만 2백 년 동안 교화시킨 효과로서 강상을 부식扶植하고 인심을 감동시키는 일이니, 이런 사실을 매몰시켜 후세 사람들이 알지 못하게 할 수는 없습니다. 계문啓聞하여 포장褒奬하고 정표旌表하게 해주길 바랍니다.[171]

광해군(1608~1623) 15년의 재위 기간에는 4명의 열녀가 포장되었다. 실록의 기록에 의하면 황석산성 방어에 희생된 수령 및 곽준 일가에 대한 포상을 내렸는데, 그중 열녀가 4명이었다.[172] 특히 광해군 때는 병란 때의 충신·열녀·효자 등을 모두 포상하도록 예조에서 건의했는데, 사절死節한 사녀士女가 극히 많아 각 도에서 보고한 것이 문서로 쌓여 여러 해 덮어두었다고 했다. 이에 예조판서 이정구李廷龜가 아뢰었다.

정부에서는 인원 수가 너무 많다고 하며 과반수를 삭제했는데 삭제당한 자가 2백여 명이나 됩니다. 신이 지금 본래의 문안을 살펴보니, 절부節婦가 더욱 많은데 모두가 시골 농민이며 촌 부녀자이니, 이것은 진실로 열성조에서 배양한 유택이고 우리나라가 평소에 예의를 지킨 효과를 여기에서

《동국신속삼강행실도》〈열녀도〉.
위는 제목이 '이부동사二婦同死'로 동서 사이인 김씨와 신씨가 왜적에게 강간당할 위기에서 김씨는 목을 매고 신씨는 물에 빠져 죽은 장면을 글과 그림으로 표현했다. 아래는 '이부추애二婦墜崖'로 시누와 올케 사이인 박씨와 권씨가 왜적을 피해 도망가다가 절벽에서 뛰어내려 순절한 장면을 묘사했다.

볼 수 있습니다. 당시 칼날이 몸에 부딪쳤을 때 죽음으로 항거하여 욕을 당하지 않고 뼈를 풀섶에 버린 것이 어찌 후일에 이름을 구하려는 계획이었겠습니까. …… 지금 삭제하려는 자와 참여시키려는 자를 비교해보면 그 행적에 차별이 없는 것 같으니 선택이 어려울 것 같습니다. 온 나라가 적의 칼날이 닿지 않은 곳이 거의 없었으니 사절한 사녀가 비록 수백 명이 넘는다 하여도 많은 것이 아닙니다. …… 모두 포상을 은전을 베풀어 온 나라 사람들과 죽은 영혼들을 감동시키소서.[173]

국왕은 이정구가 아뢴 대로 거행하라고 했다. 여기서 말한 사녀士女들은 《동국신속삼강행실도東國新續三綱行實圖》에 수록되었다.

인조조(1623~1649) 26년 동안에는 2백여 명이 절부節婦로 정문 및 복호 등으로 포장되었다. 이에 앞서 1628년(인조 5) 7월 29일에는 황해감사가 정묘호란으로 죽은 여성 126명을 보고했다.

오랑캐의 변란 때 절개를 지켜 죽은 부녀자가 모두 126인인데 그중에 절의가 특별한 자는 다음과 같습니다. 해주의 유학 정득주의 아내 김씨는 적의 핍박을 당하자 먼저 그의 딸을 물속에 던지고 아들을 업고서 스스로 물에 빠져 죽었고, 해주의 양인良人 임순립의 아내 대종大從은 적을 만나 쫓기게 되자 바다를 굽어보며 하늘을 향해 큰소리로 '아무의 아내는 이 물에 빠져 죽는다'고 부르짖고 죽었습니다.[174]

인조 5년에 황해감사가 보고한 절부들이 4년 후인 1632년(인조 9)에 정문이나 복호를 받은 193명에 포함된 것으로 보인다. 여기서 정문이

세워진 절부가 176인, 복호된 절부는 11인, 상으로 물건을 받은 절부는 6인이었다.[175]

효종·현종·숙종조의 절부

효종에서 숙종까지 70여 년 동안 국가 차원에서 포장된 절부는 1백여 명이다. 이 중에는 절행에 대한 설명이 없는 경우가 많다.

효종조(1649~1569) 10년 동안의 실록으로는 국가로부터 포장된 절부의 수를 정확하게 파악하기가 어렵다. 1655년(효종 6)에는 "서울과 지방의 효자와 열녀 60여 명을 정려하거나 작위를 주거나 복호復戶해 주어서 쇠퇴한 풍속을 면려하고자 했다"[176]는 기록이 있다. 여기서 효자와 열녀를 묶어서 60명이라 했는데, 열녀의 정확한 수를 알기가 어렵다. 그래서 효종 6년에 포장된 열녀를 30명으로 잡을 때 효종조의 절부 혹은 열녀는 40여 명으로 추산된다.

현종조(1659~1674) 15년 동안 29명의 열녀가 보고되었다. 그 몇 가지 사례를 통해 조선 후기 효종대의 서사적 특징을 살펴보자. 해주 열부 구씨의 경우 밤에 화적의 침입으로 칼을 맞고 죽어가던 남편을 찾아 활활 타는 불 속으로 뛰어 들어가 함께 타 죽었다는 이유로 '진정한 열부'로 칭송되었다.[177] 현종조의 절행은 '즉시 자결[即自決]'이라는 표현이 자주 사용되고 있다.

승지 오정원吳挺垣의 양모養母 윤씨는 젊은 나이에 남편이 죽자 칼로 스스로 목을 찔렀으나 죽지 않았다. 다음해 조카 정원을 양자로 정할 것을 시부모에게 청하고 독약을 먹고 죽었다. 장령 정식鄭植의 며느리 이씨는 남편이 죽자 즉시 자결하여 따랐다. 학생 이준평李浚平의 아내 임씨는 남편이 친구에게 살해당하자 즉시 자결하여 따랐다. 상이 예조에 명하여 마을에 정표하게 했다.[178]

유학 이광진李光進의 아내 이씨 등 5명의 열녀에게는 정문을 세워주고, 학사 강태현姜太賢의 아내 권씨 등 3명의 절부에게는 복호해주라고 했다.[179] 여기서 '열녀'와 '절부'를 구분하는 것을 볼 수 있는데, 각 명칭에 합당한 행위가 어떤 것인지 나와 있지 않아 알 수가 없다.

숙종조(1674~1720) 46년 동안 41명의 열녀가 보고되었다. 1681년(숙종 7) 6월에는 정유재란 때에 죽은 함평 사람 정함일의 처 이씨 등 12 절부를 정려했다. 그들은 난리를 피해 배를 타고 함께 영광의 바다 가운데 있었는데 적선賊船이 뒤쫓아오자 12명의 절부가 동시에 바다에 뛰어들어 죽었던 것이다. 이들은 모두 《동국신속삼강행실도》에 실렸는데, 숙종 7년에 와서야 정려되었다.[180]

1682년(숙종 8)에는 정절을 지키기 위해 사투를 건 한 여성의 행적을 긴 서사를 동원하여 칭송하고 정려했다. 영동의 이소사라는 여성이 그 사람이다.

이씨는 영동현 교생校生의 아내로 병을 앓아 혼자 방안에 누워 있었는데, 이웃에 사는 포악한 자가 겁탈하려 했다. 이씨가 죽기를 각오하고 굳이 항거했다. 나이 겨우 여섯 살 된 그의 아들 박만여朴萬餘가 그 외조부에게 달려가서 알림으로써 구제되었다. 비록 욕을 당하지는 않았지만 불량배에게 위협당한 것을 상심한 이씨는 목을 매 자결했는데, 그때 나이 25세였다. 이에 이씨의 아비가 관가에 호소하여 포악한 자를 체포해서 죄를 다스렸는데 당시의 추관이 옥사를 느슨하게 하는 바람에 범죄자가 법망을 빠져나갔다. 조금 자라난 이씨의 아들 박만여가 많은 사람이 모인 가운데에서 칼로 범인을 직접 찔러 그 간을 꺼내 어미에게 제사지내고, 관청에 나아가 제마음대로 죽인 죄를 받고자 했다. 조정에서 그 행동을 의롭게 여겨 용서하여 사형하지 않고 웅천에 정배했다가 곧 석방시켰다. 도신道臣이 자결한 이씨에게는 정려의 은전을 베풀고 그 아들 박만여를 정표하고 복호하도록 청했다. 예조에서는 이씨의 정려만 허락하고, 박만여는 훗날 폐단이 될 수 있다 하여 그대로 두었다.[181]

또 강간의 위기에 처하자 힘을 다해 항거하다 죽임을 당한 하층 여성 옥례玉禮를 정려했다.[182] 양천陽川의 사비私婢 예진禮眞,[183] 함종의 천인 작은아기[小斤阿只],[184] 선산의 열녀 향랑香娘 등 하층 여성들이 열행으로 정문을 받았다. 특히 《향랑전》의 주인공이기도 한 향랑에 대해 좌의정 이여李畬는 "향랑은 무식한 시골 여자로서 두 남편을 섬기지 않는다는 의리를 알아 죽음으로 스스로를 지켰고, 또 죽음을 명백하게 했으니, 비록 《삼강행실》에 수록된 열녀라도 이보다 낫지는 않습니다. 마땅히 정표를 더하여 풍화風化를 닦아야 합니다"라고 말했다.[185] 또 남편을 죽인 사람을 보복살해한 홍방필의 처 최씨도 열녀로 복호되었다.[186]

영조·정조조의 절부

영조(1724~1776)에서 정조(1776~1800)까지 75여 년간 국가 차원의 인정을 받은 절부는 150여 명이다. 급간의 위기, 즉 성폭력에 직면해 항거하다 죽은 여성으로 성폭행의 상황에서는 벗어났지만 그 억울함을 밝히기 위해 자결한 경우이다. 이러한 여성들이 절부 또는 열부로 포장되었다. 열녀의 행렬은 신분을 초월해 저 아래의 하층 여성에서 저 위의 정경부인에까지 이어졌다.

영조조에는 31명의 열녀가 포장되었다. 이 중 특이한 서사로 구성된 행위 몇 가지를 살펴보자. 김제의 김상각金相珏은 수절하는 과부 김씨를 겁탈하려고 군수 최보흥崔普興을 부추겨 김씨의 아버지를 도둑으로 몰아 옥에 가두었다. 이에 김씨가 자살했다. 임금이 놀라며 명했다.

가뭄이 이러한 것은 원기冤氣 때문이다. 김씨는 효열이 모두 뛰어났으니, 한漢나라의 동해효부東海孝婦[187]의 예에 따라 특별히 정려하라. 전 군수 최보흥은 해남현에 연한을 정하지 말고 정배定配하라. 그리고 김상각을 가두고 신문하여 효열부孝烈婦의 혼을 위로하지 못했으니, 우선 엄하게 형추하라.[188]

중에게 겁간을 당할 위기에 항거하다 죽은 윤소사를 위해 국왕 영조는 특명을 내렸다. 윤소사를 정려하고 중[僧] 간상簡相을 율律에 의하여 처단한 것이다. 전덕수田德守의 아내 윤소사는 후처로 시집가 밭머리에 막幕을 짓고 참외를 팔아서 호구糊口했다. 이 해 9월에 양천사梁泉寺의 중 간상이 전덕수가 출타한 틈을 타 윤소사를 겁간하려고 했다. 이에 윤씨는 중과 혈전을 벌였는데 간상이 낫으로 손과 팔, 가슴을 마구 찔러 죽었다. 보고를 받은 국왕 영조는 "윤소사의 정렬에 나도 모르게 늠연凜然해진다. 입절立節한 곳에 비석을 세워 정표하고 특

별히 제사를 지내어 넋을 위로하게 하라"고 했다.[189]

전라도 장수현의 사인士人 서문배西門培의 아내 정씨는 행실이 깨끗한 것으로 향리에 소문이 났는데 갑자기 강포한 자의 겁침劫侵을 당하여 치마를 찢기기에 이르자 정씨가 큰소리로 외쳐 이웃 사람이 구해주어 모욕을 면했다. 정씨가 말하기를, "밝히지 않고 죽으면 누가 나의 뜻을 밝혀줄 것인가?"하고, 즉시 관官에 고발하여 그 강포한 자를 장살杖殺케 했다. 그리고는 "나의 몸은 비록 더럽혀지지 않았으나 한쪽 팔은 그에게 비틀렸으니, 이를 그대로 두면 온몸이 더러워진다" 하고는, 칼을 가져와 베어내고 드디어 스스로 목 매어 죽었다.[190]

정씨의 마을에 정표했다. 또 한 여성 염씨에 대한 이야기다. 합천 사람 염씨가 잠을 자는데, 윤후신이라는 자가 몰래 그 방에 들어가 염씨의 면포와 의복을 훔쳐 달아나다가 염씨의 남편을 만났다. 윤후신이 도둑질을 숨기기 위해 염씨와 통정하는 사이라고 둘러댔다. 이에 염씨가 윤후신을 관가에 고소하고 스스로 칼을 가지고 배를 갈라 죽었다. 이 사건을 보고받은 영조는 "어질도다. 왕응王凝의 아내 이씨가 어깻죽지를 칼로 자른 것보다 더 장하다"라고 했다.[191] 왕응의 아내 이씨는 당나라 때 사람으로 외간 남자에게 팔을 잡히자 그 팔을 잘라냄으로써 정절을 지키고자 했던 사람이다. 《소학》과 《여사서》에도 나온다.

국왕 영조의 첫째 딸 화순옹주가 남편을 따라 자진했다. 옹주는 월성위月城尉 김한신金漢藎과 혼인하여 26년을 살았는데, 남편이 죽자 따라 죽기로 결심하고 한 모금의 물도 마시지 않았다. 임금이 그 집에

① 영조는 자신의 딸 화순옹주가 남편 김한신을 따라 죽으려 하자 부마의 집을 직접 방문하면서까지 열녀가 되고자 하는 딸을 극력 말렸다. 영조는 자신의 뜻을 저버린 데 대한 아쉬움 때문인지 대신들의 요청에도 하종下從한 딸에게 끝까지 열녀문을 내리지 않았다.
② 정조는 화순옹주를 정려하며 왕녀王女로서 최초의 열녀가 되었다고 하고 왕실의 영광이자 나라의 자랑이라고 평했다.

❶ 영조어진

❷ 정조어진

화순옹주의 홍문(충남 예산 소재). 조선 왕실 최초의 열녀가 된 화순옹주는 영조의 딸이자 정조의 고모이고 추사 김정희의 증조모다.

친히 거둥하여 미음을 들라고 권했지만 옹주가 명령을 받들어 한 번 마셨다가 곧 토했다. 음식을 끊은 지 14일이 되어 마침내 자진自盡했다. 사신史臣은 논평을 실었다. "정렬이로다, 그 절조여! 이는 천고千古의 왕희王姬 중에 처음 있는 일이로다!"[192]

화순옹주의 정려는 정조조에 와서 이루어졌는데, 그녀가 죽은 지 25년이 지난 1783년(정조 7)의 일이다. 국왕 정조는 고모이기도 한 화순옹주에게 정문을 내리며 이렇게 말한다.

사람은 제 몸을 버리는 것을 모두 어려워한다. 그렇기 때문에 신하의 경우 충신이 되고 자식은 효자가 되고 부녀는 열녀가 되는 것이다. 어떤 사람은 '지어미가 지아비를 따라 죽는 것을 교훈으로 삼기 어렵다'고 한다. 그러나 자식이 생명을 잃은 것을 성인이 경계했지만 부모상을 치르다 죽어도 효도라고 하니 아내가 남편을 위하는 것과 무엇이 다르겠는가. 부부의 의리를 중히 여겨 같은 무덤에 묻히려고 죽는 것은 어렵고도 매섭지 않은가. 여염의 일반 백성들도 어렵게 여기는데 더구나 제왕의 가문이겠는가. 《시경》에도 죽음으로 따라간 자가 있었다는 말은 듣지 못했다. 그러고 보면 우리 화순 귀주는 매우 뛰어났다고 하겠다. …… 옛날 제왕의 가문에 없었던 일이 우리 가문에는 있었으니, 동방에 곧은 정조와 믿음을 가진 여인이 있다는 근거가 될 뿐 아니라 우리 가문의 아름다운 법도를 빛내는 일이 아니겠는가. …… 아! 참으로 어질도다. 화순 귀주와 같은 뛰어난 행실에 어찌 정문의 은전을 베풀지 않을 수 있겠는가? 내가 이를 잊은 적이 없었으나 미처 거행하지 못했다. 유사로 하여금 화순 귀주의 마을에 가서 정문을 세우고 열녀문이라고 명명하라.[193]

정조가 보기에 왕족의 일원으로서 '부부의 의리를 지킨' 화순옹주는 그 어떤 제왕의 가문에서는 볼 수 없는 조선의 자랑이자 가문의 영광이다. 1783년(정조7) 1월 23일에는 열녀 60명을 정표했다. 이들이 어디 사는 누구인지 어떤 행위를 보였는지, 아무런 설명 없이 '열녀 60명'이라고만 했다.

순조·고종조의 절부

순조조(1800~1834) 34년 동안 355명의 열녀가 보고되었다. 각 열행에 대한 서사 없이 단체로 정려가 내려진 경우가 340여 건에 달했다. 예컨대 1832년(순조 32)에는 열녀정려烈女旌閭秩에 서울의 고故 통덕랑通德郎 허주許澍의 처 유씨를 비롯한 80명과 절부정려節婦旌閭秩에 익산의 민씨와 자산慈山의 박씨 딸로 2명이 정려되었다.[194] 여기서 열행을 기술한 서사가 없는 것이 특징이다.

고종조(1863~1907) 44년간 14명의 열녀가 보고되었다. 고종 4년 12월에 "충신, 효자, 열녀에 대한 별단을 올렸는데, 열녀로는 예천에 사는 김복암의 아내 권씨 등 11명이 보고되었다. 각 열녀의 마을에 정려문을 세워주었다."[195] 그런데 이들의 '열행'을 밝혀주는 서사는 없다. 고종조에는 정경부인의 신분인 두 여성이 남편 따라 자결하여 열녀의 대열에 들어갔다.

1871년(고종 8)에는 영의정 조두순趙斗淳(1796~1870)[196]의 아내 정경부인 서씨가 종사從死했다는 기사가 실렸다. 좌의정 김병학(1821~1879)이 왕에게 아뢰기를 "차분히 남편을 따라 자결했으니, 그의 일 처리와 처신은 참으로 옛날 사람들에게 부끄럽지 않습니다"라고 했

<표 3> 조선 후기(선조조~순종조) 절부의 유형 및 인원 수

왕	재위기간(년)	개가거절	사절 종사형	사절 위기형	수절 시부모 봉양	남편 상·제례	애훼	남편 구함	서사 없음	기타	합계
선조	41			13	2						15
광해군	15			4							4
인조	26		1	3	3				195	정묘호란 사절녀 126명	202
효종	10		2	1	5				30(?)	효자와 열녀가 60이라 함	38
현종	15		7	3	1			2(복수) 4(구함)	10	1(단지)	28
숙종	46		11	12	3	1		2(복수) 3(구함)	8	1(저항)	41
경종	4							1(虎)			1
영조	52		13	10			2	3(구함)	3		31
정조	24		18	5	3			3	85	1(강간자 상해)	115
순조	34		3	5	1			1(복수) 1(虎)	?49(열녀집) 95(서사없음)		555
헌종	15								1		1
철종	15										
고종	44		3						11		14
순종	3										
	344		58	56	18	1	2	20	690		845

다.[197] 조두순은 천수를 누리며 75세까지 살았다. 같은 해 11월에는 고 판서 서대순徐戴淳(1805~1871)의 아내 정경부인 홍씨가 남편을 따

라 자결했다. 김병학이 아뢰기를 "남편이 사망한 그날부터 쌀알을 전혀 입에 대지 않다가 한 달도 못 되어 떳떳이 남편을 따라서 자결했습니다. 그의 남달리 뛰어난 행실은 실로 공론에서 감탄할 일입니다"[198] 라고 하며 정문을 세워줄 것을 건의했다.

1892년(고종 29)에는 "임실에 사는 선비 유각柳珏의 아내 홍씨가 남편이 병으로 죽자 의리를 지켜 약을 먹고 죽었고,"[199] 1903년(고종 40)에는 "나용석의 처 임소사는 남편의 흉음을 듣고 젊은 나이로 열녀의 길을 따랐으니 모두 가상한 일"[200]이라고 했다. 이들에게 정표했는데, 임소사는 조선 왕조의 마지막 정려자가 된 셈이다.

절부나 열녀의 발굴은 1903년에 이르기까지 조선 5백 년 동안 국가의 중요 정책 중의 하나였다. 〈표 3〉을 통해 보는 것처럼 조선 후기는 전기와 달리 '개가 거절'이 절부의 조건이 될 수 없었다. 또한 조선 후기에는 왜란과 호란의 전쟁을 겪은 탓인지 위기형 열녀가 늘어났고, 남편을 따라 죽는 종사형이 많아졌다. 그리고 후기에는 절행에 대한 서사가 거의 없는 것이 특징이다.

절부 발굴의 이념

통치의 수단

개인의 삶 속으로 들어가보면, 남편의 죽음 앞에서 또는 아내의 죽음 앞에서 망연자실하여 순간적인 선택을 하거나 서서히 죽음의 길로 들어가는 경우가 충분히 있을 수 있다. 또 배우자가 질병으로 고통스러워

할 때 세속에 떠도는 온갖 처방을 시도해보는 것도 보통사람의 마음일 것이다. 경각을 다투는 가족을 보며 손가락의 한 방울 피나 허벅지의 한 점 살을 기꺼이 바친다는 것은 어쩌면 그리 대단한 일이 아닐 수도 있다. 내 피 한 방울이면 죽어가던 사람이 살아난다는데. 호랑이가 나타나 곁에 있던 사람을 물고 가는데 가만히 구경만 하고 있을 사람이 몇이나 될까. 더욱이 그 사람이 사랑하는 가족이라면 앞뒤 물불 안 가리고 덤벼드는 것은 어쩌면 사람의 자연스런 행위일 수도 있다. 문제가 된다면 그런 행위를 국가적인 차원에서 적극 권장하고 유도한다는 것이다. 더 문제는 아랫사람의 일방적인 희생을 요구한다는 것이다. 그렇다면 국가는 그것을 통해 무엇을 얻고자 하는가. 오로지 아내의 일방적인 절개와 의리에 열광하는 이 현상을 어떻게 설명할 수 있을까.

전란의 와중에 죽은 여성들을 '사절녀死節女'라 하여 국가가 앞장서 발굴해내고 정표하고자 한 뜻은 절節과 연동되어 있는 남성의 충忠에 주목했기 때문이 아닐까. 다시 말해 신하된 남성의 충을 끌어내는 방법으로 아내인 여성의 절을 강조하는 것이다. 그래서 절부나 열녀는 전쟁과 같은 국가적 위기나 지배권력이 강고하지 못한 상황에서 더욱 강조되었다. 특히 조선 중기 왜란과 호란의 와중에서 남성 신하들이 보인 '충'은 기대에 크게 못 미치는 것이었다.

아아, 죽음을 무릅쓰고 서울을 당당하게 지켜야 하는데도 헌신짝처럼 버린 소인배의 죄악이 이미 가득 찼습니다. 그럼에도 전하께서는 그들을 보호하기에 급급합니다. 묘당廟堂의 대신들은 안일을 일삼아 나타나지도 않고 충의忠義를 발휘하여 떨쳐 일어날 생각은 아예 하지 않고 있습니다. 이 모두가 기필코 지키겠다는 전하의 확고한 뜻이 없는 데서 비롯된 것입니다. 이것이 바로 신들이 가슴을 치며 통탄해 마지 않는 까닭입니다.[201]

전란을 겪은 후 쏟아져 나온 우국憂國 가사는 이러한 분위기를 반영한다. 전쟁을 통해 기득권 세력의 무능함을 목도하게 된 것인데, 여기서 남성 지식인들의 자기 검열 혹은 선비로서의 반성이 나오게 되었다.[202] "절의節義를 배양하는 것은 천하 국가에 없을 수 없는 일"[203]임에도 불구하고 "군신 간의 의리를 꿀벌만큼도 생각지 않은 자가 많았다."[204] 이런 상황은 지식인들로 하여금 절부들의 행위에 눈을 돌리게 되었다. 임진왜란을 통해 보고 들은 바를 이정암李廷馣(1541~1600)은 이렇게 말한다.

선비가 세상에 태어나 옛사람의 글을 읽고 옛사람의 절의를 사모하여 평소에는 큰 소리 치면서 '의에 죽고 구차히 살기를 원하지 않는다'고 말한다. 그러나 국가가 위험하고 어려운, 전쟁으로 빼앗고 약탈하는 때를 만나면 목숨을 버리고 의리를 취하는 자가 백 중 한 둘도 없는 법인데, 부인이나 처녀들 중에는 반대로 그렇게 할 수 있는 사람들이 간혹 있으니 나는 이를 우리 가문의 세 절부에게서 보았다.[205]

그렇다면 정려旌閭나 정표旌表를 통해 열녀를 선양하는 것은 죽은 자를 위한 것이 아니라 산 자를 위한 것이라 할 수 있다. 즉, 산 자에게 어떻게 사는 것이 옳은 삶인지를 보여주기 위한 것이다. 물론 국가의 입장에서 본 '옳은 삶'이다. 전란을 수습하는 과정에서 절조와 의리는 그 어떤 것보다 중요하게 취급되었는데, 개인의 그것은 목숨보다 더 귀하고, 임금의 그것은 나라의 존망보다 더 중요했다.[206] 이러한 맥락에서 볼 때 국가가 앞장서 열녀의 존재를 세상에 알리는 것은 그녀 개인을 기리기 위해서라기보다 다른 사람들을 흥기시키기 위한 것이고, 절의를 헌신짝 대하듯이 한 남성 신하들에게 보여주기 위한 전략일 수 있다. 그 어떤 곤란과 수난을 당하더라도 '지조'와 '절개'로 의리를 지키는 인물이 필요했던 것이다.

여인들이 골짜기에서 스스로 목 매어 죽고 초가집에서 목숨을 끊는 것은 단지 시골 마을에서 일어난 사소한 사건에 불과하다. 그것이 천하 국가의 일에 무슨 관계가 있는 것이기에 당시 임금들은 반드시 마을에 정문旌門을 세워 표창했으며 역사에서는 반드시 전傳을 기록하여 선양했겠는가. 그 이유는, 참으로 인도人道의 큰 절의는 오직 삼강三綱에 있고 이 삼강은 부식扶植하고 권장하여 그만둘 수 없는 것이기 때문이다.[207]

여기서 열녀는 곧 사회혁신의 도구 역할을 한 셈이다. 다시 말해 열녀를 찬양하면서 사대부의 절의나 신도臣道와 대비시키는 것은 남성 사대부들의 자기 검열의 행위와 다르지 않다. 고려 말 조선 전기에 해당하는 14~16세기의 열녀전이 신흥사대부들의 정체성 확립과 연관되었다면,[208] 임진왜란 후의 열녀전은 전쟁으로 훼손된 남성 지식인들의 자존심 회복과 전란 중에 보인 신하들의 이중성을 비판하려는 의도에서 제작된 것으로 보인다. 그들에게 열녀들은 "대장부도 결단하기 어려운" 조금도 흔들림 없는 의리를 보여주었다.

한편으로, 절부 및 열녀의 생산은 '감동'의 정치에서 필수불가결한 요소였다. 절부를 발굴하고 포장의 은전을 베푸는 공식적인 이유는 '법전에 명시되어 있고' '선왕이 그렇게 해왔기' 때문이라고 한다. 단지 그 이유만이 아니라 실제로 풍속을 진작시키는 효과적인 수단이었기 때문이다. 따라서 절부가 보고되면 국가는 그녀를 어떻게 정치에 활용할까를 고민했을 것이다.

> 장증문張曾文의 아내 김씨는 절의가 있는데, 다만 복호하고 쌀을 내리면 궁벽한 시골의 어리석은 백성이 어찌 절의가 특이하다는 것을 알겠는가? 사람들이 보는 바를 용동聳動시키는 데에는 정문旌門보다 나은 것이 없으니, 정문을 세우는 것으로 고쳐 부표付標하여 입계하라.[209]

다시 말해 절부의 집에 부세를 면제해주거나 쌀을 주는 것보다 그 마을 어귀에 정문을 내리는 것이 더 많은 사람을 움직이는 효과를 낼 수 있다는 것이다. 여기서 절부 혹은 열녀는 효자·충신과 함께 윤리와 풍속을 이끌어가는 선두적인 인물이 되는 셈이다. 그래서 "정표 대상에서 탈락된 시골 부녀자들을 복원해 포상함으로써 온 나라 사람들과 죽은 영혼을 감동시킬 필요가 있는데, 새로운 정치를 하는 이때 크게 도움이 될 것"[210]이라는 것이다. 다시 말해 국가가 온 나라 사람들에게 그녀들의 행적을 적극적으로 알리고자 한 것은 단순히 한 개인의 외롭고 억울한 넋을 추모하기 위한 것이 아니다. 열녀를 찾아 그 행적을 상세히 기록하여 만천하에 드러내고, 각 행위에 합당한 보상을 하는 것은 통치의 한 방법이 되기 때문이다.

유교를 지배이념으로 한 조선은 도덕에 의한 국가 경영을 구상했고, 그와 함께 통치 대상의 내면의 욕구를 활용할 필요가 있었다. 즉, "나라를 경영하는 도리는 윤리를 두텁게 하고 풍속을 이룩하는 데에 있을 뿐이다. 그래서 효자와 열녀를 포상하는 일이 무엇보다 중요하다"211고 한다. 또 "정문하고 복호하는 것은 사람들로 하여금 보고 감동되어 흥기興起하게 하려는 것이다."212

특히 17세기는 전후의 복구문제가 정치에서 가장 중요한 사안이었다. 복구문제에서 급선무는 물질적인 것보다 정신을 회복하는 것이었고, 전쟁 중에 짓밟힌 강상윤리를 바로 잡는 것이었다. 즉, "의열義烈을 포양襃揚하여 그 마을에 정문을 세워 풍교風敎를 수립하는 것은 왕정王政 중에서 마땅히 먼저 해야 하는 것"213이었다. 다시 말해 열녀는 산 자에게 방향을 제시해줄 역할 모델이었다.

> 선행과 악행을 구별하는 문려門閭가 없으므로 향정鄕井에서 본받을 바를 모르고 있습니다. 듣는 사람들이 흥기할 바도 없고 보는 사람들이 감동할 바도 없으며, 임금을 유기遺棄하고 어버이를 뒷전에 두며 지아비를 버린 무리들이 부끄러움을 알게 될 바가 없는데도, 국가에서 충성하고 효도하도록 권하는 일을 이처럼 미루고만 있으니 진실로 커다란 흠이 되는 일입니다.214

열녀를 통해 국가가 보여주고자 하는 것은 절개와 의리다. "절의節義는 나라에 있어 실로 세교世敎를 부지하는 동량棟樑이며 인심을 격려하는 약석藥石이니 포장襃奬하는 전례典禮를 빨리 거행하지 않으면 안

되는"²¹⁵ 상황에서 절의로써 국가 정책에 응답한 여성들을 방치하는 것은 사람들의 불만을 키우는 것으로 이해되었다. 그래서 열녀는 민심 수습의 차원에서 반드시 기억되어야 하고 포장褒奬되어야 했다.²¹⁶ 지배층은 전쟁 중에 많은 열녀가 나온 것을 훌륭한 정치를 행한 국가적 성과라고 보았다. 경상감사 이시발李時發은 "평범한 백성은 무식한 사람들인데도 하루아침에 시퍼런 칼날 앞에 기꺼이 목숨을 버림으로써 강상綱常을 바로잡고 절의에 몸을 바쳤으니, 이는 진실로 국가에서 여러 대 동안 교화에 힘쓴 여택麗澤으로서 진실로 감탄스러운 일"²¹⁷이라고 했다.

17세기 여성의 정절은 전란으로 피폐해진 국가를 재건하기 위한 이데올로기로 이용되었다. 즉, 국가 및 지배층의 무능으로 희생된 여성들을 포장함으로써 민심을 무마시키는 효과를 얻고자 한 것이다. 그런데 죽은 자가 스스로 열녀임을 입증할 수는 없다. 남성 지식인들이 쓴 열녀 관련 기록들을 보면, 살아남은 가족이나 보고 들은 주변 사람들에 의해, 또 다양한 이해를 가진 사람들에 의해 열녀는 '발견'되거나 '발명'되기도 한다. 또한 열녀보다 더한 행적을 가진 여성이라도 연고가 없어서, 입증해줄 사람이 없어서, 일반인의 관심 밖에 있는 천민이라서 열녀로 등재되지 못한 경우도 있다. 열녀가 '된다'는 것은 '사실' 그 자체라기보다 '사실'을 언어화 하는 과정을 필요로 하기 때문이다. 다시 말해 사절死節한 자에 대해 국가가 보상해주는 마당에서 식자층의 가족이 열녀로 드러날 가능성이 더 클 것이다. 이런 비판이 나올 만하다.

난리에 부인이 병화로 죽은 자가 비록 많더라도 본래 왜놈들이 사람 죽이기를 좋아했으므로 까닭 없이 칼을 맞아 죽은 자에게는 기록할 만한 절의가 없는데도 그 문족門族들이 그 일을 크게 만들려고 장황하게 거짓말로 보고하는 자들이 있었다. 심한 경우는 더러 포로로 잡혀가 절의를 상실했는데도 부형과 자제들이 그 추행을 숨기고자 하여 거짓으로 보고하고 허위로 작성한 것도 있었다. 그런데 지금 일체 허실과 경중을 상고하지 않고 혼합하여 이 책을 만들었으므로 이 책이 세상에 나오자, 사람들이 무리지어 조소했고 어떤 사람은 벽을 바르고 장독을 덮는 데에 쓰기도 했다.[218]

열녀를 통한 사회통합의 효능이 거의 없게 된 구한말에도 열녀 정려는 계속되었다. 아마도 '법에 명시되어 있고' '선왕이 그렇게 해왔기' 때문이라는 논리가 작동하지 않았을까. 1906년(고종 43) 봉상사부제조奉常司副提調 이필화李苾和가 시사를 논하는 상소를 올렸다. 그 안에서 열녀 정려를 둘러싼 당시 관행을 지적했다.

장례원掌禮院에서 정문旌門을 세워 포상하는 것과 관련하여 관례적으로 돈을 받는 일입니다. 충신, 효자, 열녀에 대해 정려하는 것은 곧 기강과 인륜을 세우고 풍속과 교화를 높이기 위한 국가의 큰 권한입니다. 그러한 사실이 있는 자에 대해서도 또한 정밀하게 택하고 상세하게 안 연후에야 작설綽楔의 은전을 시행하도록 허락할 수 있는 법인데, 더구나 그러한 사실이 없는 자에 있어서이겠습니까. 지금은 그렇지 아니하여 그 사적의 허실은 따지지 않고 오직 관례로 납부하는 돈 800원이 있는지 없는지만 보고 허락하니, 행적은 헛된 것이 되고 관례로 납부하는 돈이 사실을 만들어냅니다. 설령 충신, 효자, 열녀의 실질적인 행적이 있더라도 반드시 천고千古에 묻

혀 세상에 드러나지 못하게 되고 마니, 이 어찌 묘당廟堂에서 법을 세운 본 뜻이겠습니까.[219]

'돈 800원이 있으면 열녀가 되고 없으면 될 수 없는' 것이 열녀의 마지막 모습이었다. 하지만 그것은 열녀를 '선발'하고 열행을 '발명'해온 정부 관리와 지식인들의 5백 년 행보와 크게 다르지 않을 것으로 보인다. 열녀가 필요에 의해 만들어진다는 것은 열녀에게 포상의 은전을 베풀던 국왕도 이미 알고 있었다. "영남은 곧 추로지향鄒魯之鄕이므로, 효자와 열부가 많았는데, 동어凍魚·죽순竹筍의 과장된 포장이 없는 것에서도 그 진실함을 볼 수 있다"[220]고 한 영조의 말이 바로 그런 것이다. 즉, 부모의 입맛을 충족시키기 위해 한겨울에도 죽순을 구하러 다니고 얼음 덮인 강에서 잉어를 구해온다는 효자의 이야기는 국왕이 보기에도 일정한 패턴대로 만들어진 것이다.

여성 성性의 관리: 순결과 오염의 이원화

절부를 발굴하여 선양함으로써 얻어지는 효과의 하나로 여성의 성을 관리하고 감독하는 것이 용이해진다는 점을 들 수 있다. 정결한 여자와 오염된 여자를 분류해가는 남성 사대부들의 태도는 집요한 측면이 있지만 그 논리는 엉성했다. 여성의 성이 놓여 있는 맥락에 대한 성찰은 없고 오로지 '깨끗함'과 '더러움'으로 접근하는 것이 남성 사대부들의 태도였다. 더러는 그렇게 엄격한 잣대로 여성을 평가하던 그 잣대에 자신이 걸려 넘어지는 형상의 사대부들도 생겨났다. 그들의 모습은 조선 후기 환향녀를 중심으로 한 담론에서 극명하게 드러난다.

한편 절부를 발굴하여 선양하는 것은 현실 속 여성들의 성 인식이나 태도에 대한 남성들의 위기의식이 반영된 것은 아닐까. 계유정난 때 대부분의 아내들은 죽어서 절개를 지킨 자가 드물었고, 오히려 그 남편을 욕하며 다투어 아양을 떨었다고 한다. 물론 이런 서술은 난신亂臣들을 모욕주기 위한 전략일 수도 있다. 어쨌든 현실 속의 여성들은 남성들이 '노래한' 절부나 열녀의 모습과는 차이가 났다.

조경남(1570~1641)이 쓴 실기류 《난중잡록》은 전쟁 상황에서 정절과 관련된 여성들의 처지를 읽을 수 있는 많은 내용을 포함하고 있다. 의병장인 저자에 의하면 왜적이 당도하여 가장 먼저 찾는 것이 식량과 여자였다.

사육신 박팽년의 동생인 박대년朴大年의 아내 윤씨는 남편이 옥獄에서 보내온 피로 쓴 글을 받았다. "원컨대 서로 잊지 말고, 사람으로 수치스런 짓은 하지 말자"는 것이었다. 윤씨 역시 "밝은 해와 같을 뿐이다"라고 답장을 보냈다. 뒤에 윤씨는 공신 봉석주奉石柱의 여종이 되었다. 봉석주가 그 용모에 반해 계속 회유해오자 윤씨는 기꺼이 승낙하였다. 봉석주가 "그대는 아직도 그 혈서를 생각하는가?" 하니, 윤씨는 "이미 잊었으니 다시 말하지 말라" 했다.[221]

왜란과 호란을 겪으며 여성들은 정절의 위협에 심하게 노출되었는데, 전쟁 실기류實記類에 그런 모습이 담겨 있다. "임진란 중에 왜적은 가는 곳마다 젊은 남자는 모두 목 베고, 예쁜 여자와 여염집에서 훔친 물건은 소와 말에 실어서 줄지어 데리고 갔다."[222] "서울에 머물러 있던 왜적 장수 20여 명이 각각 가마를 타고 호위병을 대단스럽게 벌려 세우고서 모두 붉은 옷을 입고 모자를 썼으며, 부녀자들은 말을 타고 쌍을 지어 나와 길을 가득히 채우고 앞으로 가는 것을 연일 계속하고 멈추지 않았다."[223] "전라도의 많은 여자들이 적의 포로로 있다가 살려달라고 애걸하는 것을 함께 다 태워 죽였다."[224] "왜적의 관심은 곡식 창고와 그 지역의 지리 그리고 예쁜 여자들이었다."[225] 또 "왜적들은 각기 남의 집 부녀를 겁탈하여 살림을 차리고 창고를 수선하여 군량과 마초를 많이 저장하여 오래 머물 계획을 했다."[226] "왜적은 도적질을 하여 소·말·재물을 모두 찾아서 약탈하고 나이 젊은 부녀를 잡아 묶어서 앞세워 몰고 갔다."[227]

병자호란 때 참판 이민구의 처 윤씨가 강도에서 오랑캐에게 붙잡혀갔다.

아이와 여종을 데리고 그들을 따라가는데 서울 한복판을 지나는 도로에서 이민구의 형 이성구를 만났다. 윤씨는 부끄러워하는 기색이 전혀 없었다. 이를 전해들은 사람들은 모두 그녀를 미워했다.[228]

임진왜란 때 들어온 명나라 병사들은 조선 여자와 많이들 혼인을 하여, 철수하면서 모두 데리고 갔다. 그런데 관문인 산해관山海關에 이르러서는 들어오지 못하게 했다. 전후에 이 같은 여성들이 거의 수만에 이르렀는데, 1608년(선조 41)에 모두 조선으로 데리고 왔다.[229] 한편 많은 수는 왜적의 포로가 되어 일본으로 잡혀갔다. 조선 정부의 노력으로 잡혀간 포로들은 10여 년의 포로생활에서 풀려나 귀향하게 되었다. 귀향하는 길에서도 여성의 성적 수난은 계속되었다.

(1605년) 4월 포로로 잡혀갔던 우리나라 남녀 3천여 명을 데려왔다. …… 어려서 잡혀간 사람들은 다만 조선이라는 것만 알고 있을 뿐, 자기의 계보나 부모의 이름을 모르는 사람이 많았다. [담당 관리들은] 자기의 종이라 칭하기도 하고, 아름다운 여자면 그 남편을 묶어 바다에 던지고 멋대로 자기의 것을 만드는 자들이 한둘이 아니었다.[230]

정절의 강조는 이러한 현실을 반영하는 것이다. 전란이 끝나자 국가와 남성 사대부들은 전란 중에 일어난 여성들의 행위를 평가하기 시작했다. 난리를 만나 죽은 여성들은 열녀가 되어 국가의 은전恩典을 받게 되었지만, 전쟁 포로가 되었다가 살아서 돌아온 여성들은 혹독한 대가를 치르게 되었다.

임진왜란에 사대부의 부녀들이 적진에 잡혀갔다가 살아서 돌아온 자를 시댁에서 이혼하고 개취改娶할 것을 청하니, 조정의 의논이 일치하지 않았다. 선조가 하교하기를, "이것은 음탕한 행동으로 절개를 잃은 데 견줄 것은 아니니, 버려서는 안 된다" 하여 허락하지 않았다. 이때에 와서 청나라로부터 속환된 자에 대하여 조정의 의논이 또다시 장가드는 것을 허락하는 것은 괜찮지만 인연을 끊는 것을 허락해서는 안 된다는 의논이 있으니, 임금이 하교하기를, "선조先朝에서 정한 규례에 따라 시행하라" 했다.[231]

장유張維(1587~1638)는 예조에 단자를 올려, 외아들 장선징張善澂의 처가 적에게 잡혀갔다가 속환되었는데, 그대로 배필로 삼아 함께 조상 제사를 받들게 하는 것이 불가능하니 이혼하고 새장가를 들도록 해달라고 했다. 장유는 우의정 김상용金尙容의 사위로 효종비 인선왕후仁宣王后의 아버지다. 한편 전 승지 한이겸韓履謙은 딸이 사로잡혀 갔다가 속환되었는데 사위가 다시 장가를 들려고 하자 노복으로 하여금 격쟁하여 원통함을 호소하게 했다.[232]

아들의 아버지와 딸의 아버지의 엇갈리는 이해 속에서 '돌아온 여자'들을 어떻게 할 것인지, 조정의 대신들도 합의점을 찾지 못했다. 예조에서는 사로잡혀 갔다가 돌아온 사족의 부녀자가 한둘이 아니므로 조정에서 신중히 결정해야 피차 난처함이 없을 것이라 했다. 이에 좌의정 최명길崔鳴吉(1586~1647)은 지난해에 나온 왕의 전교를 상기시키며, 이혼할 수 없다는 의견을 분명히 했다. 그리고 환향한 부녀와의 이혼을 국가가 허락할 경우 끌려갔던 부녀자들이 속환을 원하지 않아

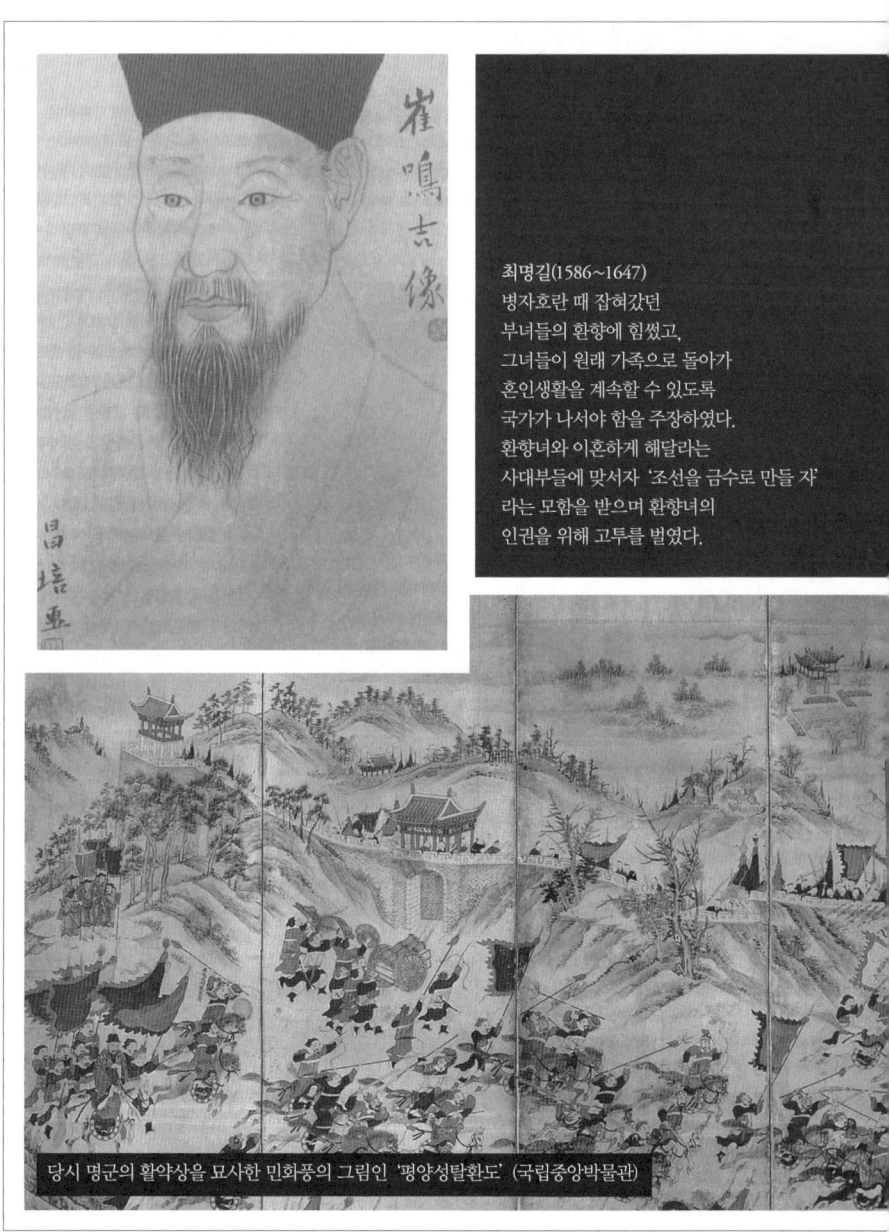

최명길(1586~1647)
병자호란 때 잡혀갔던 부녀들의 환향에 힘썼고, 그녀들이 원래 가족으로 돌아가 혼인생활을 계속할 수 있도록 국가가 나서야 함을 주장하였다. 환향녀와 이혼하게 해달라는 사대부들에 맞서자 '조선을 금수로 만들 자'라는 모함을 받으며 환향녀의 인권을 위해 고투를 벌였다.

당시 명군의 활약상을 묘사한 민화풍의 그림인 '평양성탈환도' (국립중앙박물관)

장유張維(1587~1638)
병자호란 때 잡혀갔다 귀환한 며느리를
아들 장선징과 이혼하도록
허락해달라는 상소를 올렸다가
인조에게 거부당했다.
뜻을 이루지 못한 채 죽었는데,
효종이 즉위하자 그의 부인 김씨가
다시 상소하여 아들의 이혼 허락을
받았다. 장유의 부인 김씨는
김상용의 딸이자 효종비
인선왕후의 모친이다.

영원히 이역의 귀신이 될 것이라고 했다.

…… 부모나 남편으로 돈이 부족해 속환하지 못하는 사람들은 장차 차례로 가서 속환할 것입니다. 만약 이혼해도 된다는 명이 있게 되면 속환을 기필한 사람이 없게 될 것입니다. 이것은 많은 부녀자들을 영원히 이역의 귀신이 되게 하는 것입니다. 한 사람은 소원을 이루고 백 집에서 원망을 품는다면 어찌 화기를 상하게 하기에 충분치 않겠습니까. 신이 반복해서 생각해보고 물정으로 참작해보아도 끝내 이혼하는 것이 옳은 줄을 모르겠습니다. …… 전쟁의 급박한 상황 속에서 몸을 더럽혔다는 누명을 뒤집어쓰고서도 밝히지 못하는 사람이 얼마나 많겠습니까. 사로잡혀 간 부녀들을 모두 몸을 더럽혔다고 논할 수 없는 것이 이와 같습니다.[233]

당시 우의정이었던 최명길은 병자호란 때 잡혀간 포로를 속환하는 데 지대한 공헌을 했다. 환향녀還鄕女 보호를 주장한 최명길은 그녀들이 적에게 정조를 잃지 않았다는 것을 구체적 예를 들며 재삼 강조했다. 사실 최명길은 환향녀가 정조를 잃었는지 아닌지가 중요한 문제가 아님을 알고 있었지만 사대부들의 논리로부터 완전히 자유로울 수는 없었던 것이다. 한편 최명길의 주장과 왕의 재가에도 불구하고 대부분의 환향녀는 가족으로부터 버림받았는데, 그 논리가 무엇인지 아래 사신의 논평을 보자.

사신은 논한다. 사로잡혀 갔던 부녀들은 비록 그녀들의 본심은 아니었다 하더라도 변을 만나 죽지 않았으니, 절의를 잃지 않았다고 할 수 있겠는가.

이미 절개를 잃었으면 남편의 집과는 의리가 끊어진 것이니, 억지로 다시 합하게 해서 사대부의 가풍을 더럽힐 수는 절대로 없는 것이다. …… 선정先正이 말하기를 "절의를 잃은 사람과 짝이 되면 이는 자신도 절의를 잃는 것이다" 했다. 절의를 잃은 부인을 다시 취해 부모를 섬기고 종사宗祀를 받들며 자손을 낳고 가세家世를 잇는다면, 어찌 이런 이치가 있겠는가. 아, 백 년 동안 내려온 나라의 풍속을 무너뜨리고, 삼한三韓을 오랑캐로 만든 자는 최명길이다. 통분함을 금할 수 있겠는가.[234]

청나라에 잡혀갔다 돌아온 며느리를 아들과 이혼할 수 있도록 허락해달라던 장유(1587~1638)는 일이 이루어지기도 전에 죽었다. 그래서 그의 부인 김씨가 남편의 뜻을 따라 예조에 아들 부부의 이혼을 허락해달라는 상소를 다시 올렸다. 장유의 부인은 김상용의 딸이자 효종비 인선왕후의 모친이다. 그녀는 환향녀인 며느리가 '타고난 성질이 못되어 시부모에게 순종하지 않고 또 편치 않은 사정이 있어' 반드시 이혼시켜주기를 청한다고 했다.

그런데 대부분의 상식 있는 사람들은 포로로 잡혀갔던 부녀들이 생환生還했을 때, 그 부모·형제·자식들로서 이루 표현할 말이 없을 정도로 벅찬 기쁨을 누렸다. 1638년(인조 16)에 최명길이 포로를 속환하기 위해 심양으로 갈 때, 많은 사족이 가족을 속환하기 위해 따라갔다. 이때 "남편과 아내가 만나자 서로 부둥켜안고 통곡하기를 마치 저승에 있는 사람을 만난 듯이 하여, 길 가다 보는 사람들 중에 눈물을 흘리지 않는 사람이 없었다"[235]고 했다. 하지만 일부 사대부들은 명분과 절의를 내세워 며느리의 환향을 달갑지 않게 여겼다. 사대부 남성들은 여자들이 살아서 돌아왔다는 것은 적에게 굴복했거나 모욕을 참아냈거나, 적敵 '남자'와의 모종의 협상을 한 것으로 보았던 것이다. 그들에게는 여성의 목숨보다 더 중요한 것이 여성의 정절이었다. 혹은 정절 그 자체가 아니라 정절의 이념이 더 중요했을 것이다.

 환향녀와의 이혼을 허락해달라는 사족 남성들의 요구는 인조의 사후, 효종의 즉위와 함께 다시 불거졌다. 인조가 그들의 이혼을 금지시킨 영을 발포한 지 10여 년이 흐른 시점이었다. 그들이 내건 이혼의 정당성을 사헌부가 아뢰었다.

"…… 우리나라가 비록 학문은 미약하나 예의와 명교明敎가 찬연하여 중국에 결코 부끄럽지 않습니다. 이것이 나라가 오래도록 유지되어온 이유이기도 한데, 이제 그걸 무너뜨리니 식자들은 매우 한심하게 여깁니다. 그 이후로 사대부의 가풍이 날로 무너져 규문閨門에 부끄러운 일이 많으며, 가끔 차마 말로 할 수 없는 일도 있으니 모두 이 법 때문에 그렇게 된 것입니다. 일이 풍교風敎에 관계되니, 다시 데리고 살라는 법을 시행하지 말아 개취하고자 하는 가장은 개취하기를 허락하소서." 이에 임금이 허락했다.[236]

 장선징은 결국 환향녀인 아내와 이혼했다. '오염된' 환향녀와는 조상 제사를 받들 수도 없다는 부모의 간곡한 염원이 이루어진 것이다. 그 후 30년, 장선징의 아들 장훤張楦이 탄핵을 받게 되었다. 병자호란 때 청나라 사람에게 잡혀서 심양에 끌려갔다 돌아온 어머니를 둔 '중대한 허물' 때문이었다.[237]

우의정 정치화가 말했다. "우리나라가 가장 중요시하는 것은 예절로 실행 失行한 자의 자손은 모두 사람 축에 끼이지 못하는 것이 이미 풍속으로 굳어졌습니다. 그러므로 병자호란 때 포로로 잡혀갔던 사람의 자손은 사로仕 路에 허통하지 않고 있습니다." 호조판서 김수흥이 아뢰었다. "장훤의 일은 개가한 경우와는 차이가 있습니다. 장훤의 생모는 당초에 이미 이혼했으므로 장훤은 계모의 자식이 되었으며, 또한 계모의 아버지를 외할아버지로 써넣었으니 생모의 허물이 장훤에게는 미치지 않을 듯합니다."[238]

환향녀에 대한 논쟁이 일어난 지 30년이 지났지만 '환향 부녀'의 아들 장선은 9품의 하급 관리 자리마저도 허락받지 못하는 상황에 직면하게 된 것이다. 조상과 후손의 흠결 없는 영속을 위해 내쳐졌던 '환향녀' 며느리는 이 상황을 어떻게 보았을까. 또 '신성한' 가족을 만들기 위해 '오염된' 며느리를 내치고자 그렇게 고심했던 장유와 그 부인 김씨는 지하에서 이 상황을 어떻게 이해할까?

실행의
검열

정절과 결부된 개념으로 쓰인 '실행失行'은 '절개를 잃다'라는 뜻의 실절失節과 동의어로 쓰였다. 그런데 어떤 행위를 '실행' 혹은 '실절'로 규정할 것인가는 시대마다 다르다. 성에 대한 각 사회의 평가 기준이 다르기 때문이다.

조선 초기 사회에서 실행은 '성적인 방종'의 뜻으로 쓰였다. 1399년 (정종 1) 곽충보와 간통한 이씨를 옥에 가두어 심문을 하는데, 그녀가 말하기를 "실행失行한 것은 나뿐만 아니고, 이원경李元景의 처 권씨도 나와 같습니다"[239]라고 했다. 여기서 실행은 간통을 말한다. 세종은 "부녀자가 실행失行한 것은 실상 남편을 배반한 것이니, 남편을 배반한 여자를 어찌 천지 사이에 용납할 수 있는가?"라고 했고, 그 행위는

'음란한 욕심'에서 나왔다고 했다.[240] 또 "양반의 본처가 실행失行했을 경우에 차마 간음 현장에서 붙잡은 것이 아니라고 해서 어찌 청리聽理하지 않을 수 있겠는가?"[241]라고 했다. 이러한 용례를 종합해보면 조선 전기, 실행은 간음의 의미로 쓰였다.

그런데 문제는 실행이라는 추상적 언어가 점점 범주를 확대하면서 여성의 행위를 감시하고 관리하는 개념으로 변하게 되었다는 데 있다. 그런 점에서 '실행'이라는 용어는 매우 위험할 수 있다. 담론의 성격이 강한 조선의 정치에서 '사실'은 권력관계에 따라 과장되거나 축소되는 등의 왜곡이 가능하기 때문이다. 젠더 위계적인 권력관계에서 남성을 불편하게 하는 여성의 모든 행위가 '실행'으로 둔갑할 수 있다는 말이다. 앞에서 본 바와 같이, 시집간 여자의 친정 출입을 제한하고, 부인과 내왕할 수 있는 사람의 범주를 명시한 것은 바로 이러한 맥락에서 나온 것이다. 이 장에서는 실행의 개념이 문화정치학의 맥락에서 어떻게 발명되고 활용되는가를 보려고 한다.

실행失行의 발명

아직 불교의 영향력이 남아있던 조선 초기의 여성들은 혼인을 선택하기보다 비구니가 되어 입산하는 경우가 많았다. 이것은 가족이 사회 통합의 단위가 됨으로써 여성을 '부부'로 편성해 넣으려고 하는 정책들과 모순된다. 따라서 혼인을 '거부'하는 이런 여성들을 막기 위해 다양한 전략이 필요했다. 또 유교를 국가 이념으로 한 조선에서 불교를 억압하고 배척하는 것 역시 유교적 교양을 가진 관료들의 임무이기도 했다. 다시 말해 여성이 절과 밀착되는 것을 막고자 한 것은 여성 관리의 측면과 불교 배척이라는 두 가지 이유가 있었던 셈이다.

여기서 여승이 되려고 하거나 절에 다니는 부녀를 묶어두는 방법으로 '실행죄'가 고안되었다. 《경제육전》에서는 "중[僧]으로 과부寡婦의 집에 출입하는 자는 여색을 범한 것으로 논하고, 여승[尼]이 되어 절에 올라가는 자는 절개를 잃는 것으로 논한다"[242]고 했다. 또 《속육전》에는 "부녀와 여승이 절에 올라가는 것은 실절한 것으로 논한다"[243]고 했다. 다시 말해 법으로서 여성의 절 출입이나 승려가 되는 것을 막고자 했는데, 그 근거는 정절을 잃는 것을 방지하겠다는 것이다.

1410년(태종 10)에는 아버지가 죽고 가난하여 여승이 되려는 처녀에게 자장資粧을 주어 혼인하도록 했다.[244] 그리고 다음 해에는 정업원淨業院 외의 여승방[尼僧房]을 금지하고 모두 철거했다.[245] 1413년(태종 13)에는 "양가良家의 처녀로 여승이 된 자를 모두 환속시키고 성혼成婚시켜 인륜을 바르게 하자"는 사헌부의 건의로 처녀로서 여승이 된 자는 모두 환속하라고 명했다.[246]

절 혹은 불사는 늘 부녀 실행과 결부되어 담론화되었다. 1409년(태종 9)에는 사헌부에서 회암사 중들이 부녀자들을 모아놓고 불사佛事를 일으킨 것을 논하려 하자 국왕 태종은 "상왕의 청이 있고 부녀자가 실행한 소문도 없으니" 묻어두라 했다.[247] 1441년(세종 23)에 성균관 생원 유이柳貽 등은 여승들이 불교 교리를 가지고 부녀들을 우롱하여, 이에 부녀들이 여승이 되고자 가정을 버리고 부처에 귀의하고 있다는 내용의 상소를 올려 왕의 결단을 요구했다.[248] 여자들을 혼인시켜 부부관계로 편입시키려는 이러한 전략들은 유교 경전의 지식으로 합리화되었다. 여기서 볼 때 여성의 실행 혹은 실절은 특정한 정치적 목적에 의해 고안된 것임을 알 수 있다.

한편 유학을 혁명의 무기로 삼았던 조선 건국기의 관료들은 자신들의 정체성을 확보하기 위해 '이단異端'을 만들 필요가 있었다. 그들에게 이단은 유학이 아닌 것, 즉 불교, 무교 등이었다. 특히 그들은 부녀들이 '이단'과 만나는 것에 민감하지 않을 수 없었다. 부녀들의 출입을 막아야 하는데, 그 논리는 풍속의 담론과 맞물린 여자 '실행'이었다. 그런데 세조는 이단·부녀·실절의 조합에 모순이 있음을 간파했다.

> 양가良家의 부인이 음사淫祀에 출입하는 것을 금지하는 것은 실행을 하게 될까 염려해서다. 만약 여기에서 음란한 짓을 했다면 그 죄를 다스려야 마땅하나, 그렇지 않다면 무엇을 문제 삼겠느냐? 또 본래 지조를 지키는 부녀라면 비록 무당의 집에 가더라도 실절失節하지 않을 것이고, 진실로 지조가 없다면 비록 자기 집에 있을지라도 스스로 맑을 수가 없을 것이다. 내 들으니, 최근에 헌부憲府에서 귀신을 제사하는 평민들을 잡아다가 논죄한다고 하니, 심히 말도 안 되는 소리다.[249]

특히 조선 초기에는 부녀 실행에 민감했음을 알 수 있다. "양반 부녀로서 실행한 자는 엄히 다스려 음란한 풍토를 방지하자"고 하며 "여자들이 몸가짐을 그르치면 금수와 같게 되니 죄가 이보다 더 클 수 없다"고 하였다.[250] 그것은 유교 경전《서경書經》을 언급함으로써 주장의 권위를 확보하고자 했다. 즉 "상도常道를 무너뜨리고 풍속을 어지럽히는 행위를 세 번 거듭하면, 그 죄가 미세할지라도 용서하지 않는다"는 것이다. 실행의 발명으로 여성들의 몸과 마음은 위축될 수밖에 없었다.

한편 이러한 실행失行은 설명되지 않는 상황에 개입되어 아내를 버리기 위한 구실이 되기도 했다. 1445년(세종 27) 혼인한 아내에 불만이 었던 박자형朴自荊이 아내를 버리기 위해 실행을 칭탁稱託한 사건이 있었다.

> 사헌부에서 아뢰었다. 전 현감 정우鄭瑀가 고하기를, '지금 행사정行司正 박연朴堧의 아들 박자형을 사위로 삼았는데, 자형이 혼수를 갖추지 못한 것을 불만족하게 여긴데다 또 여자가 뚱뚱하고 키가 작으므로 실행했다고 칭탁하고는 버렸습니다' 했다.[251]

의금부가 조사를 했지만 오래도록 밝혀내지 못했다. 왕은 말했다. "그 여자가 정말 실행을 했다면, 자형은 첫날밤에 버리고 갔을 것이다. 하지만 그대로 신부집에서 자고 아침이 되어 유모가 신부집에 와서 예물을 받아갔으니 혼례는 성사된 것이다. 이에 자형이 이불·요와 의복이 초라한 것을 보고, 가난을 싫어한 나머지 신부의 실행失行을 칭탁하여 버린 것이 분명하다." 다시 국문하여 사실을 밝혀내었는데, 왕의 예견대로였다. 이에 박자형은 무고죄로 장杖 60에, 도徒 1년에 처하고 혼인한 처와 다시 살 것을 명하였다. 박자형의 아버지 박연朴堧(1378~1458)은 고구려의 왕산악, 신라의 우륵과 더불어 우리나라 3대 악성으로 일컬어진 사람이다.

1470년(성종 1)에는 생원 구영안丘永安이 그 아내 신씨를 버리자 처가에서 사헌부에 고소를 했다. 사헌부가 조사해보니 그 친구들이 구영안이 처가에 왕래하지 않는 것을 보고 그 아내가 실행한 것으로 의심, 친구들 사이에 전파시킨 것이 원인이었다.[252] 이에 구영안을 어떻게 처리할 것인가를 놓고 의견이 엇갈렸다. 오해였으므로 용서하는 게 좋다는 쪽과 그 아내의 오명을 씻어주기 위해서는 구영안을 가볍게라도 논죄해야 한다는 쪽으로 갈렸다. 또 다른 쪽에서는 "구영안이 그 아내를 버리고자 하여 거짓말을 꾸며 실행으로 무고한 것이므로 다스리지 않을 수 없고, 구영안의 아내가 과연 실행했다면 또한 징계하지 않을 수 없으니, 끝까지 추핵하여 분명하게 밝혀야 한다"고 하여 왕은 구영안을 그대로 가두어놓고 끝까지 국문하라고 했다.[253]

의금부에서 아뢰었다. "생원 구영안이 윤온尹溫이 혐의를 품고 꾸며낸 말을 듣고, 자기 어머니의 명령이라 하며 허물없는 아내 신씨를 버리고 이별한 죄는 율律이 장杖 80대에 해당합니다. 그러나 이것은 죄를 용서하는 특사特赦 이전의 일이니, 다만 구영안이 버린 아내 신씨를 도로 데려다 함께 모여 살게 하소서" 하니, 그대로 따랐다.[254]

또 전라도 순창의 한 사족 부인은 실행했다는 이유로 옥에 갇혔다. 사족 부인을 잡아다 추문할 수 있는 법은 없었지만, 강상이나 실행에 관계된 것은 국옥鞫獄이 성립될 수 있었다. 그래서 이 부인은 실행의 혐의를 쓰고는 2년이 되도록 옥졸獄卒과 섞여 거처하게 되었다. 수사 결과 이 부인이 노비들을 너무 엄하게 다룬 나머지 노비들이 그녀를

미워하여 '실행'의 올가미를 씌운 것으로 드러났다.[255]

한편 남자의 인품과 성격을 평가하는 기준으로 아내의 행실이 작용했다. 중종대에 경상도관찰사, 지중추부사 등을 지낸 윤순尹珣(?~1522)의 파직을 요청하는 이유 중에는 실행한 부인과 사이좋게 지낸다는 점이 문제가 된 것이다. 홍문관에서 아뢰기를 "이 한 가지 일로도 알 수 있겠거니와, 그는 실행한 처와 아무렇지도 않게 함께 지낼 뿐만 아니라 과거보다도 더욱 가까이 친압親狎하니, 또한 그의 행검行儉이 없음을 알 수 있을 것입니다" 했다.[256]

1521년(중종 16) 이종익李宗翼(?~1532)은 실행했다는 이유로 아내를 버렸다. 이종익의 아내 유씨는 곤양수昆陽守 이하李河(1415~1474)와 사촌 간이었다. 그런데 이종익은 자기 아내의 실행에 대해 분명한 증거를 대지 못하고, 자기 아내가 곤양수와 분별없이 친했다는 일만 일일이 열거했다. 왕은 이종익과 곤양수 두 사람을 의금부에 가두라고 명했다.[257] 의금부에서 밝힌 바에 의하면, 이종익은 편한 옷차림의 곤양수가 자신의 아내 유씨와 아침에 마주 앉아 있는 것을 외출에서 돌아와 보게 되자 불화농이 시달렸고, 아내에게 민감의 일을 물었으나 아무 말이 없어 '실행'으로 여겼다는 것이다. 그러나 사실이 아니었다. 반면 이종익의 아내 유씨는 실행 사실이 없었지만, 오라비 곤양수와 함께 있을 때면 혹 과도하게 술을 마시기도 하고, 혹은 쌍륙雙陸 놀이를 하기도 하여 그런 오해를 받게 된 것이다.[258]

조선 후기 숙종대에도 아내와 이혼하기 위해 실행을 칭탁한 사건이 있었다. 1704년(숙종 30) 첩에 빠진 남편 유정기가 아내 신태영과 이혼하기 위해 부인의 행실을 문제 삼고 나왔다. 즉 밤에 단신으로 집을 나갔다는 것을 강조했다. 이것은 곧 실행으로 간주되었다. 사헌부 장령 임방이 아뢰었다.

우리나라는 아내를 내쫓는 법이 없기 때문에 비록 사나운 아내와 행실이 나쁜 아내가 있더라도 감히 서로 인연을 끊지 못하므로, 집안을 망치고 인륜을 깨뜨리기에 이른 자가 많으니 몹시 한탄스러운 일입니다. 수운판관 유정기의 아내 신씨는 성정性情이 괴려乖戾하고 언행이 패악悖惡하여 괴이하고도 놀라운 거동이 한두 가지가 아닙니다. 처음에는 그 남편을 꾸짖어 욕하는 것을 능사로 삼다가, 이어 다시 위로 그 아비에게 미쳐 종일 입에서 말하는 것이 욕설 아닌 것이 없으니, ... 그후 전처의 아들 집에 와서 의탁했는데, 유정기가 아들의 병을 구료救療하는 일로 인하여 아들의 집에 머물게 되자, 신녀는 서로 용납하지 못할 것을 알고는 또 성을 내어 한밤중에 단신으로 걸어서 달아나버렸으니, 여자의 실신失身이 이보다 큰 것은 없습니다.[259]

이에 신태영은 왕에게 글을 올렸다. 그 내용은 유정기의 처가 된 지 27년이 되었는데, 다섯 자녀를 연이어 낳았으며 그동안 부부가 서로 실행한 일이 없었다는 것이다. 그런데 남편 유정기가 비첩에 빠져 자신을 참소하고 죄를 뒤집어씌운 것이라 했다. 그리고 그녀는 "밤에 집을 나간 것은 핍박을 받은 때문인데, 여러 명의 여종이 따라갔고, 아들이 뒤쫓아와 함께 간 것이지 혼자서 도망한 것이 아니"라고 했다. 따라서 남편의 이혼 요청에 응할 수 없다는 것이었다.[260] 그러자 영의정 신완申琓은 말했다.

신태영이 밤에 나간 것을 '촛불이 없는데 나간' 것으로 단속한다면 처신에 문제가 없는 것은 아니나 여종들이 따라갔고 또 그의 동생이 뒤쫓아 함께 했는데도, 실행失行으로 논하는 것은 합당하지 않다고 봅니다.

신태영 이혼 소송 사건은 10년이 되도록 결론이 나지 않았다. 아내 실행을 칭탁해 이혼 소송을 냈던 유정기는 결론이 나기 바로 전해인 1712년 가을에 죽었다. 공조판서 김진규가 신태영의 입장에서 사건을 정리했다. 그가 보기에 신태영 사건의 윤리적 문제는 부부·모자·적첩이 얽혀 있는 복합적인 것으로, 그중 한 가지만을 선택해서 볼 수 없는 문제였다. 즉 무단히 남편의 과실을 고발한 것과 다르므로 남편을 무함한 것으로 단정할 수 없다. 신태영은 비첩의 참간과 능욕을 당하고 여기에 이른 것이다. 김진규는 말한다.

신태영이 남편을 남편으로 여기지 않은 것은 진실로 먼저 남편의 도리를 상실한 데에 연유한 것인데, 이에 그 근본을 추구하지 아니하고 법률에도 없는 이혼을 시행한다고 하는 것은 다만 모자와 적첩의 윤리를 손상시킬 뿐입니다. 《예기》에 이른바 '질투하면 버린다'는 것은 그것이 가정을 어지럽히는 것을 위한 것이며, 비첩婢妾에게 미혹되어 그 본처本妻를 축출하는 것과 비교할 수 있는 것이 아닙니다.[261]

김진규의 주장에 잘 나타난 것처럼, 신태영 부부 사건의 근본적인 원인은 남편 유정기에게 있었다. 그럼에도 유정기가 아내를 상대로 이혼을 제기한 표면적인 이유는 '아내 실행'이었다. 그만큼 '실행'이라는 언어가 여성들에게는 치명적이었다는 뜻이다.

실행녀의 자손

《경국대전》에 명시된 바, 조선에서 실행한 부녀의 자손은 의정부, 육조, 대간, 도사, 수령직 등의 중요한 직책에 서용될 수 없었다. 여자의 실행은 남자의 '도둑질[贓吏]'과 같은 죄로 해석되었다. 실행 부녀로 일단 규정되면, 그녀의 자손은 대대로 씻지 못할 멍에를 안게 되는 것이다. 정종 및 태종 연간에 행실이 여러 차례 문제되었던[262] 중추원부사 조화趙禾의 아내 김씨의 경우를 보자. 조화는 개국공신 조준趙浚(1346~1405)의 조카다. 조정의 회의에서 김씨의 이름이 거론된 것은 정종 1년(1399)을 시작으로 세조 8년(1462)에 이르기까지 60년이 넘었다. 그 시간적 순서를 밟으며 김씨의 '실행'을 둘러싼 조정의 논의를 살피고, 그것이 갖는 문화정치학적 의미를 찾아보고자 한다.

1415년(태종 15)에 영돈녕부사領敦寧府事 이지李枝가 사헌부의 탄핵을 받게 되었다. 그는 태조 이성계의 사촌 동생으로 위화도회군 때 무공을 세워 원종공신으로 책봉된 왕족의 일원이었다. 그런 그가 구설수에 오른 것은 행실의 문제로 사람들의 입에 오르내리던 김씨와 혼인을 했기 때문이었다. 이에 국왕은 "아내 없는 남자와 남편 없는 여자가 서로 혼인하는 것"이 무엇이 문제냐고 했다. 즉 두 사람 모두 상배喪配한 상태였기 때문이다. 김씨가 이지와 혼인할 당시 나이는 57세였다. 참고로 김씨는 문하시랑찬성사門下侍郎贊成事 김주金湊의 딸이다.[263]

과거에 김씨는 남편 조화가 자신의 친정어머니와 간통하는 사이임을 알게 되자 허해詐咳와 정을 통했다. 허해는 호조참의와 동지중추원사 등을 역임함 고관이었다. 어느날 조화가 첩을 데리고 외박을 하자 김씨는 허해를 집으로 끌어들였다. 이때 허해가 돌아가면서 실수로 조화의 옷을 입고 가버렸다. 새벽에 집에 들어와 이 사실을 알게 된 조화가 노하여 김씨를 꾸짖자 김씨는 "당신이 하는 짓과 내가 하는 짓이 무엇이 다른가. 당신이 이 사실을 누설한다면, 당신이 먼저 잡혀간 다음에 나도 잡혀간다"고 했다. 조화가 죽은 뒤 김씨는 태조의 사촌동생인 정1품 영돈녕부사 이지와 부부가 되었다.[264]

김씨의 남편 이지는 부모의 제사를 절에서 지내왔다. 그의 어머니 기일이 섣달 그믐날이고, 아버지 기일은 정월 초하루이므로, 매년 세말歲末에는 절에 가서 부처에게 공양하고 부모님께 재齋 올리는 것으로 보냈다. 이날도 부인 김씨와 함께 향림사香林寺에 갔다가 갑자기 죽은 것이다. 그의 나이 79세였다. 그의 죽음을 둘러싼 소문이 무성했다. "후처 김씨와 절에서 수일을 머무는 동안 중과 간통한 김씨를 그 자리에서 꾸짖고 구타하자, 김씨가 이지의 불알을 끌어당겨 죽였다"는 것이다.[265]

이지가 죽자 김씨의 행실이 다시 주목되었다. 그것은 이지의 처 자격으로 주어진 관작을 '음란한' 행실에다 두 번 시집간 경력의 그녀가 사용하는 것에 대한 문제 제기였다. 김씨를 논죄한 사헌부에서는 "부인의 봉작封爵은 반드시 부도婦道가 곧고 바른 사람이라야만 봉해지는 것"이라고 했다. 행실문제로 두 번이나 외방에 부처된 적이 있다는 보고를 받은 세종은 "이러한 이상한 여자는 외방에서 죽게 해야 한다"고 했다.[266] 하지만 김씨가 봉작을 향유하는 것에 대한 형은 집행되지 않았다.

이에 대신들은 이 문제를 다시 거론했다. 그 논리는 '공신의 후손이라 해도 시집간 딸에 대해서는 적용되지 않으며, 공신의 아내라 해도 이미 음부淫婦라면 정처正妻로서 논할 수 없다'는 것이다. 대신들은 김씨를 외방으로 내쫓아 다시는 서울에 왕래하지 못하게 해달라는 상소를 냈다. 이에 국왕 세종은 김씨의 아들 조복초趙復初를 불러 말했다. "그대의 어머니는 서울 10리里 밖이라면 기내畿內든 기외畿外든 원하는 대로 거주하되, 서울 안에는 왕래하지 말아야 할 것이다." 그래서 김씨는 전 남편 농장이 있는 통천으로 돌아갔다.[267]

하지만 대신들은 김씨의 행위를 끝까지 물고 늘어졌다. 즉, 통천은 김씨의 방자함을 부추기는 곳이 될 것이고, 고을 수령으로 있는 아들 조심趙深이 어미의 추한 행실에 대한 수치심이 있을 터라 한 고을의 표준이 되게 하기에는 부적합하다는 이유였다. 그들은 김씨의 죄를 다시 묻고, 그 아들 조심의 수령직을 거두어달라고 요청했다. 하지만 국왕 세종은 김씨가 공신 이지의 아내였다는 이유로 김씨에게 죄를 주는 것을 거부했고, 대신 아들 조심을 수령직에서 파면했다.[268] 그럼에도 김종서金宗瑞(1383~1453) 등은 악을 멀리하고 풍속을 정화시켜야 한다는 이유로 김씨를 논죄할 것을 끈질기게 요구했다. 국왕 세종은 김씨가 이미 종실의 친척이 되었고 또 음행을 행한 것은 법이 만들어지기 전의 일이라는 이유로 거절했다. 대신에 전 남편의 농장이 있는 통진에서 강화로 옮겼으니 더 이상 논의하지 말라고 했다.[269] 이로써 세종 9년 8월에 집중적으로 논의되었던 이지의 처 김씨에 대한 사건이 끝났다.

그런데 2년 후, 1429년(세종 11)에 사간원이 다시 김씨를 거론하면서, 김씨의 손자 조유신趙由信을 동반東班에 서용하는 것을 반대했다. 조화와 김씨 부부의 손자인 조유신은 과거를 통해 이미 관직에 있었음에도 불구하고 '음란한 여자의 손자'라는 이유로 거부된 것이다.[270] 1430년(세종 12)에 국왕은 "조심趙深과 조유신을 동반이 아닌 서반직西班職에 서용하라"고 했다. 조심은 화禾의 아들이고, 유신은 화의 손자인데, 조심이 군기시 부정副正에 임명되자 대간臺諫들이 소장疏章을 갖추어 이를 반대했기 때문이다.[271] 1431년(세종 13)에는 충청감사와 강원감사의 자리를 놓고 호조참의 박곤朴坤이 거론되자 그 조모의 행실을 이유로 거부되었다. "곤은 조화의 사위인데, 그의 장모 김씨의 음행이 사방에 전파되었으니, 어찌 감사의 임무를 줄 수 있겠습니까. 감사는 지극히 중하여 수령의 역할과 민생의 안위安危가 그 한몸에 달려 있으니 잘 선택하지 않을 수 없습니다"고 했다.[272] 1432년(세종 14)에는 실행한 부녀의 자손에게는 과거 응시를 금지하자는 삼관三館의 상소가 있었다. 상소가 목표하는 바는 김씨의 손자 조유지趙由智의 관직을 삭탈시키는 것이었다.

별시위 조유지는 추잡하고 더러운 행동이 이미 드러난 김씨의 손자입니다. 김씨의 일은 세상 사람들이 다 알고 있습니다. 그런 까닭에 신 등은 함께 의논하고 그의 이름을 녹명하지 아니하여, 그 더러운 풍속을 제거하고 삼강三綱을 바로잡고자 했더니, 유지가 스스로 헤아리지 않고, 형제가 등과登科했다는 것을 구실로 삼아 탄원서를 올려서 더러운 것도 포용하시는 전하의 은혜를 얻게 되었습니다. 신 등은 엎드려 하교하심을 받자와 망령되게 그의 형제가 등과했다고 일컬은 것은 대체로 과거 한때 집사자의 실수일 뿐이며 또한 만세의 정법은 아닌 것입니다. 적어도 이 사람을 제거하지 않으면 부녀의 도리를 어디에서도 바로잡을 데가 없고, 부도婦道가 바르지 않으면 백성의 풍속과 선비의 풍습이 무엇으로 말미암아 선량해지겠습니까. 국가에서 이 사람을 버리는 것은 구우일모九牛一毛에 불과할 뿐입니다. 옛사람이 말하기를, '한 사람을 상 주어서 천만 사람을 권장하고, 한 사람을 벌주어서 천만 사람을 징계한다'고 했습니다. 선을 권장하고 악을 징계함이 이 일보다 더한 것은 없습니다.[273]

1435년(세종 17)에는 사헌부가 김씨의 외손자 광흥창사廣興倉使 이사평李士平의 고신告身에 서명하기를 거부했다. 역시 외조모 김씨의 음행 때문이었다.[274] 김씨를 빌미로 그 아들은 물론 친손과 외손을 탄핵하면서, 그들의 관직 삭탈을 주장하는 대신들의 논의가 계속 이어지자 김씨의 두 손자가 왕에게 장문의 상서로 그 억울함을 호소했다. 1436년(세종 18) 판관判官 조유례趙由禮와 부교리副校理 조유신趙由信이 올린 상서는 조상의 일로 그 자손을 평가하는 것은 옛 성인의 사람 쓰는 도리와 거리가 있다는 것을 역사 사례를 통해 주장하는 것으로 시작되고 있다. 즉 하夏나라 우임금의 아버지는 주살되었고, 채蔡나라 제후 채중蔡仲의 아버지는 유배를 당했지만, 그 아들의 능력을 폐하지는 않았다는 것이다. 또 어머니가 의롭지 못한 일을 했어도 그 아들은 재상에 오른 경우가 역사에 기록되어 있음을 주장했다. 다시 말해 조모의 일로 자신들을 폐하려고 하는 것이 근본적으로 문제가 있음을 제시한 것이다.

······ 지금 의정부가 논의한 것 중에 '부녀자의 실행失行이 현저하여 그 죄를 얻은 자의 자손은 동반직東班職에 서용하지 않는다'는 것을 보고, 신 등은 진실로 공도公道가 크게 열리는 것으로 분명하게 밝힐 수 있는 때라고 생각했습니다. 지금 밝히지 않으면 언제 또 밝히겠습니까? 신 등의 조모에 관한 말이 있게 된 근원을 말씀드리면 문벌의 후예로서 아름다운 복식服飾과 사치스런 주택을 갖게 된 것이 많은 사람들로부터 증오를 샀으며, 겸하여 조모의 아버지 김주金湊가 개국 초기에 오랫동안 헌사憲司의 법을 쥐었던 것이 사람들에게 미움을 사게 되어 지금까지도 트집을 잡고 있습니다. 또 난신亂臣 박포朴苞가 평소에 조부와 더불어 노비관계로 틈이 생겨 온갖 허언虛言을 만들어 전파한 바 있습니다. 조모는 과거에 재신宰臣 정총鄭摠의 아내와의 대질 사건과 근자에 노비 공문에 잘못 허함虛銜을 쓴 까닭으로 밖으로 나가서 살고 있을 뿐입니다. 조금도 규문을 엄숙히 다스리지 않은 과실 같은 것은 없으며, 공초를 받아 치죄治罪한 사실도 없는데, 한갓 전해오는 의혹을 가지고 흠절로 삼아 매양 이에 이르곤 합니다. 대개 흔구痕咎의 일을 처음에는 비록 준엄하게 다루나, 시간이 지날수록 엷어져가는 것이 정상인데 신의 아비 명초明初가 중외의 현직顯職을 역임했고, 신 등도 아무런 허물이 없는데도 말썽이 더욱 거세어지고 있습니다. ······ 전傳에 이르기를, '선한 것은 길이 내려가게 하고, 악한 것은 그 당사자에게 그치게 한다'고 한 것은, 고금의 제왕들이 인재를 서용하는 방법이었습니다.[275]

김씨 손자들의 상서는 계속 이어지는데, 자신들의 조모가 정확히 무슨 죄를 범했는지 헌부에 조사를 의뢰해달라는 것이다. 자신들의 조모는 절대로 실행한 일이 없지만 만일 자신들이 모르는 죄가 나온다면 어찌 감히 벼슬하기를 바라겠느냐는 내용이다. 한편 조모의 억울함이 밝혀지면 자신들에게 벼슬길을 열어주시고 고신告身과 관련된 잡다한 문제도 삭제해주신다면 미약한 재주를 다하여 견마犬馬의 정성을 다하겠다는 다짐으로 끝맺고 있다.

하지만 국왕은 조유례와 조유신 등 김씨 손자들의 청을 들어주지 않았다. 대신에 사람들은 또다시 그들을 도마 위에 올려놓고 왈가왈부했다. "이 사람들은 그 조모의 실사實事를 도리어 허사虛事라고 했고" 또 "숭백·채숙의 악함을 그 조모에게 비겼고, 우임금과 채중의 어짊을 자신들과 비교하였으며, 또 글에는 은연중에 자찬自贊하는 뜻이 내포되어 있다"고 했다. 그리고 "이른바 '아버지의 악한 것을 가지고 아들의 착한 것을 폐할 수는 없다'고 한 것도, 다른 사람이 천거하여 말하는 것이라면 모르나 자기의 일을 논하면서 이와 같이 일컫는다면 과연 되겠는가" 했다. 또다시 세월이 흘러 조유례와 조유신이 상서를 올린 지 11년이 지났다. 1447년(세종 29) 사간원과 사헌부가 조유례의 판통례 제수를 반대하고 나섰다.

사간원에서 아뢰기를, "선비의 탐욕함과 여자의 음탕함은 한 가지이옵니다. 조유례는 음탕한 여자의 후손으로, 이제 판통례判通禮의 벼슬을 제수하셨는데, 예의를 맡은 관직은 그 소임이 매우 중하여 이 사람이 감당할 바가 못 됩니다. 전일에 사헌부에서 옳지 않음을 극력 진술했으므로 신들은 마땅히 윤허하실 것이라 여겼는데, 이제까지도 아직 고치지 않으시기에 신들이 감히 고치기를 청합니다" 했다. 사헌부에서도 또 청하니, 임금이 말하기를, "유례 형제가 문무과 출신으로 동반東班을 지냈으니, 이제 이 벼슬을 주는 것이 무방할 것 같고, 또 악을 미워함은 그 당자에 그칠 뿐인 것이 성인의 법이므로, 이 뜻을 가지고 사람 쓰는 길을 넓히려 하는 것이니, 다시 말하지 말라" 했다.[276]

며칠 후에 또다시 조유례의 판통례 제수를 반대하는 상소문이 올라왔다. 사헌부 대사헌 이계린李季疄 등은 상소에서 '예의 염치는 나라를 지탱해주는 기틀이고, 이것을 해치는 요소를 제거하는 것에 옛 제왕들도 소홀히 하지 않았다'고 했다. 그래서 명나라 태조고황제 같은 제왕은 율령을 정할 때 선비의 장물범죄에는 이름을 삭제하고 자자刺字하며, 여자의 간음범죄에는 옷을 벗기고 형벌을 받게 하여 조금도 용서함이 없었다고 했다. 이어지는 그들의 논지는 다음과 같다.

"신들이 생각하옵건대, 보통사람이라면 누구나 감정 가는 대로 욕심 나는 대로 하여 삶을 즐기려 하지 아니하겠습니까. 그러나 사람의 욕심을 싹트기 시작할 때에 잘라 막아서 일하는 데에 감히 나타나지 못하게 하여 죽을 때까지 조심하고 삼가는 것은 한 몸을 위한 것일 뿐 아니라 자손만대를 위한 염려이기도 합니다. 만일 할아비의 잘못이 어찌 후손에게까지 미치랴라고 한다면, 누구나 즐겨 궁핍함을 고집하면서 의리를 지키며 명분을 닦고 절조를 가다듬어 좋은 이름을 후세에 남기려 하겠습니까.
이제 조유례의 조모 김씨의 음란하고 더러운 행실은 실로 애매하여 밝히기 어려운 종류가 아니오라, 말을 하자면 말하기조차 추醜한 것인데, 그 분명하게 볼 수 있는 것을 어찌 특히 다시 밖으로 드러내오리까. 자녀恣女의 명단에 첫머리로 실려 있어서 온 나라 사람이 모두 추하게 여기는 바이온데, 그 안팎 자손들이 뻔뻔한 얼굴로 염치없이 조정의 반열에 참례해 서는 것도 오히려 불가하거늘, 하물며 판통례는 벼슬이 비록 중요하지 않사오나, 직책이 찬례贊禮의 소임은 가장 깨끗한 것이온데, 수많은 명사들 중에 어찌 마땅한 사람이 없어서, 하필 구태여 음탕하고 더럽기가 막심한 것의 후손을 조정의 가장 깨끗한 벼슬에 앉혀서 공론을 끼치게 하시옵니까. 엎드려 바라옵건대, 전하께서 널리 높으신 결단을 내리시어 유례의 벼슬을 거두시어 사풍士風을 가다듬게 하시고, 나라의 운명이 오래가도록 하신다면 공도公道에 매우 다행하겠습니다." 왕은 허락하지 않았다.[277]

사헌부의 상소가 올라온 바로 다음날, 김씨의 손자 조유례는 조모의 흠결을 조사해줄 것을 상서했다. 거기서 그는 조모 김씨의 실행은 사실이 아니며, 원한이 있는 자가 거짓으로 꾸민 것이라 주장했다.[278] 하지만 사람들의 비웃음만 샀다. 이로부터 5년이 흐른 1452년(문종 2)에는 중추원부사 조유례趙由禮가 사직辭職을 요청했다. 20여 년 전에 죽은 조모의 일을 과장해서 계속 문제 삼는 분위기가 불편하다는 이유에서였다. 여기서 그는 조모의 행위가 자신의 집안과 정적政敵관계에 있던 사람들에 의해 과장되었다고 주장했다.[279] 그의 주장은 기각되었고, 조모 김씨는 자녀안에 기록되었다.

조유례가 사직을 요청한 지 2개여 월 후에는 사간원에서 김씨의 외증손서外曾孫壻 김효맹金效孟의 감찰직 제수를 거부하는 상서가 올라왔다. 다시 말해 김효맹의 아내가 김씨의 외증손인 것이다. 즉 김효맹은 김씨 외손자의 사위인 셈이다. 1460년(세조 6)에는 김씨의 사위 박곤朴坤을 장인으로 둔 성중식成重識의 감찰 제수가 거부되었다. 이유는 조화의 처가 음란하여 행실이 도리에 벗어났기 때문에 그 자손들에게 청요직을 제수할 수 없다는 것이었다.[280] 1462년(세조 8)에는 김씨의 외증손 이윤李掄의 수령직 제수를 반대하는 의논이 있었다. 실행한 자의 후손을 임명할 수가 없다는 이유에서였다.[281]

  이상에서 본 바, 김씨의 실행은 아들, 손자, 증손자, 사위, 외손자, 외손서, 외증손서에 이르는 내외 전 자손들의 관직생활에 타격을 주었다. 그런데, 김씨의 실행은 과거의 일이고, 그녀의 손자들이 조모의 실행 사실을 인정하지 않았지만, 이 과거의 일을 60여 년이 넘도록 담론화하는 것의 의미가 무엇인가 하는 것이다. 사족 부인의 실행을 빌미로 그 자손들을 관직에서 배제시켜나가는 것인데, 이것은 사대부 부녀들의 성을 감시하는 가장 효과적인 수단이었다.

장부는 깃슬쓰며 아비
사은 시집가매 져 호과 하시니 여자의
비가 라 칠일이 아니로 더 며 나라 비비
혀 힘실 놉흔 집으로 훤가 호니 마지못
젹어 듀 거이 놉흔 아비 말이 션후섭
부모 섬기 도리라 말고 심쎠 힘 ...
나 후 시 고 어 미 기 라 시 니 부모섭 ...

3부

정절의 학습과 지식

정절의식을 고취시키는 데는 반복적인 학습이 필요했다. 조선시대 정절의식 고취를 위한 교재로는 크게 행실도류와 교훈서류가 있다. 행실도류에는 어떤 것이 있고 어떤 내용을 담고 있으며, 교훈서류는 또 어떤 것이 있고 어떤 내용을 담고 있는지, 정절의 문제에 초점을 맞추어 살펴보도록 하자.

행실도行實圖 속의 정절

건국기를 지나 일정한 궤도에 안착하자 조선의 지배층은 국가의 이념과 가치를 효과적으로 전달할 수 있는 학습 교재의 개발을 추진했다. 시각을 활용한 행실도류는 각 행위의 형상을 그림으로 볼 수 있어 삼강의 윤리를 가장 직접적으로 보여주고 특별한 지식이 없어도 쉽게 이해할 수 있다는 점에서 국가 이데올로기를 대중에게 확산시키는 데 효과가 있었다. 조선이 편찬한 행실도류로는 세종조의《삼강행실도》(1432)를 시작으로 성종조의《(산정본)삼강행실도》(1481), 중종조의《속삼강행실도》(1514), 광해조의《동국신속삼강행실도》(1617)와《동국삼강행실도》(1617), 정조조의《오륜행실도》(1798)가 있다. 행실도류가 계속 간행·중간重刊되었던 것을 보면 이에 대한 조선 지배층의 관심과 기대가 매우 컸던 것을 알 수 있다. 그러면 정절에 대한 여성들의 태도와 의식 그리고 서술자인 남성 지배층의 정절 인식을 각 행실도를 통해 살펴보자.

《삼강행실도三綱行實圖》

조선의 첫 행실도인《삼강행실도》는 건국된 지 40년이 흐른 1432년(세종 14)에 편찬되었다. 그 2년 후에 간행·반포된 이 책은 절개와 지조로 세상을 감동시킨 충신忠臣·효자孝子·열녀烈女의 세 유형에 해당되는 330명을 실었다.《삼강행실도》의 간행은 진주의 백성이 아비를 죽인 사건에 놀란 왕이 풍속의 정화 차원에서 내린 특명으로 추진되었다. 왕은 말한다.

삼대三代의 정치가 훌륭했던 것은 인륜을 밝히는 정치였기 때문이다. 후세에는 교화가 점점 쇠퇴해져 백성들이 군신·부자·부부의 큰 인륜에 친숙하

《삼강행실도》
조선 초기에 편찬된 《삼강행실도》는 충·효·열에 해당하는 330명을 싣고 있다. 여기에 소개된 열녀 110명은 정절과 관련된 거의 모든 유형을 망라한 것이다.

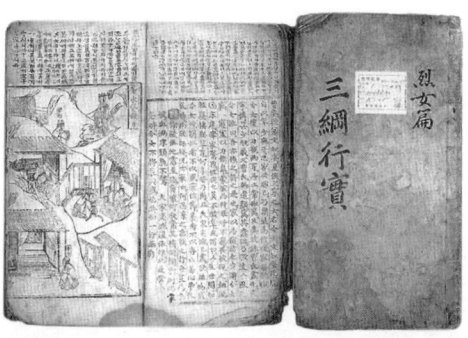

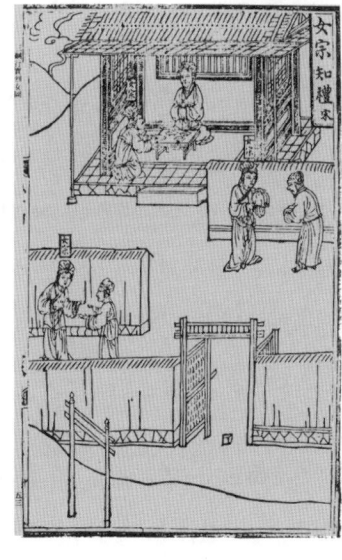

지 못하고 타고난 천성에 어두워 늘 각박했다. 간혹 훌륭한 행실과 높은 절개가 있어도 풍속으로 바꾸기가 어려워 사람들을 흥기시킬 수가 없었다. 내가 특별히 뛰어난 것을 뽑아서 그림과 찬을 만들어 중앙과 지방에 나누어주니, 우매한 남녀들까지 다 쉽게 보고 느껴서 분발하기를 바란다. 이것은 또한 백성을 교화하여 풍속을 이루는 한 길이 될 것이다.[282]

《삼강행실도》에 실린 사람들은 효자·충신·열녀가 각 110명으로, 그들 대다수가 중국인이고 한국의 사례는 극히 적다. 책의 서문에는 "천하의 떳떳한 도리가 다섯 있는데, 그중에 삼강三綱이 제일 중요하다"고 했다. 《삼강행실도》가 편찬되자 국왕 세종은 권채權採(1399~1438)에게 명하여 전문箋文을 짓게 했는데, 여기에서 〈열녀도〉를 지은 뜻이 드러난다.

여자는 정숙貞淑해야 하는 것이니, 그 행실은 반드시 굳어야 합니다. 부모도 그의 뜻을 꺾을 수 없는 것이니, 밝은 태양이 위에서 비추는데 칼과 톱이 어찌 감히 그의 마음을 꺾겠습니까? 늠름하여 얼음과 서리처럼 희고 깨끗함이 대장부로서도 쉽지 않은 일을 열부烈婦가 한 것은 자못 많습니다. 어찌하여 세상의 도의道義가 점점 쇠미해지고 사람의 마음이 차츰 박薄하게 되어 강상綱常이 거의 사라져 없어지고 습속이 바람 앞에 풀 쓰러지듯 무너져갑니까?[283]

《삼강행실도》가 생각하는 여성이란 정숙하면서 그 누구도 꺾을 수 없는 굳센 마음과 행실을 소지한 사람이다. 또 얼음과 서리처럼 깨끗하면서 대장부보다 더 늠름한 기상을 가진 자다. 그녀는 강한 주체와 굳은 의지의 소유자다. 그런데 이러한 열녀의 이미지는 '자신의 것을 고집하거나 주장하지 않는' 유순柔順을 부덕婦德으로 하는 유교적 여성상과 전혀 다른 모습이다. 그렇다면《삼강행실도》는 일상과는 다른 상황에 놓인 여성을 상정한 것은 아닌가. 여기에 소개된 대다수의 여성들은 정절의 결단을 요구하는 비일상적인 상황과 마주한 경우임을 볼 수 있다. 그리고 〈열녀도〉를 간행한 의미가 "아내로서 아내의 덕을 온전히 하도록" 하는 데에 있음을 볼 때 어머니나 딸 혹은 며느리의 역할은 다루지 않을 것임을 알 수 있다.

《삼강행실도》330편은 각 편 주인공의 행적을 기술한 본문에다 시詩와 찬贊을 붙여 노래로 쉽게 외울 수 있도록 했고, 또 그림을 그려 넣어 글자를 모르는 사람들도 쉽게 이해할 수 있도록 했다. 세종이 《삼강행실도》반포 교지에서도 밝힌 바, "어리석은 남녀들이 쉽게 이해하지 못할 것을 염려하여 그림을 그려서 붙인 것"이다.[284] 《삼강행실도》가 사적事蹟을 그림과 한문으로 설명하고 시찬詩贊을 붙인 후 본문 윗부분에 언해를 하는 방식을 채택한 이래 이후의 행실도류도 이 체제를 그대로 따랐다.

《삼강행실도》〈열녀도〉에 수록된 110명의 여성들은 중국 사람이 95명이고 한국 사람이 15명이다. 중국의 인물들은 해진解縉(1369~1415)이 엮은《고금열녀전》과 중국의 역대 사서史書에 수록된《열녀전烈女傳》 등에서 선별했다. 한국의 인물들은《삼국사기》와《고려사》그리고 조선의 공식 기록에서 골랐다. 편성의 순서를 보면 1편에서 15편까지는 열행을 보인 중국의 역대 황후와 왕비를 실었고, 16편에서 95편까지는 평민 신분의 여성들로 춘추전국시대에서 명明에 이르기까지 시대 순으로 배치되었다. 96편에서 110편까지는 백제 1명, 고려 9명, 조선 5명의 순서로 수록했다(〈표 4〉 참조).

〈표 4〉《삼강행실도》〈열녀도〉에 실린 110명의 인물

	제목	시대	출처		제목	시대	출처		제목	시대	출처
1	황영사상 皇英死湘	우虞	고열녀전	38	원씨훼면 元氏毀面	수隋	수서	75	류씨악수 劉氏握手	원元	원사
2	태임태교 太任胎敎	주周	〃	39	류씨투정 柳氏投井	〃	〃	76	장씨자도 張氏自刀	〃	〃
3	강후탈잠 姜后脫簪	주周	〃	40	최씨견사 崔氏見射	〃	〃	77	동씨피면 童氏皮面	〃	〃
4	소의당웅 昭議當熊	한漢	〃	41	숙영단발 淑英斷髮	당唐	신당서	78	장녀투수 張女投水	〃	〃
5	첩여사련 婕妤辭輦	〃	〃	42	상자둔거 象子遁去	〃	〃	79	왕씨경사 王氏經死	〃	〃
6	왕후투화 王后投火	〃	〃	43	상관완절 上官完節	〃	〃	80	채란심청 彩鸞心淸	〃	〃
7	마후의련 馬后衣練	〃	〃	44	위씨참지 魏氏斬指	〃	〃	81	모씨고장 毛氏刳腸	〃	〃
8	문덕체하 文德逮下	당唐	고금열녀전	45	옥영침해 玉英沈海	〃	〃	82	숙정투하 淑靖投河	〃	〃
9	조후친잠 曹后親蠶	송宋	〃	46	진씨명목 秦氏瞑目	〃	〃	83	주씨구욕 朱氏懼辱	〃	〃
10	효자봉선 孝慈奉先	명明	〃	47	이두투애 二竇投崖	〃	〃	84	왕씨사묘 王氏死墓	〃	〃
11	공강수의 共姜守義	위衛(춘추)	고열녀전	48	동씨봉발 董氏封髮	〃	〃	85	허씨부지 許氏仆地	〃	〃
12	맹희서유 孟姬舒帷	제齊(춘추)	〃	49	경문수정 景文守正	〃	〃	86	취가취팽 翠哥就烹	〃	〃
13	백희체화 伯姬逮火	송宋(춘추)	〃	50	열부중도 烈婦中刀	〃	〃	87	묘안쉬도 妙安淬刀	〃	〃
14	백영지인 伯嬴持刃	초楚(춘추)	〃	51	주처견매 周妻見賣	〃	〃	88	절부투강 節婦投江	〃	〃
15	정강유대 貞姜遊臺	초楚(춘추)	〃	52	이씨부해 李氏負骸	오대五代	오대사	89	화류쌍절 華劉雙節	〃	〃
16	여종지례 女宗知禮	송宋(춘추)	〃	53	조씨액여 趙氏縊輿	송宋	송사	90	유씨단설 劉氏斷舌	〃	〃

17	식처곡부 殖妻哭夫	제齊 (춘추)	고열녀전	54	서씨매사 徐氏罵死	송宋	송사	91	고부병명 姑婦幷命	원元	원사
18	송녀불개 宋女不改	채蔡 (춘추)	〃	55	희맹부수 希孟赴水	〃	〃	92	영녀정절 甯女貞節	명明	명사
19	절녀대사 節女代死	한漢	〃	56	이씨액옥 李氏縊獄	〃	〃	93	왕씨호통 王氏號慟	〃	〃
20	고행할비 高行割鼻	〃	〃	57	조씨우해 趙氏遇害	〃	〃	94	반씨운명 潘氏隕命	〃	〃
21	목강무자 穆姜撫子		후한서	58	옹씨동사 雍氏同死	〃	〃	95	부처구사 傅妻俱死	〃	〃
22	예종매탁 禮宗罵卓	〃	〃	59	정부청풍 貞婦淸風	〃	〃	96	미처답초 彌妻啖草	백제	삼국 사기
23	정의문사 貞義刎死	〃	〃	60	양씨피살 梁氏被殺	〃	〃	97	현처사수 玄妻死水	고려	고려 사
24	원강해곡 媛姜解梏	〃	〃	61	뇌란약마 挼蘭躍馬	요遼	요사	98	정처해침 鄭妻偕沈	〃	〃
25	영녀절이 令女截耳	위魏	삼국지	62	주주사애 住住死崖	금金	금사	99	안처구사 安妻俱死	〃	〃
26	여영집구 呂榮執仇	오吳	삼국지	63	장결돈좌 莊潔頓坐	〃	〃	100	최씨분매 崔氏奮罵	〃	〃
27	왕비거호 王妃距胡	진晉	진서	64	난녀촉적 欒女觸賊	〃	〃	101	삼녀투연 三女投淵	〃	〃
28	신씨취사 辛氏就死	〃	〃	65	독길액사 獨吉縊死	〃	〃	102	열부입강 烈婦入江	〃	〃
29	종씨매희 宗氏罵晞	〃	〃	66	묘진부정 妙眞赴井	〃	〃	103	김씨사적 金氏死賊	〃	〃
30	두씨수시 杜氏守尸	〃	〃	67	명수구관 明秀具棺	〃	〃	104	경처수절 慶妻守節	〃	〃
31	염설효사 閻薛效死	〃	〃	68	정렬분사 貞烈焚死	원元	원사	105	송씨서사 宋氏誓死	〃	〃
32	모씨만궁 毛氏彎弓	〃	〃	69	유모자서 俞母自誓	〃	〃	106	임씨단족 林氏斷足	조선	태조 실록
33	양씨의열 楊氏義烈	〃	〃	70	숙안조면 淑安爪面	〃	〃	107	김씨박호 金氏撲虎	〃	태종 실록
34	장씨타루 張氏墮樓	〃	〃	71	의부와빙 義婦臥氷	〃	〃	108	한씨절립 韓氏絕粒	〃	태종 실록
35	이씨감연 李氏感燕	송宋	〃	72	동아자액 冬兒自縊	〃	〃	109	여귀액엽 黎貴縊葉	〃	태종 실록
36	유씨분사 劉氏憤死	위魏	〃	73	금가정사 錦哥井死	〃	〃	110	김씨동폄 金氏同窆	〃	태종 실록
37	류씨동혈 柳氏同穴	수隋	수서	74	귀가액구 貴哥縊廐	〃	〃				

다시 말하지만《삼강행실도》는 기존에 소개된 인물들을 가려 뽑아 편집한 책이다. 따라서 이 책이 지향하는 바의 여성 인식은 기존 문헌에서 무엇을 선택했는가를 보면 알 수 있다. 먼저《삼강행실도》〈열녀도〉는《고금열녀전》에서 20편을 취하여 제1편부터 차례대로 배치했다. 긴 서사로 이루어진 원래 이야기를《삼강행실도》는 핵심을 잡아 축약한 형태로 구성했다. 다시 말해《열녀전》이 전후 맥락을 충분히 설명하면서 이야기를 끌어가는 방식이라면《삼강행실도》는 편찬 의도에 맞게 축약한 것으로 좀 더 교조적인 성격을 띤다.《열녀전》에 실린 인물로《삼강행실도》에 다시 소개된 여성들을 통해 어떤 메시지를 전달하고자 했는지,《삼강행실도》가 기존 문헌을 활용하는 방식은 어떠한지, 몇 가지 사례를 통해 살펴보도록 하자.

《삼강행실도》는《고열녀전》에서 17편을 선택하여 재수록했다.[285] 유향劉向(기원전 78~6)의《고열녀전》은 일곱 가지 유형의 여성을 8편으로 나누어 124장으로 구성했다. 그 일곱 가지 유형이란 '훌륭한 어머니[모의母儀]', '현명한 아내[현명賢明]', '지혜로운 여성[인지仁智]', '예와 신의를 지킨 여성[정순貞順]', '도리를 실천한 여성[절의節義]', '지식과 논리를 갖춘 여성[변통辯通]', '나라와 가문을 망친 여성[얼폐孼嬖]'이다.《삼강행실도》는 〈모의전〉에서 2편, 〈현명전〉에서 2편, 〈정순전〉에서 7편, 〈절의전〉에서 1편, 〈속열녀전〉에서 4편을 선택했다. 그러나 지식과 통찰을 갖춘 여성들의 활약을 담은 〈인지전〉과 논리와 주장을 펼친 여성들의 전기인 〈변통전〉, 그리고 나라와 가문을 망친 부정적인 유형의 여성 전기인 〈얼폐전〉의 3곳에서는 한 편도 선택하지 않았다. 가장 많은 선택을 받은 〈정순전〉은 주로 '불경이부不更二夫'의 논리로 남편에 대한 아내로서의 신의와 의무를 행한 유형이다. 이른바 정절의 이미지를 구현한 여성들이다. 《열녀전》에서 온 《삼강행실도》의 20편은 신의와 절개를 지켰다는 의미의 정절을 주제로 한 것이 10편[286]이다.

먼저 〈열녀도〉 제1편에 실린 '황영사상皇英死湘'을 보자. 이것은 《고열녀전》 124편의 제1편에 수록된 것으로 《고금열녀전》 150편의 제1편에 재수록되었다. 두 《열녀전》이 요임금의 두 딸이자 순임금의 두 아내인 아황과 여영을 필두로 한 것은 그들을 여성 역사의 출발로 삼겠다는 의지로 보인다. 두 《열녀전》은 아황과 여영을 순임금의 아내로서 지혜롭게 내조한 것에 주목하여 제목을 '순임금의 두 비[有虞二妃]'라고 하였다.

> 요임금의 두 딸은 순이 살고 있는 시골로 내려가 순을 내조했는데, 천자의 딸이라는 이유로 교만하거나 태만하지 않았다. 그녀들은 오히려 더 겸손하고 공손하며 검소했고, 부도婦道를 다하려고 노력했다.[287]

그런데, 《삼강행실도》는 '아황과 여영 상수에 몸을 던져 죽다[皇英死湘]'라는 제목을 통해 남편을 따라 죽은 사실을 부각시켰다. 조선의 각 조정에서 발굴한 절부 중에 '물에 몸을 던져 죽은' 유형이 늘 있는 것은 《삼강행실도》 편찬의 의도와 무관하지 않을 것이다. 여기서 소개된 열녀적 행위란 사실에 대한 설명이기보다 편찬의 의도에 부합하도록 구성해낸 서사적 요소가 강하다.

이 외에 한나라 원제의 비 풍소의馮昭儀는 달려드는 곰과 마주서서 결전을 벌임으로써 황제인 남편을 위기로부터 구해냈다고 하여 《열녀전〉의 '한풍소의漢馮昭儀'로 실렸다. 이것을 《삼강행실도》에서는 '소의당웅昭議當熊'이라는 제목으로 재구성했다. 각 조정이 발굴·정려한 조선의 절부 중에는 호랑이로부터 남편을 구해낸 이들이 많았다. '호랑이로부터 남편을 살려낸' 여성들과 풍소의의 행위를 연결시키는 것은 그다지 어렵지 않다.

제21편에서 제95편까지의 중국 사례 75편은 각 단대사에서 선별하여 취했다. 《후한서》〈열녀전〉 17편 중 4편을 선택했고, 《진서晉書》〈열녀전〉 34편 중 8편을 선택했으며, 《원사》〈열녀전〉 75편 중 24편을 선택한 것 등이다. 그 외 《수서隋書》, 《신당서新唐書》, 《송사宋史》, 《금사金史》, 《명사明史》 등에서도 선별적으로 채택했다. 110편에 수록된 열행은 각각 일상과 비일상이라는 상황의 차이가 있고, 자결이나 타살, 신체 훼손이나 개가 거부 등의 방법상의 차이를 보이기도 한다. 대개가 불가항력적인 상황에서 극단적인 선택을 하는 경우들이다. 비범함이나 단호함을 드러내기 위한 이야기라 하더라도 《삼강행실도》의 사례들은 지극히 비일상적인 경우들이다. 그래서 이것이 과연 교훈서로서 적합한 것인가를 놓고 비판적인 논의들이 조정회의에서 나오기도 했다.

특히 《삼강행실도》 말미에 붙은 시詩에는 정절에 대한 상층 남성들의 의식이 반영되어 있다. 제28편의 〈신씨취사辛氏就死〉의 경우를 보자. 신씨는 적의 장수에게 잡혔는데, 남편은 살해되고 자신만 남게 되었다. 적장이 신씨를 아내로 삼고자 하자 그녀는 두 번 시집가지 않는 것이 부인의 예라고 하고, 죽어 지하에서 시부모를 모시고 싶다고 애원했다. 이에 적장이 "정부貞婦로다. 마음대로 하라"고 하자 곧바로 목 매어 죽었다. 《삼강행실도》는 신씨를 이렇게 칭송했다.

굳은 절개로 몸 더럽히지 않았고, 한마디 말로써 원수를 감동시켰네
유감없이 조용히 죽어갔으니, 천고에 그 명성이 매우 뛰어났어라.[288]

제29편의 〈종씨매희宗氏罵睎〉에서 종씨는 남편과 함께 적의 장수에게 잡혔는데, 앞에서 소개한 신씨처럼 남편은 살해되고 자신만 살아남았다. 적장의 청혼에 욕하고 통곡하며 저항하다가 살해되었다. 20세였다. 《삼강행실도》의 찬술자는 그녀를 이렇게 칭송했다. "천년을 전해오며 아직 사모하는데, 더구나 그 시대 여인들의 마음이랴."[289] 다시 말해 진晉(265~419)나라 사람 종씨의 이야기는 《삼강행실도》가 찬술된 시대로부터 천여 년 전의 일이다. 정절을 지키기 위한 그녀의 결단과 용기는 영원히 기억될 것이라는 뜻이다. 제30편의 〈염설효사閻薛效死〉는 절개를 지킨 두 첩의 이야기다. 염씨와 설씨는 병석에 누워있는 남편에게 그가 죽더라도 개가하지 않고 절개를 지킬 것을 약속했다. 그런 후 남편의 병이 위독해졌는데, 두 여자는 스스로 목을 찔러 죽었다. 그런데 남편은 병이 나아 일어나게 되었고, 그는 절개를 지킨 두 첩에게 부인의 예로 장사를 지내주었다는 이야기다.[290] 제34편의 〈장씨타루張氏墮樓〉는 겁간劫姦을 피하려던 장씨가 높은 곳에서 떨어져 다리가 부러져 죽었다. 《삼강행실도》의 찬술자는 장씨를 위한 시를 지었다. "두 다리 부러지고 목숨도 버려, 청사에 오래도록 좋은 이름 새로워라."[291] 부러지고 망가지고 목을 찔러 자결하는 이 끔찍한 상황을 지식인들은 시를 지어 찬양했다. 이들을 지배하는 의식에 대해서는 또 하나의 연구 주제가 될 것 같다.

《삼강행실도》 110편에 소개된 열행烈行의 유형은 크게 보아 세 가지

다. 1) 정조를 위해 목숨을 버린 유형, 2) 재가의 권유를 자해 혹은 자진으로 거부한 유형, 3) 남편을 따라 죽거나 남편을 대신하여 자신의 목숨을 아끼지 않은 유형이 그것이다. 그중 죽음으로 열행을 수행한 경우는 110편 중 74편인데 그중 자결이 45편이고 살해된 경우가 29편이었다. 남편을 따라 죽은 종사형從死型 열녀 12명은 전체의 10퍼센트가 넘는 숫자다.

조선에서는 강상의 변이 일어날 때면 교화의 방법으로 《삼강행실도》의 배포와 시행을 추진했다. 1434년(세종 16)에는 《삼강행실도》를 대량 인쇄하여 종친 및 신하들에게 하사했고, 각 도에 나누어주었다. 《삼강행실도》의 전문箋文을 맡은 권채는 이 책이 추구하는 바를 이렇게 말한다.

> 임금에게 충성하고 아버지에게 효도하고, 남편에게 정렬貞烈함은 하늘의 법칙에 근본한 것입니다. 신하로서 이것을 하고, 아들로서 이것을 하고, 아내로서 이것을 하는 것은 순종하는 땅의 도리에 근원하는 것입니다. 오직 하늘의 법과 땅의 도리는 예선이나 지금이나 조금도 다른 것이 없습니다.[292]

아내의 '정렬'은 하늘의 법칙이자 땅의 도리로서 누구든 의심 없이 따라야 할 절대 명제라고 했다. 이것은 자식의 효도와 신하의 충성과 함께 우주를 지탱하고 있는 천지자연의 원리이기도 하다. 여기에는 가족 질서를 통해 국가 질서를 담보해내려는 구상이 담겨 있다. 그런데 부자·군신·부부 사이에서 요구되는 행위를 구체적 사례를 통해 제시한 《삼강행실도》에서 그 행위의 주체는 자식·신하·아내다. 다시 말해《삼강행실도》의 독자는 임금·아버지·남편이 아니라 신하·자식·아내인 것이다. 여성을 아내로서의 존재와 역할로 축소시키고 그 아내에게 성적 충실성의 의무를 부가한《삼강행실도》는 이후 3분의 1 정도로 축소된 형태의 산정본으로 다시 태어나 일반에게 유포되었다.

《(산정본)삼강행실도三綱行實圖》

1489년(성종 20) 국왕 성종은《삼강행실도》산정본刪定本을 만들도록 했다. 그것은 기존《삼강행실도》가 양이 너무 많아 두루 볼 수 없는 어려움이 있는데다 세종이 만들었던《삼강행실도》가 민간은 물론 중외中外의 관청 어디에서도 찾아볼 수 없다는 보고가 있었기 때문이다.[293] 이에 "절행節行이 특이한 것을 골라 간략하게 만들어 여러 고을에 반포"하자고 하여 허침許琛(1444~1505) 등이 산정본 편찬의 임무를 맡았다. 산정본은 원본《삼강행실도》의〈충신도〉·〈효자도〉·〈열녀도〉에서 각 35명을 뽑은 것으로 모두 105명으로 구성되었다.[294]

이에 앞서 1482년(성종 12)에 왕은《삼강행실도》중에서〈열녀도〉를 특별히 국역하여 간행하도록 했다. 그 취지는 행실의 문제가 많은 사족 여성들을 교육하여 풍속을 정화시키겠다는 것이다.

> 국가의 흥망은 풍속의 순박한 것에 말미암는데, 풍속을 바루는 일은 반드시 집안에서 비롯된다. 예전의 동방東方은 정신貞信하여 음란하지 않다고 했는데, 근자에는 사족士族의 부녀 중에도 혹 실행失行하는 자가 있으니 매우 염려스럽다.[295]

〈표 5〉《(산정본)삼강행실도》〈열녀도〉

순서	제목	나라	원출처	내용	원본《삼강행실도》순서
1	백희체화 伯姬逮火	송宋	고열녀전	예의 원칙을 지키다 불에 타 죽음	13
2	여종지례 女宗知禮	송宋	〃	남편의 배신과 무관하게 개가 불가의 원칙 고수	16
3	식처곡부 殖妻哭夫	제齊	〃	남편의 주검 안고 통곡, 성이 무너짐. 강에 몸을 던져 죽음	17
4	송녀불개 宋女不改	채蔡	〃	악질 걸린 남편을 끝까지 보살핌. 개가 거절	18
5	절녀대사 節女代死	한漢	〃	남편이 살해될 것을 알고, 남편 대신 죽음	19
6	고행할비 高行割鼻	〃	〃	코를 베어 수절의 의지를 확고히 함	20
7	목강무자 穆姜撫子	〃	후한서	전처 자식을 내 자식처럼 기르고 사랑함	21
8	예종매탁 禮宗罵卓	〃	〃	재상 동탁의 청혼을 받고 꾸짖어 거절하다 맞아 죽음	22
9	정의문사 貞義刎死	〃	〃	남편이 길에서 주은 황금자루를 거절	23
10	원강해곡 媛姜解梏	〃	〃	옥에 갇힌 남편을 탈출시키고 자신이 대신 죄를 받음	24
11	영녀절이 令女截耳	위魏	삼국지	개가 거절 위해 신체 상해傷害	25
12	이씨감연 李氏感燕	오吳	삼국지	개가 권유에 양쪽 귀를 자름	35
13	최씨견사 崔氏見射	수隋	수서	급간의 위기에서 저항하다 화살 맞고 죽음	40
14	숙영단발 淑英斷髮	당唐	신당서	남편은 하늘이라는 논리로 죽어도 개가 않겠다고 함	41
15	위씨참지 魏氏斬指	〃	〃	도적의 악기 연주 부탁을 손가락을 잘라 거절하고 죽음 택함	44
16	이씨부해 李氏負骸	오대五代	오대사	외간 남자에게 팔을 잡히자 도끼로 팔을 잘라 절개를 지킴	52
17	조씨액여 趙氏縊輿	송宋	송사	적의 청혼을 피해 수레에서 목을 매고 자결	53

18	서씨매사 徐氏罵死	송宋	송사	급간하려는 도적을 꾸짖고 반항하니 살해되어 강물에 던져짐	54
19	이씨액옥 李氏縊獄	〃	〃	남편 대신 옥에 갇힘, 외간 남자 구애받고 수치심에 자결	56
20	옹씨동사 雍氏同死	〃	〃	남편이 적과 대적하며 피하라고 하자, 남편과 죽음을 함께함	58
21	정부청풍 貞婦淸風	〃	〃	원나라 군사의 급간急姦을 피하려 절벽 아래로 떨어져 죽음	59
22	양씨피살 梁氏被殺	〃	〃	급간의 상황에서 적을 꾸짖으며 욕설을 퍼부어 살해됨	60
23	명수구관 明秀具棺	금金	금사	모든 패물을 풀어 어린 전실 자식을 맡기고 적을 피해 자결	67
24	의부와빙 義婦臥氷	원元	원사	남편 시신을 찾기 위해 얼음 위에 한 달을 누워 지냄.	71
25	동씨피면 童氏皮面	〃	〃	도적에게 저항하다 도적에게 얼굴 가죽이 벗겨져 죽음	77
26	왕씨경사 王氏經死	〃	〃	병든 남편을 간호하고 남편이 죽자 시묘살이 함	79
27	주씨구욕 朱氏懼辱	〃	〃	도적에게 수모를 당할 것을 두려워하여 딸과 함께 자결함	83
28	취가취팽 翠哥就烹	〃	〃	남편을 대신하여 자신이 굶주린 병사들의 먹이가 됨	86
29	영녀정절 寗女貞節	명明	명사	혼인 성립 전에 남편이 죽자 개가 거절하고 수절함	92
30	미처담초 彌妻啖草	백제	삼국사기	왕의 폭력을 피해 남편 도미와 풀뿌리를 캐어 먹으며 살다감	96
31	최씨분매 崔氏奮罵	고려	고려사	왜적을 꾸짖다 죽임을 당함. 정만의 처, 정습의 모	100
32	열부입강 烈婦入江	고려	〃	왜적을 피해 강에 뛰어들어 죽음	102
33	임씨단족 林氏斷足	조선	태조실록	왜적의 급간에 저항하자 팔과 다리를 잘리고 살해됨	106
34	김씨박호 金氏撲虎	조선	태종실록	남편을 물고 가던 범을 때려 남편을 빼앗아 옴	107
35	김씨동폄 金氏同窆	조선	태종실록	남편 죽자 굶어 53일 만에 죽음, 남편과 같은 무덤에 묻힘	110

그러나 이 책의 간행 여부는 물론 그 존재도 확인되지 않고 있다. 《삼강행실도》〈열녀도〉의 번역 간행 논의가 있은 후에《(산정본)삼강행실도》가 간행된 것이다. 산정본〈열녀도〉 35편은 중국 사람이 29편, 한국 사람이 6편으로 편성되었다. 중국의 경우는 기원전 6세기의 사람 송백희宋伯姬에서 명대明代(1368~1644)의 영녀寗女에 이르고, 한국은 백제 1편, 고려 2편, 조선이 3편이다.

원본 110편에서 35편으로 산정된《삼강행실도》의 구성을 보자. 산정본 제1편은 원본의 제13편에 배치되었던 '백희체화伯姬逮火'다. 백희는 "보모保母와 부모傅母가 함께하지 않으면 밤에 당堂을 내려가지 않는 것이 부인의 예법"임을 고집하다가 불에 타 죽은 여성이다. 《열녀전》에서 그녀는 죽음을 무릅쓰고 예를 지킨 사람으로 칭송되었다. 그러면 원본《삼강행실도》에서 백희 앞에 실렸던 12명의 인물이 산정본에서는 배제된 것에 대해 주목해보자. 선택되지 못한 12명의 여성들은 대부분 부덕이나 통솔력으로 내조內助나 내치內治로 이름을 세운 왕가王家의 여성들이다.

예컨대 문왕의 어머니 태임이 전수하는 태교[太任胎敎]나 예禮로써 황제를 내조한 반첩여[婕妤辭輦] 이야기, 또 검소함으로 내치內治를 이룬 마황후[馬后衣練], 친히 자기 몫의 노동을 실천한 조황후 이야기[曹后親蠶] 등은 삭제되었다. 배제된 그녀들은 정절의 가치보다는 자신들이 속한 제도와 체제 속에서 보편적이면서 중요한 가치를 실천한 이들이다.

하지만《(산정본)삼강행실도》가 추구한 여성상이란 이러한 여성적 통솔력보다는 예나 정절의식에 충실한 유형이었다. 《(산정본)삼강행실도》 35명 가운데 죽음으로 귀결된 여성은 20명이다. 적에게 잡혀 겁간劫姦

을 당할 위기에서 저항하다 죽임을 당한 양씨에 대한 서술을 보자.《(산정본)삼강행실도》22편에 〈양씨피살梁氏被殺〉의 제목으로 실린 양씨는 원나라 군사의 침입을 받고 남편과 함께 붙잡혔다. 적장이 그를 범하려 하자 남편을 돌려보낸 후 그를 따르겠다고 속였다. 적장은 탈취한 금과 비단을 남편에게 주어 보낸 후 약속대로 양씨를 범하려 했다. 이에 양씨는 "머리를 쳐 죽일 놈!"이라 욕을 하며 거부했는데, 그녀는 곧바로 적에게 살해되었다.《삼강행실도》에서는 양씨를 이렇게 칭송했다.

> 양씨 시집간 지 몇 달 남짓 원군元軍이 불길처럼 쳐들어오네
> 함께 살지 못할 것을 알고 죽기를 하늘에 맹세하네
> 온 집안 오랑캐의 포로 되고 지아비 살리려 거짓 미소 지었네
> 목숨으로 지키는 절개 그 누가 범하랴
> 우뚝하게 곧은 모습 지금까지 그리워하네.[296]

《금사金史》에 실린 명수明秀의 행위도 양씨와 유사한 상황에서 발생된 것이다. 명수는 적의 침입을 받아 겁간의 위기를 당하자 모든 패물을 풀어 어린 전실 자식을 부탁하고 자결했다.《삼강행실도》의 찬술자는 죽어서 들어갈 관을 스스로 마련한 명수에게 시를 지어 바쳤다. "스스로 상구 갖춰 조용히 죽었으니, 열부의 정절 천년토록 다투어 흠모하네."[297]

1511년(중종 6)에 중종은 풍속의 불미함을 들어《삼강행실도》를 많이 찍어 중외에 반포하라고 전교하여 2천 9백 40질을 반포했다.[298] 당시로서는 발간부수가 많았던 이 책은 대중 교화에 일정한 역할을 했

을 것이다. 《((산정본)삼강행실도》가 나온 지 30여 년 후에 그것을 보완하는 의미의 《속삼강행실도》가 편찬되었다.

《속삼강행실도續三綱行實圖》(1514)

1514년(중종 9)에는 《속삼강행실도》가 간행되었다. 신용개申用漑(1463~1519) 등에 의해 편찬된 《속삼강행실도》는 모두 69건을 싣고 있는데, 효자가 36명, 충신이 6명, 열녀가 28명이다. 〈열녀도〉 28편에는 조선의 비율이 대폭 늘어나 20편이 되었고, 중국의 사례는 8편으로 줄어들었다. 이행李荇(1478~1534)은 《속삼강행실도》의 전箋을 통해 아내의 정절과 신의를 재차 강조했다.

> 아내는 지아비를 섬김에 이르러서도 정절과 신의를 지켜야 하나니, 이것이 어찌 고금의 공통된 의리일 뿐이겠습니까. 바로 천지의 변치 않는 상도常道인 것입니다.299

반정으로 왕위에 오른 중종은 '난정亂政'의 자취를 없애고 풍속을 정화시켜야 할 시대적 과제를 안고 있었다. 《속삼강행실도》 편찬의 계기는 서문에 나타난 바, "설순偰循이 편찬한 책은 선덕宣德[세종 8~17년에 해당] 이전의 사적에 그쳐, 근세의 사적은 미처 수록하지 못했을 뿐 아니라 대명大明 초기의 사적도 누락된 것이 많다. 이에 속도續圖를 편찬해야 하니, 지금이 바로 그때다"라고 했다.

세종조의 《삼강행실도》는 효와 충과 열의 삼강三綱을 전달하는 데 주목적이 있었기 때문에 수록된 인물은 전설적인 요소들이 많았다.

그래서 《속삼강행실도》에서는 기적적인 내용은 감소시키고 현실성을 증가시켰다. 또 한국의 인물을 중심으로 했으며, 남편의 상제례를 충실히 수행했다는 식의 《주자가례》의 실천 내용을 많이 담았다.

예컨대 "익산 사람 조민의 처는 남편이 죽자 3년상을 행하고 머리를 깎아 중이 되었는데, 남편의 형상을 그려 벽에 걸고 조석으로 분향하고 치전했다"[300]고 소개하고 있다. 즉, 조민의 처 구씨仇氏가 남편의 3년상을 치르고 매일 조석으로 분향하고 치전하는 것을 강조한 것이다. 또 "예빈시禮賓寺 여종[婢] 구음방仇音方은 그 남편이 죽자 밤낮으로 슬퍼하고 매달 초하루·보름에 정성을 다해 제사를 올리고 8년에 이르도록 어육魚肉과 훈채葷菜를 먹지 아니했다."[301] 이렇게 상례와 제사를 충실히 행한 것을 절행의 조건으로 삼은 것은 조선 초기《주자가례》의 보급 노력과 함께 중종대 편찬자들이《주자가례》를 중시했던 경향을 반영한 것이라 할 수 있다. 《속삼강행실도》〈열녀도〉 28편을 도표로 정리하면 〈표 6〉과 같다.

《동국신속삼강행실도東國新續三綱行實圖》(1617)

1617년(광해 9) 3월에는 《동국신속삼강행실도》가 4년 여 작업 끝에 편찬 간행되었다. 임란 이후의 충신·효자·열녀를 대폭 포함시킨 이 책은 18권 18책의 1,587건으로 구성되었다. 그중 〈열녀도〉는 8권 8책의 750여 건이다. 인물의 시대별 상황은 신라 4건, 고려 25건이고 나머지가 조선으로 720여 건이다. 임란 중에 발생한 열녀가 전체 열녀의 73퍼센트에 해당한다.[302] 이 책은 제목 그대로 한국 사람만을 대상으로 한 것이다.

〈표 6〉《속삼강행실도》〈열녀도〉

	제목	나라	중심 내용
1	백씨화고 白氏畵姑	명明	시어머니 봉양, 남편을 그려놓고 추모함
2	장씨부시 張氏負屍	명明	남편 시신 찾아와 장례, 시어머니 봉양, 예로써 장례 지냄
3	진씨전발 陳氏剪髮	명明	죽은 남편의 관 속에 귀와 머리 잘라 넣어 수절 의지 보임
4	허매익수 許梅溺水	명明	개가 거부, 시어머니 봉양, 친정부모의 개가 강요 피해 강에 투신 자결
5	유씨투지 劉氏投地	명明	남편 전사하자 개가 권유를 받고 절벽 위에서 뛰어내려 자결
6	유씨종사 俞氏從死	명明	개가 권유를 받고 죽은 남편을 따라 바로 그날 자결
7	마씨투정 馬氏投井	명明	《효경》과 《열녀전》을 통독, 남편 가출로 부모가 개가 권유, 우물에 몸을 던짐
8	원씨심시 袁氏尋屍	명明	남편이 익사하자 함께 물에 뛰어들어 자결
9	약가정신 藥哥貞信	조선	왜적의 포로가 된 남편, 수절하며 기다려 8년 후 남편 귀향(세종 2년 1월 21에 나옴)
10	송씨서사 宋氏誓死	조선	부모의 개가 강권 피해 아이를 업고 시집으로 도망(세종 21년 5월 22일에 나옴)
11	최씨수절 崔氏守節	조선	젊어서 수절, 두 딸도 수절(태종 5년 12월 29일에 나옴)
12	서씨포죽 徐氏抱竹	조선	남편이 아끼던 대나무 17년간 애모(세종 20년 7월 17일에 나옴)
13	석금연생 石수捐生	조선	남편이 죽자 자신이 더럽혀질 것이라고 하며 목을 맴
14	구씨사진 仇氏寫眞	조선	중이 되어 남편 형상에 매일 분향하고 치전(성종 2년 6월 23일에 나옴)

15	김씨자경 金氏自經	조선	부모의 개가 권유에 목을 맴
16	구음 방도야 仇音 方逃野	조선	예빈시 여종. 남편 제사, 8년째 고기와 훈채 불식(단종 1년 윤9월 24일에 나옴)
17	손씨수지 孫氏守志	조선	남편이 죽자 수절의 의지를 굳건히 하며 개가 권유를 거절
18	양씨포관 梁氏抱棺	조선	남편 사후 물에 투신, 다시 목을 맴
19	권씨부토 權氏負土	조선	남편 사망, 20세의 나이로 몸소 흙을 져다 날라 장사 지냄
20	김씨의백 金氏衣白	조선	젊은 나이로 남편과 사별, 평생 소복을 입고 지냄
21	성이패도 性伊佩刀	조선	익사한 남편 기림, 개가 권유를 거절(성종 25년 5월 19일에 나옴)
22	우씨부고 禹氏負姑	조선	수절. 화재로부터 시어머니 구해냄(세종 26년 8월 14일에 나옴)
23	강씨포시 姜氏抱屍	조선	남편 죽자 절식
24	소사자서 召史自誓	조선	부모의 개가 권유에 목을 맴
25	옥금불오 玉今不汚	조선	죽음으로 정절 지킴. 용재 이행이 시를 지어줌(《용재집容齋集》 권1)
26	옥금자액 玉今自縊	조선	남편 사후 시부모 봉양, 사노에게 간음 위협당하자, 자결(성종 25년 2월 13일에 나옴)
27	정씨불식 鄭氏不食	조선	남편 장례 후 기진하여 죽음
28	이씨수신 李氏守信	조선	남편의 죄로 관비가 되었으나 굳건히 수절

서문序文, 전문箋文, 발문跋文의 기록이나 《광해군일기》 및 《동국신속삼강행실찬집청의궤》의 관련 기사 등에 나타난 간행 경위를 보면 일단 임진왜란 이후에 정표를 받은 충신, 효자, 열녀를 중심으로 했다. 그리고 1613년(광해군 5)에 상·중·하 3편으로 편찬된 《신속삼강행실도》를 토대로, 《동국여지승람》 등의 고전 및 각 지방의 보고 자료 중에서 취사선택하여 천여 명의 약전略傳을 만든 뒤 《삼강행실도》와 같이 그림을 붙이고 언해하여 만든 것이다.[303]

처음 이 책이 기획될 때 신하들은 분량의 문제를 들어 책의 편찬 간행을 반대했다. 충신·효자·열녀의 통계가 1,123명인데, 이들을 그림으로 그리고 사실을 기록하며 시찬詩讚을 덧붙이고 언해를 할 경우 적어도 11, 12권은 될 것이고 물자 부족으로 간행이 어렵겠다는 것이었다.[304] 신하들의 반대에도 불구하고 광해군은 책의 편찬 간행을 추진했다. 《동국속삼강행실도》는 중종대의 《속삼강행실도》에서 '동국東國'이라는 서명이 명시하듯 한국의 사례만을 뽑아서 재수록했다. 여기서 조선의 독자성을 강조하려는 광해군의 의도를 엿볼 수 있다.

《동국신속삼강행실도》는 교화를 목적으로 했다기보다 임진왜란으로 무너진 기강을 확립하고 실추된 왕권 회복과 같은 간행 외적이면서 정치적인 부분에 더 관심을 두었던 것으로 보인다. 그래서 많은 사람이 보고 흥기할 수 있도록 정문旌門을 우선해야 함을 분명히 했다. 광해군은 선조대부터 미루어왔던 정문 조치를 신속히 처리한 것으로, 임진왜란 이후 국가와 사회의 기강 확립과 자신의 왕권 안정을 기획하였다. 그리고 열녀들에 대한 서사의 내용이 매우 간략하고, 구성 방식이 앞서 나온 삼강행실도류와 유사하다. 그럼에도 전쟁의 상황이 주무대가 되다 보니 몇 가지 특징적인 사례가 보인다.

처녀 이씨는 광주 사람으로 충의위 이활의 딸이다. 왜적이 몰려오니 하늘을 가리키며 죽음을 맹서하고 적을 꾸짖기를 그치지 않다가 결국 적에게 죽임을 당했다. 조정에서 정문을 내리다.[305]

'적을 꾸짖다'라는 말은 임진왜란 때 열행을 서술하는 데 자주 사용되는 서사다. 즉, '일본 남성'을 꾸짖는 '조선 여성'에게서 조선 남성은 작은 위안을 얻었는지도 모른다. 한편 전쟁의 상황에서 보고된 열녀나 충신은 사실에 대한 설명이기보다 만들어진 사실일 수도 있다. 원주목사 김제갑 부부의 사례를 보자.

이씨는 서울 사람이다. 충신 김제갑의 처다. 임진왜란 때 김제갑이 원주의 원이 되어 영원산성을 지키다가 성이 함락되어 죽었다. 이에 이씨는 여종에게 남편이 이미 죽었으니 내 비록 살기를 도둑질하고자 하나 더러운 욕을 취할 따름이니 죽지 않고 어찌 하리, 하고 성 아래 내려가 죽었다. 정문을 내리다.[306]

이씨의 남편 원주목사 김제갑金悌甲(1525~1592)은 산성을 굳게 지키다가 적의 칼에 죽었다고 하여 충신으로 포장되고 증직되었다.[307] 그 후 30여 년이 지났는데 김제갑의 손자 김희가 조부를 공신으로 책봉해달라고 청하였다. 이에 대해 사간원은 자신의 사욕을 위해 조부의 공로를 과장하는 김희의 태도를 문제 삼았다. 사간원의 소에 의하면

"김제갑은 고을을 지킨 신하로서 왜란을 당하여 적을 막다가 전사한 것에 불과할 뿐이며 그 공로에 대한 포상은 이미 모두 거행했습니다. 국가가 김제갑에게 무엇을 더 추가해주겠습니까?"라고 했다.[308] 이러한 것을 보면 일흔이 다 된 김제갑의 아내 이씨의 죽음이 과연 '열녀적'인 것인지도 의문시된다.

전쟁의 와중에서 열녀나 충신, 효자로 둔갑하는 사례가 드물지 않았을 것이다. 임진왜란 때 장흥이 자신의 아내가 왜적을 꾸짖다가 죽임을 당했다고 하여 조정에서는 정문을 명했다. 그런데 병신년에 황신黃愼이 일본에 사신으로 갔다가 돌아올 때 왜가 포로들을 함께 돌려보냈다. 장흥의 아내도 그 속에 있었으므로 모두 놀라고 분하게 여겼다. 조정에서는 장흥이 사실을 속인 죄에 대해서 처벌하지는 않았다.[309]

반면《신속동국삼강행실도》에 실린 대부분의 여성들은 아래 김소사와 유사한 양태를 보였다.

김소사는 서울 사람으로 마의馬醫 김응운의 딸이다. 왜적에게 잡히자 힘써 저항해 따르지 않았는데 왜적이 그 고움을 사모하여 차마 죽이지 못했다. 그 남편이 명주 30필을 내주고 김씨를 살려냈는데 그때 김씨는 임신 중이었다. 하루는 김씨가 해산하고 목욕을 마치자 시어머니에게 이르기를 '비록 절節을 잃지 않았으나 적의 손이 제 몸에 여러 번 미쳤는데 죽지 못한 것은 뱃속의 아이 때문이었습니다. 이제 아이를 낳았으니 죽지 않고 무엇을 기다리겠습니까' 하고는 우물에 빠져 죽었다. 상조에 정문했다.[310]

후기로 갈수록 발굴된 열녀의 수는 크게 늘어났다. 하지만 그 수가 많다는 것을 근거로 열녀가 실제로 대폭 증가했다고 보기는 어려울 것이다. 행실도는 분명한 목적을 가지고 선별된 사례를 기록한 책이지 모든 사례를 기록한 통계 자료가 아니기 때문이다. 또한 수록 인물의 지역이 전 지역 차별 없이 고르게 시행되어 있다는 점을 들어 유교 이념의 보급과 그 보조수단으로서의 포상정책이 어느 정도 결실을 맺었다는 증거로 보기도 한다. 이것은 각 지역에 고루 분포되어 있다기보다 각 지역에서 고루 뽑은 것이다.[311]

〈표 7〉《동국삼강행실도》〈열녀도〉

1	미처담초 彌妻啖草	백제	11	석금연생 石今捐生	조선	21	강씨포시 姜氏抱屍	조선
2	최씨분매 崔氏奮罵	고려	12	구씨사진 仇氏寫眞	조선	22	소사자서 召史自誓	조선
3	열부입강 烈婦入江	고려	13	김씨자경 金氏自經	조선	23	옥금불오 玉今不汚	조선
4	임씨단족 林氏斷足	조선	14	구음방도야 仇音方逃野	조선	24	옥금자액 玉今自縊	조선
5	김씨박호 金氏撲虎	조선	15	손씨수지 孫氏守志	조선	25	정씨불식 鄭氏不食	조선
6	김씨동관 金氏同棺	조선	16	양씨포관 梁氏抱棺	조선	26	이씨수신 李氏守信	조선
7	약가정신 藥哥貞信	조선	17	권씨부토 權氏負土	조선			
8	송씨서사 宋氏誓死	조선	18	김씨의백 金氏衣白	조선			
9	최씨수절 崔氏守節	조선	19	성이패도 性伊佩刀	조선			
10	서씨포죽 徐氏抱竹	조선	20	우씨부고 禹氏負姑	조선			

《동국삼강행실도東國三綱行實圖》(1617)

《동국신속삼강행실도》의 부록격인 이 책은 충忠·효孝·열烈에 뛰어난 한국의 인물 72명을 수록하고 있다. 한 사람당 1장이 할애되었고, 각 인물을 그림·한문·국역의 순서로 설명했다. 효자 37명, 충신 9명, 열녀 26명이다. 열녀의 출신은 백제 1명, 고려 5명, 조선 20명이다. 《삼강행실도》와 《속삼강행실도》에서 우리나라 사람만 뽑아서 재구성한 것이다. 여기에 실린 인물은 앞의 〈표 7〉과 같다.

《오륜행실도五倫行實圖》(1798)

《(산정본)삼강행실도》와 《이륜행실도》를 합본하여 만들었다. 정조는 《오륜행실도》 간행의 취지를 이렇게 말한다. "《삼강행실도》나 《이륜행실도》 등의 책은 다스림을 돕고 세상을 권면하는 도구로서 《소학》과 함께 어느 하나도 폐할 수 없는 것이다. 이에 정리하여 한 책으로 만들어 《오륜행실도》라고 명명한다."[312] 총 150사례를 수록하고 있는데, 〈열녀도〉 35편에는 중국인 29명, 한국인 6명을 실었다. 〈열녀도〉는 《(산정본)삼강행실도》의 〈열녀도〉와 같은데, 그림과 순서 등에서 약간의 차이가 있을 뿐이다. 이것은 18세기 조선 후기에 이르기까지 삼강행실도류의 여성 인식이 계승되고 있음을 말해준다.

교화서를 통한 정절의 유포

정절문제를 내포하는 몸과 마음의 관리는 교화서를 통해서도 학습되

《오륜행실도》
정조의 명으로 《(산정본)삼강행실도》와 《이륜행실도》를 합본하여 1798년에 편찬되었다. 여기에 실린 〈열녀도〉 35편은 순서와 그림이 약간 다를 뿐 《(산정본)삼강행실도》와 같다.

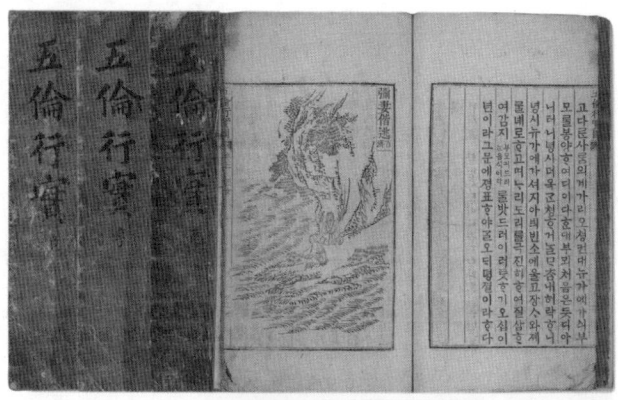

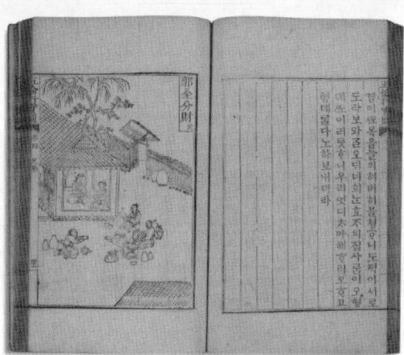

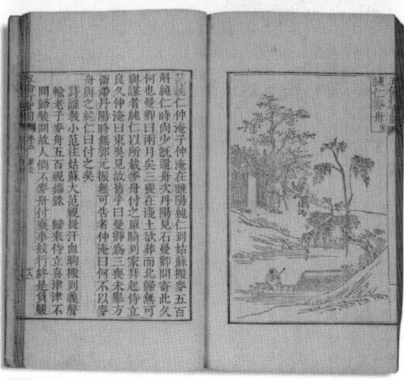

고 유포되었다. 조선시대 여성 정체성의 교육에서 정절은 그 어떤 가치보다 상위에 있었다. 각종 교화서는 정절에 관한 항목을 따로 배정하였고 정절을 의식과 실천의 최종 귀착지로 삼았다. 이 장에서는 정절의식의 형성에 영향을 끼친 주요 교훈서를 중심으로 그 내용과 성격을 살피고자 한다. 여기에 나오는 절행이나 열행의 사례들은 행실도류와 유사하거나 중복되는 것들이다. 하지만 사례를 설명하거나 행위의 근거를 제시하는 방식 등으로 행실도류와는 다르게 지식과 논리를 갖추었다는 점은 교훈서류의 특징이다. 중종 12년에는 《삼강행실도》에 실려 있는 사례들이 변고와 위급한 때를 당했을 때의 특수한 몇 사람에게 해당되는 것일 뿐 일상생활 속에서 행할 바가 아니라는 반성이 일어났다. 이에 《소학》과 《열녀전》 등을 번역하자는 건의가 있었는데,[313] 다시 말해 교화서는 이러한 요구를 보완하는 측면이 있다.

《열녀전》

1404년(태종 4) 3월에 《고금열녀전古今烈女傳》 110부를 명나라로부터 들여왔다. 그런데 필요한 사람에게 두루 돌아가지 못해 그해 11월에는 5백 부를 더 들여왔다.[314] 《고금열녀전》의 수입은 조선 사회가 여성들을 유교적 지식으로 제조할 것을 예고하는 것이다. 《고금열녀전》은 1403년(성조 원년) 명나라 황제의 칙명을 받은 해진解縉(1369~1415)이 편찬한 여성 교훈서다. 책이 간행된 바로 다음해에 조선으로 유입된 것을 보면 동아시아 중세 사회에서 서적의 유통이 매우 빨랐음을 알 수 있다.

모두 3권으로 된 《고금열녀전》은 책 이름에서 보듯 '고古'와 '금今'의 열녀들의 전기다. '고열녀古烈女' 부분은 전한前漢(기원전 206~서기 8) 때 유향이 지은 《고열녀전古列女傳》에서 선별하여 재수록했다. 그리고 후한後漢(23~220) 이후 원元·명明에 이르는 각 단대사의 열녀전에서 뽑은 것이 이른바 '금열녀今烈女' 부분이 된다. 그렇게 해서 《고금열녀전》은 총 150명을 싣고 있다. 《고열녀전》이 총 124편인데 그중에서 66편이 《고금열녀전》에 재수록되었다. 다시 말해 《고금열녀전》의 약 45퍼센트가 《고열녀전》과 중복되는 셈이다. 《고열녀전》이 일곱 가지 주제로 여성을 유형화시켜 각 주제별로 인물을 편성한 것과는 달리 《고금열녀전》은 신분별로 나누고 시대 순으로 배열했다.

　《고금열녀전》의 원형은 《고열녀전》에서 찾을 수 있다. 여기서 환기가 필요한데, '열녀'에서 '열列'을 쓰느냐 '열烈'을 쓰는가에 따라 의미가 달라진다. '열列'은 '나열하다'는 뜻이고 '열烈'은 정절을 내포하는 열행烈行과 관련된 개념이다. 다시 말해 열녀烈女는 다양한 유형을 가리키는 열녀列女의 한 부분이다. 서명을 놓고 볼 때 《고열녀전古列女傳》에서 《고금열녀전古今烈女傳》으로의 변화는 여성의 존재론적, 인식론적 의미를 축소시킨 것이다. 실제로 《고열녀전》은 124편을 통해 다양한 유형의 여성들을 소개하는데, 그녀들은 지혜, 변론, 정치권력, 내조, 모성 등의 가치를 구현한 인물들이다. 여기서 정절과 관련된 열녀적烈女的 유형은 일곱 가지 유형 가운데 하나일 뿐이다. 참고로 여성을 열행烈行으로만 평가한 대표적인 예가 앞에서 논한 《삼강행실도》다.

　명나라 때 간행된 《고금열녀전》이 조선에 들어온 시기와 부수에 대해서는 정확한 기록이 남아 있지만, 그것의 원형인 《고열녀전》이 유입된 시기에 대해서는 정확한 기록이 없다. 다만 《고금열녀전》보다 3

백여 년 앞선 고려 선종宣宗(1084~1094) 때라는 설이 있다.[315] 1404년 (태종 4)에 조선에 유입된《고금열녀전》은 30여 년이 지난 1432년(세종 14)에 편찬된《삼강행실도》에 20편이 수록되면서 본격적으로 활용되기에 이른다. 조선에서는《고금열녀전》혹은《고열녀전》을 구분하지 않고《열녀전》으로 통용했는데, 내용상 크게 다르지 않았기 때문일 것이다. 세종은《열녀전》을 여성의 성정性情 형성에 도움을 주는 필수 교재로 인식하여 며느리 교육에 적극 활용하고자 했다.[316] 1517년(중종 12)에는 일용에서 가장 절실한 책으로 거론되어 한글로 번역하자는 논의까지 나왔다.[317]

이《열녀전》은 조선의 여훈서에 직접 옮겨 싣는 방식과 소설 등의 문학작품에 영향을 미치는 방식으로 재생산되었다. 1543년(중종 38)에 그 언해본이 나왔는데, 원래 고개지顧愷之의 그림을 당시 유명한 화가 이상좌李上佐의 그림으로 대체했다.[318] 조선시대 여성 교육에서 이《열녀전》이 차지하는 비중은 그 어떤 교재보다 컸던 것으로 보인다.《삼강행실도》,《내훈》,《여범女範》등 조선의 여훈서는《열녀전》을 대거 인용했고, 임금이 경연經筵에서 읽고 토론했는가 하면[319] 일반 서민들의 삶 속에도 깊이 들어와 있었다.[320]《열녀전》은 성과 신분의 차이를 넘어 다양한 계층에서 읽혔던 것이다. 그래서인지 조선의 여성들이 보인 절행이나 열행은《고열녀전》의 정절 여성과 유사한 모습을 보인다. 그렇다면《고열녀전》의 일곱 가지 유형 중 하나인 정절 여성은 구체적으로 어떤 상황과 어떤 행위를 했는지가 궁금해진다. 〈표 8〉과 같다.

《열녀전》에 나타난 정절의 사례는 대략 여섯 가지 유형으로 분류할 수 있다. 1) 개가 권유를 물리치고 수절한 유형, 2) 적의 침입 등 위기

〈표 8〉 정절 개념을 내포하는 《고열녀전》의 사례들

번호	편명	인물	내용	삼강행실도 재수록
1	현명	송포여종 宋鮑女宗	남편의 배신에도 삼종지도에 충실하여 '여자 중 으뜸'이라는 이름을 하사받음	여종지례 女宗知禮
2	정순	소남신녀 召南申女	혼인의 예를 어긴 집안에 시집가는 것을 거부함	
3	〃	송공백희 宋恭伯姬	불에 타 죽으면서까지 예를 지키고자 함	백희체화 伯姬逮火
4	〃	위과부인 魏寡夫人	시집가던 중 신랑이 죽었으나 부부의 의를 다하며 개가를 거부함	공강수의 共姜守義
5	〃	채인지처 蔡人之妻	악질에 걸린 남편을 계속 보살피며 부부의 예를 다함	송녀불개 宋女不改
6	〃	여장부인 黎莊夫人	남편의 버림에도 불구하고 부부의 예를 지키며 떠나지 않음	
7	〃	제효맹희 齊孝孟姬	남편의 요청에 불응하면서까지 부인이 갖춰야 할 예에 충실함	맹희서유 孟姬紓帷
8	〃	식군부인 息君夫人	남편에 대한 수절과 의리를 보인 전형으로 평가됨	
9	〃	제기량처 齊杞梁妻	남편의 주검을 안고 슬프게 통곡하자 하늘이 감동하여 성이 무너져내림	식처곡부 殖妻哭夫
10	〃	초평백영 楚平伯嬴	적의 침입을 받은 위기의 순간에도 칼을 쥐고 정절을 지킴	백영지인 伯嬴持刃
11	〃	초소정강 楚昭貞姜	물에 떠내려가면서까지 정녀의 법도에 충실하며 절개를 지킴	정강유대 貞姜遊臺
12	〃	초백정희 楚白貞姬	개가 권유를 뿌리치고 수절하며 죽은 남편에 대한 절개를 지킴	
13	〃	위종이순 衛宗二順	처와 첩이 남편 사후에도 서로 의지하고 존중하며 수절함	
14	〃	노과도영 魯寡陶嬰	젊은 과부로 수절하며 자식 양육, 개가 권유를 시詩를 지어 거절함	
15	〃	양과고행 梁寡高行	수절하면서 개가 권유를 거절하기 위해 자신의 코를 도려냄	고행할비 高行割鼻
16	〃	진과효부 陳寡孝婦	수절하면서 시어머니를 봉양, 남편과의 생전 약속을 지킴	
17	절의	경사절녀 京師節女	남편 대신 죽기를 원하여 살신성인殺身成仁의 행위로 평가함	절녀대사 節女代死

3부·정절의 학습과 지식 —— 203

〈표 9〉《고금열녀전》에 수록된 인물의 나라별·신분별 분포

권1	나라	수	권2	나라	수	권3	나라	수
황후 왕비	선진先秦	9	제후·대부의 아내 및 어머니	선진先秦	35	사士· 서인庶人의 아내 및 어머니	선진先秦	12
	한漢	6		한漢	8		한漢	11
	진晉	1		진晉	1		위魏	3
	당唐	5		수隋	7		수隋	6
	송宋	7		당唐	6		당唐	3
	원元	1		송宋	2		송宋	11
	명明	1		원元	2		원元	8
				명明	1		명明	11
		31			57			62
합계 : 160								

의 상황에서도 절개를 지키고자 한 유형, 3) 남편을 대신하여 죽기를 원한 유형, 4) 남편의 상황과 무관하게 아내로서의 신의를 지킨 유형, 5) 남편의 태도와 무관하게 아내로서의 도리를 다한 유형, 6) 남편의 죽음에 '너무나' 슬퍼하고 통곡하며, 상례를 마치고 자결한 유형 등이다. 그 밖에 예를 지키는 데 철저한 유형이 있는데, 이 유형은 남편보다 예가 더 중요하다는 입장에 있다. 그래서 예에 부합하지 않는 남편을 거부할 수도 있는데, 이런 유형이 조선에서는 보이지 않고 오로지 남편을 맹목적으로 추종하는 형태를 보인다. 앞에서 살펴본 대로 조선에서 발굴된 절부 또는 열녀의 대부분은 《열녀전》을 재현한 형태이거나 약간 변종된 형태다. 그런 점에서 《열녀전》의 정절 인식과 실천 형태들이 조선 사회 열녀의 원형이 되었다고 할 수 있다.

한편 《고금열녀전》은 150명의 여성들을 신분별로 나누고 시대 순으

로 배열하여 3권으로 구성했다. 권1에서는 역대 후비后妃들을, 권2에서는 제후와 대부의 처와 모, 권3에서는 사서인士庶人의 처 및 모를 다루었다. 명明(1368~1644)나라 초기에 편찬된《고금열녀전》의 나라별·신분별 분포는 〈표 9〉와 같다.

《예기禮記》 및 《소학小學》

《예기》와《소학》은 여성을 대상으로 한 규범적인 내용들을 포함하고 있지만 여성만을 위한 교재가 아니라는 점에서 두 책의 공통점이 있다. 그리고 후대에 만들어진《소학》은《예기》의 여성관을 잇고 있어 두 책을 묶어 살펴볼 필요가 있다. 두 책은 남성 지식인들의 여성관 형성에 절대적인 영향을 끼쳤다. 필수 도서인《예기》와《소학》을 통해 습득한 지식으로 여성을 이해하고 여성에게 적용시키는 방식이었다. 한나라 초기의《예기》는《열녀전》과 동시대로 시기적으로 약간 앞서 나왔다. 12세기 송나라 때 나온《소학》은《예기》나《열녀전》의 여성 관련 지식들을 인용했고 단대사의 여성 열전을 가지고 재구성했다. 두 경전에서 정절 관련 주제를 어떻게 구현해내는가를 보자.

《예기》는 서한西漢(기원전 202~서기 8) 초기에 유가학자들이 편집한 예에 관한 논문총집이다. 유교경전 오경五經의 하나가 되면서 2천여 년 동아시아 유교문화권의 역사를 주도해왔다.《예기》는 가족생활에서 요구되는 마음가짐과 행위 규범을 제시함으로써 가족관계의 유교화에 절대적인 역할을 한 것이다. 다시 말해 부자와 부부로 대표되는 가족관계의 규범은 이《예기》의 지식체계로부터 연역된 것이라 해도 과언이 아니다.《예기》에는 정절의식을 지지하는 지식의 원형들이 실려 있다.

신信이란 사람을 섬기는 것이다. 신은 부덕婦德이다. 한 번 혼례를 올려 남편과 뇌육牢肉을 나누어 먹었으면 죽을 때까지 고칠 수 없다. 따라서 남편이 죽더라도 개가할 수 없다.[321]

여성이 재혼하는 것을 '신의가 없다' 거나 '신의를 저버린' 행위로 해석하는 것은 그 원형을 《예기》에서 찾을 수 있다. 여기서 신信은 부덕婦德의 동의어다. 정절의식의 역사적 구현은 주로 남편 사후의 거취문제를 중요하게 취급했는데, 여기서 신信은 '수절'이나 '개가 거절'의 형태로 나타난다. 다시 말해 여자가 개가할 수 없는 이유란 《예기》에 의하면 '신信'의 담지자이기 때문이다.

또한 《예기》는 남녀의 생활공간을 분리함으로써 정절이 내포된 여러 문제들을 해결하고자 했다. "고모나 누나, 여동생과 딸이 시집갔다가 다니러 와도 남자 형제들은 그들과 자리를 같이하지 않고 같은 자리에서 식사를 하지 않는다"[322]는 〈곡례曲禮〉 편의 말은 조선에서 부녀정책으로 구체화되었다. 1392년(태조 1)에 이러한 법이 제안되었다.

> 지금부터 문무文武 양반의 부녀자들은 부모·친형제·친자매·친백숙부·친외숙·친이모를 제외하고는 서로 왕래하지 못하게 하여 풍속을 바로 잡으소서.[323]

《예기》는 남녀 사이의 정욕이 파생할 문제를 미연에 방지하기 위해 남녀가 접촉할 수 있는 기회를 최소화하고자 했다. 그 대상은 가족관계에 있는 모든 남자와 여자다.

남녀는 섞여 앉지 않고 같은 옷걸이에 옷을 걸지 않으며 수건과 빗도 같이 쓰지 않으며 물건을 직접 주고받지 않는다. 수숙 간에는 서로 안부를 묻지 않으며 다른 어머니에게 속옷을 빨게 하지 않는다. 밖에서 하는 말이 방 안으로 들어오지 않게 하고 안에서 하는 말이 방 밖으로 나가지 않게 한다.[324]

이와 함께 집의 안과 밖을 구분해서, 남자는 밖에 거처하고 여자는 안에 거처하도록 하여 활동 공간을 분리시켰다.[325] "남자는 집안의 일을 말하지 않아야 하며, 여자는 바깥의 일에 참견하지 말아야 한다. 집안의 말이 밖으로 나가면 안 되고, 바깥의 말이 집안으로 들어와서는 안 된다."[326] 이후의 교훈서들은 《예기》의 여성 인식을 기초로 하여 그 실천적 모형들을 제시했다. 《예기》의 여성 인식은 그 자체가 설명되어야 할 역사적인 것이지만, 경전의 권위를 누리며 진리로 군림했다. 예컨대, "예에 의하면"이나 "《예기》에는"이라고 하는 설법은 설명할 필요가 없는 보편적인 진리 그 자체였다.

《소학小學》은 주희朱熹(1130~1200)와 그 제자인 유자징劉子澄(1133~1190)이 배움에 입문하는 초학자를 위해 지은 교재다. 고려 말에 도입되었으나 조선에 들어서면서 본격적으로 활용되었다. 《소학》이 추구하는 대주제는 교육과 윤리, 수신에 관한 것이다. 〈입교立敎〉, 〈명륜明倫〉, 〈경신敬身〉, 〈계고稽古〉, 〈가언嘉言〉, 〈선행善行〉의 6편으로 이루어져 있다.[327] 주희가 쓴 〈소학서제小學書題〉에는 《소학》이 목표하는 바가 무엇인지 분명하게 드러나 있다.

옛날 《소학》에서는, 사람을 가르치기를 반드시 어릴 때에 가르쳐 익히게

한 것은 그 익힘이 지혜와 함께 자라며 교화가 마음과 함께 이루어져서 거슬리거나 감당하지 못하는 근심에 빠지지 않고자 해서다.[328]

《소학》이 추구한 교육의 방법은 지식을 몸과 일체화시켜 자연스러운 것이 되도록 하는 것이다. 기존 문헌에서 발췌하여 재구성한《소학》은 정절을 체화한 여성들의 사례를 '선행善行'으로 분류하여 소개하고 있다. 예컨대 위나라 세자 공백의 아내 공강共姜이 남편을 잃어 그 부모가 개가시키려 하자 시〈백주柏舟〉를 지어 거절의 뜻을 표현하고 자진했다는 이야기를 재수록했다.[329] 또《열녀전》에 실린 채나라 여자의 이야기는 핵심 내용을 중심으로《소학》에서 재구성되었다.

채나라 사람의 아내는 송나라 사람의 딸이다. 시집을 갔는데 남편이 악질에 걸려 그 친정어머니가 개가를 시키려고 했다. 이에 여자가 말했다. 남편의 불행은 저의 불행이니 어찌 버릴 수 있겠습니까. 시집을 가는 도리는 한 번 혼례를 올리면 종신토록 바꿀 수 없습니다. 불행히 악질에 걸렸지만 그에게 큰 잘못이 없고 또 저를 버리지도 않는데, 어찌 그를 떠날 수 있겠습니까. 끝내 개가의 청을 듣지 않았다.[330]

여기서 채나라 여자는 자신의 행위 근거를《예기》에 있는 그대로를 인용하는데, 이는 곧 그녀의 입에서 나온 것이 아니라 열행을 서술하는 남성 지식인의 손에서 나온 것이다.《소학》이《열녀전》을 인용하고,《열녀전》은《예기》를 인용했다. 개인적 차원이든 공적인 임무이든 절행과 열행을 서술해야 하는 조선의 남성 지식인들은 자신이 습득한 지식을 활용하게 된다. 《소학》을 학습한 사람들은 자연스럽게 그 여성관을 습득하게 되는데, 여기에는 조선 사회가 요청하는 시대문제와 지식인 개인의 지적 성향이 결부될 것이다.

특히 3세기 중국의 삼국시대 위나라 사람 조문숙의 아내 영녀令女의 절의 정신은 조선 사회의 사람들이 추구하는 바로 그것이었다. 《소학》은 《삼국지위지三國志魏志》〈조상전曹爽傳〉에 실린 영녀의 고사를 〈선행〉편에 길게 소개하고 있다.

조상曹爽의 사촌 동생 문숙文叔의 아내는 하후문녕夏侯文寧의 딸로 이름은 영녀令女. 문숙이 젊은 나이에 죽었다. 남편의 상을 끝낸 영녀는 친정에서 자신을 다시 시집보낼 것을 우려하여 머리칼을 자르며 재혼하지 않으리라 맹세했다. 과연 친정집에서 그녀를 다시 시집보내려고 하자, 영녀는 칼로 귀를 베어내고는 조씨 가문에 의지하며 살았다. 와중에 남편의 집안이 반역죄로 멸족을 당하게 되자, 친정의 숙부가 조정에 글을 올려 조씨와의 혼인관계를 끊고 강제로 영녀를 데리고 돌아갔다. 영녀의 아버지 하후문녕은 양주의 관리로 있었는데, 자신의 딸이 젊은 나이에 절개를 지키는 것이 불쌍하여 수절의 의지를 꺾으려고 했다. 은밀히 사람을 보내 딸의 마음을 움직여보았다. 이에 영녀가 탄식하고 눈물을 흘리면서 말했다. "생각해보니 그렇게 하는 것이 옳겠습니다." 그녀의 말을 믿은 친정식구들은 감시를 늦추었다. 그 틈을 타 영녀는 몰래 침실로 들어가 칼로 코를 자르고는 이불을 뒤집어쓰고 누웠다. 어머니가 불렀으나 대답이 없어 이불을 들추었는데, 피가 흘러 침상과 자리에 가득했다.

영녀에게 어떤 사람이 물었다. "남편의 집안이 이미 망해서 모두 죽어 없는데, 누구를 위해서 절개를 지키려고 하는가." 영녀가 말했다. "어진 사람의 절개는 흥망에 좌우되지 않고, 의로운 사람의 마음은 생사에 좌우되지 않는다고 한다. 조씨 문중이 한창 번성하던 때에도 나는 끝까지 절개를 지키려고 했다. 하물며 그들이 모두 망한 지금, 내 어찌 차마 그들을 버릴 수 있겠는가. 내가 어떻게 금수禽獸와 같은 행동을 할 수 있겠는가."³³¹

계유정난(1453) 당시 '난신亂臣'의 아내들이 '공신功臣'의 비婢로 배정되었다. 거족이었던 이 아내들이 남편에 대한 절의를 지킨 경우가 드물었다고 한다. 창원부사 권유순의 아내 김씨와 같은 경우가 '난신의 처로서 공신 집 첩이 되는 상황'을 우려하여 자결했을 뿐이다.³³² 이에 역사를 서술하던 사신들은 영녀의 절의를 다시 호출했다.

백이숙제伯夷叔弟는 은주殷紂를 높이어 절의를 더럽히지 않았고, 영녀令女는 조상曹爽을 사모하고 명예를 떨어뜨리지 않았으니, 그렇다면 어떻게 하여야 가하겠는가? 죽음을 택할 뿐이다.³³³

《소학》은 조선 전 시기에 걸쳐 강조되었는데, 태종 때 《소학》에 능통한 자를 관리로 선발하는 방안이 논의되었고, 1품 이하 서인 이상의 자제는 모두 학교에 들어가 《소학》을 배우게 했다. 세종, 성종 연간에도 《소학》 교육의 중요성과 서적 간행이 논의되었다. 《소학》은 일상생활에 절실한 것인데도 한문으로 되어 있어 부녀들이 독습讀習하기 어렵다 하여 1518년(중종 13)에 처음으로 한글로 번역되었다. 이후 1587년(선조 20)에 다시 번역된 《소학언해》가 나왔고, 영조대에 또 한 번 번역되었다. 조선에서 《소학》은 배움에 입문하는 초학자들의 필수 교재가 되었음은 물론 여자들도 반드시 읽어야 할 중요한 책으로 강조되었다. 조선 후기 여성학자들의 문집을 보면, 처음에 《효경》, 《열녀전》, 《소학》 등을 건네받아 주로 낮일이 끝난 밤에 공부를 했다고 한다.[334] 그리고 왕과 세자, 세손들도 이 《소학》을 강독하는 일을 중요한 일로 여겼다.[335] 또한 《소학》은 국가의 정책에도 깊이 관여했는데, 이것을 강독한 군주는 여자의 절의를 더욱 강화할 것을 다짐했다.

> 임금이 주강에서 《소학》을 강하다가 말했다. 여기에 이르기를 '굶어 죽는 일은 지극히 작은 것이지만 부인의 실절失節은 매우 큰 것이다' 했는데, 이는 매우 훌륭한 말이다. 근자에 어떤 이가 상소한 말 가운데 '청상과부에게는 재가를 허락해야 된다'고 했으나, 이는 매우 불가한 말이다. 절의를 장려해도 실절하는 사람이 있는데, 하물며 국가에서 스스로 무너뜨림에랴.[336]

《소학》은 교화의 필요성이 강조될 때마다 항상 언급되고 강조되었다. 소학의 지식을 완벽하게 체화했을 때 이전과는 다른 새로운 인간이 탄생할 수도 있다고 여긴 것이다.

《내훈內訓》 및 《계녀서戒女書》

15세기의 《내훈》이 며느리를 맞이하는 어머니의 마음으로 지은 것이라면, 17세기의 《계녀서》는 딸을 시집 보내는 아버지의 마음으로 저술한 것이다. 왕족 여성과 사대부 남성, 어머니와 아버지라는 차이와 며느리와 딸이라는 대상의 차이가 각 책에 반영되었을 것이다. 정절과 관련하여 두 책의 내용을 살펴보자.

소혜왕후가《내훈》을 지은 것은 그녀의 나이 39세 때인 1475년(성종 6)의 일이다. 3권 7장으로 구성된《내훈》의 편명은 제1권의 언행·효친·혼례와 제2권의 부부, 제3권의 모의母儀·돈목敦睦·염검廉儉이다. 여기서 정절과 관련된 편명을 따로 배정하지는 않았지만, 〈부부〉 장은 그것과 결부시킬 수 있는 내용을 포함하고 있다. 즉, "남편을 손님처럼 대하라"라는 것이나 "잠자리에서도 장난치거나 웃지 않는 태도"를 훌륭하다고 했다. 또 남편의 재혼은 가능하지만 아내의 개가는 불가능함을 자연의 원리로 합리화하는데, 이는《여계》〈전심專心〉 장의 내용을 재수록 한 것이다.

예에는 남편이 다시 장가갈 수 있는 근거가 있지만, 부인이 두 번 시집갈 수 있다는 글귀는 없다. 그래서 "남편은 하늘이다. 하늘을 근본적으로 어길 수 없듯이, 남편을 절대로 떠날 수 없다"고 하는 것이다. 행실이 하늘과 땅의 뜻을 거스르면 하늘이 벌을 내리고, 예의와 의리를 행함에 과실이 있으면 남편이 그를 박대한다. 그러므로 여자의 규범에는 "남편 한 사람의 뜻을 얻으면 종신토록 함께 살 수 있고, 남편 한 사람의 뜻을 얻지 못하면 영원히 헤어질 수밖에 없다"고 했다. 이 말은 반드시 남편의 마음을 얻어야 한다는 뜻이다.[337]

'남편의 마음을 얻어라'라는 이 말이 각자가 처한 상황에서 해석되고 실천되는 방식은 매우 다양할 것이다. 다만 정절과 관련할 때 몸의 순결을 지키는 일보다 더 강력한 구속이 될 수도 있다는 점이다.

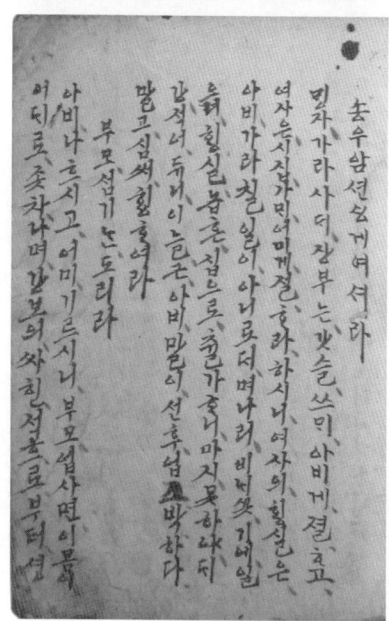

송시열(1607~1689)
권시權諰의 며느리로 시집가는
장녀를 위해 《계녀서》를 지었다.
한편 우암은 과부의 개가금법改嫁禁法을
문제시한 발언을 했다가
정적으로부터 공격을 받았다.
322~323쪽 참조.

서문에서 밝히고 있듯이 이 책은 "소학小學·열녀烈女·여교女敎·명감明鑑 등"의 앞선 문헌에서 뽑은 것을 각 장의 주제에 맞게 편집한 것이다. 특히《소학》과《열녀전》에서 직접 수용한 것이 많다. 순수 창작물은 아니더라도 선행 문헌에서 선택한 것을 통해 저자의 의도와 사상을 읽을 수 있다. 소혜왕후는《열녀전》의 많은 부분을 인용하면서도 '음행淫行과 권력'으로 회자된 여성들에 대해서는 전혀 언급하지 않았다. 경국지색의 그녀들도 역사 속에서 반면교사로서의 교훈적 의미를 지녀왔음에도 불구하고 소혜왕후의 선택은 단호했다.

《내훈》은 1475년(성종 6)에 저술을 마쳤으나, 40여 년이 지난 1517년(중종 12)에야 처음 간행된 것으로 알려져 있다. 그후 1573년(선조 6), 1611년(광해군 2), 1656년(효종 7), 1736년(영조 12)에 각각 판본을 새롭게 하여 인쇄했다는 기록이 있다.[338] 이 책이 조선 전 시기에 걸쳐 계속 간행되었다는 것은 교훈서로서의 가치를 그만큼 높이 평가했다는 뜻이다.[339]

《계녀서》는 송시열宋時烈(1607~1689)이 권시權諰의 며느리로 시집가는 장녀를 위해 지은 여훈서다. 이 책은 20장으로 구성되어 있고,[340] 다른 여훈서와 마찬가지로 가족관계를 훌륭하게 만들어가는 방법과 가족 내의 일에 관한 내용 등이 주를 이룬다. 송시열은 "여자의 행실은 아버지가 가르칠 일이 아니로되 네 나이가 비녀를 꽂기에 이르러 행실이 높은 집으로 출가하니 마지못하여 대강 적어서 주는 것이다. 늙은 아버지의 말이 선후가 맞지 않고 소략하다고 하지 말고 힘써서 행하도록 하라"라고 했다. 그는 또《계녀서》후기에서 사내들이《소학》을 대하듯이 늘 곁에 두고 보아야 할 책이라며 매달 서너 번씩 반복할 것을 권했다.

　중국의 여훈서를 언해하거나 중국 자료에 크게 의존한 교훈서와는 달리 《계녀서》는 조선의 현실에 입각하여 사회생활과 대인관계를 구체적으로 제시했다는 데 그 특징이 있다. 또한 중국의 여훈서들이 유교의 남녀관계에 대해 원리론적이고 당위론적으로 접근한 데 비해 《계녀서》는 현실을 헤쳐나가는 데 필요한 구체적인 방법을 제시한 것이다. 특히 그가 딸에게 제시한 자녀교육, 봉제사·접빈객, 언행 관리, 재물 다루기, 노비 다루기, 매매·대차 방법 등은 당시 조선 사회에서 여성이 부담해야 할 일들이었다.

　그런데 이 책에는 정절과 관련한 직접적인 언급은 없다. 그것은 《계녀서》가 일반 여성을 대상으로 한 것이 아니라 자신의 딸을 대상으로 한 것이고, 딸의 성향으로 보아 굳이 언급할 필요가 없었기 때문이 아닐까. 그런 점에서 송시열의 딸은 '여성'이기보다 한 가족의 살림을 꾸려가는 무성적無性的인 주부다. 성의 문제와 관련하여 아버지가 부탁할 수 있는 것은 "투기하지 말라"는 것에 불과하다.

　《계녀서》가 비록 국가적 차원의 간행물은 아니지만 조선 후기를 대표하는 지성 송시열의 작품이라는 이유만으로도 충분한 권위를 가졌을 것으로 보인다. 손에서 손으로 전해지면서 여성들의 생각과 행동에 영향을 미쳤을 것이다. 또 저술의 의도가 사랑하는 딸이 시집살이를 성공적으로 수행하기를 바라는 데 있었다는 점에서 정치 이념이나 권력과 밀착된 여타 교훈서와 달리 교훈의 본래 의미에 충실했다고 할 수 있다.

《여사서女四書》

《여사서女四書》는 《열녀전》과 함께 유교문화권의 대표적인 여성 교훈서다. '여성을 위한 네 책'이라고 할 수 있는 《여사서》는 청淸의 왕상王相(1662~1722)이 기존에 유행하던 네 가지 여훈서를 한데 묶어 하나의 책으로 만든 것이다. 네 책이 저술된 시기는 각기 한·당·명·청으로 최대 1,600여 년의 시간적 거리가 있다. 후한後漢 반소班昭(48~117)의 《여계女誡》, 당나라 송약소宋若昭의 《여논어女論語》, 명나라 인효문황후仁孝文皇后(1362~1407)의 《내훈內訓》, 청나라 왕절부王節婦의 《여범첩록女範捷錄》이 《여사서》를 구성하는 네 책이다. 《여사서》로 편성되기 전에 《여계》와 《내훈》은 이미 명나라 황제 신종의 주목을 받아 한 책으로 간행되었는데, 신종은 여기에 서문을 썼다. 청나라의 왕상은 이미 간행된 두 책에 《여논어》와 《여범첩록》을 뒤에 붙여 《여사서》라 이름하고 본격적인 주석 작업을 했다.

《여사서》가 조선에 유입된 정확한 시기는 나와 있지 않지만, 1734년(영조 10)에 이 책의 존재가 공식적으로 거론되었다. 국왕 영조는 성왕聖王의 정치에서 가장 근본적인 일이 가문을 바로잡고 규문의 법도를 세우는 일이었는데, 《여사서》는 바로 그런 요구에 부응할 책이라며, 간행 반포하되 언문으로 번역하여 여성들이 쉽게 접할 수 있도록 하라고 명했다.[341] 이덕수李德壽(1673~1744)가 그 언문 번역의 명을 받들고 작업한 끝에 2년 후인 1736년(영조 12)에 간행되었는데, 300벌을 인쇄했다. 이에 영조는 번역본에 직접 서문을 썼다.

그 가르치는 말씀은 섬세하게 포괄적이고, 상세하게 두루 갖추고 있어 여

《여사서女四書》

《여사서》는 《열녀전》과 함께 유교문화권의 대표적인 여성 교훈서다. '여성을 위한 네 책' 《여사서》는 청淸의 왕상王相(1662~1722)이 기존에 유행하던 네 가지 여훈서를 한데 묶어 하나의 책으로 만든 것이다. 조선에 유입된 시기는 영조 때이다.

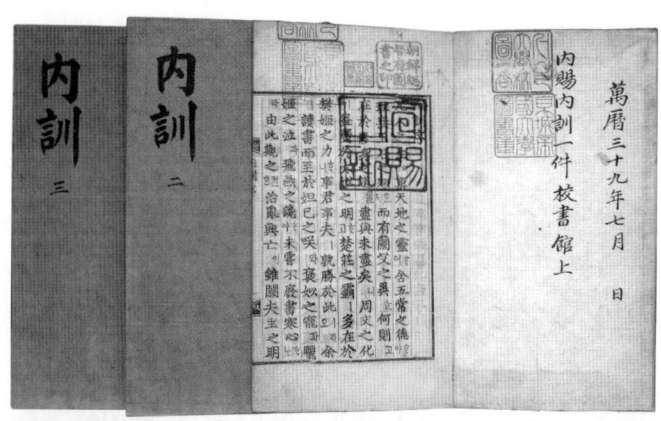

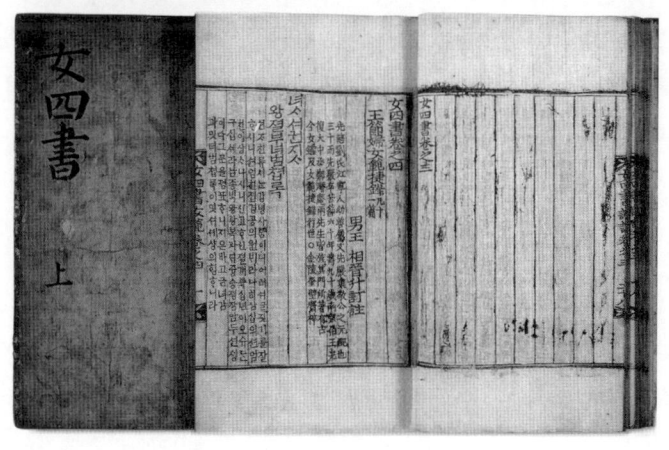

자 교육에 도움이 될 것 같다. …… 첫 권의 서문을 읽을 때 나도 모르게 흥이 생겨 그 느낌을 몇 줄의 글로 간략하게 그 말미에 서술했다. 아! 이 책을 간행한 다음에도 오히려 간행하기 전과 같거나, 이 책을 읽은 다음에도 읽지 않았을 때와 오히려 같다면, 어찌 내가 백성을 사랑하여 이 책을 널리 펴려는 뜻을 실현할 수 있겠는가. 각자 힘써 조금도 소홀히 하는 일 없도록 하라. 병진년 가을에 씀.[342]

이때 책의 순서를 중국의《여사서》와 다르게 배치하여 각 책이 저술된 시대 순으로 했다. 즉 한·당의《여계》와《여논어》두 권을 상책上冊으로 삼고, 명·청의《내훈》과《여범첩록》두 권을 각각 중中·하책下冊으로 삼아 총 4권 3책으로 구성했다.

그러면《여사서》를 구성하는 네 책을 통해 정절과 관련된 내용들을 살펴보자. 먼저《여계》인데,《고열녀전》보다 약 1세기 후에 나온 이 책은 총 7장으로 구성되었다. 그중 '마음을 오롯이 한 곳에 집중하다'는 뜻의 '전심專心' 장이 정절의 의미를 담고 있다. 이는 앞서 소혜왕후의《내훈》에서 소개했는데,《내훈》이《여사서》의《여계》를 인용한 것이다. 즉, '전심' 장은 "남편은 하늘이다. 하늘을 근본적으로 어길 수 없듯이 남편을 절대로 떠날 수 없다"[343]고 한 것이다.

이것은 "충신忠臣은 두 임금을 섬기지 않고 정녀貞女는 두 남편을 갖지 않는다"[344]라는 속설이 이론화된 형태다.《여사서》주석가 왕상은 "하늘의 명령을 어길 수 없듯이 남편의 뜻을 위반할 수 없다는 것인데, 남편이 죽었을 때 개가하는 것은 바로 그 남편을 배반하는 것이다"라고 했다. 여기서 '마음을 집중한다'는 뜻의 전심專心은 '용모의 바름'인 '정색正色'을 짝으로 한다. 즉 집안에서는 아무렇게 있다가 외출 시 '요조숙녀'처럼 꾸미는 것은 '전심정색專心正色'의 태도가 아니라는 것이다.[345] 반소는 《여계》를 통해 아내는 몸과 마음을 포함한 모든 것을 남편이라는 '일자一者'로 수렴시켜야 한다는 식의 주장을 한다. 이것은 곧 조선의 각 조정에서 발굴한 절부 및 열녀들의 행위를 뒷받침해주는 충분한 이론적 근거가 되었다.

《여사서》에 편성된 두 번째의 책 《여논어》는 당唐(618~907)의 송약소가 지은 것으로 총 12장으로 구성되었다. '수절守節'을 마지막에 배치했는데, 이것은 여자의 일생이 수절로 귀결됨을 보이고자 한 것이다.

(여자의 행동에서는) 그 첫 번째가 수절이고, 두 번째는 청정淸貞이다. 따라서 여자는 집안에 있어야지 안마당을 벗어나서는 안 된다. 손님이 집안에 있으면 자신의 목소리를 노출시키지 말아야 한다.[346]

여기에 주석가 왕상은 수절과 청정의 의미를 다음과 같이 해석한다. 여자의 도에서 수절이 제일이고 청정이 다음이다. 청淸이란 얼음처럼 맑고 옥처럼 깨끗하게 뜻과 행동이 환하다는 뜻이다. 정貞이란 잣나무처럼 절개가 있고 소나무처럼 단단하여 세상이 험하게 변해도 마음을 바꾸지 않는 것이다.[347]

《여논어》는 또 "친척이 아닌 남자에게는 이름을 밝히거나 아는 체를 해서는 안 된다"[348]라든가 "한 번의 실수가 모든 행동을 어그러지게 할 수 있다"[349]고 하여 정절을 중요한 전제로 삼고 있다. 한편 《여논어》가 생각한 정절은 행실도류의 다리가 부러지거나 팔뚝을 자르거나, 또는 '곧바로 죽고', '물에 빠져 죽는' 등으로 검증되는 그런 것이 아니다.

부부가 혼인으로 맺어지면 그 의리는 천금보다 중요하다. 살다가 여의치 않게 불행이 닥쳐 남편이 먼저 세상을 뜨게 되면, 3년 동안 참최의 예를 행하고, 의지와 마음을 단단히 간수해야 한다. 집안을 보호하고 가업을 유지

청나라 화가 김정표金廷標가 그린 〈조대고수서도曹大家授書圖〉이다. 조대고는 후한後漢의 반소班昭(48~117)의 다른 이름으로 《여사서》 중의 하나인 《여계》의 저자이다.

시키며 산소를 잘 돌보고, 정성스럽게 자식을 가르친다면 산 자와 죽은 자 모두에게 영광이 될 것이다.[350]

다시 말해 《여논어》의 정절은 남편에 국한시키지 않고 가족적 의무를 완수하는 데로 확장하였다. 당대唐代 사회를 반영하는 《여논어》는 《여사서》의 다른 세 책과는 달리 집안일 및 농사일을 해야 하는 일반 여성을 독자로 상정하고 있는 것이다.[351]

인효문황후는 명나라 3대 황제 영락제(1360~1424)의 황후로 《내훈》을 지었다. 명의 《태종실록》에 의하면 1404년(영락 2)에 편찬되어 1407년(영락 5)에 간행되었고, 후궁 및 신하의 가정에 유포되었다. 《내훈》이 편찬되기 1년 전에 《고금열녀전》이 간행되었다. 《내훈》 20장의 편명은 '덕성德性', '수신修身', '신언愼言', '근행勤行', '적선積善', '숭성훈崇聖訓', '경현범景賢範', '대외척待外戚' 등 포괄적이면서 광범위한 영역에서 여성의 도리를 설명하고 있다. 즉 여성이 순종해야 하는 이유를 성리학적 근거를 들어 설명했고, 교화를 도덕적 본성의 회복이나 수신의 문제와 연결하여 설명했다. 그런데 《내훈》은 정절과 관련된 편명이 따로 없을뿐더러 각 편에서도 정절문제를 직접 언급하고 있지는 않다. 《내훈》이 일반 가정의 부녀가 처한 상황과는 다른, 왕가나 사대부가 부녀를 독자층으로 상정했기 때문으로 보인다. 다시 말해 왕가 및 사대부가 여성들은 정절을 위협받거나 정절 강조의 서사로 흔히 쓰는 바 '남편을 배신할' 상황은 아니었던 셈이다. 대신에 황후가 우려하는 상황이란 "물을 흐리는 것은 진흙이고, 가정을 파괴하는 것은 질투하는 부인"[352]임을 알 수 있는데, 여기서 《내훈》의 독자층이 분명히 드러난다.

《여범첩록女範捷錄》은 17세기 명말청초明末淸初에 편찬되었는데, 모두 11장으로 구성되었다.[353] 책의 구성은 열 가지 주제를 통해 각 주제에 부합하는 인물들의 이야기를 짧고 압축적으로 서술하는 방식이다. 그 체제와 내용을 살펴보자.

위나라의 영녀는 귀를 잘라내고 코를 베어내면서까지 정절을 지켰다. 왕응의 처는 외간 남자가 자신의 손을 잡았다는 이유로 손을 잘라냄으로써 정절의 의지를 밝히고자 했다令女截耳, 劓鼻以持身. 凝妻牽臂, 劈掌以明志.[354]

원문은 인물당 10자 내외로 구성되었다. 여기에 주석가 왕상은 역주를 통해 상세하게 설명했다. 즉, 영녀令女가 위나라 조문숙의 아내임을 밝히고, 그녀가 귀와 코를 베어내면서까지 정절을 지키려고 한 역사적 맥락을 역주를 통해 밝히는 방식이다. 그리고 왕상의 주석은 영녀가 했던 말, '인仁한 사람은 세상일의 성쇠盛衰에 따라 절개를 바꾸지 않고, 의義로운 사람은 나라의 존망存亡에 따라 마음을 바꾸지 않는다'는 것을 소개했다. 영녀의 수절 이야기는 앞에서 다룬 《소학》에서 이미 소개했다. 영녀의 절행과 하나의 짝을 이루는 것으로는 왕응王凝 아내 이씨가 있다. 오대五代(907~960)를 배경으로 한 이씨는 객지에서 관리생활을 하던 남편이 사망하자 어린 자녀들과 함께 남편의 시신을 고향으로 운구하게 된다. 그 과정에서 여관집 주인 남자에게 팔목을 잡히는 상황이 생겼다. 그녀가 팔목을 잡힌 것은 서로 밀치고 당기고 하는 과정에서 생긴 것이지만, 이씨는 울면서 '하늘이여! 나는 불행하게 남편을 잃었습니다. 하지만 이 손을 다른 남자에게 잡혀서 되겠습니까?'라고 하고, 곧 칼로 자신의 팔목을 잘라버렸다. 왕상은 주석을 통해 왕응의 처 이씨의 행위 맥락을 상세하게 설명했다. 왕응의 처가 보인 이러한 '절행'은 조선 사회 절부 및 열녀를 설명하는 서사로 자주 활용되었다.

영녀와 이씨를 서술하는 방식으로 '정렬貞烈' 편에서 소개된 사례는 모두 22건이다. 대개 《고열녀전》과 《고금열녀전》, 각 왕조의 단대사 〈열녀전〉에서 뽑은 것들이다. 그 가운데 특이한 사례 두 가지만 더 소개해보자.

"동董씨는 머리를 묶은 그대로 남편을 기다리며 20년 동안 풀지 않았다."[355] 당나라 사람 동씨는 남편에게 절개를 보여주는 방법으로 묶어놓은 머리를 20년 동안 풀지도 않고 감지도 않았다고 한다. 남편이 돌아오자 그녀는 20년 만에 머리를 풀고 목욕을 하게 되었는데, 머리카락이 한 올도 남지 않고 다 빠져버렸다고 한다. 이 이야기는 《신당서新唐書》 권205와 《고금여범》 권2에 소개된 것이다.

또 하나의 사례로 "원나라의 유씨는 남편 대신 삶겨짐으로써 남편을 살려내었다."[356] 왕상의 주석에 의하면, 원나라 말엽에 발생한 대기근으로 병사들이 인육을 먹기에 이르렀는데, 민간인 이중의李仲義가 붙잡혔다. 그를 삶아 먹으려는데, 그 아내 유씨가 달려와 '남편보다 자신의 고기가 더 맛이 있을 것'이라 하고, 자신을 대신 삶아 먹어라' 했다. 남편 대신 죽은 유씨 이야기는 《원사元史》 권201에 수록되어 있다. 그녀의 이름은 취가翠哥인데, 《삼강행실도》를 비롯한 우리나라 행실도류에서 가장 선호하는 사례가 되었다. 정절 여성들을 싣고 있는

《여범첩록》은 '정貞'과 '열烈'을 이렇게 정의한다.

> 충신은 두 나라를 섬기지 않으며 열녀는 두 남편을 두지 않는다. 그러므로 여자가 한 번 혼인을 했으면 종신토록 옮겨갈 수 없는 것이다. 남자는 다시 혼인할 수 있으나 여자는 두 번 시집갈 수 없다. 이런 이유로 힘들고 어려운 고비를 넘기며 고통스럽게 절개를 지키는 것을 '정貞'이라 하고, 애통해하고 슬퍼하며 삶을 버리는 것을 '열烈'이라 한다.[357]

이에 대한 주석가 왕상의 설명은 "남편을 잃게 되어도 개가하지 않고 어렵게 자신을 지키는 것을 정절貞節"이라 했고, "차라리 죽을지언정 욕을 당하지 않는, 이런 부인을 열부烈婦라 하고 그런 여자를 열녀烈女"라 했다. 즉 '열烈'이란 정절을 지키는 하나의 방법으로 위급한 상황에서 선택될 수 있는 행위다. 다시 말해 몸과 마음의 순결과 관련하여 반드시 목숨을 버리는 데까지 가야만 '열행烈行'이라고 할 수 있다. 《여범첩록》의 저자 왕씨가 '정렬' 편에서 보이고자 한 것은 굳은 의지로 몸과 마음의 정결을 지키는 것이다. "이 이야기들은 모두 곧은 마음이 해와 달을 꿰뚫고 강렬한 의지가 천지음양을 가득 채우며 바른 기운이 남자보다 꿋꿋하여, 그 절개와 지조가 역사에 길이 남은 사례들이다."[358]

일상 속의 정절

《사소절》은 조선 후기 이덕무李德懋(1741~1793)의 저술로 정절 의식이 일상생활의 예절로 자연스럽게 정착한 모습을 보여준다. 그는 "조

그만 행실을 조심하지 않으면 마침내 큰 행실이 잘못된다"라는《서경》의 말을 인용하며 '사소한 것'의 중요성에 주목했다. 여자의 예법을 제시한 〈부의婦儀〉는 성행性行, 언어, 복식, 동지動止, 교육, 인륜, 제사, 사물의 여덟 가지 주제로 구성되었다. 여기서 그는 여성들이 저고리가 너무 짧고 치마가 너무 긴 차림을 하지 말 것과 "음란한 말을 입 밖에 내지 아니할 뿐만 아니라, 그런 말을 들으면 귀를 가리고 급히 피해야 할 것"을 주문했다. 그는 말한다.

> 남자를 엿보고 그가 살이 쪘느니 여위었느니, 잘생겼느니 못생겼느니 하는 평을 하지 말라. 이것이 남자들이 여자의 아름다움을 이야기하는 것과 무엇이 다를 바 있겠는가? …… 자매의 남편은 외인外人이다. 자매로 인해 혹 만나보는 일은 있을 수 있지만 편지를 보내며 자주 왕래해서는 안 된다.[359]

정절 의식이 태도로 드러날 때, 매사를 조심스럽게 정갈한 모습을 보인다. 《사소절》은 한강寒岡 정구鄭逑(1543~1620)의 말을 인용하며 "공부하는 사람은 스스로 그 몸가짐을 바로잡아 마땅히 처녀와 같이 해야 한다. 조금이라도 더럽힘을 당해서는 안 된다"(《사전士典》)라고 했다. 또 "선비들이 만약 지켜야 할 바를 잘 정하지 못했다면, 먼저 향당에서 곧고 절조 있는 부인 한 사람을 찾아서 그 태도를 본받아나가면 곧 어렵지 않을 것이다"(《사전》)라고 했다. 즉 정절 의식을 내재화하여 은근하면서도 자연스런 형태를 보이는 그런 유형의 인간을 상상케 한다.

정貞과 절節: 성적 순결과 사회적 의무

정절은 일차적으로 성적 순결을 내포하는 개념이다. 이것은 가부장제를 지탱하는 중요한 요소로 이념의 지원을 받으며 다양한 문화적 내용을 구성해왔다. 그런데 삶을 영위하는 구체적 존재로서의 여성과 남성은 성적 순결의 문제로 해결될 수 없는 다양한 현실적 문제들과 마주하게 된다. 이에 여성의 도덕적 가치로서 최고의 개념인 정절은 이념과 현실을 포괄하는 복합적인 의미체계로 발전하게 되었다. 여기서는 정절의 두 가지 의미를 나누어 살피고 그 둘을 만족시키는 구체적인 사례를 찾아보고자 한다.

정貞의 개념이 여성의 성과 결부된 역사는 오래되었다. 《주역周易》에서 정貞은 '올바름', '훌륭함'의 의미를 가진 것으로 남녀 모두에게 적용되는 개념이었다. 그런데 이러한 추상적이고 포괄적인 의미의 정은 상황과 성별에 따라 매우 다른 의미로 해석되었다. 예컨대 '정貞한 여자'란 순종이나 유순의 의미로 쓰이고, '정貞한 남자'란 강건이나 굳셈의 의미로 쓰였다. 이것이 서로 바뀌어 여자가 강건하거나 굳세고 남자가 순종하거나 유순하게 되면 '부정不貞'이 되었다.[360] '정貞'의 개념을 통해 본 여성적 태도란 자신을 고집하기보다 상대를 향해 열어놓는 것, 즉 부드럽고 유순한 것이 바람직하다. 다시 말해 '정貞'이 여성과 관련하여 길한 의미로 쓰일 때는 유순한 태도로 자신의 자리를 지키는 것, 항상恒常됨의 태도를 의미한다. 이러한 태도는 집안의 일을 수행하는 데 적합한 것[361]으로 해석되었다.

개념의 발달과 함께 '올바름', '훌륭함'의 뜻을 가진 '정貞'이 여성의 성과 관련을 맺기 시작했다. 《주역》에는 "여자가 씩씩하니 취하지 말라"[362]고 했는데, 이에 대해 주희朱熹(1130~1200)는 "한 음이 다섯 양을 만났으니 부정不貞한 것이고, 그 힘셈이 심한 것이니 취하여 짝으로 삼으면 반드시 양陽을 해치게 된다"[363]고 해석했다. 여기서 '하나의 음이 다섯 양'을 만났다는 것은 한 여자가 다섯 남자와 관계를 맺은 것으로 해석되었다. 그런 상황은 성적으로 순결하지 못한 '부정不貞'이다. 반대로 '정貞'은 순결한 성을 가리키는데 그것이 곧 여자의 '올바른' 태도가 되었다.

이렇게 여성의 성적 태도와 관련된 '올바름' 또는 '훌륭함'을 '정貞'이라 할 때, 무엇이 '정'인가는 사회마다 시대마다 차이가 있을 것이다. 《주역》에 의하면 "부부의 바른 도리란 오래도록 변하지 않는 것이다. 따라서 항恒으로 받는다"[364]라고 했다. 즉, 혼인 예제가 느슨했던 선진先秦 사회에서 부부는 '오래도록 변치 않은' 항상됨이 중요했지 부정不貞에 대한 문제의식은 그다지 강하지 않았다.[365] 그러나 한초漢初에 이르면 "한 번 혼례를 올렸으면 다시는 고칠 수 없다. 남편이 죽더라도 개가할 수 없다"[366]는 내용이 등장한다. '가능하면 변하지 않고 오래도록 부부관계를 유지하는 것이 좋다'는 것과 '여자는 다시 시집갈 수 없다'는 것 사이의 차이는 매우 크다. 춘추전국기로부터 유교를 국가 이데올로기로 삼은 한초漢初에 이르는 역사 시기는 여성의 성을 정의하는 '정貞' 개념의 변화를 동반했다.

한편 성과 관련한 정貞이 '조操'나 '절節'과 결합하면서 의미의 차이를 만들어냈다. 둘 다 여성의 성과 결부된 개념이지만 정조貞操는 육체적 순결의 의미에 가깝고 정절貞節은 사회적 의무 개념에 가깝다. 정貞이 절節과 결합하게 되면 단순히 성적인 순결의 문제만 아니라 사회적 의무 개념을 포괄한 개념이 된다. 유향劉向이 쓴 《열녀전》은 '정貞'과 '절節'의 의미를 구분하여 '정순貞順'과 '절의節義' 항목을 따로 두고 있다. '정순' 편은 남편이 죽은 후 개가를 하지 않았거나 한 남자에 충실했다는 의미에서 수록된 여성들이다. '절의' 편은 한 남자에 소속된 관계로서가 아니라 다른 여러 사회적 관계들, 예컨대 조카나 전처 자녀들, 또는 이웃, 군주, 윗사람 등에 대한 충실성을 갖춘 여성들이다.[367] 나아가 '정貞'과 '절節'이 연용되어 '정절貞節'이 되면 '성적 순결'과 '타인에 대한 충실성'을 포괄하는 개념이 되는 것이다. 다시 말해 두 가지를 동시에 만족시키는 정절 개념은 한 남자에 대해 성적 순결과 사회적 의무를 포괄하게 된다.

여성의 성적 태도를 개념화한 것이 정절貞節이라면 그것은 일정한 사회적 조건 속에서 가능했다. 서복관徐復觀은 정절이 여성의 최고 덕목으로 강조되는 진秦·한초漢初의 사회적 맥락을 이렇게 설명한다. "30, 40세의 남편이 연로한 부모와 어린 자녀를 두고 죽었을 경우 아내가 다른 집으로 개가해갈 때, 그 가정은 와해될 가능성이 크다."[368] 즉 정절은 경제적 조건을 확보하는 것과 관련된 도덕 개념이라는 뜻이다. 진한秦漢 이후의 사회에서 부부 중심의 소농가족은 경제와 정치의 기초 단위이기 때문에 가족의 안정은 정책적으로 지지되었다. 이때 여성의 정절 관념은 한 가정의 안정과 유지라는 측면에서, 그것은 곧 국가의 안정된 지지 기반이 된다는 데서 정치적인 주제가 되었다. 가정과 국가의 존립을 위해 정절 개념이 활용된 것이다.[369]

정리해보면 여성의 성을 거점으로 '정貞'의 개념이 나왔고, 여기에 다시 사회관계에서 요구되는 신의와 충실성이 함축된 절節이 연용되었다. 그것이 아내에 적용될 때 남편에 대한 성적 순결을 유지할 것과 부부의 삶에서 필요한 신의와 성실성으로 '발전'되었다. 즉 정절은 단순히 성적 순결만을 의미하지 않으며 사회적 의무 개념을 포괄하는 복합적인 의미를 갖는다. 여성의 성 규제에 목적이 있었던 정절의 개념이 다면적이고 복합적으로 펼쳐지는 현실의 문제에서는 조정될 수밖에 없었기 때문이다. 이같이 정절은 여성의 성을 통제하면서 동시에 사회적 책임을 부과하는 측면으로 읽을 수 있다.

진동원은 몇 가지 예를 통해 중국에서는 육체적 순결의 의미인 정조 관념보다 사회적 의무 개념인 정절 관념이 더 본질적인 것임을 주장한다. 한 여자가 몇 사람에게 시집을 가더라도 그녀는 전前남편의 자식을 보전하거나 또는 전남편에 대한 다른 의무를 다한다면 절부節婦가 될 수 있었다는 것이다. 정절의 해석에 현실주의적 맥락이 중시되었다는 것인데, 다음의 이야기는 그 점을 잘 보여준다.

송강松江의 추씨는 교씨를 아내로 맞아들여 아들 아구를 낳았다. 추씨는 죽으면서 아들을 아내에게 부탁했다. 겨우 한 몸 건사하기도 어려운 살림에 교씨는 남편의 뜻을 받들어 아들을 양육했다. 전쟁이 나서 송강이 적들에 포위되자 교씨는 죽을 각오를 했으나 아이 때문에 포기했다. 꿈속에 남편과 시부모가 차례로 나타나 아이를 위해 정절을 포기하라고 한다. 그녀는 아이를 보살펴주겠다는 조건으로 적에게 개가한다. 소용돌이 같은 일들을 겪으며 아이는 성장했다. 교씨는 옛 남편을 위해 결국 죽음을 택했다.[370]

즉, 남편에 대한 충실성이라는 절부의 개념을 보다 넓은 의미로 확대하고 있는 것이다. 아이를 양육해야 하는 현실적인 문제와 부계혈통을 보존하는 문제가 부인의 성적 순결보다 더 중요하다는 입장이다. 다르게 말하면 성적 순결과 사회적 의무가 결합된 형태의 정절이다. 한국에서도 사회적 의무 개념에 주목해 정절을 이해하는 전통이 있었다. 먼저 고려의 학자 이곡李穀(1298~1351)의 '절부'는 그 사회적 의무를 최대치로 수행한 자에게 부여하는 명예임을 보여준다.

조씨는 13살에 대위隊尉인 한보韓甫에게 출가하여 딸 하나를 낳았다. 그의 시아버지인 수령궁 녹사壽寧宮錄事 광수光秀는 동쪽으로 일본에 갔다가 신사년 여름에 군중에서 죽고, 신미년 여름에 보甫가 또 합단合丹과의 싸움에서 죽었다. 조씨는 과부가 되어 그 언니에게 의탁하다가, 그의 딸을 출가시킨 뒤에는 곧 딸에게 의지했는데, 딸이 아들 하나와 딸 하나를 낳고 또 일찍 죽었다. 그는 곧 손녀에게 의지하여 지금까지 살고 있다. 조씨는 30이 못 되어 아버지, 시아버지, 남편이 연하여 전쟁 중에 죽고, 과부로 50년 동안을 살았는데, 밤낮으로 여공女工을 부지런히 하여 딸과 손자 손녀를 먹이고 입히어 그들로 하여금 의지할 곳을 잃지 않게 했고, 손님 접대와 혼사·장례·제사에 쓰는 경비를 마련했다. 나이가 벌써 77세인데도 오히려 건강하며 병이 없다. 또한 기억력이 좋아서 적들 속에 있을 때의 상황과 근세에 정치가 잘되고 못된 것이라든지, 양반들 집안의 내력을 하나도 빠짐없이 낱낱이 얘기하여 주었다.[371]

조씨야말로 자신에게 찾아온 운명에 순응하면서 자신 앞에 펼쳐진 현실을 해결해나가는 여성적 지혜의 전범이 아닐까 한다. 자신의 손길을 기다리는 어리고 약한 생명을 길러내면서 자신의 모든 사회적 임무를 겸허하게 받아들이고 꿋꿋이 실천한 조씨, 천수를 당당하게 누리는 조씨에게 이곡은 '절부'라는 호칭을 부여한 것이다. 이곡의 〈절부조씨전〉에 반영된 정절 개념은 드물긴 하지만 조선의 지식인들에게도 나타난다. 다시 말해 중국으로부터 유입되기 시작하던 초기의 정절 개념은 육체적 순결에만 경도되지 않았다. 《삼강행실도》의 제작진들이 생각한 정절도 정조貞操의 문제로 좁히지는 않았던 것이다. 예문 대제학 정초鄭招(?~1434)가 말했다.

부인이 행동을 반드시 예禮에 말미암아, 그 남편을 도우며, 그 친족을 은혜로 하고, 그 가업을 융성하게 하면, 이는 능히 정렬을 지키는 것입니다. 이를 버리고 반드시 변고를 기다린다면 정貞은 떳떳하고 영구한 도가 아닐 것이니, 《행실도》를 보는 자는 항상 이 뜻을 밝히면 당연히 행할 바를 알 것입니다.[372]

다시 말해 아내로서 남편을 돕고 친족을 살피고 가업을 융성하게 하는 것이 곧 '정렬'이라는 것이다. 그런데 제작진의 생각과는 달리 《삼강행실도》는 괴이한 행위들로 가득했다. 목을 매고 몸을 던지고 팔다리를 자르고, 고함치고 울부짖고 씻지도 않고 먹지도 않고 웃지도 않는 여인들이 한 권의 책을 이루었다. 책이 제작진의 의도대로 되지 않았던 것이라면 이것은 어떻게 설명될 수 있을까. 여러 가지가 있겠지만 하나의 이미지로 포착해야 하는 행실도의 성격상 맥락적이고 포괄적인 사상을 담아내기 어려웠던 것이 하나의 이유가 될 것이다.

정절을 성적 순결의 의미와 사회적 의무 개념의 결합으로 본 또 다른 사례를 보자. 송준길宋浚吉(1606~1672)은 1653년(효종 4) 자신의 8대조 할머니의 정문을 요청하는 글을 썼다. 그에 의하면 조비祖妣 유씨는 혼자 남아 아이를 키우고 집안을 일으킨 열녀다. 이에 유씨 부인의 행적을 서술했다.

유씨는 진사 송극기宋克己의 아내입니다. 22세 때인 임신년(1392)에 남편을 여의었는데, 어린 아들 하나가 있었습니다. 복服을 마치고 나자, 친정부모는 그가 젊은 나이에 과부된 것을 가엾게 여겨 개가시키려 했으나, 유씨는 죽음으로 맹세하고서 더욱 굳게 의리를 지켰습니다. 그런데도 부모가 여전히 그 뜻을 헤아려주지 않자, 마침내 고아를 업고 도망하여 개성에서 회덕까지 5백여 리 길을 엎어지고 자빠져가며 사흘 동안 먹지도 못하고 걸어와서 시부모에게 의지했습니다. …… 그 뒤 종신토록 자애와 효도를 독실하게 행했으니 260여 년이 지난 지금까지 자손들이 전술하고 고로古老들이 칭송하며 들은 사람들은 감탄하지 않는 이가 없습니다.
여자의 일부종사는 우리 열성조에서 인도해 교화한 뒤부터 가능했습니다. 그래서 지금은 사족은 말할 것도 없고 민간의 천한 부녀자까지 가문과 자손을 조금이라도 생각하는 사람이라면 수절을 관례로 삼지 않는 자가 없습니다. 하지만 국초에는 고려의 유풍으로 명문대가라 해도 부녀자의 개가를 당연시했고, 나라에 금령이 없었으니 사람들은 으레 그런 것으로 보았습니다. 이러한 때에 유씨는 더러운 풍속에서 자신을 뽑아내었으니, 그 꿋꿋한 마음과 뛰어난 절개는 신명神明이 보증할 수 있습니다. 옛날의 열녀 중에서 찾아보더라도 이런 사람이 몇이나 되겠습니까.[373]

유씨가 각고의 노력으로 길러낸 아이는 곧 송준길의 7대조다. 2백여 년이 지난 시점에서 송씨 문중이 국가에 유씨의 정려를 요청한 것은 어린 자식을 잘 길러내어 집안을 융성하게 한 그 공로가 본질적인 것이다. 송준길이 '일부종사'나 '개가 거절'의 서사로 유씨 할머니의 절행을 설명한 것은 정표를 받기 위한 일종의 수사가 아닌가 한다.

16세기의 성혼成渾(1535~1598)과 송익필宋翼弼(1534~1599)은 은아銀娥라는 여성의 삶을 통해 정절의 의미에 접근했다. 종실의 첩 은아를 위해 성혼이 글을 짓고, 송익필이 개작을 하여 세상에 내놓았다. 〈은 아전)이 그것인데, 이로 인해 은아의 정려문이 세워졌다. 그러면 은아의 정절은 어떤 것이었나? 은아는 양주의 가난한 양가良家 여자아이로 입을 덜기 위해 교하交河에 사는 종실 수성수의 집으로 오게 되었다. 13세에 와서 15세에 수성수의 첩이 되었다. 수성수를 공손히 받들어 섬기며 10여 년 동안 집안 살림을 주관했는데, 온화하고 단정한 모습으로 모든 사람의 마음을 흡족하게 했다. 점점 늙어가던 수성수가 은아에게 자신이 죽은 후 '개가할 것인지, 정절을 지킬 것인지'를 종종 물었지만 언제나 대답은 '미리 말씀드릴 수 없다'는 것이었다.

수성수가 병에 걸려 오랫동안 고생하자, 모시는 사람들이 모두 지쳤으나 은아는 곁에서 간호하되 약을 드릴 때는 반드시 먼저 맛보았고 옷의 띠를 풀지 않았다. 그리하여 비록 한밤중이라도 한 번 부르면 즉시 대답하고 달려가서 일찍이 조금도 게을리 하지 않았다. 수성수가 그 정성에 감동하여 죽을 때에 문서를 만들어 토지와 재산을 주며 말하기를, "네가 만약 의리를 지켜 시집가지 않는다면 이것으로 생계를 꾸려 일생을 마치고, 그렇지 않으면 내 아들에게 주고 가라"고 했다. 수성수가 죽자, 은아는 슬피 통곡하고는 머리털을 자르고 손가락을 잘라 장례할 때에 함께 넣게 했다. 3년 상을 치렀고 제사할 때에는 정성을 다했다. 수성수가 남긴 옷과 침구들을 옛 자리에 진설하고는 그 옆에서 지키면서 상이 끝날 때까지 치우지 않았으며, 슬퍼하는 생각이 더욱 돈독하여 처음부터 끝까지 변함이 없었다. 또 가산의 유무를 따지지 않고 날마다 옛 집을 지키며 단정히 앉아 책을 읽고 새 종이로 문을 발라 반드시 정결하게 했으며 제철 음식을 얻으면 반드시 궤연几筵에 올리고 절했다. …… 몇 해를 홀로 살다보니, 생업이 더욱 어려워져 때로는 보리밥과 나물 뿌리도 제대로 먹지 못했다. 혹자가 그녀에게 말하기를, "어찌하여 그 토지를 팔아서 스스로 윤택하게 살지 않는가?" 하니, 은아가 대답하기를, "나는 농가農家의 딸이니, 거친 밥을 먹는 것이 나의 분수다. 지금 어찌 차마 나리께서 주신 토지를 남에게 팔 수 있단 말인가?" 했다. 수성수의 여러 손자 중에 은아를 공손히 섬기는 자가 있었는데, 혹자가 또 그녀에게 이르기를, "어찌 이 사람에게 의지하여 받은 재산이 전해지도록 하지 않는가?" 하니, 은아가 대답하기를, "내 마땅히 여러 손자들에게 균등하게 물려줄 것이니, 이것이 바로 돌아가신 나리의 뜻이다. 어찌 오로지 내가 사랑하는 사람에게만 물려주어 나의 사적인 은혜로 삼겠는가" 했다.[374]

상전이자 남편인 수성수의 상중喪中에 너무 슬퍼한 나머지 몸을 해친 은아는 9년 후 39세의 나이로 죽었다. 죽는 날 붓을 꺼내 군자[수성수]와 함께 묻어달라는 뜻을 적고 자신이 남기고 가는 물품과 재산에 대해 조목조목 기록했다. 수성수의 여러 손자들이 은아의 상을 치르는데, 서책과 책상이 평상시와 같고 크고 작은 집안 살림살이가 모두 그대로 있는 것을 보고는 서로 탄복하여 감히 그 뜻을 어기지 못하고 선인先人의 곁에 부장祔葬했다. 은아의 정절에 대해 성혼은 이렇게 말한다.

병란이 일어나 경황이 없을 때에 강개한 마음을 품고 목숨을 버려서 몸을 더럽히지 않는 것도 어려운 일이다. 더구나 조용하여 아무 일이 없을 때에는 물정物情과 이해利害의 사사로움에 마음을 빼앗기기가 쉬운 법인데 정조와 신의를 지켜 몸소 의리를 지키다 죽었으니, 어찌 더욱 어려운 일이 아

니겠는가.[375]

성혼이 평가한 대로 은아의 정절은 성적 순결과 사회적 의무 개념이 융합된 형태의 것이다. 즉 온전한 의미의 정절을 구현한 것이라 할 수 있다. 성혼은 은아의 이야기가 '숨겨진 덕의 그윽한 빛을 나타나게 할 뿐' 아니라 '선한 자'를 칭찬해줌으로써 세교世敎에 도움이 될 것이라 했다. 분명 죽은 수성수의 입장에서 볼 때 은아는 완벽한 배우자다. 자신이 남긴 흔적들에 의미를 부여하면서 죽은 자신을 그리워해주는 사람, 또 자신을 향한 애정과 신의가 다른 어떤 목적을 위한 것이 아니라 '순수' 그 자체일 때 어느 누가 감동하지 않을 수 있겠는가. 그런 점에서 은아의 절행은 성혼과 송익필도 감탄한 바, 모든 남성들의 로망이었을 것이다.

한편 은아 역시 생전의 수성수가 상전으로 자신을 돌보아주었고 남편으로서 자신을 믿고 아껴주었던 그 기억을 소중히 여겼던 것 같다. 그녀에게서 풍기는 이미지는 고결한 성품과 강한 책임감을 소유한 좀 특별한 개인성이다. 그런 점에서 남편의 사후 보여준 은아의 여러 가지 의식과 실천은 개인 심성에서 우러난 것일 수 있다. 하지만 은아는 '남편은 소천所天'이라는 윤리적 당위가 지배하는 사회의 백성이다. 그런 점에서 은아의 행위는 지배와 복종의 권력관계로부터 분리시켜 이해될 성질의 것은 아니다. 은아의 사례를 통해 볼 때 성적 순결과 사회적 의무를 동시에 요구하는 정절 개념은 여성의 성을 관리하면서 여성의 에너지를 활용하는, 더 엄밀한 체계를 갖춘 가부장적 기제라 할 수 있다.

조선 지식인의 성性 인식

조선 사회에서 정절의 전개는 남성 지식인의 성 인식과 긴밀하게 연결되어 있다. 여기서는 성적 욕망에 대한 남성 지식인들의 인식을 살펴보고, 정절의 조선적 전개의 특징을 찾아보고자 한다. 먼저 유학의 지식체계 안에 있는 학자들이라고 해서 성性에 대한 인식과 지식의 정도가 동일한 것은 아니었다. 성적 욕구를 본질적인 것이라고 보는 입장이 있는가 하면, 문화적으로 구성되는 것으로 보는 입장이 있었다. 또 조선 사회에서 구현된 정절문화의 특성은 남녀를 과도하게 '성애적' 시선으로 보고 있다는 점을 들 수 있다. 이러한 문제를 하나씩 논증해보고자 한다. 세종조에 주州·읍邑의 창기를 폐지하려고 하자 재상 허조許稠(1369~1439)는 그것이 불가능한 이유로 남성들의 '성 본능'을 들고 나왔다.

> 남녀관계는 인간의 큰 욕망이니 금할 수 없는 것입니다. 고을의 창기는 모두가 관청의 물건이니 취取하여도 무방합니다. 만일 이것을 엄한 금법으로 한다면, 나이 젊어 지방으로 부임한 조관朝官들이 모두 불의하게 사삿집 여자를 탈취함으로써 영웅英雄·준걸俊傑의 인물이 많이 죄에 빠지게 될 것이니, 신의 의견으로는 폐지하는 것이 마땅하지 않습니다.[376]

허조가 본 '남자의 성'은 자연적인 것이기에 스스로 절제할 수 있는 그런 것이 아니다. 허조는 남자의 '성 본능'을 주장하기 위해 '남녀관계는 인간의 큰 욕망'이라는 《예기》의 말을 운반해오지만, 여자의 욕망에 대해서는 전혀 생각이 없다. 여기서 현실의 사회적 문제를 경전의 논리를 통해 그 모순을 지적해낸 명대明代의 비판적 학자 귀유광歸有光(1506~1571)을 잠시 만나보자. 귀유광은 이렇게 말한다. "음양이 서로 짝이 됨은 천지 사이의 큰 뜻인데, 천지에는 태어나 짝이 없는 자가 없다. 평생 시집을 가지 않는 것은 음양의 기를 거스르는 것이고 천지의 조화를 흠집내는 것이다."[377] 귀유광에 의하면 인간 욕망은 남녀가 다르지 않다.

반면에 허조가 주장한 '성 본능'의 인간이란 남성에 한정된 것이다. 이러한 사고는 강간과 같은 남성의 성폭력이 제어하기 어려운 '성 본능'과 연결될 수 있고, 관대하게 처리하는 쪽으로 나갈 수 있다. 반면에 여성은 이러한 '성 본능'과 만나지 않도록 조심해야 하는데, 그래도 사고가 생겼다면 그것은 여성의 책임이 될 가능성이 크다. 한편 성폭력, 즉 강간에 대한 이익李瀷(1681~1763)의 논설은 여성의 성에 대한 당시의 생각들이 얼마나 위험한지를 보여준다.

옛말에, '세상에 강간은 없다' 했으니, 이는 여자가 만약 목숨을 걸고 정조를 지킨다면 도둑이 범하지 못함을 말한 것이다. 옛날 노영청魯永淸이 화간和姦과 강간의 구별을 판결하기 위하여 힘센 종을 시켜 여자의 옷을 벗기게 했는데, 다른 옷은 모두 벗겼으나 오직 속옷 한 벌만은 여자가 죽기를 한정하고 반항하여 마침내 벗기지 못했다. 이에 강간이 아니요 화간이라고 판결을 내리니, 사람들이 명판결이라고 일렀다. 나는 생각건대, 이는 정리에 벗어난 논설이니, 여자가 거절하는데 남자가 겁간하려 하는 것은 이미 강간이니, 그후에 딸려 일어나는 일은 족히 말할 것이 없다. …… 죄는 마침내 겁간한 자에게 있으니, 혹 유사한 송사가 있어 노영청의 판결을 판 례로 삼는다면 폐단이 있을 것 같아 이에 변론하는 바다.[378]

이익이 소개한 '위험한 생각'은 강간이라는 개념 자체가 성립할 수 없다는 것이다. 하지만 이익은 강간과 화간을 구분하는 것이 물리적인 힘에 있는 것이 아니라 상대방의 '거절'과 '동의'를 기준으로 삼아야 한다고 보았다.

최한기崔漢綺(1803~1877)는 남성의 '성 본능'을 부정하고 성욕이나 성적 태도는 모두 문화적으로 구성된 것으로 보았다.

어릴 적부터 장성할 때까지 예쁜 여자를 보고 색에 대한 이야기를 들었기 때문에 여색이 나의 신기神氣에 감염이 되고 정액에 감응이 되어, 혹 고요할 때에 정욕이 발동하기도 하고 혹은 눈으로 보거나 귀로 듣게 되어 감정이 이는 것이다. 전일前日에 보고 들어 감염된 것은 생각지 않고 다만 바로 지금 정욕이 일어난 줄로만 알고, 사람이 색을 좋아하는 것은 배우지 않고도 할 수 있고 노력하지 않고도 될 수 있는 것으로 여긴다. 그러나 사실은 그렇지 않다. 가령 어떤 사람이 깊은 산골에 은거하여 여자의 모습을 본 적도 여체女體의 신비에 대하여 이야기 들은 적도 없다면 그 사람에게 비록 강한 양기陽氣가 있다 하더라도 이는 어린아이에 불과하다. 그러므로 만약 창졸간에 여자를 만나면 반드시 당황하고 이상히 여겨 마치 더벅머리 촌 아이가 까까머리 중[僧]을 처음 만난 것 같을 터인데, 어느 겨를에 그 여자를 좋아할 생각이 있겠는가.[379]

이에 의하면 성적인 감정과 양식은 자신의 의지와 관련되고, 또 문화적 훈련에 의해 제어될 수 있는 것이다. '성 본능'을 주장하는 본질주의적 입장과는 다르지만 최한기 역시 남성의 성욕을 규명하는 데만 관심이 있지 여성의 성은 여전히 대상으로 존재할 뿐이다. 즉 조선 사회 남성 지식인들에게 여성의 성은 그것이 본능의 형태이든 문화적인 형태이든 존재하지 않는 것이다.

조선의 정절문화는 남녀에 대한 '과잉 성애화' 내지는 성에 대한 과도한 상상이 지배하고 있음을 보여준다. 남녀 '분리 서사'는 바로 남녀 사이의 과도한 '성애적' 시선을 전제할 때 가능하다. 그가 어른이든 아이든 남성과의 분리에 철저했다면 그 여성은 정절 의식이 투철한 부덕의 소지자로 담론화되었다. 이항복李恒福(1556~1618)은 자신의 어머니가 평소에 보인 예의범절을 기억했다. 즉, 어머니는 가법이 매우 엄격하기로 이름이 났는데, 남매 간에도 성에 대한 엄격한 분리를 주장하여 남자 형제와도 중간에 비녀婢女를 두고 대화했다는 것이다.[380]

조선 중기의 이덕홍李德弘(1541~1596)은 '부부유별도夫婦有別圖'를 통해 부부윤리의 독창적인 견해를 제출했다. 그는 부부를 "음양이 화합한 것으로 천지를 본뜬 것이다. (따라서) 천지는 하나의 부부이고, 부부 또한 하나의 천지다"[381]라고 하여 그 존재론적인 의미를 우주적 차원으로 확대시킨다. 여기에는 《중용》의 '부부조단설夫婦造端說'과 《주역》의 음양론이 바탕이 되고 있다. 나아가 그는 "하나의 부부는 같은 곳에서 함께 살아야 하고 (그 짝을) 서로 바꿀 수 없다. 그 짝이 정해지면 다시는 다른 쪽을 침범할 수 없다"[382]고 했다. 그의 해석은 '군자의 도는 부부에서 시작된다'는《중용》의 부부론을 '짝을 바꿀 수 없다'는 것으로 풀이하고 있다는 점에서 독창적이다.

또한 그는 오륜五倫의 '부부유별夫婦有別'을 새롭게 해석했다. "유별有別의 '별別'에는 두 가지 뜻이 있다. 천지생성의 수가 합해져 한 부부가 되는 것이다. 부부 각각은 한 방에서 동거하게 되는데 다시는 타인과 섞일 수 없다는 뜻이 하나이고, 비록 부부가 한 방에서 동거하더라도 남자는 밖, 여자는 안을 담당하니 내외가 서로 뒤바뀔 수 없다는 것이 또 하나의 뜻이다."[383] 그에 의하면 '별'에는 두 가지 구별의 뜻이 있는데, '각각의 배우자가 서로 섞이지 않는 것'과 '한 쌍의 배우자는 내외 개념으로 구별된다'는 것이다. 그의 해석이 독창적이라는 것은 전자의 '각각의 배우자가 서로 섞이지 않는 것'이라고 한 부분이다.[384] 이에 근거하여 이덕홍은 "다른 부부를 넘보아서는 안 된다"거나 "부부가 아니면 남녀는 결코 쳐다보거나 대면해서는 안 된다"고 했다. 그는 또 각 각의 부부는 길에서 만나도 모른 척하거나 서로 피함으로써 자신의 부부는 물론 다른 부부의 '순결'을 보장해주어야 한다는 것이다.

이덕홍은 '유별'의 '별'을 부부와 부부를 구별하는 개념으로 본 자신의 해석이 어느 누구도 생각하지 못한 독창적인 것임을 주장했다. 그의 해석은 가까이는 '정절'을 지킨 부인과 멀리는《시경詩經》'관저關雎'장에 바탕을 두고 있다고 했다.[385] 그에 의하면 남녀가 맺어져 부부가 되었다는 것은 다른 부부와는 철저히 분리되고 격리되어야 유지될 수 있는 것이다. 이런 생각은 부부를 부부답게 하는 것, 즉 부부관계에서 가장 중요한 것은 성적인 것임을 전제한다. 이덕홍은 부부의 이상적 형태는 '상호 순결'을 전제로 하는데, 이는 조선 사회에서 전개되는 남녀관계의 현실을 반영한 것이라기보다 유학의 원리론에 가깝다. 무엇보다 그는 부부를 '과도한 성애'의 시선으로 바라보고 있다는 점이다.

조선 후기의 성근묵成近默(1784~1852)은 '남녀지별론男女之別論'을 통해 남녀 성을 인식하는 자신의 지점을 드러내었다. 이른바 '분리 서사'로 남녀 성을 바라보는데, 이 역시 남녀를 '과잉 성애화'한 전형적 모습이다. 그는 말한다.

> 어려서부터 늙어서까지, 예방禮防은 마땅히 어엿하고도 엄하게 지켜야 한다. 옛날 사람들은 할머니로부터 종손에 이르기까지 문을 열고 더불어 말했다. 남자는 열 살이 되면 바깥채에서 생활했다. 작은 남녀 아이들이 친하게 지내며 장난하고 손도 서로 잡는 것은 예를 모르는 것에서 말미암은 것이다.[386]

성근묵의 분리 의식은 정절을 최종의 귀착지로 삼는다. "부덕이라는 것은 평소에는 유순하고, 급작한 상황에 처했을 때는 정절을 잊을 수 없는 것이다"[387]라고 했다. 중국과 한국은 모두 성리학의 통치 이념 아래 사회 질서를 유지하기 위한 수단으로 정절을 강조했다. 교육을 통해 정절을 대중화하고 통치 이데올로기로 활용한 점에서는 양국이 동일하다. 그런데 수절을 인정하는 기간과 재가再嫁에 대한 법적 규정에서는 중국이 한국보다 더 관대했다.[388] 성현成俔(1439~1504)의 《용재총화》에는 이런 이야기가 실려 있다.

> 옛날에 어떤 임금이 8척이나 되는 나무를 뜰에 심어놓고 "이 나무를 뽑으면

천금을 주겠노라" 했다. 조정의 그 어떤 힘센 자도 나무를 뽑지 못했다. 이때 한 술사術師가 나타나 "정녀貞女가 뽑을 수 있을 것"이라고 했다. 이에 관심 있는 장안의 부녀자들을 불러 모았다. 어떤 이는 바라보고는 달아나고, 어떤 이는 만져보고 물러가곤 했다. 이때 한 여인이 나오며 "정절이라면 자신 있습니다" 하고 나무를 어루만졌다. 그런데 약간 움직이기는 했지만 넘어뜨리지는 못했다. 이에 여인은 하늘을 우러러 맹세하며 "평생 지켜온 정조를 하늘이 아는 바인데 이와 같다면 죽고 싶습니다" 하고 울부짖었다. 술사가 말하기를 "행실은 없었지만 그 외모를 사모하여 잊지 못하는 사람이 있을 것이오" 했다. 문득 생각난 듯 여인은 말했다. "그러합니다. 어느날 한 선비가 화살을 차고 말을 타고 우리 집 앞을 지나는 걸 보았습니다. 가느다란 눈에 긴 눈썹, 그 멋진 모습에 잠시 '저 선비의 아내는 참으로 복 있는 사람이리라' 하고 생각했습니다. 이 밖에는 한 치의 사사로운 정을 담아 본 적 없습니다." 술사가 말하기를 "그것만으로도 이 나무를 뽑지 못하는 충분한 이유가 됩니다" 했다.[389]

여기서 정절이란 몸과 마음의 순결 모두를 포괄하는 것이고, 아주 잠시 동안의 흔들림도 용납하지 않는 것이다. 그러면 9세기 중국의 시인 장적張籍(766~830)이 노래한 한 '절부節婦'의 정절 의식을 보자.

그대는 내가 유부녀인 줄 알면서도
한 쌍의 구슬을 선물로 보내왔지요.
그대의 애틋한 사랑 마음으로 느끼며
붉은 비단 속옷에 매달아 놓았어요.
우리 집은 궁궐 근처이고

남편은 창을 잡고 궁궐을 지키지요.
그대의 뜨거운 사랑 너무나 잘 알고 있지만
남편과는 이미 생사를 같이 하기로 맹세했네요.
한 쌍의 구슬을 되돌려 보내자니 눈물이 나네요
일찍 만나지 못한 것이 한스러울 뿐이에요.[390]

성현의 '정녀'를 기준으로 할 때 장적의 '절부'는 하나의 '음부淫婦'에 불과하다. 이 둘을 절대적인 기준으로 삼을 수는 없겠지만, 유학의 지식체계를 통해 여성의 성을 해석하는 조선 사회의 방법과 내용은 중국과는 분명 달랐다. 조선의 정절 개념이 중국보다 더 엄격한 기준을 가졌다는 말이다.

부부관계론에 대한 조선유학자들의 지식체계는 유교 경전에 근거한다. 이행李荇(1478~1534)은 〈진속삼강행실도전進續三綱行實圖箋〉에서 "부녀가 지아비를 섬김에는 정절과 신의로써 하는 것이니, 어찌 고금을 관통하는 의리일 뿐이겠습니까? 바로 천지의 영원한 도입니다"[391]라고 했다. 성종조의 최숙정崔淑精은 유교 경전의 논리를 통해 부부윤리의 정립에 힘써야 할 것을 주문했다.

부부는 집안을 바르는 근본입니다. 우리나라의 풍속으로 이를 보면, 반고班固의 《한서漢書》에서는 말하기를, '여자는 정신貞信하고 음란하지 않다'고 했습니다. …… 그런데 최근에 부녀가 남편을 잃고 겨우 3년이 지나서 남의 처첩이 되는 자가 있습니다. 《주역》의 상경上經에는 건곤乾坤으로 기본을 삼고, 하경下經에는 함항咸恒에서 시작되었으며 《시경》에는 관저關雎

로서 머리를 삼았고, 《예기》에는 '부부가 있은 연후에야 부자가 있고, 부자가 있은 연후에 군신이 있다'고 했으니, 부부는 인륜의 근본입니다.[392]

부부관계에 대한 조선 지식인들의 대체적인 논의는 유교 경전의 이론과 조선의 구체적 현장의 문제를 연결시키지 못한 것으로 보인다. 여성 및 정절의 문제를 논의하는 조선 남성 사대부들의 논리구조는 대체로 자신이 본 대로 현실문제를 제기하며 그것을 유교 경전의 기준으로 평가하고 그리고 해결 방법을 제시하는 방식이다. 그런데 최숙정의 논리에서도 드러났듯이 경전의 말과 조선의 현실문제는 그다지 연관성이 없는 것들이다. 지식을 운반해놓기만 하고 나의 문제와 연결시키며 고민하거나 적용시키지는 힘이 약하다는 것이다. 여성에 관한 유교의 경전 지식이 조선의 현실에서 어떻게 인용되고 적용되는가, 또는 겉도는가 하는 것은 관심 가져볼 만한 주제다.

4부

정절의 사건과 논쟁

{ 정절의 사건 }

성性 규제의 제도와 담론은 여성에게 절대적으로 엄격한 것이었지만 남성이라고 완전히 자유로울 수는 없었다. 부모 상중喪中에는 부부 합방이 금지되었고, 부모의 3년상이 끝나지 않은 상태에서는 그 자녀들의 혼인도 금지되었다. 1399년(정종 1)에는 아버지가 죽은 지 1년 만에 혼인한 아들이 논죄된 사건을 계기로, 3년 안에 시집가거나 장가가는 자를 엄하게 다스리기로 했다.[393] 또 정처를 소박하고 첩을 사랑하는 행위는 파직의 사유가 되었다.[394] 남녀의 정욕 관리를 치국治國의 요건으로 인식했던 조선 건국기에는 이러한 법과 관행을 만들어가는 시기였던 것이다. 또한 이 시기에는 조선시대 가장 큰 성 스캔들이 있었던 때이기도 하다. 여기서는 조선 전기 두 건의 성추문 사건을 통해 이를 다루는 방식 및 담론, 그리고 사건을 해결하는 방향과 논리를 살펴보고자 한다. 그리고 여성의 성과 관련된 16세기의 한 소문 사건을 통해 그 시대 사람들의 감정과 욕망, 그것을 합리화하는 지식과 권력의 작용을 보고자 한다.

음부淫婦와 간부奸夫들

유감동 사건

1427년(세종 9), 여러 남자와 간통 행각을 벌인 유감동俞甘同이 옥에 갇혔다. 국왕 세종은 유감동의 인적 상황과 그녀가 관계한 남자의 수를 물었다. 이에 좌대언 김자金赭가 아뢰었다.

> 간부奸夫는 이승李升·황치신黃致身·전수생田穗生·김여달金如達·이돈李敦 등이고, 그 외에 몰래 간통한 사람은 이루 다 기록할 수 없사오며, 본 남편은 지금 평강현감 최중기崔仲基입니다. 중기가 무안군수로 가면서 데리고 갔는데, 이 여자가 병을 핑계하고 먼저 서울에 와서는 음란한 행실을 마구 하므로 중기가 이를 버렸습니다. 그 아비는 검한성檢漢城 유귀수俞龜壽이니 모두 사족입니다.[395]

유감동 사건에 대한 수사가 진행되면서 그녀와 간통한 남자의 수는 계속 늘어났다. 총제 정효문鄭孝文, 상호군 이효량李孝良, 해주판관 오안로吳安老 등의 고위 관직의 사족들과 은銀이나 수정水精을 다루는 장

유감동의 간통 행각에 대한
실록의 원문 기사.

인匠人 몇 명이 더 나왔다. 사헌부에서는 그들을 잡아 직첩을 회수하고 국문하게 해달라고 왕에게 요청했다. 특히 김종서는 "정효문의 죄는 그의 숙부 정탁鄭擢이 간통한 여자인 줄 알면서 고의로 범했으니, 죄가 강상綱常에 관계되어 용서할 수 없으며, 이효량은 최중기의 매부이면서 간통했습니다. 두 사람의 행실은 짐승과 같으니 모름지기 추궁하여 다스리소서" 했다.[396] 즉, 인척인 두 사람이 한 여자와 관계한 것은 일반 범죄보다 더 무거운 강상죄에 해당되었다.

그런데 왕은 서둘러 이 사건을 마무리하려고 했고, 특정인에 대해서는 감싸는 듯한 태도를 보였다. 왕은 유감동의 간부가 이미 십수 명이 나왔고, 그 속에 재상도 있고 하니 사건을 마무리하는 게 좋겠다는 입장이었다. 더구나 유감동이 기억을 잘 못할 수도 있기 때문에 더 이상의 추고는 의미가 없다고 했다. 특히 정효문의 경우는 누군지 모르고 간통했다고 한데다 공신의 아들이고 그 죄가 이미 용서된 것이니 다시 추국하지 말라고 했다.[397] 또 헌사憲司에서 황치신·변상동·전수생은 유감동의 신원을 몰랐다고 하고 있으니 다시 조사하겠다고 하자, 왕은 "세 사람이 만약 알았더라면 감동이 세 차례의 형추에 어떻게 참고 말하지 않았겠는가. 이 여자가 말하지 않았는데, 또 이 세 사람을 형벌함은 옳지 못하니 형벌하지 말고 보석하라" 했다.[398]

그런데 세종의 말과는 다르게, 유감동이 세 차례 형추에서도 말하지 않았던 황씨, 변씨, 전씨는 자신들이 간통한 여자 유감동이 사족의 부인이라는 것을 알고 있었다. 1427년(세종 9) 8월 29일에 있었던 공초에서 유감동은 말했다.

내가 전일에 모두 근각根脚을 알지 못한다고 공초供招를 바친 것은 우리 부
모가 여러 번 사람을 시켜 말하기를, '이 세 사람이 너의 근각을 알고 있다
는 말을 조심하여 말하지 말라'고 했기 때문에 숨겼던 것입니다.[399]

황치신(1397~1484)은 당시 좌의정이던 황희(1363~1452)의 아들이
고, 변상동과 전수생은 공신의 아들이었다. 특정인을 봐주기 위해 감
동의 부모를 동원했다는 생각이 든다. 국왕 세종은 유감동의 간부 중
사죄 전에 간통했거나 사죄 후라도 그녀가 누구인 줄 몰랐던 자는 논
죄하지 말라고 명했다. 이에 장령掌令 윤수미尹須彌가 의견을 올렸다.

사죄赦罪 전인가 사죄 후인가를, 근각根脚을 알았는가 몰랐는가를, 다만 유
감동의 말로써만 사실을 가린다면 반드시 (간부들에 대한) 애정의 깊이에
따라 정직하게 공초를 바치지 않을 것입니다. 모름지기 간부奸夫까지 사실
을 점고點考한 후라야만 그 사실을 알게 될 것입니다.[400]

사건이 공론화 된 지 한 달 후 간부들과 함께 유감동에 대한 형벌이
정해졌다. 유감동의 죄는 사족의 딸이자 조사朝士의 정처正妻로 남편
을 배반한 죄, 거짓으로 창기娼妓라 일컬으면서 사욕私慾을 방자하게
행사한 죄, 서울과 지방을 횡행하면서 음란한 행위를 하여 인륜을 문
란케 한 죄였다. 뒷사람을 감계鑑戒하는 뜻에서 크게 징계해야 한다는
주장과 함께 형률 외에 변방 먼 곳의 관비官婢로 영속시켜 종신토록
해야 한다는 주장이 나왔다. 왕은 유감동을 속천屬賤시키지는 말고 먼
지방에 안치하라고 명했다.[401] 유감동의 친정아버지 유귀수에게도 태

형 40을 요청했으나, 왕은 다른 것은 없애고 스스로 부처付處하도록 했다. 딸을 잘못 기른 죄목이었다.

유감동 사건에 대한 국왕 및 사대부들의 처리 기준은 다음과 같이 정리될 수 있다. 먼저 유감동이 사족의 부인이라는 사실을 알았는가의 여부가 간부에 대한 범죄 구성의 중요한 기준이 되었다는 것이다. 유감동과 관련된 대부분의 사족 남성들은 그녀가 사족 부인인 줄 몰랐다고 주장했다. 즉, 거리에서 자유롭게 만날 수 있는 창기인 줄 알았다는 것이다. 이러한 요건은 죄를 정하는 데 중요하게 작용했다. 예컨대 황치신은 남편이 없는 여자와 서로 눈이 맞아서 간통한 것으로 해석하여 사헌부는 장 80대로 정했지만, 왕은 다만 그 관직만 파면하도록 했다.[402] 창기와 간통한 죄는 장 60이고, 남편 없는 부인과 간통한 죄는 장 80이다.

다음은 친인척 관계인 두 사람이 한 여자 유감동과 간통한 행위는 혐오의 대상이었을 뿐 아니라 가중 처벌되었다. 유감동의 간부 중에 이효량은 처남의 아내와 간통한 것이고, 권격權格은 고모부인 이효례 李孝禮가 간통했던 여자인 줄 알면서 간통했다. 이효량과 이효례는 각각 곤장 1백 대에 해당되지만, 이효량은 감형하여 90대, 이효례는 창기와 간통한 것으로 간주하여 곤장 60대로 정해졌다. 그런데 이효량은 '공신功臣의 후손이므로 다른 일은 없애고 외방外方에 부처하는 것'으로 정해졌다. 권격은 곤장 90대에 처했다.

공신의 후손에게 법은 관대했다. 정효문은 한때 정탁鄭擢의 첩이었던 유감동과 간통했으니, 백숙伯叔의 아내를 간통한 자에 준하여 참형斬刑에 처해야 한다는 것이 사헌부의 주장이었다. 하지만 공신의 아들이라는 이유로 왕의 특별 배려를 받아 정효문이 유감동과 간통한 시점은 사죄赦罪 전의 일이라 하여 논죄에서 빠지게 되었다.

유감동이 어디로 귀양을 갔는지 기록이 남아 있지 않아 알 수는 없다. 그런데 대신들은 유감동의 천역을 면제시키라는 왕의 하교를 받아들일 수 없다고 했다. 대사헌 최부 등이 상소했다.

《서경》에 이르기를, '떳떳한 도리를 파괴하고 풍속을 어지럽게 하는 일을 세 번 거듭하면,' 그 행위가 '비록 작은 것이라도 용서하지 않는다'고 했습니다. 사람으로서 윤상倫常을 어지럽힌다면 죄가 그보다 더 큰 것은 없습니다. 유감동 등은 전일에 유사攸司가 극형을 구형한 것을 특별하신 성상의 은혜로써 사형만은 면한 것인데, 이제 또 속천을 면한다면 죄악을 범하는 자를 징계할 길이 없게 될 것입니다.[403]

유감동 사건이 발생한 지 6년 후에 사헌부에서는 상소上疏를 올렸는데, 간통 사건은 전적으로 여자의 책임이라는 논리를 펴고 있다. '인륜의 시작'인 남녀, 그 바른 도리를 만들어가야 할 책임은 오로지 여성의 몫이 된 것이다.

천지는 만물의 근본이고, 남녀는 인륜의 시작입니다. 천지의 기운이 바르면 만물이 각각 그의 삶을 얻을 수 있고, 남녀의 도리가 바르게 된 뒤에 인륜이 밝아지고, 예의가 있게 되어, 풍화가 행해지는 것입니다. 그런 까닭에, 요사하고 음란한 미인이 정치하는 데 유해한 것은 역대의 지나간 일을 고증하여 보면, 그것 때문에 나라를 멸망하게 하고, 가산을 탕진하여 없앤

자가 많은 것입니다. …… 요전에 감동甘同 등 2, 3명의 방자한 여자들의 탁란濁亂한 행동이 매우 심했으나, 전하께서는 차마 하지 못하는 어진 마음으로 특히 가벼운 법을 좇아 지방으로 내쫓아 구차하게 생명을 보전하게 했습니다. 그런데, 자신의 잘못을 반성하기는커녕 지방의 백성과 더불어 정욕을 제멋대로 부려서, 더러운 소문이 계속 들리고 있습니다. …… 사대부의 집은 예의가 있는 곳입니다. 남녀가 나면 아내가 있고 남편이 있어서, 규문閨門 안에서부터 부자·군신·존비귀천에 이르기까지 환하게 밝아서 문란하지 않는 곳입니다.⁴⁰⁴

유감동의 간부들은 대부분 제자리로 돌아갔다. 사건 1년 후인 세종 10년에 이효량은 첨총제僉摠制에 제수되었다. 사건이 난 지 6년 후인 세종 15년에 황치신은 동부승지에 제수되었고,⁴⁰⁵ 그후에도 예조참의, 경기도 관찰사, 한성부윤, 형조참판 등의 높은 관직에 제수되었다. 이후 고모부 이효례와 간통한 여자인 줄 알고도 감동과 간통한 권격은 1440년(세종 22)에 맏딸을 세종의 아들 한남군 이어의 배필로 들여보냈고, 1442년(세종 24)에는 막내딸을 세자의 후궁으로 들여보냈다. 사건 이후 숙부의 간통녀인 줄 알면서 감동과 간통한 정효문은 또 다른 추문을 일으켰는데, 본처를 소박하고 기생첩 하봉래下蓬萊를 사랑한 죄로 탄핵을 받아 귀양을 갔다.⁴⁰⁶ 그러다가 1433년(세종 15)에 판안주목사判安州牧事에 제수되고, 그후 중추원 부사中樞院副使를 지냈다.

박어을우동 사건

1476년(성종 7) 왕의 종친 태강수泰江守 이동李소이 여기女妓에 깊이 빠져 아내 박씨와 이혼을 했다. 이 사실은 종친들을 관리하는 종부시宗簿寺를 통해 국왕에게 보고되었다. 즉, 첩을 사랑하여 아내를 버리는 이동의 행위는 다른 종친에게 나쁜 영향을 줄 수 있다는 것이다. 이동은 효령대군 5남의 서자로 태종에게는 서증손자가 된다. 왕은 이동의 고신告身을 거두게 했다.[407] 태강수 이동과 이혼한 아내 박씨가 곧 그 유명한 어을우동於乙宇同이다.

그로부터 4년 후 박씨는 간통 사건으로 의금부의 망에 걸려들었다. 상대남은 종친인 방산수方山守 이난李瀾이었다.[408] 이난은 세종의 서자 계양군의 넷째 서자로 어을우동의 남편인 태강수와는 6촌지간이다. 그런데 박씨는 의금부의 의중을 미리 눈치챘는지 도망을 갔다. 그녀를 끝까지 추포하라는 어명이 내려졌다. 그후 그녀의 명칭은 성을 뺀 '어을우동'으로 불리는데, 좌승지 김계창이 그녀의 행적을 설명했다.

처음에는 은장이[銀匠]와 간통하여 남편의 버림을 받았고, 또 방산수와 간통하여 추한 소문이 일국에 퍼졌습니다. 또 그 어미는 노복과 간통하여 남편에게 버림을 받았습니다. 한 집안의 음풍이 이와 같으니, 끝까지 추포하여 법으로 심판해야 합니다.[409]

이에 종친의 며느리 박씨와 간통한 방산수 이난, 수산수 이기는 친척관계라는 이유로 장 1백, 도徒 3년에 처하고, 고신을 추탈해야 한다고 의금부가 보고했다. 성종은 장杖은 재물로 갚는 속贖으로 대신하고, 고신을 거두고 먼 지방에 부처하도록 명령했다.[410] 그해 10월 12일 어을우동이 교형에 처해질 때까지, 5개월 동안 조정회의에서 어을우동과 그 간부들에 대한 논의가 수십 차례나 벌어졌다.

여기서 거론된 간부姦夫 중에는 이시애의 난을 진압한 장군으로 적개공신敵愾功臣 1등으로 봉해진 재상 어유소(1434~1489)와 무신으로 명성을 떨쳐 성종의 총애를 받던 김세적(?~1490), 영의정 노사신(1427~1498)의 아들인 당시 병조참의 노공필(1445~1516) 등이 포함되었다. 국왕 성종은 어유소, 노공필, 김세적에 대해서는 국문하지 못하도록 했는데, 이 때문에 사헌부, 사간원 소속 관료들의 빗발치는 항의를 받아야 했다. 처음에 방산수가 잡혔을 때 다른 간부들의 이름을 대었는데, 왕은 방산수가 자신의 죄를 면하기 위해 많은 사람들을 끌어댔기 때문이라 했다. 실제로 방산수는 잡혀온 지 며칠 후 처음의 주장을 뒤집었다. 사건의 진실이 무엇인지는 알 수가 없었다. 또 부평부사 시절 성추문 사건으로 파직된 바 있는 김칭金偁, 그리고 기생 금강아錦江兒와 짜고 정처를 소박한 죄로 장 90에 고신 4등을 빼앗기는 벌을 받은 바 있는 도사都事 김휘金暉도 어을우동의 간부로 거론되었다. 왕은 말한다.

> 어유소·김칭은 모두 방산수의 무고에서 나온 것이니 국문할 수 없고, 방산수는 종친이니 형벌하여 신문할 수 없으며, 어을우동의 음란하고 더러운 것은 과거에 없던 것이니 마땅히 현륙顯戮에 해당된다. 그런데도 곤장을 맞다가 죽을까 두려워서 형벌을 쓸 수 없다.[411]

간부들에 대한 성종의 태도는 매우 관대했다. 이에 대사헌 정괄鄭佸(1435~1495)은 차자를 올려 "어유소·노공필·김세적은 완전히 석방하여 신문하지 않으시고, 김칭·정숙지 등은 다만 한 차례 형신刑訊하고 석방했으니" 이 여섯 사람에게 유독 관대한 임금의 뜻이 무엇인지 이해하기 어렵다고 했다. 거기에다 이들에 대해 의심 가는 것이 한두 가지가 아니라고 했다. 정괄은 말한다.

방산수 이난이 조정에 가득한 대소 조관 중에 하필 왜 이 여섯 사람을 말했으며, 어유소·김휘 등의 통간한 상황을 매우 분명하게 말한 점은 또 무엇입니까. 또 이난은 어유소와 김휘 두 사람에게 아무런 감정이나 교분이 없는데도 그들을 지적한 점, 김칭·김휘·정숙지 등은 본래 음란한 행실로 이름이 나 있다는 점을 참고할 만합니다.[412]

하지만 국왕 성종은 난을 평정하고 국경을 수비하는 데 지대한 공을 세운 어유소 등을 보호하려고 했고, 문신 간원들은 무신으로 재상의 자리에 있던 어유소를 법정에 세우고자 온 힘을 다했다. 어유소를 보호하는 왕의 논리가 흥미롭다. 즉, "방산수가 장사將士를 많이 끌어 대어, 어을우동이 원래 음란하고 방자하다는 것을 증거로 삼아 자기 죄를 나누고자 한 것"이라고 했다.[413] 성종은 힘이 센 무장武將을 '섹스 심벌'로 여긴 듯하다.

어을우동의 간부에 대한 논의가 마무리되자, 어을우동을 어떤 수준에서 처벌할 것인가의 문제가 논의되었다. 1480년(성종 11) 9월 2일의 일이다. 크게는 율律의 규정에 따라야 한다는 입장과 죄의 성격상 율 밖의 권도를 발휘하여 사형을 시켜야 한다는 입장이 맞섰다. 율에 의하면 어을우동은 결장決杖 1백 대에, 유流 2천 리里가 된다.

영의정 정창손鄭昌孫(1402~1487)은 종친의 처이며 사족의 딸로서 음욕을 자행한 것이 창기와 같으니 극형에 처하는 것이 마땅하나, 전례대로 율을 따르는 것이 좋겠다고 했다. 하지만 청송부원군 심회沈澮(1418~1493)는 '율대로라면 사형에 이르지는 않지만, 사족 부녀로서의 음행은 강상綱常에 관계되니 극형에 처해 뒷사람의 감계鑑戒로 삼아야 한다'고 주장했다. 김국광金國光과 강희맹姜希孟은 어을우동 한 사람으로 율을 어기는 단서를 만들어서는 안 된다는 입장이었다.

마땅히 조종조의 권도權道의 법에 따라 무거운 형벌을 가해 규문 깊숙한 곳의 음탕하고 추잡한 무리들로 하여금 이것을 듣고서 경계하고 반성하게 함이 옳겠습니다. 그러나 제왕이 형벌은 쓰는 데는 신중하지 않을 수 없습니다. …… 더구나 율에 정해진 법은 임의로 올리거나 내릴 수 없는 것이니, 그 행위가 가증스럽다 하여 율 밖의 형벌을 쓰게 되면, 마음대로 율을 변경하는 단서가 이로부터 일어나게 되어, 성상聖上의 호생지인好生之仁에 해가 될 것입니다. 청컨대 중국 조정의 예例에 의하여 저자[市]에 세워 도읍의 사람들로 하여금 모두 보고서 징계가 되게 한 연후에, 율에 따라 멀리 유배하소서.[414]

이에 윤필상尹弼商은 "강상을 무너뜨리고 성화聖化에 누를 끼쳤는데도" 죽이지 않는다면 온 나라가 음풍으로 만연할 것이라고 했다. 그는 또 "남녀의 정情은 사람들이 크게 탐하는 것이므로, 법이 엄격하지 않으면 욕정을 자행하는 데 거리낌이 없을 것이라 했다. 이에 대해 홍응洪應·한계희韓繼禧·이극배李克培는 "어을우동의 추악한 행위는 마땅히 극형에 처해야 되나, 인주人主의 인덕仁德이란 사중死中에서도 살릴 길을 구해야 하는 것인데, 하물며 본래 사형에 해당하는 자가 아닌 것이겠습니까? 청컨대 율律에 의하여 논단하소서"라고 했다.

'사형을 시켜야 한다', 또는 '율에 의거하여 유배를 보내야 한다'는 대신들의 상반된 주장이 팽팽히 맞서자 왕은 배석한 승지들에게 그 뜻을 물었다. 그들 또한 둘로 갈라졌다. 도승지는 '귀천과 친척을 따지지 않고 간통한 어을우동은 극형에 처해야 한다'고 했고, 좌승지와 좌부승지 등은 '그 죄는 비록 무겁지만 율로는 사형에 이르지는 않는다'라고 하고, "법을 지키기를 금석金石과 같이 굳게 하고 사시四時와 같이 믿음이 있게 하라"는 옛사람의 말이 있듯이 극형을 처해 법을 무너뜨리는 일이 있어서는 안 된다고 했다. 그런데 최종적으로 왕은 "의금부에 명하여 사율死律을 적용하라"고 했다.[415]

이로부터 한 달 반이 지난 1480년(성종 11) 10월 12일에 의금부의 삼복三覆으로 어을우동의 사형이 확정되었다. 이날도 어을우동의 형형刑에 대한 논의가 여전히 분분했다. 그중에는 태강수 이동의 처이면서 수산수 이기 등과 간통한 어을우동의 죄는 《대명률》의 '남편을 배반하고 도망하여 바로 개가한 것'으로 해석하여 교부대시絞不待時, 곧 즉시 처형할 수 있다고 했다. 반면에 정창손 등은 군주가 형벌을 쓸 때는 마땅히 정율正律을 써야 하고, 비율比律하여 죽여서는 안 된다고 했다. 왕은 말한다.

지금 풍속이 아름답지 못하여 여자들이 음행을 많이 자행한다. 만약에 법으로써 엄하게 다스리지 않는다면 사람들이 징계되는 바가 없을 텐데, 풍

속이 어떻게 바루어지겠는가? 옛사람이 이르기를, '끝내 나쁜 짓을 하면 죽음에 이른다'고 했다.[416]

왕의 논리에 정창손은 다시 반박했다. '한때의 노여움으로 경솔하게 율 밖의 무거운 벌을 내려서는 옳지 않고, 또 풍속이란 형벌로써 갑자기 변화시킬 수 있는 것이 아니다'라고 했다. 이에 임금 또한 '형벌은 교화를 돕고자 하는 것이고, 풍속을 고칠 수 없다면 형벌은 쓸모가 없다'고 했다. 이 말은 곧 국왕 자신의 정치는 '좋은 풍속'을 만드는 데 목적이 있다는 것이다. 이때 옳고 그름과는 별개로 왕의 뜻에 영합하는 대신들도 있었다.[417]

1480년(성종 11) 10월 18일에 어을우동은 교형絞刑에 처해졌다. 그리고 그녀의 간통 행적이 나열되었다. 어을우동의 간부로는 종친 이기李驥와 이난李瀾, 서리 오종련·감의향, 생도 박강창, 양인 이근지, 내금위 구전, 생원 이승언, 학록 홍찬, 사노私奴 지거비가 그들이다. 총 10명이었다.[418] 그후 박어을우동은 왕실의 족보 《선원록》에서도 삭제되었다. '음부' 어을우동은 사형에 처해졌지만 그녀와 간통한 간부들은 잠시 동안의 소동 끝에 대부분 자신들의 자리로 되돌아갔다.

음부 박어을우동이 교형된 지 3년 후, 왕은 대신들의 반대에도 불구하고 어을우동의 간부 이기와 이난을 석방하고자 했다. 왕이 내세운 이유는 "죄를 받은 지 이미 3년이 되었고, 이제 또 은혜를 베풀기 때문에 석방하는 것"이라고 했다.[419] 이에 종친의 처인 줄 모르고 간통했다는 수산수 이기李驥가 석방되었다. 어을우동이 태강수 이동의 부인인 줄 알고 간통한 종친 이난李瀾, 강상의 죄를 범한 '금수'라 하여 석방되지 못했던 그는 10여 년이 지난 1492년(성종 23)에 복직되었다. 죄질의 무거움 때문에 복직을 반대하던 대신들의 뜻을 물리치고 국왕 성종은 '태강수와 부부일 때 어을우동과 간통한 것이 아니며' 생활이 어렵다는 이유로 복직시켰다. 왕이 전교했다.

남의 규중 부녀를 도둑질한 것이 아니다. 그리고 천도天道도 10년이면 회복되는 것인데, 인사人事만이 어찌 그러하지 않겠는가?[420]

또 다른 간부奸夫 홍찬은 감찰직의 물망에 올랐는데, 문과에 합격한 데다 활을 잘 쏘는 등 재주가 많다는 것이 그를 제수하고자 하는 왕이 내건 이유였다. 홍찬의 과거 행적이 거론되자, 국왕 성종은 어을우동이 문제가 많은 여자이기에 뜻있는 선비라 하더라도 실수를 하지 않을 수 없었다는 논리를 폈다. 게다가 어을우동이 거짓으로 많은 사람을 끌어댔기 때문에, 그것으로 홍찬이 피해를 당해서는 안 된다는 것이었다.[421] 이러한 왕의 논리에는 문제가 있다. 만일 어을우동이 거짓으로 간부를 지목했다면 그녀의 행각 또한 의심을 했어야 했는데, 어을우동은 '많은 남자'와 음행을 했다 하여 사형을 당했다. 그런데 어을우동의 말이 거짓이기에 홍찬은 간통한 사실이 없을 것이라는 왕의 신념은 도대체 어디서 나온 것일까.

다음날 조정회의에서 왕은 홍찬의 감찰직 제수에 대한 의견을 대신들에게 물었다. 정창손은 감찰직은 '단정하고 조행이 있는 자'가 맡아야 한다고 하여, 어을우동의 간부들도 책임을 져야 한다는 입장이었다. 하지만 서거정徐居正은 '어을우동의 행실은 창기와 다름이 없었기 때문에 홍찬은 크게 잘못이 없다'는 입장이었다. 이어서 왕이 홍찬의 재주가 아깝다고 하자, 정창손은 '재주가 아깝다고 채용한다면, 사대부들이 처첩을 서로 도둑질하는 풍습이 생길까 두렵다'고 했다.[422] 하지만 왕은 홍찬에게 감찰직을 제수하겠다는 의지를 굽히지 않았고, 그는 감찰이 되었다.

한편 명종대의 문인 권응인權應仁은 부여를 회고한 시 한 수를 소개하며 곧 어우동의 작품이라고 했다.

> 백마대 빈 지 몇 해가 지났는고白馬臺空經幾歲
> 낙화암은 선 채로 많은 세월 지났네落花巖立過多時
> 청산이 만약 침묵하지 않았다면靑山若不曾緘黙
> 천고의 흥망을 물어서 알 수 있으련만千古興亡問可知[423]

그리고 "음부淫婦이면서 이와 같이 시에 능하니, 이른바 재주는 있고 행실이 없는 사람이란 바로 이것이다"라고 했다.

'음행' 남녀 처리를 둘러싼 논의들

세종조에 수많은 남자와 간통 행각을 벌인 '음부' 유감동은 극형으로 다스려야 한다는 대신들의 상소에도 불구하고, 인仁의 정치를 추구하던 국왕 세종의 뜻으로 서울에서 멀리 떨어진 곳에 안치되었다. 박어을우동은 율律에 따라야지 극형을 내려서는 안 된다는 대신들의 요청을 묵살하고, 죽여야 한다는 주장에 편승하여 국왕 성종의 뜻으로 교형에 처해졌다. 하지만 두 사건의 간부奸夫들은 아무도 극형을 받지 않았다. 그런데 음부에 대한 이해와 처리에서 세종과 성종의 차이는 어디에 근거한 것일까. 두 사건에는 50여 년의 시간적 거리가 있다. 조선의 역사적 전개를 유교 지식의 확대와 심화라는 측면에서 본다면, 국왕의 태도는 시대 인식의 반영으로 볼 수 있다. 하지만 두 사건을 처리하고 해석하는 두 국왕의 상이한 인식은 인간과 정치에 대한 국왕 개인의 관점 차이가 더 크게 작용한 것 같다. 다시 말해 세종에 비해 성종은 인군仁君의 자질은 물론 자신의 주장을 합리화하는 논리 면에서 한 수 아래였다.

'음부淫婦'를 살리려고 한 세종과 달리 굳이 죽이는 쪽으로 몰고 간 성종의 뜻이 진전된 유교화의 영향이라기보다 국왕의 개인성에 기인한 것으로 보는 또 하나의 이유가 있다. 성종의 뒤를 이은 연산군을 보면, 그는 논리 면에서 부왕父王보다 더 정합적이다. 연산군은 남녀의 정욕 관리가 풍속 정화의 맥락에서 나온 것이라면 음부와 간부 둘 다를 처벌해야 한다고 주장한다. 연산군은 사족의 딸이자 종친의 아내인 옥금玉수의 음행 사건을 처리하며 다음과 같이 말한다.

> 지금 이후로는 풍속이 바르게 될 때까지 사대부의 여자로서 강상綱常을 더럽히는 사람이 있으면 간부까지 함께 사형에 처하여 풍속과 교화를 격려하리라.[424]

이에 대사헌을 비롯한 대신들은 "풍속은 형륙刑戮으로써 변화시킬 수 없으므로 형률 외의 죄로써 형벌을 시행함은 지극히 온당치 못하다"[425]라고 하며 그 명령을 거두어줄 것을 여러 차례 건의했지만, 왕은 들어주지 않았다. 그들이 간통 죄인의 사형을 반대하는 것은 음부를 위해서가 아니라 간부를 위한 것임을 알 수 있다.

음부淫婦와 간부奸夫를 모두 사형시키라고 했던 연산군, 그 다음의 왕 중종대에도 음부와 간부의 처리문제를 놓고 여러 차례 논쟁이 있었다. 간부까지 사형시키는 법이란 법조문에 없고 따라서 법률 밖의 기준으로 사건을 다루는 것은 법을 가볍게 할 우려가 있다는 것이다. 이것은 음부의 사형에 대해서도 재고하는 계기가 되었다.

간부奸夫를 사형시키는 것이 너무 심하다는 인식은 남성들의 정치였기에 가능하였다. 따라서 형률로 풍속을 바꿀 수 없다는 논리는 음부에게도 적용될 수 있다. 이로써 풍속 정화의 과제는 남녀 모두가 책임을 지거나 남녀 모두가 용서를 받거나 하는 것이 논리적 합리성을 얻게 되었다. 즉 참찬관 이자화李自華 등은 "사족 부녀자의 실행失行을 형에 처한다는 법은 《경국대전》이나 율문에 실려 있지 않습니다. 더구나 사형은 지극히 신중해야 하므로 가볍게 결단할 수 없습니다"[426]라고 했다. 같은 달에는 또 "실행한 부녀는 간부奸夫까지 아울러 교수형에 처함이 합당하다는 것은 전일 의논 때 이미 다 말했으니, 지금 감히 다시 의논할 필요가 없습니다"라고 했다. 또 다른 대신들은 말한다.

실행한 부녀를 사형에 처할 수 없다는 것은, 신 등이 전일 의논 때 경연經筵에서 이미 아뢰었습니다. 비록 다시 생각해보아도, 지금 만약 풍속을 바로잡으려고 형법을 준엄하게 한다면, 한갓 임금의 큰 덕만 이지러지게 할 뿐 아니라, 후세에 사체를 아는 사람이 반드시 웃게 될 것입니다.[427]

중종조에는 '음란죄'를 다스림에 있어서 '율에 의거한' 형벌과 '율 밖의' 형벌을 놓고 국왕과 대신들의 논의가 활발하게 전개되었다. 시독관侍讀官 김정국金正國(1485~1541)이 아뢰었다.

옥종玉終을 형벌에 처하는 것은 매우 불가합니다. 임금은 엄한 형벌로 아랫사람을 교화하려고 해서는 안 되는 것이니, 사족士族으로서 실행한 자는 비록 천인과 다르기는 하나 사형시킬 수는 없습니다. 조종祖宗 때에도 처형할 줄을 모른 것은 아니지만 정속하도록 한 것은 뜻이 있었던 것입니다. 법이란 대체로 준엄해질수록 범하는 자가 기탄이 없는 것입니다. 성종 때에 어을우동을 사형에 처한 것은 역시 합당하지 못한 것이요, 폐조 때에도 사형이 있었지만 혼란한 정사의 뒤를 이어받게 된 임금께서는 마땅히 관대한 법을 써야 할 것입니다.[428]

하지만 국왕 중종은 "'엄한 형벌로 아랫사람을 교화하려 해서는 안 되는 것이라' 하지만, 사형이 아니고서 어찌 그 음탕한 풍속이 교화되겠는가!"라고 했다. 김정국이 거론한 옥종은 사족으로서 실행한 죄로 교형에 처해지게 되었으나 여러 신하들의 반대로 논의가 분분하던 차에 심문을 받다가 옥중에서 죽었다.

조선 전기에는 두 사건 외에도 성 관련 사건 및 담론이 빈번하고 활발하게 이루어졌던 것이다. 정종 1년의 일이다. 김인찬의 처 이씨가 곽충보·강승평과 간통했다는 이유로 옥에 갇혔다. 그런데 사헌부에서 심문을 받던 이씨는 "나만 실행한 것이 아니라 검교중추원부사檢校中樞院副使 이원경李元景의 처 권씨도 그렇습니다"라고 했다. 이에 권씨도 옥에 갇혔다. 이원경은 권씨의 세 번째 남편이었다. 이씨가 권씨를 끌어들이자 고 찬성사 정희계鄭熙啓의 처 신씨辛氏는 자기에게도 화가 미칠 것을 두려워한 나머지 도망을 가버렸다. 김인찬의 처 이씨는 정희계의 처 신씨와 조화趙禾의 처 김씨는 물론 몇 사람의 부인들을 더 끌어들였다. 사헌부는 신씨를 백주白州로, 김씨를 금주衿州로 귀양 보냈다. 권씨는 곤장 90대에 처했다. 이씨가 형벌을 받았다는 기록은 없다. 그리고 이씨와 간통한 남자들인 곽충보와 강승평은 용서되었다. 곽충보는 태종 3년에 도총제를 지내다 죽었다.[429]

세조조에는 사방지舍方知로 인해 일대 소란이 일어났다. 그(그녀)는 여장을 한 남자로, 죽은 김구석의 처 이씨 집안의 가노였다. 이씨는 산학算學·천문天文·음양陰陽·풍수風水 등에 정통한 조선 전기의 천문학자 이순지李純之(1406~1465)의 딸이다. 사방지의 죄는 "남자로서 과부의 집을 출입한 죄"였다. 사대부 남성들이 사방지를 설명하는 문법은 '이의지인二儀之人'이었다. 1462년(세조 8) 4월에 사방지는 의금부에 투옥되었다. 조정회의는 그 전에 사방지가 어떤 사람인지를 살펴보게 했는데, "이의二儀의 사람이지만, 남자의 형상이 더 많다"라든가 "남자로서 여복女服을 했다"라든가 "황당荒唐한 사람" 등으로 묘사되었다. 조정회의는 사방지의 옷차림이 화려하다는 점을 들어 당시 부호였던 이씨가 해준 것이라고 결론을 내렸다.[430] 국왕 세조는 사방지를 병자라고 하여 심문하지 말라고 했다. 대신들은 사방지를 물고 늘어졌는데, 그 결과 이씨의 아버지 이순지는 집안을 잘못 다스린 죄로 파직되었다.[431]

사헌부의 대신들이 밝혀낸 바, 사방지가 여러 여성들과 간통을 했고, 그 가운데는 혈친관계의 사람도 있다는 것이다. 그래서 사방지와 그 여성들을 국문해야 한다고 주장했다. 대신들이 의도한 바가 무엇인지는 모르지만, 국왕은 '간통하는 현장을 본 것이 아닌데 국문하는 것은 율문에 없다'는 이유로 대신들의 주장을 기각시켰다. 더구나 이 모두가 '전해들은 말'이기 때문에 믿을 수 없다는 입장에 섰다.[432] 이씨의 아버지 이순지는 다시 복직되었다.[433]

그러자 다시 사간원에서 사방지를 조사할 것을 요청했다. 역시 "남자로서 과부의 집에 출입한 죄" 때문이었다. 국왕이 사방지에 대한 국문을 허락하지 않자 사방지를 외방으로 유배시키자고 했다. 국왕은 그럴 수 없다며 허락하지 않았다. 정언正言 이길보李吉甫(?~1483)의 끈질긴 요청에 국왕 세조가 물었다. "사방지가 범한 바를 너는 자세히 아느냐?" 이길보가 아뢰었다. "그는 남자로서 과부의 집에 출입했으니 그 범한 것이 명백합니다." 이에 국왕 세조는 화가 났다. 오히려 이길보를 의금부에 가두어 국문토록 했는데, 그 이유는 이렇다.

대저 간관諫官이 된 자는 한갓 감히 간諫하는 것만을 어진 것으로 여기고, 대의大義를 알지 못하니 매우 불가하다. 사방지의 일은 내가 이미 대신과 의논하여 그를 다시 국문하는 것이 불가하다고 한 것이 세 가지 있었으니, 남자 같으나 실은 성년成年이 되지 않은 사람인 것이 그 하나이며, 간통하는 것을 잡은 것도 아닌 것이 그 둘이며, 일이 유사宥赦 전에 있은 것이 그 셋이다. 반복하여 효유한 것이 이미 오래되었는데, 이제 쇄쇄瑣瑣한 소신小臣이 시비是非를 불통不通하고 대체大體를 알지 못하면서 한갓 말하는 그 자체를 옳음으로 삼고 자주 청하여 그치지를 않으니 내가 취하지 않는 바다.[434]

세조가 보기에 대신들의 논의 수준이나 인품의 그릇이란 실망스럽기 그지없었다. 왕의 생각이 이러함에도 대신들은 국왕이 이순지, 정인지를 특별히 배려한다고 여겼다. 이씨의 아들과 정인지의 딸이 혼인함으로써 이씨의 아들 김유악은 정인지(1396~1478)의 사위가 되었다. 성性 관련 문제 제기는 대부분 정치권력의 갈등과 연계된 경우가 많다는 것을 이미 보아왔다. 대신들의 끈질긴 주장 끝에 사방지는 풍속을 문란하게 한 죄로 외방의 노비로 정속되었다.[435] 그 과정에 오고 간 국왕과 대신들의 담화를 보자.

"사방지를 도성 안에 두는 것은 풍속을 더럽히는 것이다."(신숙주 등)
"떠도는 말에 사방지舍方知가 아니고 '서방적西房的'이라고 부른다."(신숙주)
"하늘에 달려 있는 도리는 음陰과 양陽이라 하고 사람에게 달려 있는 도리는 남자와 여자라고 합니다. 이 사람은 남자도 아니고 여자도 아니니 죽여야 합니다."(서거정)
"이 사람은 인류人類가 아니다. 마땅히 모든 원예遠裔와 떨어지고 나라 안에서 함께할 수가 없으니, 외방外方 고을의 노비로 영구히 소속시키는 것이 옳다."(세조)

사방지와 이씨의 사건이 있은 지 6여 년 후, 이씨의 아들 김유악金由岳이 경상도 도사慶尙道都事에 임명되었다. 대사헌 서거정이 그 부당함을 아뢰었는데, 두 가지 이유를 들었다. 어미 김씨의 '지저분하고 더러운' 소문이 사실로 밝혀졌던 점과 김유악의 능력이 문제된다는 것이다. 도道를 다스리고 인물을 평가하는 도사의 중책에 '가문의 추문'

은 상당한 장애가 될 것이고, 업무량이 많은 경상도의 특성상 학문과 행정능력이 딸리는 김유악은 적임자가 아니라는 것이다.[436] 다음날 김유악의 도사 임명은 철회되었다. 연산군 6년(1500) 2월에 있었던 부마 간택에서 김유악의 아들을 궐 안에 들여놓지 말라는 왕의 전교가 있었다. 그의 조모가 사방지와 추문을 일으켰기 때문이다.[437] 김유악은 이순지의 외손자이고 김유악의 아들은 정인지의 외손자인데, 고관대작의 권력으로도 성의 추문을 완전히 벗어나기 어려웠던 것이다. 사방지는 양성인간의 대표 인물이 되어 이후 역사에서 참고자료가 되었다.

1548년(명종 3)에 사방지와 유사한 사람이 있다는 사실이 조정에 보고되었다. 길주 사람 임성구지林性仇之는 양의兩儀가 모두 갖추어져 시집도 가고 장가도 들었으니 매우 해괴하다는 것이다. 국왕 명종은 임성구지를 가리켜 "괴이한 물건이지마는 다만 인간의 목숨이 지중하니 그윽하고 외진 곳에 두어 인류에 섞이지 못하게 하라"고 하여 사방지의 예에 따라 외방에 부처하였다.[438]

과부의 성과 소문

사족 과부, 소문을 타다

16세기 중반, 진주에서는 한 사족 과부가 종과 음행을 저지르고 있다는 소문이 떠돌았다. 이에 소문의 옥사가 전개되어 관련자들이 구속되었다. 이 옥사는 소문에 입각해 관련자들을 잡아들여 그 진위를 가려내고, 소문이 사실일 경우 행위에 합당한 죄를 성립시키기 위한 것이었다. 소문의 주인공인 사족 과부는 진주 진사 고 하종악의 후처로 성종대에 대사헌을 지낸 이인형李仁亨(1436~1497)의 손녀 함안 이씨였다. 그런데 함안 이씨의 '음행' 옥사는 아무런 물증이나 고백을 확보해내지 못했다. 국왕의 조정회의에서 이 사건이 거론되면서 소문 그 자체의 진위가 의문시되기까지 했다. 《선조실록》 및 고봉高峯 기대승奇大升(1527~1572)의 〈논사록論思錄〉에는 이 사건에 대한 조정의 논의를 이렇게 기록하고 있다.

선생[기대승]이 아뢰기를 …… 진주의 옥사는 본말을 자세히 알지 못하나, …… 간통 사건은 가장 알기가 어렵습니다. 그러나 사람들이 다 알고 있고 한 지방에서 말하여 끝내 공론에까지 나왔으니, 이는 이 사건이 작은 일이 아니기 때문입니다. 사건과 관련되어 조사받은 자가 한두 명이 아닌데도 단서를 아직 얻지 못했다 합니다. 세간에 혹 미워하는 자가 있으면 한 사람의 입에서 나와 끝내는 이와 같이 되는 경우가 간혹 있습니다. 다시 추고했으나 사건과 관련된 단서를 잡지 못하여 3, 4차의 형장刑杖을 받기까지 했으니, 어찌 그 가운데 원통한 자가 없겠습니까.[439]

대사헌 기대승은 간통 사건은 제대로 알기가 가장 어렵지만 공론화된 이상 다루지 않을 수 없다고 했다. 기대승이 보기에 이 사건은 적대적인 관계에 있는 사람이 퍼뜨린 무고일 가능성이 크다. 이 옥사는 관련자들을 무혐의 처리함으로써 결론이 났다. 풀려는 났지만 옥에 갇혔던 관련인들은 억울해하며 그 소문의 발설자를 찾아 복수의 화살

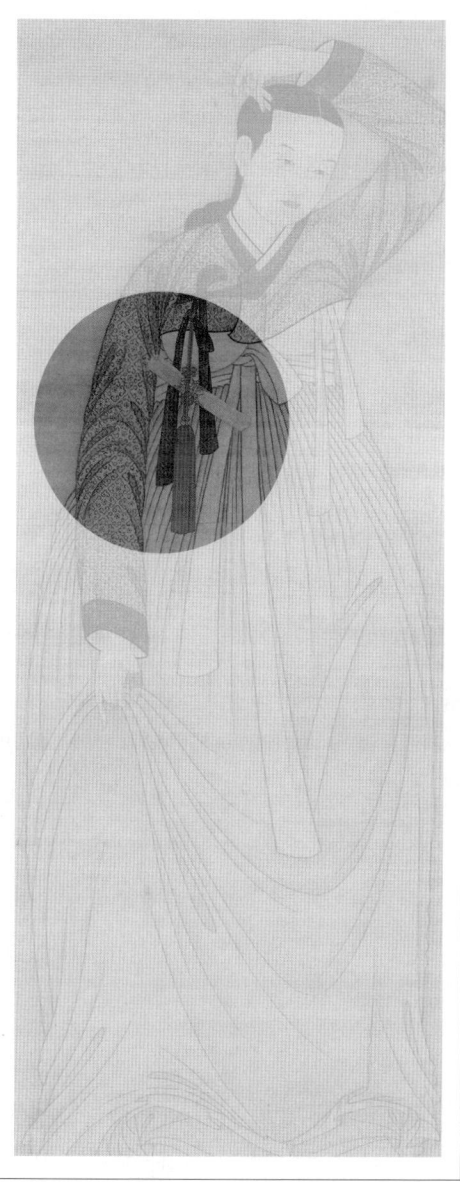

소문
젊은 과부에게 외로움보다
더 무서운 것은 '실행失行'의
혐의를 쓴 소문이었다.
해명할 수도 없고 안할 수도
없는 이런 류의 소문에 휩싸이면
거의 살아남기 어려웠다.
'눈으로 보고 증거를 확인한 후'
가 아니라도 자유롭게 말할 수
있는 소문의 법이 합법화된
조선에서 소문은 강제 혼인의
수단이 되기도 했고,
자살과 살인을 초래하기도
하였다. 중요한 혼수품이었던
은장도는 전천후 경계 태세였던
조선 여성들의 혹독한
현실을 말해주는 것이다.

4부·정절의 사건과 논쟁 —— 273

을 거누었다. 그 발설자로 지목된 사람은 바로 당대 최고의 절의지사 남명 조식曺植(1501~1572)이었다.

소문과 복수 사이의 일들은 남명이 자신의 문인에게 보낸 편지 속에 상세히 설명되어 있다. 남명은 중앙에서 관직생활을 하던 덕계 오건吳健(1521~1574)과 약포 정탁鄭琢(1526~1605)에게 자신이 처한 고약한 사정을 알렸다. '자강과 자정에게 주는 편지[여자강자정서與子强子精書]'[440]에서 남명 조식은 말한다.

> 진주에 음부의 옥사가 크게 일어났습니다. 소문은 세간에서 떠도는 것이었는데, 옥사가 일어났을 때 나를 제공자로 지목한 것은 음부의 남편인 하종악의 전처가 바로 내 죽은 형의 딸이기 때문입니다. 집안이 서로 연결되어 있어 나를 거론한 것입니다. 신임 감사가 부임해 와서 그들을 풀어주었습니다. 죄인 서너 명이 옥에 갇혀 거의 죽게 되었다가 되살아났으니, 그들이 원한을 품고 독심을 부리는 데 못하는 짓이 없어 보입니다. 흉계를 품고 기필코 쏘아 죽이려 한다고 합니다. 하루아침에 앙화가 일어나 온 집안사람들이 해를 입게 되었으니, 하늘의 재앙이 인사人事 밖에서 갑자기 일어날 줄을 어찌 알았겠습니까? 바닷개[김해]로 가면 온 가족이 통곡하고 산[덕산]으로 가면 온 집안이 근심에 잠겨 있습니다. 죽을 날은 멀지 않은데, 차분히 나를 돌이켜볼 만한 곳이 없습니다. 오직 하늘의 처분만 기다릴 뿐입니다.[441]

이 편지에 따르면, 함안 이씨 소문은 남명이 퍼뜨린 것이 아니라 세간에 떠돌던 것이었다. 그런데 옥에 갇혔다 풀려난 '억울한' 사람들은

남명 조식(1501~1572)
당대 최고의 절의지사 남명은
사족 여성 함안 이씨의
'음행' 소문을 퍼트린
주모자로 몰려 곤욕을 치렀다.
16세기 조선의 정계와 학계를
시끄럽게 흔든 이 사건은
퇴계학파와 남명학파를
더 벌려놓는 계기가
되기도 했다.

왜 남명에게 책임을 묻고자 했을까? 그리고 세간의 소문이 어떻게 관가에 알려져 옥사로 이어졌을까? 남명의 문인 내암 정인홍鄭仁弘(1535~1623)은 스승이 연루된 소문 사건을 해명하기 위한 글을 썼다. 〈여자강자정서與子強子精書〉에 첨부된 〈인홍지仁弘誌〉[442]가 그것이다. 정인홍의 글을 토대로 사건의 대강을 정리해보자.

사천에 살고 있던 구암龜巖 이정李楨(1512~1571)은 새로 부임한 경상감사 박계현朴啓賢(1524~1580)의 방문을 받았다. 구암은 1536년(중종 31)에 별시문과에 장원급제하여 성균관 전적이 되었고, 성절사聖節使의 서장관으로 명나라에 다녀왔으며, 청주목사를 지낸 적이 있다. 남명과는 노후를 함께 설계할 정도로 친한 사이였고, 학맥으로는 퇴계와 닿아 있었다. 경상감사를 만난 자리에서 구암은 당시 떠돌던 한 사족 부인의 음행 소문을 감사에게 은밀히 전해주며 관련자들의 심문을 요청했다. 소문의 주인공은 작고한 황강黃江 이희안李希顔(1504~1559)의 후처였다. 지역의 사정에 익숙지 않았던 신임 감사 박계현은 접수된 사건을 김해부사 양희梁喜(1515~1580)에게 의뢰했다. 양희는 정인홍의 장인이고, 이희안은 남명과 평생을 도의道義로 우정을 나누던 벗이면서 멀지만 인척관계에 있었다. 황강 후처의 소문에 대한 아무런 정보를 갖고 있지 않았던 김해부사 양희는 사안事案의 중요성을 감지하고 박 감사의 동의를 얻어 함양에 살던 사위 정인홍에게 달려가 사건을 상의했다. 이에 정인홍은 황강 집안의 일이라면 남명 선생이 누구보다 잘 알고 있을 것이라고 했다.[443] 이후의 상황은 정인홍의 글을 직접 볼 필요가 있겠다.

나는 함양에서 곧바로 덕산으로 들어가서 선생께 모든 것을 고했다. 선생은 버럭 화를 내시며 "강이剛而[이정李楨의 자]가 한 집안에서 생긴 큰 문제를 은폐하면서 다른 집의 애매한 일을 들춰서 황강 집안에 재앙을 안겨주려 하다니!"라고 하셨다. 그리고 선생은 "감사가 황강 집안의 분명하지 않는 일을 갖고 옥사를 일으키려고 한다"면서 하씨 집안의 이미 드러난 사건을 알지 못한다고 하며, 황강 집안의 일은 결코 가볍게 다룰 수 없다고 하셨다. 이어서 선생은 진사 하종악 후처의 음행 소문이 돌고 있다는 것과 하종악의 얼매孼妹가 이정의 첩이라는 사실을 말해주셨다. 나는 돌아가 이 모든 정황을 장인에게 알렸다. 장인은 감사가 있는 곳으로 가서 내가 한 말대로 일렀다. 마침내 감사는 하종악 집안의 시비와 종 원석 등을 체포했다. 그런데 함안 이씨 부인의 종형제가 요직에서 권세를 잡고 있어 이씨 부인을 적극 변호하여 그 사건이 해결되었다. 그 죄를 묻지 않았을 뿐만이 아니라 무리들이 오히려 선생에게 책임을 묻고자 했다.[444]

이에 의하면 소문이 옥사로 전개된 것은 남명의 개입이 있었기 때문이다. 즉 남명이 정인홍에게, 정인홍이 양희에게, 양희가 감사 박계현에게 전해줌으로써 가능해진 것이다. 오건과 정탁에게 보낸 편지에서 남명이 자신의 결백을 주장한 바, "음부淫婦의 남편인 하종악의 전처가 바로 내 죽은 형의 딸"이기 때문에 오해를 받은 것만은 아니었다.

소문 사건은 여기서 끝나지 않았다. 옥사에 연루된 사람들이나 남명이나 모두 억울했다. 남명이 서술한 바, 관련자들의 복수를 피해 김해로 덕산으로 옮겨다니는 남명의 체모는 말이 아니었다. 여기서 남명은 자신을 곤혹스럽게 한 자로 구암 이정李楨을 지목하였다. 문인에게 보낸 남명의 편지는 말한다.

> 10년 전 강이剛而[이정의 字]를 만났을 때, 내가 음부의 일에 대해 분개하면서 "공은 한 집안 사람인데 어찌 중간에서 다리를 놓은 계집종을 강물에 던지지 않습니까?"라고 하자, 강이는 입을 다문 채 대답하려고 하지 않아 나는 마음속으로 불만이었습니다. 그런데 뒤에 들리는 소문이 하종악의 한강변 밭과 밭지기 종 몇 명을 음부로부터 받았다더군요. 지금 일이 터지니 감사와 추관에게 적극 구원하기를 "이 일은 예전에 남명에게서 들었는데 남명이 잘못 들은 것입니다. 한 집안의 일로 나는 직접 본 것이니 소문으로 들은 자와 비교가 되겠습니까? 내 비록 적을 토벌할 수는 없지만 어찌 간악한 자와 같은 편이 되겠습니까?"라고 했다 합니다. 그가 이렇게 말했기 때문에 죄인들이 전적으로 나를 지목해 유감을 풀려고 하니, 이는 강이가 멸족滅族의 궁지로 나를 몰아넣은 것입니다.[445]

다시 말해 남명에 의하면 처음에는 함안 이씨의 음행 소문을 인정하던 구암이 뒤에는 태도를 바꿔 새로 부임하는 감사마다 '음부'를 적극 변호하여 그 구원을 요청했다. 그것은 음부에게 뇌물을 받았기 때문이라는 것이다. 남명은 이정을 가리켜 죽은 친구 하종악을 배신한 자이고 의리상 끊어버려야 할 사람이라고 했다. 문인 오건과 정탁에게 보낸 남명의 편지는 다음의 내용으로 끝맺고 있다.

> …… 나는 그를 사절했는데, 그대들의 생각은 어떻습니까? 화난과 길흉은 붕우 사이에 서로 알아야 할 일이기에 감히 언급을 했습니다. 일찍이 사론

士論이 바야흐로 밝아진다고 들었는데, 공도公道가 암담한 것이 이런 지경에 이르렀으니 그래도 벼슬할 수 있겠습니까?

문인들에게 전달된 남명의 뜻과 감정은 급기야 함안 이씨가 살고 있던 하종악의 집을 부수는 행동으로 번졌다. 훼철毁撤을 단행한 주모자들이 옥에 갇혔다. 진주 유생들이 벌인 이 사건은 중앙정부에 보고되어 조정회의에서 논의되었다. 조정회의는 그들을 죄로 다스려야 한다는 입장과 사적인 감정에서 나온 것이 아닌 만큼 용서해야 한다는 입장으로 나뉘었다. 용서해주자는 쪽에는 남명의 문인으로 앞서 선생의 편지를 받았던 정탁이 있었다. 이 논의에 참석한 기대승은 진주 유생들의 행위는 선비의 행동이 아니고 무뢰배들의 짓이라고 하면서 자신의 의견을 개진했다. 그에 의하면 진주 지역의 현자賢者이자 장자長子인 남명 조식의 생각과 말은 지역 사람들에게 절대적인 영향을 끼치게 되었다.[446] 기대승의 다음 말은 남명 조식의 생각이 과연 공평무사한 것인가 하는 문제 제기로 보인다.

…… 조식은 하종악의 전처 소생 딸과 친척이고, 이정李楨의 첩은 하종악의 후처와 인척입니다. 이정은 은미한 일이라서 알지 못한다 하여 그를 비호하는 듯이 말했습니다. 두 사람은 평소 서로 친하게 사귀고 지냈는데, 이제 이 일로 인하여 조식은 이정더러 잘못했다고 했고, 나이 젊은 사람들도 모두 이정을 두고 잘못했다고 했습니다. 하종악의 아내가 실행失行한 일로 인하여 명류의 장자長者들 사이에 서로 틈이 벌어지기까지 했으며 나이 젊은 사람들도 서로 배척하고 비방하니, 지극히 온당하지 않습니다. 그리하

여 서울의 의논도 이에 따라 나누어졌으니 관계가 매우 중요하게 되었습니다.……[447]

기대승에 의하면, 남명이 관련된 함안 이씨의 음행 소문과 그 옥사는 특정 관계인들의 이해관계에서 비롯되어 갈등으로 표출되었다. 즉 근거 없는 소문이 남명의 권위에 힘입어 옥사로 전개되었고, 해당 사건을 무혐의 처리한 추관들이 남명의 '권력'으로 파면되었다. 기대승은 남명의 한 마디 말이 곧 진실이 되어 지역 유생들의 의식과 행동을 결정했다는 것이다.

하종악의 후처로 시집와 28세에 과부가 된 함안 이씨는 '사족 부인의 실행'이라는 범죄에 걸려 곤혹을 치르게 되었다. 사족 과부의 규방 생활에서 촉발된 소문이 지역 사회는 물론 국왕의 조정회의에까지 이른 것인데, 사건이 발발하고 전개되는 과정을 통해 '부인의 성性'이란 다양한 권력관계를 함축하고 또 복합적인 권력관계의 망 속에서 생산되고 재생산됨을 보여준다.

여자의 성性과 소문의 정치

남명의 시대, 16세기에도 여자의 행실은 소문 구성의 가장 중요한 재료가 되었다. 또한 그것은 풍기 단속의 차원에서 법적인 제재를 받아야 했다. 규문閨門에서 발생한 은밀한 행위가 공론화되어 법적 심판의 대상이 되기까지는 '소문'이라는 과정을 거치게 된다. 조선 사회에서는 풍속의 정화를 들어, 여자들의 성'생활'에 대한 감시와 감독을 합법화했는데, 이른바 '소문의 정치', 풍문공사風聞公事가 그것이다.

풍문공사란 사적 영역의 '소문'을 공론의 장場으로 끌어내어 정치에 활용하는 것을 말한다.[448]

그런데 아무런 물적 증거가 없더라도 단지 떠도는 소문만으로도 관에 고발하여 수사를 의뢰하는 방식인 '풍문공사'를 태조는 풍속을 해친다고 보아 건국과 함께 금지시킨 바 있었다.[449] 하지만 "풍문을 활용하지 않으면 인심人心을 바로잡을 수 없다"[450]고 한 조선 건국기의 대사헌 권근權近의 주장에서도 알 수 있듯이 그것은 치국治國의 중요한 방법으로 인식되었다. 이에 국법으로 금지된 풍문공사를 다시 재개하자는 논의가 계속되었다. 풍문공사가 아니고는 "규문閨門의 애매한 일과 풍속을 더럽히는 따위의 일"을 찾아내어 바로잡을 수 없다는 것이다.[451]

태조가 풍문공사를 국법으로 금지시킨 이후, 언로의 활성화라는 구실 아래 소문의 정치를 허용할 것을 주장하는 대신들과 국법으로 금지되었기에 불가하다는 왕이 언쟁을 벌이는 모습을 실록을 통해서 종종 확인할 수 있다. 태종은 "만일 풍문을 가지고 탄핵한다면 아래에 온전한 사람이 없을 것이니, 행할 수 없다"[452]고 했다. 1432년(세종 14)에는 악惡을 가려내어 공격하기 위해서는 소문의 법이 아니고는 불가능하다는 대신들의 상소가 있었다.

> 대저 사람의 악惡을 공격함에는 형세가 어렵고 쉬움이 있습니다. 무릇 양陽은 반드시 강강剛하니, 강하면 반드시 밝고, 밝으면 알기가 쉽습니다. …… 무릇 음陰은 반드시 유柔하니, 유하면 반드시 어둡고, 어두우면 헤아리기가 어렵습니다. 사람은 심술心術과 몸가짐에 비밀이 많아 덕과 같으면서도

덕이 아니고, 재주와 같으면서도 재주가 아니며, 또 크게 사악한 것은 오히려 정직과 같고, 대단히 정교한 것은 오히려 옹졸한 것 같습니다. 그래서 잘 구별할 수 없는 것인데, 이런 것은 음陰의 유類로 그 증거와 자취를 찾는 것이 어렵습니다.[453]

그런데 소문에 의한 수사는 애매하거나 미묘한 영역을 밝히려는 목적이 강하여 개인적인 이해관계나 주관이 개입될 소지가 크다. 다음의 글은 소문이 권력의 구성과 확대에 수단이 되고 있음을 말해준다.

들어보니, 공론이다 풍문이다 하면서 발설하는 것은 모두 사람들의 은미隱微한 과실과 규중閨中에서 일어나는 의심스러운 일들이었습니다. 이는 모두 허위로 죄를 만들어내어 사람들로 하여금 겁이 나서 감히 자신의 일을 끄집어내어 말할 수 없게 하는 한편, 위세威勢를 펼쳐서 하고 싶은 대로 용사用事하고자 하는 술책이었습니다.[454]

성종 2년에는 예조에서 "강상에 관계되는 일은 풍문이라도 거핵擧劾하게 해달라"[455]라는 대신들의 요구가 있었다. 이듬해에는 "규중의 일은 은미하여 제대로 알기가 어렵지만 풍문이라 하여 국문하지 않는다면, 음풍淫風의 횡행을 막을 길이 없다"[456]고 한 데서 소문의 법은 여성들에게 더 가혹하게 적용되었음을 알 수 있다. 풍문공사에 의한 수사를 허용해달라는 대신들의 주장에는 법의 원칙을 지키려는 공도公道에는 방해가 될지 모르지만 백성을 다스리는 치도治道에서는 유용성이 있다고 보았다. 풍문 혹은 소문에 의한 정치가 목적하는 바는 무엇보다 '규방 여성의 성생활'이었다.

풍문으로 규거하는 것을 허가하지 않는다면, 민간의 간사한 일을 어떻게 알겠습니까? …… 지금 사족의 부녀자에게 음란한 행동이 있더라도 집안에서 일어나는 일을 누가 알 수 있겠습니까? 풍문으로 간사한 행위가 발각되었더라도 간통한 현장에서 잡은 것이 아니면 논하지 않는다는 것은 적당하지 않습니다. 삼가 바라건대 사헌부에서 풍문으로 탄핵하여 풍속을 바르게 하도록 허가하소서.[457]

그런데 모든 소문이 공론화되는 것은 아니다. 향리 공동체 사회에 떠돌던 '단지' 소문이 공론으로 확대되기 위해서는 그 지역의 정신을 주도하는 명망가의 개입이 필요했다. 앞에서 본 바 고 하종악 후처의 소문이 사건화 되는 과정에서 남명의 존재를 확인할 수 있다면, 다른 한 사족 여성에 대한 또 하나의 소문이 공론화 될 위기에서 구암의 존재를 확인할 수 있다. 정인홍의 글에 나타난 바, 음행 소문의 원래 주인공은 고 하종악의 후처 함안 이씨가 아니라 고 이희안의 후처 이씨였다. 정인홍은 남명이 왜 고 하종악 후처의 소문에 개입하게 되었는가를 해명하면서 고 이희안의 후처 이야기를 전하고 있다.

초계의 이황강이 아내를 잃고 아직 재취하지 않았을 때, 한 창녀를 보살펴 주다가 재취한 후 쫓아내버렸다. 황강이 죽고 계실 이씨가 혼자 남게 되자 그 창녀를 질투하여 집안에 발을 못 붙이게 했다. 세월이 흘러, 이씨의 규문에 좋지 않은 소문이 들렸는데, 사람들은 이씨에게 원한이 있는 자들과 그 창녀가 함께 만들어낸 소문일 것이라고 보았다. 박계현이 감사로 부임하여 사천으로 이정李楨을 방문했을 때, 이정은 비밀리에 황강 문중의 일을 말해주면서 관련자를 잡아 다스릴 것을 요청했다.[458]

정인홍에 의하면, 구암 이정은 자신을 방문한 감사에게 황강 이희안의 후처에 대한 소문을 전해주며 옥사를 일으킬 것을 요청했다. 즉 구암이 아니었다면 고 이희안 후처의 소문은 그저 소문으로 끝날 수도 있었을 것이다. 정인홍이 밝힌 바, 고 이희안 후처 이씨의 소문은 특정한 이해를 가진 자들에 의한 모함일 가능성이 크다. 그것이 비록 음모라 하더라도 과부가 된 사족 부인에 대한 소문은 지역 사회를 달구기에 충분한 재료가 되었던 것이다. 고 이희안 후처의 소문은 사천에 살던 구암 이정에서 출발하여 경상감사 박계현을 거치고, 김해부사 양희를 통해 함양의 정인홍에게 전달되었다. 함양에 살던 정인홍은 산청으로 달려가 남명 조식에게 알렸다. 여기서 소문의 주인공이 고 하종악 후처 이씨로 바뀌어 다시 산청의 남명에서 출발하여 정인홍을 거치고 김해부사 양희를 통해 경상감사 박계현에게 보고되었다.

소문이 한 바퀴 도는 동안 그 주인공이 바뀌었을 뿐 주제는 여전히 과부가 된 사족 여성의 성에 대한 것이다. 당대 내로라하는 명류 대가들이 과부 여성들의 은밀한 소문에 왜 이렇게 민감했는가? 이해하기는 쉽지 않지만 그 시대의 맥락과 가치를 통해 본다면 어느 정도 해명될 수 있을 것이다. 즉 소문을 정치의 주요 수단으로 삼은 것은 '악한 짓을 미연에 방지하자'는 데 뜻이 있었다. 그것은 도덕에 의한 정치를 선포한 조선 사회의 근본 지향과 부합하는 것이다. 다시 말해 소문의 법은 '눈으로 보고 증거를 확인한 후'가 아니라도 자유롭게 말할 수 있는 제도적 장치인 셈이다. 그런데 사실 확인의 책임이 없는 소문의 정치는 모든 것에 열려있는 것이 아니라 특정한 영역에만 용인되었다. 즉 "대신大臣들의 불법不法이나 수령의 탐오貪汚·학민虐民은 물론 부녀婦女의 실행失行이나 자식의 불효不孝, 정처正妻 소박 등 강상綱常과 풍속에 관계되는 일체"[459]다.

도덕에 의한 정치를 추구하는 조선에서 강상綱常과 풍속에 관련된 소문들에 민감할 수밖에 없었던 것은 일선 정치가만은 아니었다. 현자賢者나 장자長者 등 향촌 공동체의 정신적 지도자들에게는 사람들 사이에 떠도는 소문을 손길이 닿은 행정 담당관에게 알려 심문토록 하고, 악을 응징함으로써 주변을 정화시켜야 할 의무가 있었다. 이런 분위기라면 남명 조식이나 구암 이정이나, 또 그들에게 소문을 전해준 사람들이나 왜 규문 여자들의 동태에 그다지 귀를 기울이는지 이해될 법도 하다. 즉 그들의 소문 '개입'의 행위는 악을 물리치고 선을 권장하는 유자儒者의 사회적 의무이자 사회적 실천행위였다.

남명과 정인홍의 글에 소개된 바, 남자들의 '대화'에서 주인공이 된 두 여성의 공통된 특징은 사족 출신으로 후처이며, 자식이 없고, 과부라는 사실이다. 후처로 들어와 자식이 없고 과부인 여성은 이 사회의 시선이나 소문에 쉽게 노출될 수 있는 취약한 존재라고 할 수 있다. 그녀들을 둘러싼 소문은 사실일 수도 있고 아닐 수도 있으며 사실인지 아닌지 영원히 확인되지 않을 수도 있다. 그런데 그 소문이 사실인가 아닌가 하는 것은 중요하지 않다. 소문이란 일정한 문화의 체계 속에서 전달된 지식을 시의성 있는 어떤 사회적 상황에 투영시킨 것이라는 점에서 볼 때, 함안 이씨의 소문 사건은 그 사회를 구성하는 지식 및 가치의 체계라는 보다 큰 틀에서 분석해야 할 문제다. 소문의 구성은 단순한 정보에 의한 것이 아니라 기본적으로 사회적인 것이고, 그 사회의 역사 및 이데올로기와 관련되어 있으며, 그 자체가 사회적 효과를 가지는 문화현상이기 때문이다.

따라서 사족 여성의 '실행失行'이 문제화 되는 맥락은 사실 그 자체에 있기보다 서로 다른 이해와 입장이 충돌하고 갈등하면서 차이를 만들어낸다는 데 있다. 소문을 구성하고, 소문에 반응하고, 소문을 재구성하는 등의 방식과 태도들은 특정한 관계와 이해에 따라 달라지기 때문이다. 함안 이씨의 소문에 반응하는 태도의 차이, 그것을 구성하는 요소로 크게 두 가지를 들 수 있다. 하나는 가족적 유대나 친인척의 관계이고, 다른 하나는 학문적 만남과 토론을 통해 맺어진 인연, 즉 학연學緣이다. 소문에 대한 공동의 인식과 행위를 도출하는 데 이 두 요소는 중요한 조건이 되고 있음을 볼 수 있다.

소문 구성의 권력들

함안 이씨의 소문에 대한 입장의 차이는 고 하종악의 전처 측근과 후처 측근으로 나뉜다. 함안 이씨의 음행 소문이 곧 진실이라는 주장은 남명을 중심으로 한 전처 측의 입장이고, 소문이 사실이 아니라는 주장은 이정을 중심으로 한 후처 측의 입장이다. 그런데 이정이 이 사건을 어떻게 보고 있는지는 그가 직접적으로 언급한 바가 없어 남명과 퇴계를 통해 유추할 수 있을 뿐이다.

함안 이씨의 음행 소문에 간여하는 남명의 논리는 공도公道를 바로

잡기 위한 것이지 사적인 감정으로 누구를 편드는 그런 것이 아니다. 그럼에도 불구하고 사건을 접한 많은 사람들은 남명이 고 하종악 전처의 중부仲父라는 사실, 그 전처 소생의 외종조부라는 사실에 주목했다. 남명도 이런 소문을 인지하고 있었는데, 자신이 소문을 발설한 것으로 오해를 받은 것은 "음부의 남편인 하종악의 전처가 바로 내 죽은 형의 딸"이기 때문이라 했다. 하종악의 전처는 창녕 조씨로 남명의 형 조립曹柆의 딸이다. 남명의 질녀인 그녀는 김려金勵에게 시집간 딸을 남기고 남편 먼저 죽었다. 김려 또한 남명의 문인으로 진주에 거주하고 있었다.460 남명에게 외종손녀가 되는 하종악 전처의 딸이 부친이 남긴 재산을 혼자 차지하려고 계모를 음해하여 간음姦淫 소문을 만들어 남명에게 하소연했다는 주장도 있다.461

고 하종악 후처 함안 이씨의 측근에는 구암 이정과 미암 유희춘柳希春(1513~1577) 등이 있다. 그들은 함안 이씨의 소문이 옥사獄事로 연결되는 것을 막으려고 했으며, 그 소문은 사실이 아니라고 주장했다. 한편 남명 편에 선 정인홍은 함안 이씨와 구암의 관계를 여러 차례 언급한 바 있는데, 그것은 소문을 대하는 구암의 태도가 객관적일 수 없음을 시사하는 것이다.462 구암 이정의 첩은 고 하종악의 얼매였다. 따라서 하종악의 후처 함안 이씨와 하종악의 여동생인 구암 이정의 첩은 시누이와 올케 사이가 되고, 그 남편 구암 이정은 인척관계에 있는 '집안사람'이 되는 것이다. 남명의 주장대로라면 '부정不貞' 행위를 한 올케를 시누이가 적극 옹호한 셈이다. 오라비의 처가 부정을 저질렀는데, 시누이로서 사실무근이라고 적극 변호하는 것은 상식적으로 이해가 되지 않을 법도 하다. 정말 결백하거나 아니면 모종의 다른 음모가 있거나 크게 두 가지 경우를 생각해볼 수 있다. 남명은 후자에 무게를 두었다. 남명은 "뒤에 들리는 소문이 하종악의 한강변 밭과 밭지기 종 몇 명을 음부로부터 받았다더군요"[463]라고 한 데서 알 수 있다.

정인홍은 또 "고 하종악 후처의 종형제가 요직에 있는데, 권세가 있어 이씨를 적극 도와서 그 일을 해결했다"[464]고 했다. 함안 이씨와 그 관련자들이 옥사에서 풀려난 것은 미암 유희춘이 힘을 썼기 때문이라는 것이다. 함안 이씨와 유희춘의 부인 송덕봉宋德峯(1521~1578)은 사촌지간이다. 김종직의 문인으로 대사헌을 지낸 이인형李仁亨의 손녀가 함안 이씨이고 외손녀가 송덕봉이다. 함안 이씨의 소문을 해석하는 유희춘의 입장은 《미암일기초》에 언급되어 있다. 1568년(무진) 7월 5일자 일기에 의하면, 유희춘은 진주의 '음부 옥사' 소식을 부인이 남원에서 보낸 편지를 통해 알게 되었다. 그리고 이틀 후, 하 진사의 양자 진해수陳海壽[465]가 진주에서 남원을 들러 서울에 도착함으로써 소문 사건의 발생과 그 추이를 접하게 되었다.

이에 유희춘은 진주목사에게 편지를 보내 하종악의 처 이씨의 억울한 사정을 알렸다. 그리고 전날 찾아갔다가 만나지 못한, 새로 부임한 경상감사 정유길鄭惟吉(1515~1588)의 집을 아침 일찍 방문했다. 정유길과 즐겁게 담소를 나누다가 이어 하종악 처 이씨의 억울함을 밝히자 정 감사도 그에 동조했다. 유희춘에 의하면, 대사헌 이인형의 손녀 함안 이씨는 28세에 남편을 잃자 너무나 애통해하며 세수와 빗질도 거의 하지 않은 채 예로써 자신을 지켰다. 그런데 향리에 소문이 돈 것은 김려와 혼인한 하종악의 전처 딸이 부친의 재산을 독식하려고 계모를 음해했기 때문이다. 고을의 많은 사람들이 연명으로 사실이

아님을 증명했지만 도사都事 김일준이 무리하게 옥사를 전개시켰다고 했다.[466]

하종악의 처 이씨를 남명은 '음부淫婦'라고 하지만, 유희춘은 '하종악 처 이씨'로 호칭했다. 함안 이씨는 시누이의 남편인 이정李楨과 종형제의 남편인 유희춘柳希春의 적극적인 노력으로 소문의 혐의에서 벗어날 수 있었다. 다시 말해 이 사건에서 이정과 유희춘은 입장을 같이한 것인데, 그래서인지 이로부터 3년 후 이정의 부음을 들은 유희춘은 일기에서 "이 무슨 일로 선량한 사람들이 연이어 세상을 뜬단 말인가"라고 하며 애석해했다.[467]

한편 남명은, 함안 이씨의 소문에 대해서는 사실 규명이라는 차원에서 접근했던 것과는 달리 고 이희안 후처의 소문을 접하고는 크게 화를 냈다. 앞에서 본 바, 황강 집안의 일을 거론할 경우 가만 있지 않겠다는 식으로 위협조의 말을 한 것이다. 황강 이희안과 남명 조식은 멀지만 어머니 쪽으로 척족이다.[468] 초계에 살던 이희안과 지역으로도 가까웠던 남명은 일찍부터 깊이 사귀며 한 집안처럼 지냈다고 한다. 황강의 후취 부인 이씨는 자녀 없이 남편과 사별했다. 남명은 황강 이희안의 묘갈명에서 남편의 상을 당한 이씨는 자결을 작정할 정도로 혼신의 정성을 다했고, 그후 돈을 모아 비석을 마련하여 자신에게 비문을 요청했다고 적고 있다.[469] 그런 부인이 또 다른 소문의 주인공이 된 것이다.

함안 이씨의 소문 사건에서 드러난 바, 각 주장 및 입장은 친인척의 관계도에 따라 다르다. 16세기 이 소문 사건을 통해 본 바, 실행의 문제로 곤욕을 치르는 친인척 여성을 적극 구원하고 옹호하려 한 남성들의 태도는 가부장제의 논리로는 쉽게 이해되지 않는다. 다시 말해 누이나 며느리 등의 집안여성이 성적인 문제를 일으켰거나 단지 소문일 뿐이라 하더라도, 가문의 이름으로 남성 가족들에 의해 심판되고 응징되었던 가부장적인 관행과는 차이가 있다. 그런 점에서 이 소문 사건에 개입하는 남성들의 태도는 가부장제의 성격과 관련하여 새로운 해석의 가능성을 시사한다.

학연學緣도 소문을 구성하는 또 하나의 권력이다. 즉 학문적 만남과 토론을 통해 맺은 인연은 특정 사건에 대한 이해를 공유하기에 중요한 자원이 되었다는 말이다. 함안 이씨의 소문 사건과 이로 인해 파생된 다양한 형태의 갈등은 남명과 그 문인계열 그리고 퇴계와 그 문인계열로 크게 둘로 나뉜다. 남명 쪽에는 정탁과 오건, 정인홍과 퇴계 쪽에는 이정과 기대승 등이 있다.

앞에서 본 바, 남명은 소문에 연루된 자신에 대한 해명과 앞으로의 방향을 문인들과 함께 모색하는 편지를 썼다. "나는 그를 사절했는데, 그대들의 생각은 어떻습니까?"라는 말에서 보듯, 남명의 편지는 중앙과 지방의 문도들을 결속시키는 계기가 되었다. 그로 인해 풀려난 함안 이씨 측 관련자들이 재조사를 받게 된 것이다. 하지만 2차, 3차의 형추를 통해서도 그 혐의가 드러나지 않아 관련자들은 다시 풀려났다. 이에 남명의 문도는 '죄인들'을 직접 응징하는 쪽으로 가닥을 잡고선, 집을 부수고 마을에서 쫓아내는, 이른바 '훼가출향毁家出鄕'을 단행한 것이다.

1569년(기사) 5월 21일의 조정회의에서는 과격한 행동을 한 유생들의 처리를 논의했다. 경연관으로 참석한 정탁은 "그 죄를 반드시 다스려야 한다"는 한쪽의 주장에 대해 "그 마음을 헤아려보면 사사로운 정에서 나온 것이 아니니 지금 만일 기필코 죄를 준다면 성조聖朝의 아름다운 일이 아닐 듯하다"는 의견을 제시했다. 남명이 연루된 진주 옥사의 관련자들에게 죄를 묻지 말자는 정탁은 소문 옥사의 정황과 배경을 남명으로부터 이미 전해들은 바 있다. 정탁과 같은 편지를 받은 오건도 남명의 입장에서 적극적인 변론을 했던 것으로 보인다.

한편 남명에게 절교를 당한 구암 이정은 퇴계의 문인이면서 남명과는 노후를 함께할 계획까지 했을 정도로 친한 사이였다. 소위 음부淫婦로 지목된 함안 이씨로부터 한강변의 전답과 노비를 뇌물로 받고서 그녀를 비호한다는 남명의 비방을 받고, 구암은 퇴계에게 그 억울함을 토로했다. 이에 퇴계가 구암에게 편지를 보냈다.

말도 안 되는 말들을 사람마다 서로 전하여 떠들어대니 항상 의심이 없지 않았습니다. 조군曹君은 세상에 드높은 명성을 가지고 있기에 나는 그 사람됨이 꿋꿋하여 속세를 초월하고 결백하여 세상을 벗어나 이 세상 그 어느 것으로도 그의 마음을 얽어맬 수 없으리라 생각했는데, 저 향리의 한 부인의 실행 여부가 그 무슨 더럽혀질 거리가 된단 말입니까. 만일 그런 사람을 만나 어쩌다 그런 일을 말하면 마땅히 귀를 씻고서 듣지 않으면 되는 것이지, 무엇 때문에 그 높은 절개를 스스로 깎아내리며 남들과 시비를 다투는 데 마음을 모두 허비하고 여러 해가 지나도록 여태껏 그만두지 않는지 참으로 이해할 수 없습니다. 그러나 공은 불행하게도 이 변을 당했지만, 또한 구태여 변명할 것도 없고 또한 슬퍼할 것도 없으며 또한 예전처럼 교분이 온전해지기를 기대해서도 안 될 것입니다. …… 그렇지 않고서 만일 교분을 온전히 하려는 생각을 가지고서 사실을 밝히거나 합해지기를 구하는 뜻이 있으면, 나는 그대가 굴욕만 더 심하게 받게 되고 결국은 교분을 온전히 할 수 없을 것이라고 생각합니다.[470]

남명이 뭐라고 하든 무시하고 아예 상대를 하지 말라는 투의 퇴계의 조언이 그의 사후인 1600년(선조 33)에 간행된 《퇴계집》으로 세상에 공개되자 정인홍을 비롯한 남명 문도들은 불편한 심기를 드러냈다. 이에 정인홍은 스승의 행위를 적극 변론했는데, 구암 이정이 하종악 가家의 음부에게 쏠려 있는 사람들의 관심을 다른 데로 돌리기 위해 이희안 후처의 소문을 퍼뜨렸다고 주장했다.[471]

여기서 소문을 다루는 기대승의 입장에 주목해볼 필요가 있다. 그와 퇴계는 왕복서신을 통해 상호 무한한 존경과 신뢰를 교환하던 사이이고, 이정과도 편지 등을 통해 학술 토론을 나누던 사이였다. 진주의 소문 옥사를 다루던 조정회의에서 기대승은 공정하고 객관적인 입장을 견지하는 것처럼 보이나 그의 논법을 자세히 보면 남명을 비판하는 입장에 서 있다. 기대승의 입장이란 퇴계와 연결되어 있는 이정의 주장을 지지하는 것이다. 그에 의하면 함안 이씨의 소문은 "세간에 혹 미워하는 자가 있으면 한 사람의 입에서 나와" 일파만파 커져버린 그런 성격의 사건인 것이다. 또 소문이 사실이 아니다 보니 관련자들이 풀려났는데, "그 뒤에 추관推官들이 파직을 당한 것은 모두 조식이 떠들어서 그렇게 된 것"이라는 식이다. 그리고 함안 이씨의 집을 훼철한 유생들을 용서하자는 정탁과는 달리 "오늘날 저지른 유생들의 소행을 보면 선비의 행동이 아니고 바로 무뢰배들이나 하는 짓이었다"[472]

고 비난했다. 그 어법은 남명에게 결코 우호적이라 할 수 없다. 이이의 《석담일기》에 의하면 남명과 기대승은 일찍이 서로에 대한 감정이 좋지 않았다⁴⁷³고 하는데, 이 역시 사건을 대하는 태도에 영향을 끼쳤을 것이다.

소문 이후의 담론

퇴계의 문인 이덕홍李德弘(1541~1596)은 퇴계의 입장에서 이 사건을 소개했다. "임훈이 퇴계에게 '남명이 제자를 시켜 음부의 집을 훼철하게 한 것은 매우 옳지 않습니다. 차라리 홀로 고사리를 뜯어먹는 것만 못 합니다'라고 하자 퇴계는 '옳은 말'이라고 했다."⁴⁷⁴ 박성朴惺(1549~1606)도 퇴계의 문호에서 있었던 대화를 자신의 방식대로 서술하고 있다.

…… 안음의 임 참봉[갈천 임훈]이 퇴계 선생을 방문했다. 선생이 "남명은 음부를 심하게 미워하여 문도를 시켜 북을 울리며 몰려가 음부를 쫓아내게 했으니 이에 대해 어떻게 생각합니까?" 했다. 대답하기를 "남명은 덕산에 은거하며 소박하게 산다는 것 외에는 아는 바가 없습니다"라고 했다. 이에 퇴계 선생은 제생들에게 임군이 말을 잘한다고 했다. 이런 식으로 항상 칭찬을 아끼지 않은 퇴계 선생의 뜻을 알 수도 있을 것 같다. 공자는 사람이 '인仁하지 않다고 미워하는 것이 심하면 난이 일어난다'고 했다. 맹자는 '남의 불선을 말하면 후환後患을 어떻게 감당할 것인가'라고 했다. 또 말하기를 '사사士師만이 사람을 죽일 수 있다'고 했다.⁴⁷⁵

남명과 퇴계는 경상좌·우도라는 역사적 전통과 기질, 그리고 각 개인의 성품과 학문적 태도 및 현실 대응 자세에 있어서 상이한 특징을 가지는 것으로 평가된다. 그 상반된 입장은 교우관계와 문인의 성분에서도 나타나는데, 한쪽이 과거科擧를 거쳐 중견 관료로 진출한 부류가 많다면, 다른 한쪽은 남명처럼 출사出仕를 기피하고 유일로 자처한 부류가 많다.[476] 남명은 퇴계를 "상달上達을 주로 하고 하달下達을 궁구하지 않아 문제가 있다"[477]고 한 적이 있는데, 이로 볼 때 남명은 의리 실천의 맥락에서 현실문제에 적극 참여하는 쪽이다. 진주의 사족 부인 음행 소문에 대한 반응에서 남명과 퇴계가 다른 이해를 가졌던 것도 이러한 학문관의 차이에서 연유한 것으로 보인다.

진주의 함안 이씨 소문이 파생한 문제와 관련 학자 간의 갈등을 '관중석'에서는 어떻게 보았을까. 주로 김장생을 비롯한 서인계열의 인사들이 이 사건에 대한 관심을 표명했다. 그들은 이 소문 사건과 관련된 당시의 자료들을 이미 열람한 후였다. 즉 남명이 문인들에게 보낸 편지, 정인홍이 부연 설명한 글, 그리고 퇴계가 이정에게 보낸 편지 등인데, 이것은 갈등의 중심에 있었던 남명과 이정 등 그 당사자들의 생전에는 볼 수 없었던 문건이다. 김장생金長生(1548~1631)은 신경진辛慶晉(1554~1619)과 이귀李貴(1557~1633)에게 보낸 편지에서 이렇게 말한다.

남명과 퇴계는 본래 서로를 인정하지 않았는데, 하종악 처의 옥사에 대해서 남명은 분명하고 통렬하게 다스리지 않았다는 이유로 마음에 불만스럽게 여겨서 그 문도로 하여금 하종악의 집을 부숴버리게 하고 그 처를 다른 읍으로 쫓아냈습니다. 또 이정李楨과 교분이 깊고 두터워서 일찍이 덕산동에 함께 살기를 약속하여 이정이 그 동네에 기와집을 지었는데, 남명은 이정이 하종악 집안의 옥사에 대한 견해가 다르다는 이유로 이정이 하씨 집안의 뇌물을 받고서 차관差官에게 그 옥사를 늦추도록 한 것이 아닌가 의심한 나머지, 곧바로 이정의 집을 부숴버리고 또 절교하는 편지를 써서 오건吳健 등에게 내보여 이정의 잘못을 들춰냈습니다. 퇴계는 이 사실을 전해 듣고 남명을 옳지 않게 여겼고, 이정에게 보낸 편지에 이르기를, "나는 공이 그러한 말을 꺼려서 애써 사실을 밝히려 드는 것을 바라지 않으며, 또 몸을 굽혀 의견의 일치를 구할 필요도 없습니다" 했습니다.

김장생이 본 소문은 앞에서 소개된 자료들이 말해준 사실과는 많이 다르다. 소문의 주인공 함안 이씨를 다른 곳으로 쫓아냈다든가, 이정의 기와집을 부숴버렸다든가 하는 것들은 서술자 자신의 의도와 목적에 의한 '소문 재구성'의 사례라 할 수 있다.

이외에도 이 소문 사건은 사회현상에 민감한 학자들의 주목을 받았다. 성호星湖 이익李瀷(1681~1763)은 음옥에 연루된 남명의 행위를 안타까운 마음으로 보고 있는 것이다.

…… 남명의 훌륭한 명망으로도 이 음사陰事 때문에 죄를 면하지 못할 뻔 했는데, 기고봉奇高峯 등 여러 사람의 적극적인 도움에 힘입어 다행히 면했으니, 이는 사대부士大夫의 밝은 경계가 된다. 무릇 음옥陰獄에 관계된 일에 대하여는, 일절 입을 다물고 피하는 것이 마땅하다. 근세에도 가끔 연루되어 옥에 갇히니, 매우 두렵다.[478]

이익은 또 악을 미워하는 것이 지나쳐서 음부의 집을 훼철하기에 이른 남명의 행위는 집을 훼철하는 일이 자기 임무가 아니라는 점을 깨닫지 못한 처사라고 했다.[479]

소문 사건을 보는 관점과 내용은 시간이 흐를수록 첨가되고 각색되는 양상을 보인다. 소문의 속성이 그렇듯, 부정확하지만 자신들이 얻은 정보를 취사선택하고 나아가 추측과 해석을 통해 사건의 의미를 파악하려는 것이다. 소문에 관련되었다는 사실을 공식 채널에서는 어디까지나 모욕적인 것으로 인식하는 경향을 보여주고 있음을 이익의 글에서도 확인할 수 있다.

소문의 역사는 인간의 역사만큼 오래되었다. 소문 내기와 소문 전하기의 과정은 '대화' 혹은 '수다'라는 커뮤니케이션을 필요로 한다. 대화와 수다, 각 언어가 함축하는 의미는 차이를 보이지만, 그 경계는 그렇게 분명하지가 않다. 일반적으로 가부장제 사회에서는 수다를 여성들의 것으로, 대화는 남성들의 소통행위로 이해되어왔다. 수다이든 대화이든, 소통의 수단으로서의 그것은 '정보에 관한 욕구' 또는 '근본적인 문제 제기'라는 이름으로 남성들의 이야기를 풍부하게 만들어 온 것만은 사실이다. 여기서 여성들, 특히 성의 문제와 관련된 여성의 태도는 도덕적 심판관의 외피를 걸친 소문에 의해 대상화되고 타자화되어왔다. 즉, 소문은 실재와 환상이 혹은 진실과 거짓이 혼동되었기 때문에 발생하는 것이 아니라 실재를 재각인시키는 문화적 실천이다.

여성에 관한 소문이 유통되고 소비되는 방식은 성별화 된 위계질서를 지지하는 지식과 권력의 긴밀한 공조 속에서 이루어진다. 또한 소문과 같은 장치는 어떤 실체를 이미지화하여 통제하기 쉬운 대상으로 만드는 특성이 있다. 그렇다면 소문으로 촉발된 이 사건은 우발적인 것이 아니라 심층에 깔린 집단적 기억에서 비롯되고 아주 오랫동안 지속되어온 어떤 구조에 바탕하고 있는 것이다. 사실 이런 종류의 소문 사건은 어느 곳 어디서나 있어온 일상적인 것이지만, 당대 명류대가들이 개입함으로써 비로소 획기적이고 특별한 사건이 되었다는 데 그 의미가 크다. 16세기 진주의 사족 부인 함안 이씨의 소문 사건을 통해, 그 시대 사람들의 감정과 욕망, 그것을 합리화하는 지식과 권력의 작용을 볼 수 있었다.

정절의
논쟁

개가 논쟁

과부[480]의 개가改嫁[481]를 규제하는 담론과 예속은 오랜 역사를 통해 전개되었다. 물질적 조건이나 정신적 가치에 따라 규제의 정도에 차이가 있을 뿐, 개가에 대한 가부장적 마음은 결코 호의적일 수 없었다. 특히 부계혈통으로 구성된 가족과 그 가족을 사회통합의 주요 관건으로 삼았던 유교적 질서 개념은 개가를 혐오하여 악덕으로 규정하기까지 했다. '불경이부不更二夫'는 '불사이군不事二君'과 동일한 범주에서 논의되었고, 신하의 충성을 담보해내는 방법으로 부인의 절의節義가 정치적으로 권장되었다. 그런데 조선의 지배층은 신하나 아내가 지녀야 할 덕목인 절의를 유독 부인의 행위 모델로 삼아 예禮로 권장하고 형刑으로써 논죄하는 방향으로 전개했다.[482] 하지만 현실 사회에는 개가를 선택하지 않을 수 없는 과부의 상황이 존재했다.

조선은 국가 차원에서 과부의 개가를 규제하고 금제하는 예와 법을 창출했다. 이에 과부의 개가를 규제한 예의 논리와 논죄하는 형刑의 논리, 그리고 그 지식의 근거를 15세기에 행해진 개가 금지법 제정 및 개정을 둘러싼 두 차례의 논쟁을 통해 살피고자 한다. 논쟁을 통해 보는 것은 논쟁 당사자 각각의 생각 및 주장을 다양성과 차이성의 측면에서 입체적으로 살필 수 있는 이점이 있어서다.

성종조의 개가 금지법 제정(1477) 논쟁

1477년(성종 8) 7월 17일의 조정회의에서는 의정부·육조 등을 중심으로 부녀 재혼 금지법 제정에 관한 논의가 있었다.[483] 이 회의는 부녀 재가를 규제한 기존 《경국대전》에 '재가 금지'라는 새로운 조항을 넣기 위한 것이었다. 당시의 《경국대전》에서 개가하는 여자를 규제하는 조항은 〈이전吏典〉에 "서얼과 재가자는 봉작할 수 없다. 이미 봉작한 자로써 개가한 자는 추탈한다"[484]는 것이다. 다시 말해 이 논쟁은 남편의 신분에 따른 지위와 특혜를 개가한 여자에게는 주지 않음으로써 개가 당사자의 권리를 제한하던 기존 《경국대전》의 조항에서 그 규제를 더 심화시켜 부녀 재가 그 자체를 금지하는 법을 제정하려는 것이었다. 이 논쟁에 참여한 학자 관료는 총 46명이다.[485] 그들의 주장은 법 제정 반대, 법 제정 찬성, 법 제정 조건부 찬성이라는 크게 세 가지 유형으로 분류할 수 있다.

법 제정 반대론

부녀 개가를 금지하는 법 제정에 반대 입장을 표명한 관료는 총 20명인데, 이는 전체 숫자의 43.5퍼센트에 해당한다. 이들은 그 어떤 경우를 막론하고 부녀 재가에 대한 금지를 법으로 제정해서는 안 된다는 입장이다. 정창손·한명회·심회·윤자운·윤사흔이 앞장서 이 입장을 표명했다.

양가良家의 여자가 나이 젊어서 남편을 잃고, 죽기를 맹서하여 수절한다면 바람직하지만, 간혹 기한으로 부득이 뜻을 빼앗기는 자가 있을 것입니다. 만약 법을 세워 금절하고 범犯한 자를 죄로 다스려 그 파장이 자손에게 미치게 되면, 도리어 풍교를 더럽힐 뿐 아니라 잃는 것이 적지 않을 것이니, 삼가녀三嫁女 외에는 논하지 않는 것이 어떻겠습니까?[486]

이들에 의하면 금지법이 만들어질 경우, 생계가 곤란하여 부득이하게 재혼한 경우까지도 범법犯法 행위로 해석되는 등 사회적 문제가 될 수 있다. 또 법 제정의 목적이 풍속을 정화시키는 데 있다면, 재혼 금지법은 법의 본래 취지를 더 훼손할 가능성이 있다는 것이다. 김국광·김수온·노사신·김개도 재가 금지는 오히려 실절을 더 부추길 수 있다는 이유로 법의 제정을 반대했다.[487] 동지중추부사 김유金紐 역시 개가 금지라는 새로운 법령을 만들어서는 안 된다는 입장이며, 과부 개가에 대한 법적인 조처는 《경국대전》에 명시된 바, 개가녀 개인의 권리를 제한하는 것으로 충분하다고 보았다. 김유가 아뢰었다.

부인은 의리상, 두 지아비를 섬길 수 없습니다. 그러나 불행히 일찍 과부가 되자 혼자 사는 것을 두려워한 부모에게 억지로 뜻을 빼앗긴 자도 있고, 혹은 의탁할 곳이 없는데다 자존自存할 수가 없어 그 종족宗族이 함께 의논하여 다시 시집가게 된 자도 있으니, 이것은 부득이한 데서 나온 것이라 죄 줄 수 없는 자들입니다. 그런 까닭으로《경국대전》에, '재가는 봉작封爵을 하지 않을 뿐이지만, 그 삼가三嫁하여 실행한 자는 기록으로 남기어 자손의 현관顯官 제수와 과거 응시를 허락하지 않는다'고 했습니다. 이것은 경중輕重을 짐작하여 제도를 삼은 것이니, 여기서 증손增損함은 불가합니다.[488]

김유에 의하면 현존《대전》의 법은 의리의 덕목을 여자들에게도 고지시킬 필요가 있기 때문에 '봉작'에서 배제했으나, 실정상 개가를 하지 않을 수 없는 사람들이 있기에 '금법禁法'으로 규정하지는 않았던 것이다. 따라서《경국대전》의 조항에 더 보탤 것도 덜 것도 없다는 것이 김유의 생각이었다. 이극돈·심한·김자정 역시《경국대전》의 법 조항만으로 부녀 개가를 규제하는 것이 충분하다고 보았다. 그들은 국가가 모든 사람에게 절의와 절행을 기대하는 것은 옳지만, 그것을 법적으로 논죄하는 것은 쉬운 일이 아니라고 했다.

《경국대전》은 정범情犯의 경중輕重을 살피어서 법을 베푼 것이니, 이것으로 풍속을 경계하고 장려하기에 족합니다. 부녀는 일부一夫만 종사從事하여 마치는 것이 상례常禮입니다. 그러나 불행히 일찍 과부가 되어 살아서는 돌아갈 곳이 없고, 죽어서는 의탁할 곳이 없어 재가를 하게 된 것은 부득이한 데서 나온 것입니다. 국가에서 사람마다 절의와 절행으로써 책함은 떳떳한 것이나, 따라가며 일일이 논죄하는 것은 어려울 것이니,《경국대전》하나에 의거하여 법을 시행하는 것이 어떻겠습니까?[489]

손비장·박효원·김괴·김맹성은 부녀 개가의 문제는 법으로 금지하는 것보다 권리를 제한하는 차원에서 규제하는 것이 바람직하다고 주장했다.

여자가 지아비에게 시집가서 혹은 일찍 과부가 되어 돌보아줄 사람도 없는데, 일체 재가를 허락하지 않는다면 스스로 존립할 수가 없어, 혹은 몸을 더럽힘에 이르는 까닭으로 다시 시집가는 것을 금禁하지 않고, 오히려 그 절개가 없음을 미워하여 작첩爵牒을 주지 않았습니다. 이 법은 지당하니 그 전 그대로 함이 좋겠습니다.[490]

이상에서 본 것처럼, 개가 금지법 제정 반대론자의 논리는 대략 세 가지 특징을 가진다. 첫째, 그들은 한결같이 부녀의 수절이 최선의 길임을 분명히 했다. 즉, 부녀 수절의 원칙론을 전제하는 방식으로 말을 시작하는데, 그 표현은 조금씩 달랐다. 예컨대 부인의 덕은 '일부종사一夫從事'에 있다거나, 한 번 혼인하면 (그 대상을) 바꾸지 않는 것이라거나, 두 남편을 섬기지 않는 것이 부도婦道라는 등의 내용이다. 둘째, 법의 제정은 현실적 상황에 대한 고려가 있어야 한다고 보았다. 과부의 현실이란 생계문제의 물질적 곤경과 부모나 자식이 없어 의지할 바가 없는 정신적 곤경의 상황에 처한 경우가 많다는 것이다. 이러한 현실을 무시하고 원칙론을 고수할 경우 더 큰 사회문제를 불러올 수 있다는 것이다. 셋째, 그들은 한결같이 실절失節과 개가를 구분하고 있는데, 즉 부녀의 실절 및 실행을 막는 방법으로 재가 허용을 주장하고 있는 점에서 그렇다. 개가改嫁를 실절失節·실행失行과 동일시한 입장과는 구분된다. 다만 '세 번 시집가는' 삼가三嫁를 '실행'으로 보는 것에는 동의하였다.

다음에 소개할 김영유·이경동·경준은 재가법을 새로 세울 필요가 없다고 한 점에서 반대론자로 분류될 수 있지만, 사안에 따라 재가한 부녀에 대해 논죄해야 한다는 점에서는 앞의 사람들과 구분된다.

우리나라 사대부의 집은 대대로 예의를 지켜 곧고 신조가 있어 음란하지 않음이 사전史典에 실려 있는데, 근래 금지가 조금 느슨해지자 이심李諶의 처 조씨趙氏처럼 스스로 혼인할 지아비를 구하여 추문이 들리고 있으니, 만약 강하게 다스리지 않으면, 이후부터 중인中人 이하의 여자는 모두가 이심의 처를 핑계하여 다시는 수신守信하는 행실이 없을 것이니 예속이 무너지는 것을 탄식만 할 뿐입니까? …… 대체로 율律은 대법大法을 베풀고, 예禮는 인정에 근거한 것입니다. 빈천한 집에서 보호해줄 어버이가 둘 다 없는데, 젊은 나이에 과부가 되었다면 수절하기가 어려울 것입니다. 그 부모와 친척이 사정을 참작하여 개가시켰다면 예를 해친 것이라 할 수 없습니다. '외삼촌이 어머니의 뜻을 빼앗았다'는 것은 옛사람이 말한 바이니, 만약 자녀恣女와 같이 취급한다면 큰 허물이 될까 두렵습니다. 신 등은《경국대전》의 '세 지아비를 거친 자의 자손은 현관顯官에 제수할 수 없다'는 법을 거듭 엄격히 하고, 이심의 처 조씨는 그 죄를 엄단하여 좋고 나쁜 것을 분명히 한다면 비록 재가하는 법을 세우지 않더라도 예속이 제자리를

찾아 과부가 경계할 바를 알게 될 것입니다.[491]

여기서 문제가 된 '이심의 처 조씨'의 사건이란 현재[7월 17일 개가법 논쟁의 시점]로부터 9일 전인 7월 8일의 조정회의에서 거론되었던 것이다.[492] 김영유 등은 개가 금지를 법으로 제정하지는 않되, 정황상 예속을 해치는 사례로 판단될 경우 논죄해야 한다는 입장이다. 이들에 의하면 조씨의 행위는 '중매를 거치지 않고 스스로 혼인한 죄'에 해당된다.[493] 그런데 논쟁이 있었던 바로 다음날, 7월 18일의 조정회의에서는 조씨가 사족의 신분으로 중매 없이 혼인한 것에 주목해 중죄로 다스려야 한다는 주장과 부모와 자식이 없는 조씨의 처지를 감안해야 한다는 주장이 격렬하게 대립했다. 이 사건에서 보듯 과부의 현실은 누가 어떤 각도에서 보는가에 따라 그 해석이 다를 수 있다. 해석에 따라 개가가 '용서'될 수 있고, '용서'되지 않을 수도 있다는 점에서 개가문제는 객관적 기준에 따른 법 적용이 쉽지 않음을 알 수 있다.

법 제정 조건부 찬성론

이 입장은 개가 금지법을 제정하되, 젊어서 과부가 된 자로 자식이 없고 생계가 곤란하며 또 부모나 존장의 중매로 재가한 자는 논죄 대상에서 제외하자는 것이다. 이 조건부 찬성의 입장으로 분류될 수 있는 사람은 모두 22명으로 논의에 참여한 사람의 47.8퍼센트에 해당한다. 윤흠 등은 말한다.

…… 나이가 젊고 자식이 없이 과부로 사는 자를 부모나 존장尊長이 그 외

롭고 고단함을 불쌍히 여겨서 절개를 빼앗는 것은 부득이한 데서 나온 것이니, 인정人情으로 금하기 어려운 것입니다. 추위에 핍박하고 굶어 죽으면 또한 어찌 적은 것이겠습니까. 이런 까닭으로 《경국대전》에 삼부三夫를 고쳐 시집간 자의 자손에게는 청요淸要의 직職을 불허했으되, 재가를 금하는 조항이 없으니, 신 등의 생각으로는 《경국대전》의 법이 정리情理에 합당하다 여겨집니다. 그러나 그 부모와 존장의 명命이 없는데도 재가한 자는 이러한 제한에 포함되지 않도록 해야 할 것입니다.[494]

이들의 주장이 법 제정을 찬성하는 건지 아닌지 그다지 선명하지는 않지만, 부모나 집안어른의 명으로 개가한 경우를 제외한, 모든 개가를 금지하자는 주장으로 보인다. 한편 구수영 등은 이미 자녀가 있고 또 집안이 그다지 가난하지 않은데도 스스로 재가한 자를 '정욕情欲을 이기지 못한 자'로 규정하고, 이런 경우를 "세 남편을 거친 자로 논하자"[495]고 주장한다. 성윤문도 "그 부모에게 딸만 있고, 또 딸이 자식 없이 일찍 과부가 되어 부득이 뜻을 빼앗아 개가케 한 경우와 의지할 사람도 후사도 없는 젊은 과부를 그 일족一族이 의논하여 개가케 한 경우 외에는 《경국대전》의 세 번 시집간 예例로 논죄함이 어떻겠습니까?"[496] 라고 했다. 윤필상 등 10명의 대신들은 말한다.[497]

나이가 젊어 일찍 과부가 되고, 또 (미래를) 의지할 자녀가 없어 부모가 뜻을 빼앗아 개가했다면 허락하고, 만약 자녀가 있는데도 재가한 자는 그 부모를 죄 주고, 《경국대전》의 삼부三夫를 고쳐 시집간 예례로 논함이 좋겠습니다.[498]

개가 금지법 조건부 제정론자들의 논리에 의하면, 자식이 있거나 생계에 문제가 없거나, 둘 중 하나만 충족되어도 개가할 수 없다. 또 생계가 어려우면서 자식이 없는 경우의 두 조건을 모두 충족시켰다 하더라도 부모나 일족의 주선이 없으면 개가할 수 없다. 달리 말하면 생계가 어렵지만 자식이 있는 경우는 재가할 수 없게 된다. 또한 여기에 '나이 젊은'이라는 항목이 더 추가된다. 그렇다면 과부가 재가 허용의 법적인 조건을 완벽하게 갖춘다는 것은 네 가지 조건을 동시에 만족시켜야 하는 것이다. 요컨대 그 네 가지 조건이란 ① 젊은 나이에 ② 생계가 어렵고 ③ 자식이 없으며 ④ 부모나 존장尊長의 권유가 있어야 한다. 이 외에 부녀 자신은 개가할 의사가 없는데 그 부모가 '억지로' 또는 '강제로' 과부의 뜻을 빼앗은 경우가 하나의 조건으로 부가될 수도 있다.

이 모든 조건을 만족시키는 경우란 사실상 쉽지 않을 것이다. 더 문제는 자녀의 유무有無처럼 객관적인 조건도 있지만, 가난이나 부모의 '강제'처럼 주관적인 성격의 조건도 있다. 이런 이유로 과부 재가 허용이나 금지의 조건들은 주관적으로 해석될 소지가 다분하다. 그런 점에서 이 조건부 법 제정의 논리는 사실상 재가법 제정 찬성의 논리에 가까운 것이다.

법 제정론 및 제정 이후의 논의

재가 금지법을 제정하여 재가자를 논죄하는 것은 물론 그 자손의 벼슬길도 차단해야 한다는 주장을 한 사람은 모두 4명으로 전체 참가자의 8.7퍼센트에 해당한다. 임원준·허종·유자광·유수가 그들인데,

그 주장은 이렇다.

금후로는 재가를 예외 없이 모두 금하고, 만일 금령을 무릅쓰고 재가한 자가 있으면 실행한 것으로 치죄하며, 그 자손 또한 입사入仕를 허락하지 않음으로써 절의를 권장하는 것이 좋겠습니다.[499]

법 제정론자들에 의하면 부인婦의 도리란 한 번 혼인하면 종신토록 개가하지 않는 것이다. 그 근거를 정자程子와 장횡거張橫渠가 한 말에서 찾고 있다. 즉, 정자는 "재가는 후에 춥고 배고픈 상황을 위한 것일 뿐이다. 그렇지만 절개를 잃는 것은 지극히 큰 일이고 굶어 죽는 것은 지극히 작은 일이다"라고 했다. 또 장횡거가 "절개를 잃은 사람을 배우자로 삼은 사람은 그 또한 절의를 잃는 것이다"라고 한 것을 인용하면서 자신들의 논리를 전개했다. 나아가 그들은 두 번 시집가는 자는 금수와 다를 바 없다는 논리를 펴고 있다. 개가 금지법 제정을 주장한 사람들에 의하면, 생계에 지장이 없는 사람들도 모두 재가하고 그 자손 또한 청요직에 '버젓이' 앉아 있는 것은 절의를 무시하는 세태를 반영한 것이다. 이러한 잘못된 세태를 바로잡기 위해서는 그 어떤 경우를 막론하고 재가를 철저하게 금단하는 법의 제정이 필요한 것이다.[500] 이 주장은 백성의 현실을 고민하기보다 자신들의 정치이념을 관철시키는 데 역점을 둔 것으로 보인다.

성종조의 1차 논쟁은 개가 금지법 제정으로 결론이 났다. 다음날 왕은 예조에 "이제부터는 재가한 여자의 자손은 사판士版에 서지 못하게 함으로써 풍속을 바르게 하라"[501]고 전지傳旨했다. 이것이 법제화되어

성종 16년(1485)에 공포되었는데, 이른바 '재가녀자손금고법再嫁女子孫
禁錮法', 즉 "실행 부녀와 재가녀의 소생은 동반·서반직에 서용될 수
없다"⁵⁰²는 것이다.

 이상의 논의 과정을 거쳐 제정된 성종대의 재가 금지법은 재가 그
자체를 금지하기보다 재가자의 자손을 관직에서 배제하는 것이다.
즉, 재가자 당사자는 논죄의 대상이 되지 않을 뿐 아니라 재가녀에게
자손이 없거나 자손이 있더라도 벼슬할 의지나 자격이 없다면 논리적
으로는 문제가 되지 않는다. 하지만 재가법 제정으로 인한 문제는 실
제로는 재가 금지법이 '자손금고子孫禁錮'에만 적용되지 않고 재가 당
사자를 논죄하는 방향으로 전개되었다.

 1479년(성종 10)에는 납례納禮를 받은 여자가 다른 사람에게 시집간
사실이 고발되었다. 재가자로 분류된 이 여성을 '재가법'으로 논죄해
야 하는 왕과 조정 대신들은 곤혹스러움을 피할 수 없었다. 법대로 한
다면 이 여자를 빼앗아 처음의 집으로 보내야 한다고 그들은 보았다.
하지만 그녀가 다른 사람에게 시집간 것이 이미 오래되었기 때문에
아이가 생겼을 수도 있고, 무엇보다 되돌려보낼 경우 국가가 재가를
허락하는 셈이 되어 문제가 더 복잡해진다. 지금의 남편에게서 처음
혼인한 남편에게 돌아가는 것 역시 '남편을 두 번 거치는' 재가再嫁에
해당되기 때문이다. 그러나 두 번 시집가는 것을 금지하는 법이 엄연
히 존재하는데, 그대로 둘 경우 법의 권위가 허물어질 것이다. 이러한
딜레마를 해결하는 방법으로 국가는 이 혼인을 주관한 가장을 법률의
규정대로 장杖 80대에 처하고, 그 여성 당사자는 현재의 남편과 살도
록 했다.⁵⁰³

법이 제정된 후에도 재가녀 자손 금고법의 심각성을 호소하는 상소가 있었지만, 왕은 "굶주려 죽는 것은 작은 일이고, 실절하는 것은 큰 일이다. 국가가 법을 세운 것은 마땅히 이와 같아야만 한다"[504]고 했고, "풍속의 교화는 중요한 일인데 어찌 재가再嫁를 허용하겠는가? …… 결단코 재가를 허가할 수는 없다"[505]고 했다. 나이가 어리고 자식이 없는 여자의 개가는 허락하자는 중신들의 논의가 거듭되자 시독관侍讀官 민사건閔師蹇은 왕에게 "한 번 재혼을 허락하면, 나중에 가서 나이 어리고 장년인 것과 아들이 있고 없는 것과 부모가 있고 없는 것을 누가 분변하겠습니까?"[506]라고 하여, 재가 금지에 대한 왕의 의지를 더 북돋아주는 역할을 했다. 결국 성종은 "을사년(1485)에 재가한 여자의 자손은 조반朝班에 끼지 못하게 한"[507] 왕으로 기록되었다.

연산조의 개가 금지법 개정(1497) 논쟁

1497년(연산 3) 12월 12일에 있었던 개가 금지법 개정을 둘러싼 회의는 성종조의 그것과 쌍벽을 이루는 대규모의 논쟁이었다. 이 논쟁은 단성丹城 훈도訓導 송헌동宋獻소의 상소에 의해 촉발되었다. 송헌동이 올린 국정 현안에 관한 17조의 상소에서 제1조가 재가 금지법에 관한 내용이다. 초야의 선비 송헌동이 상소의 형태로 국정에 참여하게 된 것은, 왕이 재이災異를 계기로 자숙하는 뜻에서 전국의 선비들에게서 직언直言을 구하고자 교서를 내렸기 때문이다.[508] 여기서 재이란 1497년(연산 3) 6월 27일 밤 선정전宣政殿 기둥에 벼락이 떨어진 사건을 말한다.[509] 정치가들에게 이 사건은 '인간의 문제'에 반응한 '하늘의 뜻'으로 해석되었다.[510] 그러면 먼저 논쟁의 발단이 된 송헌동의 상소를 보도록 하자.

(가) 상부孀婦의 개가에 대한 금지는, 절의를 존숭하고 예의를 숭상하자는 것입니다. 그러나 음식과 남녀는 사람의 기본 욕구이므로, 남자는 생겨나기로 장가가기를 원하고 여자는 생겨나기로 시집가기를 원합니다. 이것은 생生이 있는 처음부터 인정의 고유한 바이니, 그만두게 할 수 없는 것입니다. 또 부인이란 삼종三從의 의義가 있으니, 본 집에 있을 적에는 아비를 따르고 시집가면 남편을 따르고 남편이 죽으면 자식을 따르는 것이 곧 《예경禮經》의 가르침입니다.

(나) 그러나 혹 시집간 지 3일 만이나 1달 만에 홀로되거나, 겨우 나이 20, 30에 과부가 되기도 합니다. 이들이 끝내 능히 정절을 지켜 공강共姜이나 조씨曹氏처럼 된다면 그만이나 부모·형제도 없고 또 자식도 없어, 혹은 행로行露[511]의 젖은 바가 되거나 담장을 넘어든 자에게 협박을 받는 바가 되어 마침내 본래의 절의를 잃게 되기도 합니다. 청컨대 부녀의 나이 30세 이하로 자녀 없이 과부가 된 자는 모두 개가를 허락하여 그 뜻한 바 삶을 이루도록 하소서.[512]

송헌동의 상소를 내용의 전환에 따라 편의상 (가)·(나)로 나누었다. 첫 부분은 개가 금지의 문제점을 유교 논리에 의거해 비판한 것이다. 즉, 남녀가 함께 사는 것은 인간 본연의 욕구로 생물학적인 충분한 이유가 있다는 주장이다. 이것은 유교 경전에 "식食과 색色은 인간 본성"[513]이라고 한 것과 "음식과 남녀는 인간의 큰 욕망"[514]이라고 한 것을 상기시킨다. 또 삼종지도三從之道의 원리에서 볼 때 여자는 순차적으로 아버지·남편·아들에게 소속되는 존재인데, 남편과 아들이 없는 과부의 재가를 금지하는 것은 유교의 사회통합론에 어긋남을 주장한 것이다. 즉 유교 원리를 통해 재가 금지법을 비판한 것으로, 유교를 표방한 정치 이념이 사실은 유교적인 것이 아님을 우회적으로 보여준 것이다. (나)는 의탁할 곳 없는 젊은 과부의 어려움이란 무엇보다 성폭력에 쉽게 노출될 수 있음을 지적하였다. 왕은 송헌동의 상소를 가지고 의정부·육조로 하여금 의논하도록 명했다. 총 29명[515]이 논쟁에 참여했는데, 크게 두 의견으로 나뉘었다. 법 개정론과 법 개정불가론이 그것이다.

법 개정 요구론

개가 금지법은 현실적으로 많은 문제가 있으므로 개정해야 한다는 주장을 한 사람은 정문형·신준 등 총 10명이다. 이 숫자는 논쟁에 참여한 전체의 34.5퍼센트에 해당한다. 먼저 박안성·김제신 등은 말한다.

지금《경국대전》에서 재가해 출생한 자손마저 동·서반에 서용하지 못하게 한 법은 절의를 중히 여기기 위한 것으로서 금령禁令 아닌 금령입니다. 그러나 나이 젊은 과부가 부모·형제도 없이 외로움과 고생으로 원한을 안고 늙어 죽는다면, 어찌 감응을 부르지 않겠습니까. 혹은 곤궁에 시달려서 떠돌다가 실행하고 훼절하여 사족士族이 서민으로 전락하게 되니, 절개를 보전하기 위한 법이 도리어 무너뜨리게 한 결과가 되니 불가불 변통하여 구제해야 합니다. 청컨대 조종조의 구례舊例대로 재가녀의 자손에게 청요직 외의 벼슬길은 허락해주소서.[516]

신준은 "국가의 전장典章이란 반드시 유통하여 폐단이 없게 해야만 영원히 준수하게 되는 것"이라고 하고, 재가녀의 소생 중에 능력 있고 어진 자가 있어도 일체 서용敍用하지 않는 이 법은 궁극적으로 통용되기 어려우니 마땅히 변경해야 그 폐단이 없을 것이라고 했다.[517] 신준이 재가자의 자손을 금고禁錮함으로써 발생하는 문제에 주목한 반면, 정문형은 과부의 불행한 삶이 가져다줄 결과에 주목했다. 정문형은 말한다. "나이 젊은 과부가 혼자 살다가 실절을 하면 강상을 무너뜨리고 풍속을 어지럽게 할 뿐만 아니라, 혹은 화기和氣를 손상하고 재변災變을 부르는 것이 바로 송헌동이 진언陳言한 바와 같으니, 청컨대 고례古例대로 시행하여 원한 맺힌 여자가 없도록 하소서."[518]

홍귀달·조익정은 《경국대전》의 재가 금지법은 부인의 절의를 장려하기 위한 좋은 의도가 있지만 그 폐단도 있다고 전제했다. 그들에 의하면, 사족士族 집안에서는 옛날과 달리 딸을 10세 이전에 시집보내는 추세이고 늦어도 20세 이전에 보내는데, 출가한 지 1, 2년 또는 3, 4년 만에 과부가 되는 경우도 적지 않은 상황이다. 그럼에도 그 부모나 친척은 집안의 명예 때문에 개가를 못하게 하고, 선비 된 자들은 그 자손의 벼슬길이 막힐까봐 과부와의 혼인을 꺼리고 있다는 것이다.[519] 이어서 그들은 말한다.

이 때문에 원한을 품은 여자가 많게 되고, 화기를 상하여 재앙을 부르는 것도 반드시 이에 기인되지 않는 것이 없습니다. 그 사이에는 또 정욕을 이기지 못하여 스스로 그 절개를 상실하는 자도 있는가 하면, 혹은 강포한 자에게 더럽힘을 당하기도 하여 그 가세家世에 누를 끼친 자가 많사오니, 처음에는 절의를 닦아나가기를 구하다가 끝내 절의를 무너뜨리는 것은 반드시 여기에 연유하지 않는 것이 없습니다. 더욱 가긍한 일은, 딸 하나밖에 두지 않았는데, 그 딸이 과부가 될 경우, 법에 구애되어 개가를 못한다면 그 부모의 뒤는 이로부터 영영 끊어지고 마는 것이니, 어찌 마음 아프지 않겠습니까. 열녀烈女와 절부節婦는 세상에 흔히 있는 것은 아니니, 간혹 나오게 될 경우 국가에서 마땅히 포장褒奬함으로써 권장할 수 있습니다. 만약 모든 사람에게 백주柏舟의 절행을 강요한다면, 신 등의 생각으로는 반드시 얻을 수 없을 뿐 아니라 그 폐단이 도리어 위에서 말한 바와 같이 되지 않을까 걱정됩니다. 이 법은 조종조에는 없었던 것을 성종께서 자의로 결단하여 세우신 것인데, 그것은 인심을 격려하기 위한 것이었을 뿐 그 당시 조정 신하들도 모두 불가하다고 여겼던 것입니다. 지금 의논하는 사람 중에는 고쳐서 안 된다고 말하는 자도 있으나, 이는《경국대전》을 가볍게 변경하는 것이 불가하다고 한 것이지 법의 폐단이 없다는 것은 아닙니다.《주서周書》에 이르되 '도道는 오르내림이 있고 정사는 속俗으로 말미암아 개혁된다' 했으니, 신 등의 생각은 법을 변통하는 것이 무방하다고 여기는 바입니다.[520]

같은 매락에서 박숭질·이극규는 "재가자의 소생에게 벼슬길을 허통한 것은 조종조에서 행해오던 바이고, 헌동의 진언陳言 역시 채택할 만하니, 비록《경국대전》에 기재되어 있다 하더라도 때에 따라 변통하는 것이 사실은 시의時宜에 합당하다"[521]고 했다.

이상에서 본 바, 1497년(연산 3) 당시, 개가 금지법에 대해 그 개정이 불가피하다는 입장은 크게 세 단계의 논리 구조를 보인다. 먼저, 재가 금지법은 풍속의 정화와 절의를 권장하는 데 그 취지가 있다는 점을 분명히 밝히고 있다. 둘째, 그러나 재가 금지법이 작동되고 있는 현실은 과부의 실절을 방조하면서 오히려 강상綱常 질서를 훼손하는 양상을 보이고 있다고 했다. 즉, 현실은 법이 의도한 바대로 되고 있지 않다는 것이다. 셋째, 재가 금지법의 문제를 재이災異와 연결시키고 있다. 재가법 개정 불가피론자들은 혼자 사는 과부들의 고독과 고통이 원한을 쌓게 되고, 그것이 하늘을 자극하여 재변을 일으키는 원인이 된다는 논리다.

법 개정 불가론

재가녀자손금고법을 개정하는 것에 반대한 사람은 19명으로 전체의 65.5퍼센트에 해당한다. 왕이 재가 금지법의 개정 여부를 물었을 때, 가장 먼저 의견을 개진한 사람은 윤필상이었다. 그는 "《경국대전》에 기재되어 있는 것은 경솔히 고쳐서는 안 됩니다. 성종의 교훈이 귀에 쟁쟁한데, 신은 감히 천단擅斷하지 못하겠습니다"[522]라고 했다. 이어서 노사신·신승선 등도 "《경국대전》의 법을 가볍게 바꿀 수 없다"[523]고 했다. 이들은 성종조의 1차 논쟁에도 참여한 대신들인데, 그 당시 윤필상과 신승선은 재가 금지법의 조건부 제정론자였고, 노사신은 법 제정 반대론자였다. 이제 원로가 된 그들은 현행법의 수정이나 개정보다는 현행법을 고수하는 데 무게를 두고 있는 것이다. 이 원로 대신들은 '변경할 수 없다'고 할 뿐 개정 불가론의 이유에 대한 언급은 없다. 이상백은 '성종의 교훈이 귀에 쟁쟁한데'라는 식의 아무런 이론적 근거를 제시하지 못하는 윤필상 등의 주장을 노정객의 '소극적 현상 유지론'으로 규정했다.[524] 반면에 어세겸·성준 등은 《경국대전》의 법이 문제가 많음을 인정하면서도 법전을 고치는 것에 대해서는 주저하는 입장이다.

《경국대전》의 법은 두 번 시집가는 것을 금지한 것이 아니고 다만 그 소생이 현직顯職에 등용될 수 없다는 것입니다. 그러나 사족士族들이 모두 그 자손의 벼슬길을 터서 집안의 명예를 떨어뜨리지 않으려고 하니, 이 법이 한 번 세워진 이상 누가 재가녀와 혼인하여 그 자손의 벼슬길이 막혀 서민이 되는 것을 달갑게 여기겠습니까? 그래서 나이 젊은 과부가 세상에 많이 있습니다. 당초에 여러 조정 신하들이 모두 '어린 나이에 홀로 산다는 것은 생리적으로 매우 어렵다'고 그 실정을 곡진하게 말하지 않은 바 아니나, 선왕께서 오히려 스스로 결단하여 《경국대전》에 기재하여 후세에 남기셨습니다. 절의를 권장하고 풍속을 바로잡는 방법이었으니, 지금 경솔히 고칠 수 없습니다.[525]

한편 이계남·정미수는 성종이 이 법을 만들게 된 상황을 이해해야 한다고 했다. 즉 국가가 절의와 예교를 중시하는데도, 부녀 재가는 고려의 폐풍을 답습하여 재가는 물론 삼가三嫁도 공공연히 행해지던 때에, 성종은 그 풍속을 시정하고자 특별히 법을 제정한 것이라고 했다. 그들은 지금의 부박浮薄한 논의에 따라 선왕의 아름다운 법을 고쳐서는 안 된다고 주장했다.[526]

정석견은 이천伊川 선생이 아내를 맞는 것은 몸을 짝하기 위함인 것인데, 만약 실절失節한 자에게 장가든다면 이는 자기도 실절한 것과 마찬가지라고 한 말을 상기시켰다. 또 주석가들의 말을 빌려 '여자에게 장가드는 것은 함께 종묘宗廟를 받들고 사속嗣續을 전하자는 것인데,

절개를 상실한 자와 혼인하면 자기도 실절한 것이기 때문에 근본이 부끄러워 천지 사이에 스스로 설 수가 없다'고 했다. 이어서 그는 재가 금지법을 제정한 성종의 의도를 환기시키며, 법 제정 당시 대신들의 반대가 있었음에도 불구하고 왕의 의지가 확고했음을 상기시켰다.[527] 그러면서 정석견은 상소를 낸 송헌동이 세상사에는 노련할지 모르나 이론과 법전의 의미를 제대로 모르고, 또 "일개 서생의 말에 법전의 개정 여부를 논의하라 하시니 심히 불가한 일로 여긴다"고 하였다.[528]

마지막으로 이창신은 가장 길고 풍부한 내용으로 법 개정 불가론을 개진했다. 그는 유독 아내 된 자의 도리를 신하 된 자의 의리와 비교하면서, 그 중요성을 설파했는데, 다른 논쟁자들이 사용하지 않았던 논리다. 이창신은 오대五代 때 대신大臣 풍도馮道가 여러 임금을 섬기며 자신의 정치 생명을 연장하고 영화를 누렸으나 선유先儒들의 평가는 냉혹했음을 예로 들었다. 이어서 그는 과부가 재가한다면 그 삶의 길은 열리겠지만 의리상 하나의 '풍도'에 불과하다는 것이다. 그는 또 옛날 영녀슈女라는 열녀는 개가를 권유하는 주변의 청을 뿌리치기 위해 신체를 훼손하면서까지 수절을 맹서했는데, 천년이 지나도록 듣는 이의 옷깃을 여미게 한다고 하였다. 그에 따르면 이천伊川 선생이 강조한 절개는 아무리 강조해도 지나치지 않으며, 성인聖人 성종의 금지법 제정은 열성조列聖朝에서 발명하지 못한 교훈으로 강상綱常을 세우고 세도世道를 바로잡기 위한 것이다. 그럼에도 사족 부녀들의 재가가 있었지만 그 주혼자를 논죄하지 않는 등 가혹하게 금지한 것은 아닌데, 굳이 법까지 세워 재가를 권장할 필요가 있느냐고 반문했다.[529]

이창신은 재가 금지법을 폐지하는 것을 재가를 권장하는 것으로 이해하고 있다. 그는 과부에 대한 이해와 관심보다는 논쟁에서 이기기 위한, 논쟁을 위한 논쟁에 몰두해 있다는 느낌을 갖게 한다. 이창신은 '과부로 살다보면 담장을 넘어온 자의 위협으로 마침내 실절하게 되는 수가 있다'는 송헌동의 주장을 반박하는 전거로 옛날 중국의 열녀 왕응王凝 아내 이씨의 고사를 소개했다.[530] 이어서 그는 다음과 같은 논리를 편다.

> 만약에 이씨와 같은 절개를 지닌 자라면 누가 감히 담장을 넘어서 위협을 하겠습니까. 혹 담장을 넘은 자에게 위협을 당하여 실절하게 된다면 이는 하나의 음부淫婦이오니 통렬하게 법으로 다스려야 합니다. 대장大匠도 졸공拙工을 위하여 승묵繩墨을 고치거나 폐하지 않는데, 제왕帝王이 어찌 한 음부를 위하여 고치지 못할 법전을 경솔히 고친단 말입니까. 전하께서는 성왕의 자리를 계승하시었으니, 사방의 백성들이 눈을 씻고 다스려지기를 고대하는 이때에 절의를 높이 권장한다는 하교가 중외中外에 반포됨은 듣지 못하고, 문득 한 사람의 신빙성도 없는 말로 인해서 부인이 실절하는 문을 크게 열어 놓는다면 풍화에 누가 되는 것인데, 어찌 사소하다 하겠습니까.[531]

많은 대신들이 염려했던 혼자 사는 과부의 '실절' 가능성을 이창신은 과부 자신의 굳은 의지로 차단시켰다. 하지만 과부가 직면한 현실은 사대부 엘리트가 생각한 것보다 훨씬 심각했음을 유추해볼 수 있다. 이창신에게는 과부의 생계형 문제나 정신적 고통과 같은 문제보다는 과부에게 부과된 이념의 실천이 더 중요하다. 그래서 그는 과부가 '담장을 넘은 자'에게 위협을 당해 실절했다면, 그녀는 '음부淫婦'일 뿐이라고 주장한다. 그에 의하면 이 '음부'를 위해 신성한《경국대전》의 법을 고치는 것은 불가능하다. 개가문제를 둘러싼 2차 논쟁은 최종 결정권을 가진 왕이 원로 대신 윤필상의 주장을 따름으로써 일단락되었다. 앞서 윤필상은《경국대전》에 기재되어 있는 것을 경솔히 고쳐서는 안 된다고 주장했다.

개가改嫁 논쟁의 성격과 결과

어떤 주장도 그것을 합리화하는 지식의 도움이 없이는 불가능하다. 또 그 지식을 질서 있게 배치하고 구성함으로써 주장을 설득력 있게 펼치는 논리적 기술이 필요하다. 먼저, 개가 금지론자들이 사용하는 지식과 논리를 보자. 성종조의 개가 금지법 제정론자와 연산조의 개가 금지법 개정 불가론자가 이에 해당한다. 이에 의하면 부녀가 재가를 하는 것은 인륜人倫이나 인도人道에 어긋나는 것이다. 부인은 '일부종사'의 원리에 의해 한 남편에 그치는 것이 도道인데, 재가는 우선 이 원리에 위배된다. 그들에 의하면 인도나 인륜에 위배된 개가는 금수禽獸나 하는 짓이지 인간다운 행위라고 할 수 없다. 그들은 재가 금지법의 필요성을 절의, 절개, 삼강三綱, 성왕지도聖王之道 등의 유교 원칙론에 입각하고 있다. 즉, '한 번 혼례를 올렸으면 종신토록 고칠 수 없다'는《예기》의 언술을 반복적으로 인용하거나 정이程頤의 "굶어 죽는 것은 작은 일이고 실절하는 것은 큰 일"이라고 한 말을 적극 활용했다. 나아가 이러한 가치를 충실하게 구현한 역사 속의 여성들이나 고대 경전에 나오는 열녀들을 끌어왔고, 절의·절개를 강조한 중국 성리학자들의 말을 인용함으로써 자신들의 주장을 합리화했다. 그들은 과부의 구체적 현실보다는 의리라고 하는 정신적 가치에 충실했다. 재가 금지론자들은 개가를 실절이나 실행과 동일시한 점이 특징이다.

반면 과부 재가 금지법을 반대하는 입장에서 사용된 지식과 논리는 과부의 구체적인 생활조건을 논거로 삼았다. 성종조의 재가 금지법 제정 반대론과 연산조의 재가 금지법 개정 불가피론이 여기에 속한다. 성종조의 법 제정 반대론자는 어린 과부에게 새로운 삶을 열어주고자 한 부모의 마음을 이해하자는 인정론人情論과 과부의 물질적·정신적 고충을 감안하자는 상황론에 입각한 주장을 했다. 인정론은 '결초보은結草報恩'[532]의 고사와 정서적으로 연결되어 있다. 한편 그 근거를 구체적으로 명시하지는 않았지만, 이들의 지식과 논리 역시 유교의 정치사상, 인정仁政에 근거하고 있다는 점이 흥미롭다. 즉 유교 경전 《시경》에는 가을 추수에서 벼 이삭을 남겨놓는 방법으로 과부들의 생활을 배려하는 위정자들의 마음이 담겨 있다.[533] 또 《서경》과 《맹자》 등의 경전에서는 사회 속의 소외된 자들에 대한 배려를 훌륭한 정치의 기본조건으로 내세우고 있는 것이다.[534] 따라서 유교 지식으로 무장된 논쟁자들은 사회적 약자에 대한 공감의 마음이 곧 유교 정치사상의 기본 조건임을 인식한 것이다.

개가 금지법 반대론자, 이들 역시 유교 경전의 지식을 적극 활용하는데, 송헌동의 논리도 그런 것이다. 그는 '남녀가 서로를 원하는 것은 인간 고유의 욕망'이라는 《예기》의 내용이나 삼종지도三從之道의 원리에 입각할 때 자식 없는 과부는 남편을 얻어야 한다는 것을 시사하고 있다. 개가 금지법 반대론자들은 옹호론자와는 달리 실절과 개가는 다른 문제라고 보는데, 개가 허용의 가장 큰 이유를 절의를 보존하는 방법이라고 본 데서도 알 수 있다. 즉, 개가 금지의 목적이 절의를 기르는 데 있다면, 과부로 남아 있다는 것은 오히려 절의를 훼손할 가능성을 열어놓는 것이 된다. 한편 그들은 예禮의 범주에서 다루어질 영역과 법法의 범주에서 다루어질 영역을 구분할 필요가 있다고 보는데, 의리나 절의와 같은 가치는 예禮로써 권장해야지 형과 법으로 금지할 성격의 것은 아니라고 했다. 다시 말해 모든 사람에게 최선의 도덕적 가치를 강제하는 것은 불가능하다고 보았다.

연산조의 법 개정론자들은 법은 현실의 변화에 따라야 한다는 시의론時宜論과 그 어떤 진리도 변하지 않는 것이 없다는 변통론變通論을 기초로 삼았다. 또 연산조의 논쟁자들은 고독이나 원한 등 과부의 심리적·정신적 상황에 주목했다는 점이 특징적이다. 또한 이들은 과부의 고독과 원한이 쌓여 사회를 음울하게 만들고, 그것이 곧 화기和氣를 손상시켜 재변을 일으키는 원인이 된다는, 이른바 재이론災異論을 논쟁의 무기로 삼았다.

한편 부녀의 개가문제가 쟁점이 되면서 현직 관리들의 '순결' 검증이 시작되었다. 새로 임명된 관리나 현직 관리에게 재가자의 피가 흐르고 있지는 않은지를 따지기 시작한 것이다. 이에 부녀 개가에 대한 논쟁은 새로운 국면으로 전환되었다. 1486년(성종 17)에는 "새로 제수된 감찰 정은동과 춘추관 기주관 박시행의 어미는 재가한 사람이니, 《경국대전》의 율대로 해야 할 것이다"535고 했는데, 여기서 다시 그 어미의 재가 사실이 《경국대전》 반강頒降 전의 일인지 후의 일인지가 판단의 근거가 되었다. 두 관리의 어미가 반강 전에 재가했음이 밝혀지자, 또 다른 문제가 제기되었다. "박시행과 정은동을 동東·서반西班에

서용하는 것은 가능하나, (청요직인) 사관·감찰과 같은 것은 제수할 수 없다"[536]는 것이다. 그러자 재가녀 자손의 관직 서용에서 《경국대전》 반강 전의 일을 추론하는 것은 그 어떤 직책을 막론하고 불가하다는 것이 중론이었다. 1489년(성종 20)의 김맹강의 상소도 개가의 시점을 따지는 것인데, 이를 통해 부녀의 개가 여부가 신분과 권력을 재배치하는 중요한 요소로 작용하고 있음을 볼 수 있다.

> 신의 형 김맹린이 풍덕군수에 제수되자 대간臺諫은 신의 조모가 다시 시집간 것이 법을 제정한 후에 있었다고 생각하여 신이 상소하여 분변했음에도 이부吏部에서 오히려 고집하니 신은 억울합니다. 지금 내린 《경국대전》에는 재가한 자손은 동·서반직의 벼슬에 서용하지 못하게 했으나, 법을 내리기 전에는 비록 친아들이라도 벼슬길에 구애됨이 없었습니다.[537]

나아가 그는 자신의 조모가 개가한 것은 법이 있기 전이었다고 하고, 개가한 어머니를 두었던 과거 성현들, 자사子思·영백숙伯 등의 예를 제시했다. 이에 윤필상 등의 대신들은 김맹강의 조모는 재가가 아니라 삼가三嫁임을 밝히고, 그럼에도 조모의 혼인이 법이 있기 전의 일이기 때문에 여러 손자가 동·서반직에 퍼져 있는 것은 용납할 수 있지만 청요직淸要職을 바라서는 안 된다는 것이었다.[538] 성종 23년(1492)에 유학幼學 문경국文擎國은, 그 아비 문윤명이 재가녀 아들이라는 이유로 감찰직에서 제외되자 조모가 재가하게 된 경위를 상세히 설명하는 소를 올렸다. 그는 그의 조모가 젊은 나이에 상부하여 갖은 고생을 하던 중 그 부모에 의해 강제로 재가하게 되었는데, 더구나 조모의 재가는 법이 제정되기 전의 일임을 항변했다.[539] 이상에서 본 것처럼 과부의 재가는 그 자손들의 신분을 규정하는 결정 요소로 작용했다.

한편 절의의 훼손으로 이해된 개가는 상대를 공격하는 정치적 도구로 사용되었다. 아들의 아비에 대한, 신하의 임금에 대한, 아내의 남편에 대한 도리를 강조하는 삼강三綱의 구도에서 남편은 아내의 '하늘'이자 '진리'다.[540] 이 맥락에서 개가는 남편에 대한 배반으로 이해되어 개가자 편에 선다는 것은 임금을 배반한 신하 편에 서는 것과 동일시되는 것이다. 다시 말해 개가 허용을 주장한다는 것은 절개를 중시하지 않는 것이 되는데, 그 절개는 신하의 임금에 대한 절의와 논리적으로 연결되어 있다는 점에서 위험하다는 것이다. 그 시대의 정치이념 및 권력 구도에서 군주에 대한 의리를 저버린 신하는 같은 조정에 설 수 없기 때문이다. 그런 점에서 개가 허용론자는 자신의 절의는 물론 세상의 모든 절의를 무시한다는 혐의를 받을 가능성이 있다. 실제로 1500년(연산 6)에 정언 손세옹孫世雍이 남편을 잃은 부녀에게 개가를 허용하자고 제안하자 홍문관 직제학 신용개申用漑 등은 "개가를 허용하지 않는 것은 성종 때의 좋은 법인데, 손세옹이 언관言官으로서 절의를 숭상하지는 못할망정 도리어 이를 헐어버리려고 하니 매우 옳지 못한 일"[541]이라고 반격했다.

이와 유사한 예를 송시열(1607~1689)의 글에서도 볼 수 있는데, 그는 왕에게 자신의 억울함을 호소했다. "사부士夫 집 부녀도 개가해야 한다는 설은 선정先正 이언적李彦迪과 조헌趙憲이 일찍이 말한 바이지만, 신은 이 문제를 성총聖聰에 진달進達한 적도 없고 또한 조신朝臣에게 언급한 적도 없는데, 이 문제를 가지고 신을 비방하여 심지어 신이 삼강三綱을 퇴패頹敗시키려 한다고까지 합니다."[542] 이와 같이 부녀의 개가를 옹호한다는 것은 발언자 남성의 신하로서의 절의를 의심받을 수 있고, 풍속을 훼손시키려는 의도로 읽혀질 수 있다는 점이다. 절의의 포기는 곧 나라의 기강을 훼손하는 것으로 간주되기 때문이다. 같은 맥락에서 연산조의 2차 논쟁에서 이창신이 펼친 장문의 주장에 주목해볼 필요가 있다. 이창신은 "아내가 지아비를 따라 죽을 때까지 개가하지 않고, 신하가 임금을 섬김에 죽음이 있을지언정 두 마음이 없는 것이 곧 인도人道의 대륜大倫"이라고 했다. 이것은 왕을 향한 자신의 충성심을 전달하는 도구로 부녀의 수절을 활용한 것이다.

 15세기의 개가 논쟁은 조선 전기 정치 구성 방식의 일단을 보여주었다. 특히 각 주장의 지식과 논리, 그리고 편견과 아집 등 개별 또는 집단별 성격을 여과 없이 드러내었던, 입법화하는 과정의 역동성과 개방성은 높이 살 필요가 있다고 본다. 여기서 남성 지배계층은 소외된 여성계층을 어떻게 보고 어떻게 말하는가를 경전의 일방적 '훈계'와는 달리 개인의 직접적이고 구체적인 목소리로 듣는 효과를 누린 것도 하나의 수확이다. 이 남성 논쟁자들은 가부장제 사회에 일반화된 여성 인식을 공유하고 있다는 점에서 시공을 넘어선 보편성을 갖지만, 15세기의 조선 사회에 요청된 바, 유교적 가치와 유교적 언어로 여성을 만들어낸다는 점에서 특수성이 있다. 또한 이 논쟁은 '조선시대 남자'라는 이름으로 한데 묶기에는 시각이나 성격이 서로 다른 많은 남성들을 보여주었다. 물론 그들 대부분은 가부장제적 사유 구조 안에 있고, 유교라는 공통의 지식 기반을 갖고 있지만 사회와 인간을 이해하고 접근하는 방식은 일률적이지 않았음을 알 필요가 있다.

15세기의 논쟁은 과부의 실제 삶에 주목하고 구체적인 현실의 문제를 타개하기 위한 목적을 가졌다기보다 상층부 지식인들의 이데올로기 논쟁의 성격이 강하다. 그것은 또한 조선 사회가 유교를 수용하는 방법 및 태도와도 연관된 것으로 보인다. 조선 유학의 주된 내용이 이학理學 중심의 형이상학으로 채워져 있고, 주자학의 이론이 구체적인 인간과 현실을 구성하는 데 어떤 작용을 하고 어떤 문제를 낳는가를 고민하기보다 이理를 우선하는 심성론이나 수양론에 집중했던 경향과 유사성이 있다.[543]

　논쟁 이후에도 개가 금지의 법과 문화는 그 시대 최고 가치인 절의와 길항하면서 상시적인 논쟁을 불러왔다. 예컨대 뛰어난 절의를 행한 여성이라 할지라도 그녀가 개가녀일 경우는 그 절행이 인정되지 않았고,[544] 여성의 어떤 행위가 정려旌閭 대상이 되기에 충분한 조건을 갖추었더라도 개가녀일 경우에는 배제되었다.[545] 이렇게 개가는 조선시대 여성의 행위를 해석하고 평가하는 중요한 근거로 작용하였다. 15세기 논쟁의 연장선상에서 20세기 초기에 이르기까지 다수의 지식인들은 자기 시대의 인식과 전망으로 개가론을 개진했다. 조선의 법령에서 여성 개가의 문제는 개가녀 당사자에 한정되는 것이 아니라 가족과 가문, 그 자손의 앞길과 연결되어 있고, 나아가 신분 및 권력의 재구성과도 연결된 복합적인 성격을 가진 것이다.

열녀 논쟁

많은 지식인들은 자신의 색깔을 가지고 열녀를 묘사하거나 그 전기를 썼다. 조선 후기에 이르면 이른바 논쟁의 양상을 띠는데, 그것은 주로 '전傳'이나 '논論', '설說' 등의 형태로 자신의 의견을 개진하는 방식이었다. 이는 앞에서 살핀 개가 논쟁처럼 조정회의에서 서로 다른 주장과 의견이 격렬하게 대립하던 논쟁방식과는 다르다. 비록 상호 대화 형식은 아니지만 이들의 논설을 모아놓고 보면 열녀에 대한 인식의 차이가 드러난다. 이 장에서는 열녀를 둘러싼 지식인들의 서로 다른 생각들을 모아보았다.

특히 왜란과 호란을 겪고 난 조선 후기 사회에서는 수많은 열녀가 생겨나거나 창조되었다. 산간벽지의 하층 여성들까지도 열녀를 꿈꾸는 이가 많았다. 그런데 이들 열녀에 대한 지식인들의 인식과 태도는 일률적이지 않았다. 열녀를 기개와 용기의 화신으로 보는가 하면 부부의 지정至情과 부부의 의리를 구현한 존재로 보는 등의 극단적 칭송파가 있었다. 다른 한편에서는 목숨을 버리는 것으로 완결되는 열녀와 그것을 부추기는 사회를 비판적으로 보는 지식인들이 있었다. 이 장에서는 '열녀 찬양'과 '열녀 성찰'로 나누어 보았다.

열녀 찬양과 그 서사들

소수의 비판적 지식인을 제외하면 대부분의 학자들은 열녀를 칭송하고 정절을 강요하는 태도를 취했다. 글의 형태는 '전傳'이나 '행장', '정문旌文' 등 다양하다. 글의 성격을 보면 열행에 흥기되어 마음에서 우러난 글이 있고, 어떤 목적을 가지고 쓴 글이 있다. 국가에 정려를 요청하며 쓴 글인 경우는 개별 학자의 '열녀관'과 차이가 있을 수 있다. 하지만 정치적 글쓰기라 하더라도 자신의 관점에서 크게 벗어나지는 않을 것이다.

열녀가 훌륭한 이유 중 하나는 그녀들이 가진 기개와 용기다. 즉, 대장부도 쉽게 결단하기 어려운 선택을 장렬하게 실천했다는 점에서 열녀의 행위를 높이 샀다. 또 하나는 죽음보다도 정절을 더 중요하게 생각했다는 점에 주목했다. 그리고 부부의 지극한 정을 실천했다는 점과 삼강三綱의 질서를 몸으로 체화했다는 것 등이 열녀 찬양의 이유였다. 그러면 차례대로 이들의 열녀론을 살펴보자.

허목許穆(1595~1682)은 기개와 기절로 무장된 두 열녀의 전傳을 썼다. 자매 사이인 두 열녀는 재상 이원익李元翼(1547~1634)의 서녀들이다. 언니는 남편 박윤장이 1624년(인조 2)에 광해군을 다시 추대하기 위해 일으킨 역모 사건에 연루되어 처형당하자 고행의 길을 걷다 5년 만에 죽었다. 그녀는 "남편이 죽자 꼭 죽을 것을 맹세하고 먹지도 않고 호곡하면서 하루에 한 줌 쌀로 죽을 끓여 마시며 여위고 괴로운 형상으로 상복을 몸에서 벗은 적이 없었다"고 한다. 그리고 동생은 이시행李時行의 아내로 남편이 죽은 지 13년에 전쟁이 나 강화도로 피란을 갔다. 강화도가 함락되어 오랑캐들이 자녀들을 몰고 가자 그녀가 서서 부르짖기를, "나는 돌아가신 완평完平 이 상국의 딸이다"라고 하고, 스스로 목을 찔러 죽었다. 상국相國은 재상을 일컫는 말이다. 허목은 두 여성을 위한 '열녀전'에서 이렇게 말한다.

아, 어질도다. 상국의 가르침이여. 두 딸의 고행과 높은 절개가 사람들로 하여금 눈물을 흘리게 하는구나. 큰딸은 여동생이 사로잡혀 오랑캐 속에서 죽었다는 말을 듣고 곡하지 않고 그 까닭을 물어본 다음에 슬피 곡하면서 말하기를, "훌륭하다 죽음이여. 죽었어도 그 이름은 없어지지 않을 것이다" 했다.[546]

허목의 서술에 의하면, 재상 이원익의 한 딸은 역모에 연루되어 처형당한 남편의 아내로서 부부의 의리를 지키기 위해 기꺼이 죽음의 길로 들어섰다. 또 한 딸은 '아버지의 이름으로' 적을 꾸짖으며 자결했다. 허목은 두 딸의 이러한 열행을 재상 이원익의 정신에서 연유한 것으로 보았다. 즉, 열녀들의 정신적 기원을 사대부 남성에서 찾은 허목의 서술은 사대부 지식인의 보편적 열망이지만 과연 그의 뜻대로 이원익 부녀도 그랬을까.

다른 자료에 의하면, 큰딸의 남편 박윤장을 공초하는 과정에서 영의정 이원익의 이름이 나오자 이원익은 석고대죄를 청했다. 여기서 그는 "'신의 첩의 여서[臣妾女壻]'인 죄인 박윤장이 잡혀와 공초하기를"이라고 하며 자신은 전혀 무관함을 주장했다.[547] 자신의 여서女壻가 아니라 '첩의 여서'라고 하여 거리를 둠으로써 자신의 안전을 도모하는 태도를 취했던 것이다.

대체로 남성 지식인들은 자기 이익에 충실한 현실적 선택을 하는 반면 열녀들은 의리를 추구하는 이데올로기적 선택을 했다. 대신에 남성 지식인들은 그런 열녀들을 온갖 수사를 동원해 칭송했다. '아무나 할 수 없는' 그 죽음, '자신들은 절대로 하지 않는' 그런 죽음을 '장렬하고' '아름답게' 꾸민 것이다. 이것이 열녀를 통해 본 조선 지식인의 현주소였다.

한편 여성으로서 보인 기개와 용기는 여성 지식인들을 감동시키기에도 충분했다. 조선 후기 여성 성리학자 임윤지당(1721~1793)은 남편과 아버지의 원수를 직접 처단하여 열녀가 된 두 여성의 전기를 썼다. 모녀인 최씨와 홍씨는 "사람이 금수와 다른 것은 인간에게 효성과 절의가 있기 때문이다. 아내가 남편의 원수를 갚은 것은 절개이고, 자식이 아버지의 원수를 갚는 것은 효도"라고 했다. 모녀는 칼을 지니고서 원수를 엿본 지 수년 만에 직접 찔러 죽였고, 그리고 관에 가서 자수했다. 임윤지당은 최씨와 홍씨 두 여성에게 "열행이며 효행이고 또 용기 있는 일로 비록 남자라도 미칠 수 없는 것"[548]이라고 적극 칭송했다.

남성 지식인들이 열녀를 칭송하는 또 하나의 이유는 정조를 지켰다는 데 있다. 왜적을 만난 고려 말의 최씨는 현장에서 왜적의 칼날에 죽임을 당했다. 그녀의 죽음은 '정절이 생명보다 더 귀중함'을 보여준 역사 자료로 조선 선비들의 단골 메뉴가 되었다. 그녀의 죽음은 '열녀전'으로 세상에 드러났다.

> 대개 사람의 마음이 극도에 이르면 세상의 사변이 그 마음을 빼앗지 못하는 것이다. 이러한 세상을 만나면 비록 열렬한 장부일지라도 죽고 사는 것을 결단하기가 어려운데, 더구나 일개 부인이겠는가. 적의 잔인스러움을 모르는 것은 아니었으나 적에게 더럽혀지지 않겠다는 정의감이 마음속에 복받쳐서 정절을 생명보다 중히 여겼기 때문이었다.[549]

이에 의하면 최씨는 '적에게 정절을 빼앗기지 않겠다는 정의감에 불타' 죽음을 택한 것이다. 그녀의 죽음이 '정절을 생명보다 중히' 여긴 때문인지 아니면 폭력에 대한 자연스런 자기 방어로 인한 것인지는 알 수 없다. 최씨의 이야기는 또 한 차례 각색되었다. 16세기의《신증동국여지승람》에서 "최씨는 30여 세로 자색이 있었다"라고 하고, 그녀의 최후를 이렇게 기술했다. "나는 죽을 뿐이다. 도적에게 더럽힘을 받고 살기보다는 차라리 의롭게 죽겠다"[550]고 말했다는 것이다. 또 16세기의 학자 관료 기대승은 최씨가 왜적에 항거하며 "적에게 욕을 당하고 사느니 차라리 의리에 죽겠다"고 외침으로써 곧바로 적의 칼에 죽었다고 썼다.[551]

홍직필洪直弼(1776~1852)은 남편이 죽자마자 곧바로 '즉시 죽음'을 선택한 하층 여성의 결단을 장렬함의 극치로 표현했다. 임실현의 사노私奴 김각金覺이 감나무에 올라가 감을 따다가 발을 헛디뎌 땅에 떨어져 피를 흘리고 죽었다. 그 아내 조씨는 임신 4개월의 몸이었는데, 남편의 죽음을 보고 하늘에 대고 울부짖다가 그날 밤 자결했다. 같은 날 한 구덩이에 묻혔다. 홍직필의 아버지가 그 고을의 현감이었는데, 후하게 장례 비용을 대주고, 관찰사에게 알려 정표를 청했다. 홍직필은 말한다.

부녀자가 남편을 따라 죽는 일은 하늘이 무너지고 땅이 무너지는 것과 같이 그 이치가 확고하다. 그러나 남편을 따라 죽는 이는 드물다. 혹 있어도 가깝게는 한 달이 지나고 멀면 3년을 지낸 후였다. 조 열녀처럼 그날 즉시 목숨을 끊은 사람은 들어보지 못했다. 조 열녀는 하읍 노예의 부인이다. 눈

이원익

성호 이익

미수 허목

이원익(1547~1634)
두 서녀의 정절 자결로 명성이 자자해진 이원익은 인조조에 영의정을 지냈다. 딸의 열행과 부친의 절의를 연결시키는 담론이 형성된 것이다.

성호 이익((1681~1763)
정절에 관한 자신의 생각을 적극적으로 피력한 지식인 중의 한 사람이다. 그는 열녀가 대중화되는 사회 현상을 교화가 잘 구현되었음을 말해주는 것으로 보았다.

미수 허목(1595~1682)
열녀가 된 이원익의 두 서녀에 대한 전기를 썼다. 허목은 두 여성의 열행이 그의 부친 이원익의 정신에서 나온 것으로 보았다.

순암 안정복(1712~1791)
열녀를 적극적으로 칭송하는
입장에 있는 지식인이다.
특히 그는 정절 자살을 부부의
지극한 정을 완성한 정신의 승리이자
도덕의 완성으로 보았다.

순암 안정복

연암 박지원

연암 박지원(1737~1805)
열녀 현상을 매우 불편하게 여긴 연암은
자결로 생을 마감한 열녀들의 행위를
무모한 죽임이거나 과도한 자기희생으로 보았다.
연암은 열녀 4백 여 년의 역사에서
처음으로 성찰적 접근을 시도한 사상가다.

다산 정약용(1762~1836)
정절 비판의 입장에 있지만
연암이 서 있는 지점과는 차이가 있다.
다산의 비판은 열녀를 생산해내는 제도나
문화가 아니라 열행烈行의 진정성 여부에 있다.
즉, 열녀 현상을 사회 구조의 문제로 보기보다
미숙한 의식을 가진 여성 개인의 문제로
향한다는 점이다.

다산 정약용

으로 시례를 보지 못했을 터이고 귀로 의리를 들어보지 못했을 터다. 그리하여 종신토록 절개를 고치지 말아야 한다는 떳떳한 도리에 대해서도 잘 알지 못했을 터다. 하물며 남편이 죽자마자 죽었음에랴. 의기가 감한 바 순식간에 목숨을 결단했으니 이는 강개하여 몸을 죽인 자다. 장렬하다. 장렬하다.[552]

조선 후기의 성호 이익은 모든 계층의 여자들이 정절을 소중하게 여긴다고 하고, 그런 풍습은 교화가 잘 이루어진 증거라고 했다. 여기서 정절을 위한 열녀의 죽음은 결국 국가와 지식인의 승리로 연결된다.

우리나라의 아름다운 풍속에 중국도 따르지 못할 것이 있는데, 미천한 여자도 절개를 지켜 개가하지 않는 것이다. 이는 국법에 개가한 자의 자손은 청선淸選의 길을 허락하지 않기 때문이다. …… 벼슬에 희망이 없는 여염의 미천한 부녀자와 여종들도 때로는 음욕을 금하고 정조를 지킬 줄 아는 자가 있으니, 교화가 사람에 미치는 영향이 장원함을 이런 데서 찾아 볼 수 있다.[553]

또한 성호 이익은 관아의 관할 지역에 살던 선비 이함李涵의 처 권씨의 열행에 대한 정문을 요청하는 글을 썼다. 그는 "목숨을 버릴지언정 절개를 변치 않는 것은 생민生民의 큰 절개이고, 선악善惡을 드러내고 구별하여 풍교風敎를 세우는 것은 국가의 아름다운 법도"라고 했다.[554] 이어서 그는 국가가 권장하는 미풍양속이 궁벽한 시골 민가에서 일어날 경우 묻혀버리고 마는 경우가 있다고 하고, 그런 일을 발굴하여 세상에 알리는 일은 교화를 책임진 지식인의 임무라고 했다.

성호 이익에 의하면 권씨는 혼인 약속만 이루어진 상태에서 신랑 될 이의 부음을 듣게 되었다. 곧바로 권씨는 "울부짖고 혼절하며 물이나 국조차 입에 대지 않아 거의 죽을 것만 같았다"고 한다. 그러고는 의리상 시부모님을 뵙고 인사를 드리고 죽어야 한다고 여겨 행장을 꾸려 시집으로 갔다. 빈소에 이르러 곡哭을 하고 발을 구르는 것을 예법에 맞게 했지만, 죽을 뜻을 품었기에 음식을 거부했다. 이익이 묘사한 권씨의 모습을 직접 볼 필요가 있다.

꼬박 20여 일을 이렇게 하여 간이 마르고 폐가 타들어가 앙상하게 말랐지만 조금도 마음을 바꾸지 않았습니다. 그리고 스스로 병病이 이미 손쓸 수 없는 지경에 이르렀다고 판단한 뒤에야 비로소 시부모의 명을 따라 죽을 마셨는데, 얼마 되지 않아 생을 마쳤습니다. 시부모가 죽음에 임박하여 신부에게 한스러운 일이 무엇이냐고 물으니, 공손히 대답하기를 "죽기를 구하여 죽음을 얻었으니, 다시 무엇을 원망하겠습니까" 하고는 마침내 죽었습니다. …… 저 권씨는 어리고 연약한 몸으로 규방閨房에서 성장했지만, 말은 윤리에 들어맞았고 행동은 법도에 들어맞았으며, 한결같이 차분하게 행동하다 죽고 나서야 그만두었으니, 누가 그보다 어질겠습니까, 누가 그보다 어질겠습니까.[555]

이 글은 정문을 요청하는 글로 관부官府에 보고하는 성격을 지닌 것이다. 따라서 '열녀'의 행위가 얼마나 어렵고 얼마나 극적인가를 그리고 사람들의 마음을 얼마나 흥기시켰는가를 강조해야 했을 것이다.

그렇다 하더라도 열녀의 행위에 적극적으로 동조하지 않고는 쓰기 힘든 글이라 할 수 있다.

성호 이익의 문인 순암 안정복安鼎福(1712~1791)도 열녀를 긍정하는 적극적인 글을 쓴 학자 중의 한 사람이다. 그가 보는 열녀는 정절을 지킨다는 단순한 의미보다 부부의 지극한 정을 완성했다는 점에 있는 것 같다. 부부의 신의를 이루어낸 것이야말로 정신의 승리이자 도덕의 완성이었다. 그는 성균관사성 정광운鄭廣運(1707~1756)의 처 조씨의 열행을 상세하게 기록했다.

> 병자년(1756, 영조 32) 겨울에 정공의 병이 위독하자 숙인은 병을 치유할 수 없음을 알고 공에게 이르기를, "따라서 죽겠습니다"라고 했다. 임종할 때 숙인이 즉시 자결하려고 했으나 자녀들이 붙잡아 말렸으므로 자결하지 못했는데, 이에 말하기를, "3년 이내는 모두 죽을 수 있는 날이다"라고 하고, 큰 소리로 울다가 기절하여 한참 지나서야 깨어났다. 이때 숙인의 나이가 52세였는데, 하루에 쌀 한줌의 밥도 먹지 않았고 몸에서는 상복을 벗지 않았다. 그리고 공의 시신을 덮었던 이불과 깔았던 자리를 늘 깔고 자면서 말하기를, "내가 죽으면 이 물건들을 같이 묻으라"라고 했다. 그리고 헝클어진 머리에 때 묻은 얼굴로 우는 울음소리가 3년 동안 끊이지 않았다. 또 말하기를, "한 가닥의 목숨을 끊을 수 없다면 나의 마음을 다할 수 있는 것은 제사지내는 데에 있다"고 하고, 아침저녁에 상식上食을 올리고 초하루 보름에 제전祭奠 드리는 제물을 자신이 직접 마련했는데, 이 일을 3년 동안 하루도 거르지 않았다.[556]

조씨는 남편의 대상을 3일 앞두고 또다시 독약을 마시고 쓰러졌다. 옆에 있던 사람이 급히 조처하는 바람에 구제되었다. 그러고는 여러 자녀와 집안 식구를 안심시키며 "이젠 너희들을 위해 살아야겠다"고 했다. 그런데 대상이 지난 보름 후 조씨는 사람이 없는 때를 틈타 옆방에 들어가 오래도록 나오지 않았다. 집안사람이 찾아보았더니 정신을 잃고 쓰러진 채 구토를 하고 있었는데 독약 냄새가 사람의 코를 찔렀다. 해독약을 써보았으나 이미 구제할 수 없었다. 남편 정공을 따라 죽으려 하여 세 번이나 목을 매었다가 세 번 모두 구조되었지만 이젠 손을 쓸 수가 없게 되었다. 유서가 나왔는데, "기필코 애초의 마음을 저버리지 않기 위해서다. 또한 너희들이 이미 장성하여 집안일을 맡길 수 있으니, 내가 다시 무엇을 염려하겠는가" 했다. 이듬해 3월 1일에 정공의 묘 왼쪽에 부장祔葬했다. 이 조 열부를 평가하는 순암의 말을 직접 들어보자.

아, 부부의 윤회는 남녀가 있은 때로부터 시작되었는데, 부녀자의 숙덕淑德과 정절 가운데 역사에 기록되어 빛을 뿜고 있는 경우를 어떻게 이루 다 말할 수 있겠는가. 부인의 경우 부모와 시부모에게는 효성과 공경을 다했고 가족에게는 우애와 화목을 두터이 했으며 부부간에는 금슬이 화목하여 반평생을 해로한 나머지 자녀들이 줄을 이루었는데, 그러고도 끝내 자결하여 죽기를 마치 고향으로 돌아가듯이 여겼으니, 이러한 사람이 고금에 몇 사람이나 있었겠는가. 부녀자의 덕은 비록 유순한 데에 있는 것이지만, 정절을 세워 명성을 전한 경우란 모두 정렬을 바탕으로 삼았던 것이다.[557]

안정복에 의하면 조씨의 죽음은 사론士論을 형성하기에 충분하여, 그 열행을 관부에 알려 공인을 받고자 했다.558 그런데 심사에서 탈락했다. 조씨의 열행이 국가의 공인을 받지 못한 것에 대해 순암은 행적을 심사할 관리들이 "덕을 아는 사람이 없었기" 때문에 그녀의 "남모르는 훌륭한 절의와 덕행이 인멸되어 드러나지 못하게 되었으니" 세상이 돌아가는 형세를 탄식하지 않을 수 없다고 했다. 순암의 말대로 열행을 심사하는 관리들이 과연 덕을 알지 못했을까?

정광운의 아내 조씨가 정문 대상에서 탈락하게 된 다른 이유는 없었을까. 안정복은 정광운과 각별한 우정이 있어 그의 행장을 쓰기도 했다. 반면에 정광운에 대한 '사론士論'은 그다지 좋지 않았다. 지평의 벼슬에 있던 정광운은 노는 것이 음란하고 여항의 여자 중에 자색이 있으면 돈으로 탈취하기를 서슴지 않아 세상이 다 비루하게 여기고 동료 벼슬아치들은 그 때문에 수치스러움을 금치 못한다는 보고가 있었다.559 그는 결국 양녀良女를 겁탈한 죄로 파직당했다.560 열행을 심사하는 관리들에게도 눈과 귀가 있을 터, '음란 남편'에 '정절 부인'은 뭔가 어울리지 않는다고 생각한 것은 아닐까.

안정복은 또 자결한 집안 여성의 행록을 통해 자신의 정절관을 유감없이 표현했다. 열행의 주인공은 여흥 이씨인데, 그녀의 시부가 순암에게 글을 부탁한 것이다. 당대 이름난 학자가 며느리의 열행을 글로 남겨 준다면 집안의 영광이자, 집안의 흥기를 기약할 수 있을 것이기 때문이다.

지금 그대 며느리의 행적을 두서너 번 읽고 저 자신도 모르게 마음과 뼛속이 시리기에 곧바로 언문으로 번역하여 집안 며느리와 아이들에게 보여 우리 일가에 이러한 열부烈婦가 있다는 것을 알게 했습니다.[561]

열행의 주인공 여흥 이씨는 남편의 병구완을 지극정성으로 했고, 한겨울에는 목욕재계하고 하늘에 기도하여 대신 죽기를 기도했다고 한다. 그리고 남편의 상례에는 최선을 다해 임했고, 남편의 시신을 입관하던 날 약을 마시고 자결했다. 이 행위를 서술하는 순암의 입장을 보자.

이때 그 시부가 위로하여도 마찬가지로 대답하고, 동서들이 타일러도 마찬가지로 대답했으며, 아홉 살짜리 아들과 열네 살짜리 딸이 부여잡고 슬피 부르짖자 뿌리치고 돌아보지 않으면서, "나의 마음은 이미 정해졌으니 달리 말할 것이 없다" 하고는, 숨을 거두었다. 이는 차분하게 의義에 나아가 죽음 보기를 돌아가는 것처럼 여긴 것으로서 규방의 부녀자가 할 수 있는 일이 아니다. 그런데도 능히 이렇게 했으니, 어찌 굳세지 않겠는가. 아, 예로부터 남자로서 성현의 글을 읽어 의리에 대해 아는 자가 얼마나 많았던가. 그러나 끝에 가서는 이름을 망치고 행실을 그르치면서도 조금도 부끄러워하지 않은 자는 유독 무슨 마음이란 말인가.[562]

안정복은 여흥 이씨가 남편을 따라 자결한 사실을 정렬의 완성으로 보아 극찬했다. 게다가 그는 이씨의 종사從死를 부부의 지극한 정의 결과로 보았다. 열부의 시부인 안경시에게 보낸 편지에서 안정복은 "하찮은 의리에 얽매인 사람"과 달랐다고 한 점이 이를 뒷받침한다.

또한 열녀를 위한 시에서도 그 점이 드러난다.

> 외로운 원앙 하늘을 나니 슬피 울며 짝을 찾는다네
> 찾다가 찾지 못하면 따라 죽는 것도 마다하지 않는다네
> 역시 열부가 있어 보고 느껴 맹세를 했으니
> 부부의 의리가 중하기에 함께 갈 생각 간절했다네
> 아름답고 착한 부인 있으니……[563]

안정복은 정렬의 실천에는 상황과 등급의 차이가 있다고 했다. 위급한 상황에서 '오직 몸을 온전히 하는 것'을 목적으로 한 경우, 남편이 죽고 외롭게 수절하는 경우, 자식 등 모든 것이 갖추어져 있지만 유독 '부부의 의리'를 중시하여 차마 혼자 살아남아 이후의 즐거움을 누리지 못하는 경우도 있다. 순암은 마지막 세 번째 경우가 가장 어려운 선택이라 했다. 여흥 이씨는 바로 세 번째 경우에 해당한다.

여흥 이씨의 행적은 그의 시아버지가 서술한 '실적實跡'과 시숙이 "백방으로 주선한" 결과 정려 대상으로 통과되었다. 그런데 형조에서 부결하는 바람에 관철되지 못했다.[564] 이는 사건이 난 2년 후인 1779년(정조 3)의 일이다. 그러니까 안정복의 '열녀 여흥 이씨의 행록 뒤에 쓰다'는 제목의 글은 부결된 '열녀'를 재심에 제출하기 위해 쓴 것이다. 이 글은 1781년(정조 5)에 쓰였고 여흥 이씨는 2년 후인 1783년(정조 7)에 정려 대상자로 선정되어 복호를 받았다.[565] 여기서 열녀 생산에 적극 참여한 지식인의 역할을 볼 수 있다.

아정 이덕무李德懋(1741~1793)도 열녀 전기를 통해 자신의 정절관을

표현했다. 그는 고모와 조카 사이인 송화현 두 여성이 보여준 열행을 기록하여 〈양열녀전〉이라는 작품을 남겼다. 두 여성은 이덕무 자신의 외가쪽 아저씨의 인척이라고 했는데, 이 아저씨의 부탁으로 그가 준 정보를 가지고 재구성한 것이다.

> 송화현松禾縣 열녀 이씨는 이홍도李弘道의 아내다. 남편과 동갑이었는데, 아내의 도리를 다하여 섬기다가 22세에 남편이 죽자, 이씨는 슬픔을 이기지 못하며 항상 따라 죽으려고 하여 바늘까지 삼켰으나 죽지 않았다. 꿈에 남편이 나타나서 말하기를, "그대가 죽으려 함은 지성스럽지만 그러나 정해진 명命이 있으니 바꿀 수 없소. 50년 후 내가 죽은 날에 그대도 돌아올 것이오" 했다.[566]

이에 때를 기다리기로 한 이씨는 3년상 때 입던 소복만을 종신토록 입었다. 평생 술지게미만 먹었고 거친 짚자리에서 잤다. 과연 50년 전 남편이 죽은 바로 그날 남편의 제사를 준비하다가 72세의 나이로 죽었다.

이씨는 어려서 어머니를 잃은 조카딸을 양육했는데, 그녀도 열녀가 되었다. 조카 이씨는 《소학》과 《사기》를 읽고 17세 되던 8월에 시집을 갔다. 그런데 10월에 신랑이 신부를 데려가려고 대동강을 건너오다가 빠져 죽었다. 소식을 들은 이씨는 곧바로 강으로 달려가 빠져 죽으려고 했으나 좌우에서 말리는 바람에 죽음을 모면했다. 이어 수차례 강가로 달려가 죽으려고 했으나 실패했다.

밤에 몰래 우물에 가서 빠져 죽었다. 날이 밝자 모두들 알고 건져냈다. 그런데 발끝에서부터 가슴에 이르기까지 명주를 둘둘 감았는데 단단하여 풀 수가 없었다. 그리고 그의 유서에는 집안일에 대한 것과 시부모와 친정부모 및 모든 형제들에게 결별하는 내용이 실려 있고, 또, "감았던 명주와 소복을 벗기지 말고 그대로 염습하여 주기 바라며, 크게 한스러운 것은 남편의 시체를 찾지 못한 것이니, 만일 끝내 찾지 못하거든 남편의 의복·모발과 함께 묻어주십시오. 이것이 나의 소원입니다" 했다. 무오년(1738, 영조 14)에 감사가 그 일을 조정에 올리니, 정려문을 세우도록 명했다.[567]

사람들은 "아! 열녀가 열녀에게 배워서 마침내 열녀의 이름을 이루었으니 또한 특이하도다" 했고 이덕무는 두 열녀에 대해 찬贊을 지었다.

여자의 행실이여
어찌하여 나로 하여금 공경하는 마음이 일어나게 하는가
송화 땅이여
어찌하여 두 열녀를 함께 나게 했는가.[568]

한수재 권상하權尙夏(1641~1721)의 열녀론은 기괴스럽기까지 하다. 권상하의 글은 계원이었던 조성좌가 죽자 그 아내 권씨의 열행을 조정에 알려 정문을 받기 위해 쓴 것임을 먼저 알 필요가 있다. 이에 의하면 열녀 권씨는 19세에 조성좌의 아내가 되었는데, 얼마 지나지 않아 남편이 죽었다. 목 매어 죽기를 여러 번 시도했으나 집안 사람들에게 발각되어 소생하곤 했다. 그럼에도 그녀는 계속 자결을 시도했다.

권상하는 말한다.

　…… 한 길 이상 되는 당堂 아래로 일부러 여러 번 떨어져서 온몸이 다쳐 깨지고 갈비뼈가 부러지고 했으며, 쌀 한 톨도 입에 넣지 않았으니, 대체로 그의 생각은 만일 다쳐서 죽지 않으면 반드시 굶어서라도 저절로 숨이 끊어지게 하고자 해서였습니다. …… 권씨는 능히 실낱같은 목숨을 지탱 연장하여 수월을 지냈으니, 이 또한 괴이한 일입니다. 그는 마침내 힘줄과 뼈가 다 마르고 두발頭髮이 쑥대강이처럼 흐트러졌으며, 몸에는 살 한 점도 없어 귀신의 몰골이 되어버렸으므로, 집안사람들도 그를 알아보지 못했습니다. 그래서 끝내 10월 2일에 갑자기 절로 숨이 끊어졌습니다. 원근에서는 모두 "효성스럽다, 이 여인이여. 열녀로다, 이 부인이여!"라고 칭찬하고 …… 20년이 지난 오늘날에도 모두 이구동성으로 그의 아름다운 행실을 이야기하며 감탄하여 마지않으니, 이런 사람은 그 인륜을 제대로 행한 사람이라고 이를 만합니다.[569]

　여기 소개된 열녀 권씨와 그녀를 찬양하는 주위 사람들 그리고 한수재까지 포함하여 이들의 생각과 행위를 오늘날의 시선에서 보면 집단적 병리현상에 가까운 것이다. 이들의 사고와 실천을 그 사회적 맥락에서 제대로 읽어낼 수 있는 해석의 도구가 개발되어야 할 것이다.

　"한 남편을 섬기다가 죽어야 하는 것"이 "우주의 원리이자 고금의 표준이 된다"는 이념은 20세기를 바라보는 남성 지식인들에게도 통용되었다. 면암 최익현(1833~1907)은 1896년에 자결한 18세의 하씨 부인의 사건을 다루었다.

아, 부인이란 한 남편을 섬기다가 죽는 것이므로 부위부강夫爲婦綱은 군위신강君爲臣綱·부위자강父爲子綱과 더불어 삼강三綱이 되어, 우주를 떠받들고 고금의 표준이 되는 것이다. 이 의리가 하루라도 그치거나 쉬게 되면 인류는 금수를 면치 못하여, 마침내 시체가 산을 이루고 피가 내를 이루는 화를 당하게 될 것은 너무나도 분명한 일이다. 그런데 오늘날의 삼강을 보면 과연 어떻게 시행하고 있는가. 아, 하씨는 나이가 20도 채 안 되는 시골의 한 여인인데도 한 남편을 섬기는 의리를 지켜서 삼강의 도를 밝혀 쇠퇴한 세상의 풍속을 부지시켰으니, 비록 옛날 충신과 효자로서 군부君父를 위해 순절한 자라 할지라도 하씨보다 낫지는 못하리라. 아, 얼마나 장한가. 저, 아들이 되어 부강父綱을 멸하고 신하가 되어 군강君綱을 멸하여, 즐거이 금수가 된 자들도 이 하씨의 정려를 지나게 되면 그래도 부끄러움을 알게 되지 않을까.[570]

이상에서 본 것처럼, 열녀들은 과연 국가나 남성 지식인들이 보고자 했던 바 그대로였을까. 전란과 같은 위급한 상황에서 성폭력에 직면한 여성이 신체 훼손이나 죽음으로 저항한 것을 의리의 체현으로 보아 칭송하는 것의 문제는 무엇일까? 여성의 죽음을 이러한 방식으로 서술할 때 살아있는 여성은 어떤 교훈을 얻게 되는 것일까? 조선 후기 글을 하는 대부분의 지식인들은 자신들의 문집 속에 구색 맞추기의 차원인지 '열녀전' 부류의 글을 적어도 한 편 이상 보유하고 있다. '열녀전'이나 '열부전'의 형태로 된 지식인들의 저술행위는 바깥세계와 소통하는 일종의 사회적 행위였던 것으로 보인다. 이것은 열녀의 절개와 자신의 지조를 동일시하는 방식으로 강상綱常윤리에 근거한 조선의 정치권력을 지지하는 것이 될 것이기 때문이다.

정절의 탈규범화와 열녀 성찰

일군의 비판적 지식인들은 열녀현상을 매우 불편하게 여겼다. 그들은 자결로 생을 마감한 열녀들의 행위를 무모한 죽음이거나 과도한 자기희생으로 보았다. 정시한丁時翰(1625~1707)의 집안에 열녀가 나오자 주변에서 조정에 정문旌門을 요청하자고 했다. 이에 그는 "그만두라. 까닭 없이 남편을 따라 죽는 것은 바른 의리가 아니다. 절렬節烈을 표창하는 것은 문호의 복을 기르는 것이 못 된다"며 거부했다.[571]

연암 박지원朴趾源(1737~1805)은 〈김유인사장金孺人事狀〉이라는 글에서 김씨의 종사從死 사건을 서술했는데, 정절을 맹목적으로 찬양하던 기존 관점과 거리를 느낄 수 있다.

> 우리나라 민속으로는 한 지아비를 좇으며 일생을 마치는 것이 바로 상법常法이어서, 비록 누항의 서민으로 빈천하여 의지할 곳 없는 처지라 하더라도 청상과부로 지내면서 백발이 되도록 제 힘으로 살아간다. 이를 옛날의 의로 따져본다면 절부가 아닌 사람이 없다. 이것은 우리나라 수천 리 강역과 나라 세운 4백 년 동안에 회청대懷淸臺를 마을마다 쌓을 수 있고, 의를 지킨 것을 기리는 정문旌門이 집집마다 세워질 수 있을 정도다. …… 물불의 위험에 뛰어들기를 즐거운 곳에 달려가듯이 하며, 독약을 마시거나 목매달아 죽는 것을 유쾌한 일인 듯 여긴 연후에라야 마침내 하늘같은 지아비에게 진성盡性한 셈이 되고, 비로소 그 절의를 나타낸 것이 된다.

개가 금지가 상법화常法化 된 지 4백 년이 지난 연암의 시대에는 수절 부인은 거의 상식이 되었다는 이야기다. 박지원은 집집마다 마을마다 정절녀를 위한 정문旌門이 즐비하지만, 수절만으로 모자라 물불가리지 않고 곧바로 죽음으로 달려 들어가는 행위를 '성性을 다하고' '절의를 완성'한 최고의 실천으로 여긴다고 했다. 〈김유인사장〉은 열녀현상에 대한 서술일 뿐 연암의 주관성은 개입되어 있지 않은 것으로 보인다. 그러나 이 글은 직접적인 비판은 아니지만 제도와 풍습 등으로 초래된 현실에 대한 비판의식이 내재되어 있다. 이어지는 내용은 열녀를 부추기는 지식인들, 즉 군자라고 하는 자들의 문제의식을 비판한 것으로 보인다.

슬프다! 그 덕행이 엄하고 혹독하고 사무치고 매섭기가 저와 같은 사람이 있는데도, 군자는 오히려 부모로부터 받은 몸을 손상하지 않고 즐거운 마음으로 의를 지킨 경우를 유감스럽게 여기기도 하니, 어찌 소위 죽음 앞에서 취한 기개 있는 행동과 차분한 행동에는 행하기가 어렵고 쉬운 차이가 있어서가 아니겠는가. 근일 오씨의 아내 김유인이 죽음으로써 의를 성취한 것은 성명의 바름을 얻었다고 하겠으며, 군자가 어렵게 여기는 행동이란 점에서도 아무런 유감이 없다.[572]

여자들로 하여금 생명을 버림으로써 열행을 이루도록 부추기는 자들이 있는데, 다름 아닌 지식인들이라고 연암은 말하고 싶었던 게 아닐까. 사실 군자들의 요구는 신체를 온전히 지켜야 할 효의 의무에 위배된다는 점도 살짝 지적했다. 연암은 김유인의 죽음을 적어도 '의리의 성취'라든가 '성명의 바름' 따위로 보지는 않는다. 하지만 이 사장事狀은 정문旌門을 받기 위해 상부에 보고하는 성격의 글이기에 자신의 생각을 그대로 표현할 수 없을 뿐만 아니라 가능한 최상의 수사를 써서 그 행위를 의미화해야 하는 것이다. 그래서 연암은 글의 전반부에서 조선 4백 년 정절의 역사와 풍습을 '객관적'으로 서술했고, 마지막 부분에서 '군자'들의 요구에 부합하는 '열행'이라고 평가한 것이다.

객관적 서술의 형태를 취하면서 그 안에 강한 비판의식을 담고 있는 연암 고유의 글쓰기는 〈이열부사장李烈婦事狀〉에서도 구현되었다. 〈이열부사장〉은 선비 박경유의 아내 이씨의 열행을 다룬 것으로 그 집안의 요청을 받아 어쩔 수 없는 상황에서 쓴 것이라 생각된다.

남부에 사는 아무 직책을 맡은 아무개 등은 남양 이씨의 절사節死한 사실을 삼가 정장呈狀합니다. 이씨는 문장과 덕행을 지닌 선비인 박경유의 아내입니다. 그래서 저희들이 마을 안의 제일 어른 집에 일제히 모였는데, 어떤 이가 감격에 겨워 눈물을 흘리면서 말하기를, "기이하도다! 우리들이 이런 일을 한 것이 이번으로 두 번째요, 10년 사이에 이런 일이 모두 한 집안에서 나왔는데 우리가 전번에 이미 소지를 올려 목적을 달성했으니, 어찌 뒤의 일인들 혹시 조금이라도 늦출 수 있겠소?" 했습니다.[573]

연암이 서술한 바, '감격에 겨워 눈물을 흘리다'라든가, '한 집안에서 두 번째 일어난 일'이라든가, '전번에 소지를 올려 목적을 달성했다'라는 표현에 주목할 필요가 있다. 자신의 생각을 직접 드러내지 않고 다른 사람의 말을 인용하는데, 이씨의 결행이 집안사람들의 은근

한 기대 속에서 일어났음을 알리고 있다. 또 이씨가 자결하자 그들은 '감격하며' 쾌거를 부르는 듯한 분위기였음을 전하고자 했다. 열녀의 행적을 중앙에 보고하는 형태의 글이지만, 정절 자살에 대한 강한 거부감을 우회적으로 표현한 것이라 할 수 있다. 이외에도 박지원은 〈열녀함양박씨전〉에서 동전을 굴리며 외롭고 쓸쓸했던 긴긴 밤을 참아낸 노모의 수절담을 소개하며 '서술되는 열녀'에서 '제 목소리를 내는 열녀'를 그리려고 시도했다.

> 제齊나라 사람의 말에, "열녀는 지아비를 두 번 얻지 않는다" 했으니, 이를테면 《시경》 용풍鄘風 백주柏舟의 시가 바로 이것이다. 그러나 《경국대전》에 "개가한 여자의 자손은 정직正職에는 서용敍用하지 말라"라고 했으니, 이것이 어찌 일반 백성과 무지한 평민들을 위하여 만들어놓은 것이랴. 마침내 우리 왕조 4백 년 동안 백성들이 오랫동안 앞장서 이끄신 임금님들의 교화에 이미 젖어, 여자는 귀하든 천하든 간에, 또 그 일족이 미천하거나 현달했거나 간에 과부로 수절하지 않음이 없어 드디어 이로써 풍속을 이루었으니, 옛날에 칭송했던 열녀는 오늘날 도처에 있는 과부들인 것이다. 심지어 촌구석의 어린 아낙이나 여염의 젊은 과부와 같은 경우는 친정부모가 과부의 속을 헤아리지 못하고 개가하라며 핍박하는 일도 있지 않고 자손이 정직에 서용되지 못하는 수치를 당하는 것도 아니건만, 한갓 과부로 지내는 것만으로는 절개가 되기에 부족하다 생각하여, 왕왕 한낮의 촛불처럼 무의미한 여생을 스스로 끝내버리고 남편을 따라 죽기를 빌어, 물에 빠져 죽거나 불에 뛰어들어 죽거나 독약을 먹고 죽거나 목 매달아 죽기를 마치 낙토를 밟듯이 하니, 열녀는 열녀지만 어찌 지나치지 않은가.[574]

한편 다산 정약용(1762~1836)의 열부론은 정절 비판의 새로운 차원을 보여준 것으로 생각된다. 물론 행위를 수식하고 과장해야 하는 정문呈文의 글과 달리 자신의 진솔한 관점을 피력할 수 있었던 글의 성격에 연유한 바도 있겠다. 그는 충忠·효孝·열烈이 임금을 위해, 부모를 위해, 남편을 위해 죽는 것을 의미한다면, 죽음 그 자체보다는 어떻게 죽었느냐, 그 본래의 정신이 있는가 하는 것을 따져야 한다고 보았다. 규범과 형식만을 갖춘 것은 진정한 의미의 충·효·열이 아니라는 것이다. 다산은 말한다.

남편이 죽자 아내가 따라 죽은 경우 이를 열부烈婦라고 하면서 마을에 정표旌表하고 호역戶役을 면제해주는가 하면 아들이나 손자들의 요역繇役까지도 감면해주는 것은 무슨 까닭인가? "이는 열부가 아니라 소견이 좁은 여자인데 유사有司가 살피지 못했을 뿐이다." 그렇다면 명예를 얻기 위한 마음이 있어서인가? "아니다. 그런 마음은 없었을 것이다." 혹 특별한 한恨이 가슴속에 맺혀 있어서일 수도 있는 것인데, 기필코 열부가 아니라고 하는 것은 무슨 까닭인가. 이 세상에서 죽기보다 더 어려운 것이 없는데 저 보잘것없는 일개 여인이 스스로 목숨을 끊었다. 그런데도 기필코 열부가 아니라고 하는 것은 무슨 까닭인가?[575]

다산은 스스로 질문하고 답하는 형식을 통해 무엇이 진정한 열행인가를 제기한다. 남편을 따라 죽기를 결정했다면 그것이 의義에 합당한 것인가를 따져야 한다는 것이다. 의義에 합당한지 여부에 따라 열행으로 평가될 수도 있고 단순 자살로 처리될 수도 있다. 다산이 제시한 '의에 부합한 죽음', 즉 열행烈行은 네 가지다. '맹수나 도적으로부터 남편을 호위하다가 죽은 경우', '자신이 도적이나 치한의 겁간을 피하다가 죽은 경우', '과부인 자신을 부모형제가 강제로 재가시키려 해서 항거의 뜻으로 죽은 경우', '남편의 원수를 갚으려다 형벌에 빠져 죽은 경우'가 그것이다. 하지만 다산이 보기에 그의 시대 '열부'로 승인된 자들은 '의義로운 죽음'이 아니라 '흉한 죽음'인 단순 자살 사건일 뿐이다.

지금은 이런 경우가 아니다. 남편이 편안히 천수를 누리고 안방 아랫목에서 조용히 운명했는데도 아내가 따라 죽는다. 이는 스스로 제 목숨을 끊은 것일 뿐 아무것도 아니다. 이런 죽음이 의義에 합당한 것이냐 하면 천부당만부당하다. 나는 확고히 스스로 목숨을 끊는 것은 천하에서 제일 흉한 일이라고 여긴다. 따라서 이미 의에 합당한 자살이 아니라면 그것은 천하의 가장 흉한 일이 될 뿐이다. 이것은 단지 천하의 가장 흉한 일인데도 관장官長이 된 사람들은 그 마을에 정표하고 호역을 면제해주는가 하면 아들이나 손자들까지도 요역을 감해주고 있다. 이는 천하에서 가장 흉한 일을 서로 사모하도록 백성들에게 권면하는 것이니, 어찌 옳다고 할 수 있겠는가.[576]

그런데 다산이 열녀를 비판하는 것은 열녀를 요청하는 제도나 문화 그 자체는 아니다. 그는 '의로운 죽음'의 '열烈'을 포기하지는 않는다. 문제는 진정한 열烈인가를 따져야 한다는 것이다. 다시 말해 다산이 비판하는 지점이란 열녀를 생산하는 사회적 구조가 아니라 '소견 좁은' 열녀 개인의 수준 문제다. 여기에 행정 처리에 미숙한 관료의 수준이 결합되어 파생된 것으로 보았다. 소견이 좁다는 것은 여자로서 추구해야 할 덕목이 '열烈'만 있는 것이 아니라 자식으로서의 효孝와 어버이로서의 자애慈愛가 있는데 삶의 전반적인 구조에 대한 성찰이 없다는 뜻으로 쓰였다. 그는 남편이 죽는 것은 한 가정의 불행이지만 늙은 부모와 어린 자녀를 양육해야 할 임무가 죽은 남편의 아내 되는 사람에게 있다고 한다.

자신의 간을 베어 어버이의 병을 치료했다는 효부, 넓적다리를 베어 삶아 남편의 병을 낫게 했다는 열녀, 간이나 심장을 떼어내 어버이 병을 치료하고도 씻은 듯 상처가 없어졌다는 각종 '괴담'들이 효열孝烈 서사의 대표적인 패턴이다. 이에 정약용은 "간을 베어도 죽지 않는 것은 마술이다. 이는 사람의 눈을 속이는 것인데, 모르는 사람들은 효자라고 여기게 되는 것이다. 이런 자들은 왕법王法에 비추어 반드시 용서없이 베어야 한다"[577]고 말한다. 다시 말해 다산이 비판하는 것은 열녀를 생산하는 국가의 제도와 이념이 아니라 죽음의 성격과 정신이 열행에 부합하는가에 있다. 또 그 행위를 평가할 능력을 행정 관료들이 갖추고 있는가를 물었다는 점에서 그의 비판은 상당히 제한적이다.

혜강惠岡 최한기崔漢綺(1803~1877) 역시 열녀를 유학의 근본에서 벗어난 말류의 폐단으로 보았다. 그는 몸을 죽여 인仁을 이루는 것은 진실로 군자의 대절大節이지만 한 사람이 죽음으로써 만백성을 살리는 도道를 체득한 사람은 드물다고 했다.

그리하여 말류의 폐단은 혹 죽지 않아도 되는데 죽음으로 나아가면서, 적을 꾸짖는 것으로 절의를 삼고 목숨을 재촉하는 것으로 사업을 삼아, 살신

성인殺身成仁한 사람과 같이 일컬어지기를 바란다. 효자와 열녀의 경우에도 부당하게 기록된 경우가 많아서, 진짜 효자와 열녀로 하여금 혼동되게 만들고 있다. 용인하는 사람은 반드시 이 점을 살펴서 후세 용인의 준적準的을 창도해야 한다.[578]

연암과 다산, 혜강의 열녀론은 열녀를 맹목적으로 찬양하는 부류와 달리 '온 나라 절부 아닌 사람이 없다'거나 '소견 좁은 여자', '말류의 폐단' 등 다양한 표현으로 열녀를 비판했다. 하지만 열녀의 문제나 그 비판의 지점에서는 세 사람의 생각이 조금씩 다르다. 한편 열녀에 대한 성찰의 분위기가 18세기 후반에 대두된다는 점에서 열녀 인식의 문제가 시대와 맞물려 전개되는 측면이 있다. 하지만 이것만으로는 조선 후기 지식인의 열녀론을 제대로 평가할 수가 없을 것이다. 지식인은 체제 구속적 측면이 있기도 하지만 지식인 고유의 자기 영역을 펼쳐나간 점도 인정해야 하기 때문이다. 어느 시대이건 자기 시대의 문제를 비판하고 성찰하는 가슴과 머리를 가진 지식인들이 있었다. 19세기와 20세기에도 열녀를 칭송하는 '열녀전' 서술이 이어졌음을 볼 때 연암과 다산의 '열녀론'은 성찰의 지점을 제시했다는 점에서 적극적으로 평가될 필요가 있다.

책을 맺으며

이 책은 유교를 국가이념으로 삼았던 조선 5백 년 동안 여성의 성에 대한 관념과 관습의 역사는 어떻게 전개되었을까 하는 질문에서 시작되었다. 여기서 정절貞節이라는 키워드를 만났다. 정절 개념을 통해 펼쳐진 복합적인 의미의 역사를 규명하기 위해 접근의 문을 다각화했다. 네 범주를 통해 밝혀낸 정절의 역사를 요약하면 다음과 같다.

***

1부에서는 정절의 법과 제도를 살펴보았다. 14세기 말에 건국한 조선은 국가를 이끌어갈 법 제도적 구상을 하게 되는데, 여기서 '남녀 사이의 정욕' 관리가 중요한 주제가 되었다. 그것은 예禮로써 선도하고 형刑으로써 책임을 묻겠다는 것으로 최초의 법전 《경제육전》에 반영되었다. 즉, 양반계층의 부녀가 만날 수 있는 범위를 정했는데, 내·외삼촌三寸 이내의 사람들로 한정했다. 어기는 자는 '실행失行한 자'로 논한다고 했다. 그리고 '처녀', '개가改嫁' 등 정절과 관련된 개념들이 법과 제도 속으로 들어왔다. 이 과정에서 '남녀 정욕'을 관리해야겠다는 법전적 구상이 실제 법전에서는 '여성의 정욕'만을 관리 대상으로 정했다. 이렇게 정절을 둘러싼 조선 초기의 법 제도적 모색은 가부장권 강화를 통한 사회통합의 차원이었다.《경제육전》에서는 "사대부의 처로서 세 번 혼인한 자를 실행으로 간주"했고,《경국대전》에서는 "실행한 부녀의 소생所生이나 개가한 여자의 소생은 문반과 무반 모두에 서용하지 않는다"고 했다. 조선 전기의《경제육전》및《경국대전》그리고 조선 후기의《대전속록》및《대전회통》에 이르기까지 "실행 부녀 및 개가녀 자손은 동東·서반西班의 직책 모두에 임용할 수 없다"는 원칙에는 변함이 없었다.

　조선에서는 법전과 유사한 기능을 한 도덕법이라는 게 있었다. 사림들이 주체가 된 '향촌 도덕법'은 조선의 국법이 규정한 것보다 더 엄격한 측면이 있었다. 향촌의 질서 확립에 필요한 실천행위들을 제시한 예안향약과 해주향약을 통해 그 구체적 양상을 살펴보았다. 이들 두 향약은 행위 주체로서의 여성을 '타인의 처'나 '타인의 딸'로 호칭하였고 여성의 정절에 대해서는 엄격한 기준을 제시하면서도 타인[여성]의 정절을 빼앗은 자에게는 관대하였다. 사림들이 자신을 절의 정신을 구현하는 존재로 표방하면 할수록 여성에 대해 정절을 강하게 요구했던 것이다. 이러한 여성의 성에 대한 엄격한 기준은 조선 중기 가족 및 친족제도의 변화와 재구조화 등 사회적 변환을 반영하는 것이다.

그렇다면 정절 관련 범죄의 처벌법은 어떤가. 정절의 법을 제정하던 조선 전기에는 실행失行에 대한 논의가 폭발적으로 일어났다. 실행을 정의하는 데서부터 실행에 대한 처벌의 법안을 마련하는 데까지 그야말로 분주했다. 그런데 실행이란 사실 판단의 범주에 속하기보다 다양한 변주가 가능한 추상적인 용어다. 조선 전기의 실행은 여성의 '못마땅한 모든 행위'를 통칭한 것으로 보인다. 예를 들어 불공 드리러 절에 가는 부녀나 중과 교류하는 부녀, 여승이 되고자 하는 부녀, 산천에서 유흥을 즐기는 부녀 등을 실행녀로 규정했다. 부녀 실행을 처벌하는 기준도 마련되었는데, 《대명률大明律》〈형률刑律·범간犯奸〉에 의거했다. 이와 함께 실적을 올리려는 관리들은 '실행 부녀' 찾기에 급급했다.

《경국대전》이 성립되었지만, 현실에서는 법의 규정보다 더 강하게 처벌하는 경향이었다. 즉, '정절을 해친 죄'에 대한 응징이 강화되었는데, "적모嫡母나 계모繼母가 다른 사람에게 개가했거나 다른 남자와 간음한 경우 고소하라"고 했다. 법 제도를 포함한 여러 장치에 힘입어 열녀가 늘어나자 '열녀에 대한 특혜가 그 당사자에 한하여 효력을 가질 뿐 자손에게 연장해주지 않는다'는 수교受教가 나왔다. 실행에 대한 처벌 또한 법전의 규정보다 그 때마다의 상황논리가 적용되었다. 음행淫行이 친속관계나 신분질서를 교란시킨 경우는 더 엄중한 율이 적용되었다.

조선 후기 사건판례집 《심리록審理錄》은 '정절을 지킨 여성'과 '정절을 해친 여성'에 대한 법 가부장의 태도를 극명하게 드러냈다. 사실에 근거하여 객관적이고 냉정한 판단을 내려야 할 법 집행자는 모든 사건을 가부장의 입장에서 접근했다. 정절 여성에 대해서는 '천고에 사라지지 않을 빛'이라고 하는 반면 음행 여성에 대해서는 "그 남편이란 자는 오장육부도 없는 놈으로 분노를 참는 정도가 지나치고 분별력도 없다"는 식이었다. 유교를 지배 이념으로 한 조선 사회에서, 아내의 간통행위는 남편뿐 아니라 국가와의 관계를 함축하는 것이다. 즉, 남편에 대한 배신이자 국가의 근간인 강상綱常 질서를 해친 행위가 되었다. 법 가부장은 아내의 음행에 대한 남편(가부장)의 분노를 '사나이'의 자연적인 심리현상으로 합리화했다. 그리고 진실에 입각하여 자신의 성적 순결을 주장하며 남편의 범죄를 증언한 아내에게 법 가부장은 '인륜적 도리를 저버린 여인'으로 규정했다. 간통녀의 의혹을 뒤집어쓸지언정 남편을 사지死地로 몰아넣어서는 안 된다는 것이다. 한편 법 가부장은 간부奸夫에 대해서도 분노했다. 간부가 비록 남성이긴 하지만 그의 정체성은 가부장을 위협하는 적대적인 존재, 즉 간통녀의 파트너로서의 의미를 갖기 때문이다.

정절을 지킨 부녀에게 국가는 다양한 방식의 은전恩典을 베풀었다. 조선 전기에는 수절 과부에게 주는 수신전守信田이라는 토지가 있었다. 수신전은 일정 이상의 관직에 종사한 남편이 받았던 전지田地를 남편 사후에도 그대로 유지할 수 있도록 하는 것이다. 단 개가하지 않고 수절해야 한다는 조건이 붙었다. 하지만 이 토지는 수급의 자격문제나 악용한 사례들이 생기면서 폐지되기에 이른다. 수신전을 둘러싼 조정 대신들의 논의는 조선 전기 지식인들의 정절 인식을 입체적으로 보여주었다. 그리고 정절을 지킨 여성에 대해 법 가부장은 정려旌閭와 복호復戶로 응답했다. 정절이 위협받는 상황에서 저항의 가장 극단적인 선택인 자살과 살인이 법 가부장에게 기절과 용기를 가진 훌륭한 행위로 해석되었다. 이상을 통해 본 바, 조선의 법은 '가부장'의 입장에서 해석되고 운영되었다.

***

2부는 정절의 문화정치학적인 의미에 주목했다. 풍속의 정치, 교화의 정치를 표방한 조선에서 5백여 년 동안 각 조정의 포장을 받은 절부 혹은 열부는 대략 얼마나 될까. 두 차례의 큰 전란을 중심으로 전기와 후기로 나누었고 각 시기별 차이를 보인 절행節行의 조건과 포장褒獎의 논리를 살펴보았다. 국가적 포장의 혜택을 입은 절부의 숫자는 각 조정의 실록 기사에 근거한 것이다. 태조조에서 명종조까지 175년간 발굴되어 포장된 절부의 수는 270여 명이고, 선조조에서 순종조까지 344년간 발굴되어 포장된 절부의 수는 850여 명이다. 절부 서사를 통해 본 절행의 내용은 전기와 후기, 더 자세하게는 각 조정별로 차이가 났다. 예컨대 조선 건국기인 태종조와 세종조는 '개가 거절'이 절행의 중요한 조건이 되었다면 성종조에는 '개가 거절을 하고 자결한' 것이 절행의 주요 내용이었다. 단종조와 성종조, 중종조의 서사 패턴은 '너무 슬퍼했고' '남편의 상·제례를 정성껏 행한' 것이 자주 사용됐는데, 이는 정절이 몸의 순결뿐 아니라 마음의 순결도 요구하게 되었다는 뜻이다. 큰 전란을 겪은 후기로 갈수록 기이하고 괴기한 서사들이 등장하는데, 이는 정려를 목적으로 관리들의 시선을 모을 필요가 있었기 때문으로 보인다.

후기로 가면 절부 혹은 열녀에 대한 서사가 간략하거나 없는 것이 특징이다. 열녀 누구누구 하는 식의 명단만 나오기도 하고 '열녀 몇 명' 하는 식의 숫자만 나오는 경우도 있다. 전기의 '화려한' 서사에 비하면 후기의 것은 형식적이고 기계적이다. 반면에 절부의 요건은 강화되었다. 조선 전기에 관건이 되었던 개가 권유를 거절했다거나 남편 사후 시부모를 봉양했다거나 남편의 상喪·제례祭禮를 정성껏 행했다고 하는 항목은 후기의 절행을 논증하기에는 큰 의미가 없었다. 그런 것은 너무 당연한 현실이 되었기 때문이다.

절부나 열녀는 전쟁과 같은 국가적 위기나 지배권력이 강고하지 못한 상황에서 더욱 강조되었다. 정려나 정표를 통해 열녀를 선양하는 것은 죽은 자를 위한 것이 아니라 산 자를 흥기시키기 위한 것이다. 산 자에게 어떻게 사는 것이 옳은 삶인지를 보여주기 위한 것이다. 물론 국가가 요구하는 바의 옳은 삶이다. 열녀는 감동의 정치에서 필수불가결한 존재로 사회혁신의 도구 역할을 했다. 한편 절부의 발굴과 선양은 여성의 성을 용이하게 관리하고 감독하기 위한 것이었다는 점을 들 수 있다. 정결한 여자와 오염된 여자를 분류해가는 남성 사대부들의 태도는 집요한 측면이 있지만 그 논리는 엉성했다. 여성의 성이 놓여있는 맥락을 성찰하기보다 오로지 '깨끗함'과 '더러움'으로 심판하는 태도의 남성 사대부들은 전쟁 포로가 되었다가 돌아온 '환향녀' 논쟁에서 그 밑천을 가감 없이 드러냈다. 또 그렇게 엄격한 잣대로 여성을 평가하던 그 잣대에 자신이 걸려 넘어진 사대부도 있었다.

한편 정절의 문화정치학은 실행失行 여성에 대한 검열의 시스템을 가동시켰다. 실행의 개념은 시대마다 약간씩 달랐다. 추상적인 성격을 지닌 실행은 점점 범주를 확대해 여성의 행위를 감시하고 관리하는 개념으로 나아갔다. 그런 점에서 '실행'이라는 용어는 매우 위험할 수 있다. 담론의 성격이 강한 조선의 정치에서 '사실'은 권력관계에 따라 과장되거나 축소되는 등의 왜곡이 얼마든지 가능하기 때문이다. 젠더 위계적인 권력관계에서 남성을 불편하게 하는 여성의 모든 행위가 '실행'으로 둔갑할 수 있기 때문이다. 이에 실행이 발명되고 악용된 사례들을 논의했다.

실행失行은 아내를 버리기 위한 구실이 되기도 했다. 세종조에는 악성樂聖 박연의 아들 박자형이 아내와 헤어지기 위한 구실로 실행을 칭탁해 의금부에 갇혔다. 또 지방의 한 사족 부인은 실행의 죄를 쓰고 2년 동안 옥에 갇혀 있었는데, 수사 결과 부인이 노비들을 너무 엄하게 다룬 나머지 노비들이 그녀를 미워하여 '실행'의 올가미를 씌운 것으로 밝혀졌다. 숙종조에는 기첩에 빠진 사족 남성이 아내와 이혼하기 위해 실행을 구실로 했다가 아내의 반격에 크게 당한 사건이 있었다. 이른바 신태영 이혼 소송 사건이 그것이다.

정절의 문화정치학은 실행녀의 자손에게 타격을 줌으로써 여성의 성을 관리하는 방법을 썼다. 행실이 여러 차례 문제되었던 중추원부사 조화趙禾의 아내 김씨는 60년이 넘는 세월 동안 실행 '담론'으로 곤혹을 치렀다. 그녀가 죽은 후에도 계속되었는데, 아들, 손자, 증손자, 사위, 외손자, 외손서, 외증손서에 이르는 내외 전 자손들의 관직생활을 어렵게 하였다. 그런데 김씨의 실행은 과거의 일이고, 물론 그녀의 손자들은 조모의 실행 사실을 인정하지 않았지만, 이 과거의 일을 60여 년이 넘도록 담론화 하는 것의 의미가 무엇인가 하는 것이다. 사족 부인의 실행을 빌미로 그 자손들을 관직에서 배제시킨 것인데, 이는 사대부 부녀들의 성을 감시하는 효과가 무엇보다 컸다.

***

3부에서는 교육과 지식을 주제로 정절문제를 논의했다. 건국기를 지나 일정한 궤도에 안착한 조선의 지배층은 국가의 이념과 가치를 효과적으로 전달할 수 있는 학습 교재의 편찬을 추진했다. 학습 교재로는 특별한 지식이 없어도 쉽게 이해할 수 있도록 시각을 활용한 행실도류行實圖類와 식자층을 겨냥한 교훈서류敎訓書類가 있다. 행실도류는 세종조의《삼강행실도》(1432)를 시작으로 성종조의《(산정본)삼강행실도》(1481), 중종조의《속삼강행실도》(1514), 광해조의《동국신속삼강행실도》(1617) 및《동국삼강행실도》(1617), 정조조의《오륜행실도》(1798)가 있다. 세종조의《삼강행실도》를 기초로 중종조의 산정본과 정조조의《오륜행실도》가 있게 된 것인데, 그런 점에서《삼강행실도》의〈열녀도烈女圖〉에 주목했다.

〈열녀도〉는 110명의 인물을 싣고 있는데, 그 가운데 95명이 중국인이고 15명이 한국인이다. 그것은 기존 문헌에 나왔던 여성들을《삼강행실도》제작의 목적에 맞도록 정절의 가치로 재구성했다. 〈열녀도〉 110편에서 제1편에 배치된 인물은 요임금의 두 딸이자 순임금의 아내들인 아황과 여영이다. 이들은《열녀전》에서도 제1편에 배치되었던 인물이다. 거기서 아황과 여영은 '순임금의 두 비[有虞二妃]'라는 제목으로, 지혜롭게 내조한 아내의 역할로 부각되었다. 그런데《삼강행실도》에서는 '아황과 여영 상수에 몸을 던져 죽다[皇英死湘]'라는 제목으로 남편의 죽음을 따라 종사從死한 사실로 부각되었다. 조선의 각 조정에서 발굴한 절부 가운데에는 '물에 몸을 던져 죽은' 유형을 어렵지 않게 만날 수 있는데,《삼강행실도》편찬의 의도와 무관하지 않을 것이다.《삼강행실도》는 여성들에게 얼음과 서리처럼 깨끗하면서 대장부보다 더 늠름한 기상을 가질 것을 주문했다.

《삼강행실도》의 여성들은 대개가 불가항력적인 상황에서 극단적인 선택을 한 유형이다. 비범함이나 단호함을 드러내기 위한 이야기라 하더라도《삼강행실도》의 사례들은 지극히 비일상적인 경우가 많다. 그 유형은 크게 세 가지인데 정조를 위해 목숨을 버린 유형, 재가의 권유를 자해 혹은 자진으로 거부한 유형, 남편을 따라 죽거나 남편을 대신하여 목숨을 감수한 유형 등이다. 조선은 강상의 변이 일어날 때면 교화의 방법으로《삼강행실도》의 배포와 시행을 추진했는데, 그 독자는 임금·아버지·남편이 아니라 신하·자식·아내임을 알 수 있다.《삼강행실도》의 〈열녀도〉는 여성을 아내로서의 존재와 역할로 축소시키고 그 아내에게 성적 충실성의 의무를 부각시킨 것이 특징이다. 3분의 1 정도로 축소된 산정본에서는 더욱 강화된 형태로 정절의식을 드러낸다. 산정본에서 배제된 여성들은 문왕의 어머니 태임이 전수하는 태교[太任胎教]나 예禮로써 황제를 내조한 반첩여[婕妤辭輦], 또 검소함으로 내치內治를 이룬 마황후[馬后衣練], 친히 자기 몫의 노동을 실천한 조황후의 이야기[曹后親蠶] 등이다. 배제된 그녀들은 정절의 가치보다는 아내로서의 "여성적 통솔력"을 보였던 사람들이다.

여성 교육을 목적으로 한 대부분의 교훈서는 정절에 관한 항목을 따로 배정했다. 조선은 건국 직후 중국으로부터 《열녀전》 6백여 부를 수입했다. 여성에 관한 유교적 지식의 대부분은 이 《열녀전》에 근거했다. 《열녀전》에 나오는 정절의 서사들은 '개가 권유를 물리침', '적의 침입 등 위기의 상황에서도 절개 지킴', '남편 대신 죽기를 원함', '남편에게 버림받아도 아내로서의 도리를 다함', '남편의 죽음을 따라감' 등이다. 이러한 서사는 조선이 각 조정에서 발굴한 절부의 행위와 유사하다.

　《예기》와 《소학》도 교훈서로서의 역할이 컸다. 《예기》에는 정절의식을 지지하는 지식의 원형들이 실려 있다. "신信이란 사람을 섬기는 도리다. 신은 부덕婦德이다. 한 번 혼례를 올렸으면 죽을 때까지 고칠 수 없다. 따라서 남편이 죽더라도 개가할 수 없다."[579] 또한 《예기》는 남녀의 생활공간을 분리함으로써 정절이 내포된 여러 문제들을 해결하고자 했다. 조선은 "고모나 누나, 여동생과 딸이 시집갔다가 다니러 와도 남자 형제들은 그들과 자리를 같이하지 않고 같은 자리에서 식사를 하지 않는다"(《예기禮記》〈곡례曲禮〉)는 《예기》의 말을 정절정책에 구현했다. 1392년(태조 1)의 법적 구상과 유사하다. "지금부터 문무文武 양반의 부녀자들은 부모·친형제·친자매·친백숙부·친외숙·친이모를 제외하고는 서로 왕래하지 못하게 하여 풍속을 바로 잡으소서"(《태조실록》 원년(1392) 9월 21일). 기존 문헌의 자료를 가져다가 재구성한 《소학》은 정절을 체화한 여성들의 사례를 '선행善行'으로 분류하여 소개했다. 위나라 세자 공백의 아내 공강共姜의 개가 거절의 이야기, 남편의 배신에도 불구하고 아내로서의 도리를 다한 채나라 여자의 이야기 등이 있다.

그외 소혜왕후의《내훈》과 송시열의《계녀서》, 영조 때 수입된《여사서女四書》 등도 조선시대 여성 교육을 위한 대표적인 책들이다.《여사서》에 속한 네 책 중 세 책이 정절 관련의 편명을 따로 배치했다.《여계女誡》는 '전심專心' 장에서《여논어女論語》는 '수절守節' 장에서《여범첩록女範捷錄》은 '정렬貞烈' 장에서 정절문제를 다루고 있다.《여계》에서는 "남편은 하늘이다. 하늘을 근본적으로 어길 수 없듯이 남편을 절대로 떠날 수 없다"고 했고,《여논어》는 "여자는 첫째가 수절이고, 둘째가 청정淸貞이다"고 했다.《여범첩록》은 "영녀는 귀를 잘라내고 코를 베어내면서까지 정절을 지켰다"는 방식으로 정절 사례를 22건 소개하고 있다.

그리고 정절의 의식과 실천을 합리화하는 근거로서의 '지식'에 주목했다. 여기서 성적 순결과 사회적 의무를 포괄하는 정절을 '발견'하고 그 개념의 역사와 현실 속의 의미를 규명했다. 정절은 일차적으로 성적 순결을 내포하는 개념이지만, 삶을 영위하는 구체적 존재로서의 여성과 남성은 성적 순결의 문제로만 해결될 수 없는 다양한 현실적 문제들과 마주하게 된다. 여기서 여성의 도덕적 가치로서 최고의 개념인 정절은 이념과 현실을 포괄하는 복합적인 의미체계로 발전하게 된다. 정절의 두 가지 의미를 나누어 살피고 그 둘을 만족시키는 구체적인 사례를 찾아보았다.

또 정절 개념의 전개는 남성 지식인의 성 인식과 긴밀하게 연결되어 있다는 점에 주목했다. 유학의 지식체계 안에서도 성性에 대한 인식과 지식의 정도가 동일하지 않았다. 성적 욕구를 본질적인 것이라고 보는 입장이 있는가 하면, 문화적으로 구성되는 것으로 보는 입장이 있었다. 또 조선 사회에서 구현된 정절문화의 특성은 남녀를 과도하게 '성애적' 시선으로 보고 있다는 점을 구체적 예를 통해 논증했다.

***

4부는 사건과 논쟁으로 정절의 문제를 다각화시키면서 입체적으로 볼 수 있도록 했다. 15세기에 일어난 두 건의 큰 성추문 사건과 16세기에 있었던 사족 부인의 '음행' 소문 사건은 온 나라를 떠들썩하게 했다. 각 사건들은 여성의 성을 둘러싼 인식과 문제의 서로 다른 지점들을 보여주었다.

세종조의 유감동俞甘同과 성종조의 박어을우동朴於乙宇同은 각각 사족 여성이자 왕실 종친의 며느리로서 수많은 남성과의 간통 행각으로 법의 심판을 받았다. 유감동의 죄는 사족의 딸이자 조사朝士의 정처正妻로서 남편을 배반한 죄, 거짓으로 창기娼妓라 일컬으면서 사욕私慾을 방자하게 행사한 점 등이었다. 유감동 사건에 대한 국왕 및 사대부들의 처벌 기준을 보면 유감동이 사족의 부인이라는 사실을 알았는가의 여부가 간부에 대한 범죄 구성의 중요한 기준이 되었다. 친인척 관계에 있는 두 사람이 한 여자 유감동과 간통한 행위는 혐오의 대상이었을 뿐 아니라 가중 처벌되었다. 조선 전기 남성 사대부들은 간통의 책임은 전적으로 여자에 있다는 사고를 갖고 있었다. 유감동은 외진 곳에 부처되었지만 그녀의 간부들은 대부분 제자리로 돌아갔다.

성종조에 발생한 박어을우동의 사건도 그 발생과 처리는 유감동의 것과 유사했다. 그녀와 간부들의 처벌 기준을 놓고 조정 관료들은 저마다의 정절 인식을 피력했다. "강상을 무너뜨리고 성화聖化에 누를 끼쳤는데도" 죽이지 않는다면 온 나라가 음풍으로 만연할 것이라든가, "남녀의 정情은 사람들이 크게 탐하는 것이므로, 법이 엄격하지 않으면 욕정을 자행하는 데 거리낌이 없을 것이라"고들 했다. 대신들의 논의는 박씨의 처벌을 율에 따라야 한다는 주장과 율에 구애될 것 없이 사형시켜야 한다는 주장으로 갈렸다. 즉, '죄는 비록 무겁지만 율律로는 사형에 이르지는 않는다'라고 하는가 하면, '귀천과 친척을 따지지 않고 간통했기에 극형에 처해야 한다'고 했다. 국왕 성종은 박어을우동에게 사형을 선고했다. 종실의 며느리 박어을우동은 왕실의 족보에서 삭제되었다. 그녀의 간부들은 잠시 동안의 소동 끝에 대부분 다시 자신들의 자리로 되돌아갔다. 조선 전기에는 두 사건 외에도 성 관련 사건 및 담론이 빈번하고 활발하게 이루어졌던 것이다.

또 하나는 16세기 중반 진주에서 발생한 한 과부의 음행 소문 사건을 조명했다. 사족 과부의 규방생활로 촉발된 소문이 지역 사회는 물론 국왕의 조정회의에서 거론되기에 이른 것인데, 사건이 발발하고 전개되는 과정을 통해 '부인의 성'이라는 것이 사실은 다양한 권력관계를 함축하면서 복합적인 권력관계의 망 속에서 생산되고 재생산됨을 보여주었다. 조선 사회에서는 풍속의 정화를 들어, 여자들의 성'생활'에 대한 감시와 감독을 합법화했는데, 이른바 '소문의 정치', '풍문공사風聞公事'가 그것이다. 사족 여성의 '실행失行'이 문제화되는 맥락은 사실 그 자체에 있기보다 서로 다른 이해와 입장이 충돌하고 갈등하면서 차이를 만들어낸다는 데 있다. 소문을 구성하고, 소문에 반응하고, 소문을 재구성하는 등의 방식 및 태도들은 특정한 관계와 이해에 따라 달라지기 때문이다. 여성에 관한 소문이 유통되고 소비되는 방식은 성별화된 위계질서를 지지하는 지식과 권력의 긴밀한 공조 속에서 이루어졌음을 볼 수 있다. 16세기 진주의 사족 부인 함안 이씨의 소문 사건을 통해, 그 시대 사람들의 감정과 욕망, 그것을 합리화하는 지식과 권력의 작용을 볼 수 있었다.

그리고 두 가지 주제 논쟁을 통해 정절의 문제를 조명했는데, 조선 전기의 '개가 논쟁改嫁論爭'과 조선 후기의 '열녀 논쟁烈女論爭'이 그것이다. 성종조와 연산군조의 두 차례에 걸쳐 전개된 개가 논쟁은 개가 금지법 제정 및 개정을 둘러싼 것이다. 이 논쟁들은 참여한 조정 관료들의 생각 및 주장을 다양성과 차이성의 측면에서 입체적으로 보여주었다.

1477년(성종 8) 7월 17일에 부녀 개가를 규제한 기존의 법령에 '재가 금지'라는 새로운 조항을 넣기 위한 회의가 열렸다. 법 제정을 반대하는 사람들은 금지법이 만들어질 경우, 생계가 곤란하여 재혼한 부득이한 경우까지도 범법犯法 행위로 해석되어 사회적 문제가 될 수 있다고 했다. 그들은 부녀 개가를 규제하는 정도의《경국대전》의 법 조항으로 충분하다고 보았다. 법 제정 조건부 찬성론자가 있었는데, 이 입장은 과부 금지법을 제정하되, 젊어서 과부가 된 자로서 자식이 없고 생계가 곤란하며 또 부모나 촌장의 중매로서 재가한 자는 논죄 대상에서 제외하자는 것이다. 재가 금지법을 제정을 찬성하는 자들은 재가再嫁 부녀를 논죄하는 것은 물론 그 자손의 벼슬길도 차단해야 한다고 주장했다. 성종조의 논쟁은 전체의 10퍼센트도 안 되는 법 제정 찬성론자의 뜻대로 결론이 났다. 이후 재가녀는 자손의 금고뿐 아니라 자신도 처벌받게 되었다.

　1497년(연산 3) 12월 12일에 있었던 개가 금지법 개정을 둘러싼 논쟁은 단성 훈도 송헌동의 시국현안에 대한 상소로부터 촉발되었다. 송헌동은 과부 개가를 금지한 법령이 파생한 현실도 문제이지만 유교 경전에서 제시된 욕망론 및 남녀 역할론에 의거할 때 이 법은 이론적인 근거가 없는 잘못된 것임을 주장했다. 이에 조정 관료들은 개정이 필요하다는 입장과 필요 없다는 입장으로 나뉘었다. 개정이 필요하다는 입장은 개가 금지법이 풍속의 정화와 절의의 권장에 근본 취지가 있었던 만큼 이 법은 오히려 과부의 실절을 방조하는 현실을 낳고 있고, 또 과부들의 고독과 고통이 재이災異를 발생시키는 원인이 된다고 했다. 반면에 법 개정 불가론자들은 선왕이 법을 만든 취지를 이해하자는 입장과 개가 금지법의 폐지는 곧 개가를 권장하게 되어 음풍이 만연할 것이라는 주장을 했다. 연산조의 법 개정론자들은 법은 현실의 변화에 따라야 한다는 시의론時宜論과 그 어떤 진리도 변하지 않는 것이 없다는 변통론變通論을 논리적 근거로 제시했다.

　15세기의 개가 논쟁은 조선 전기 정치 구성 방식의 일단을 보여주었다. 특히 각 주장의 지식과 논리, 그리고 편견과 아집 등 개별 또는 집단별 성격을 여과 없이 드러내었던, 입법화하는 과정의 역동성과 개방성이 돋보이는 논쟁이었다. 또한 남성 지배계층은 소외된 여성계층을 어떻게 보고 어떻게 말하는가를 직접적으로 듣는 효과가 있었다. 그러나 이 논쟁들은 과부의 실제 삶에 주목하고 구체적인 현실의 문제를 타개하기 위한 목적을 가졌다기보다 상층부 지식인들의 이데올로기 논쟁의 성격이 강했다는 한계를 확인할 수 있다.

많은 지식인들은 자신의 색깔을 가지고 열녀를 묘사하거나 그 전기를 썼다. 조선 후기에 이르면 이른바 논쟁의 양상을 띠는데, 그것은 주로 '전傳'이나 '논論', '설說' 등의 형태로 자신의 의견을 개진하는 방식이었다. 이는 앞에서 살핀 개가 논쟁처럼 조정회의에서 서로 다른 주장과 의견이 격렬하게 대립하던 논쟁 방식과는 다르다. 비록 상호 대화형식은 아니지만 이들의 논설을 모아놓고 보면 열녀에 대한 인식의 차이가 드러난다. 열녀를 둘러싼 지식인들의 서로 다른 생각들을 모아보았다.

특히 왜란과 호란을 겪고 난 조선 후기 사회에서는 수많은 열녀가 생겨나거나 창조되었다. 이들 열녀에 대한 지식인들의 인식과 태도는 일률적이지 않았다. 열녀를 기개와 용기의 화신으로 보는가 하면 부부의 지정至情과 부부의 의리를 구현한 존재로 보는 등 극단적 칭송파가 있었다. 다른 한편에서는 목숨으로 완결되는 열녀 및 그것을 부추기는 사회를 비판적으로 보는 지식인들이 있었다. 그들을 크게 구분하면 '열녀 찬양'과 '열녀 성찰'로 나뉜다. 연암 박지원은 개가 금지가 상법화常法化 된 지 4백 년이 지난 당시에 수절 부인은 거의 상식이 되었다고 했다. 그는 집집마다 마을마다 정절녀를 위한 정문旌門이 즐비하지만, 수절만으로 모자라 물불 가리지 않고 곧바로 죽음으로 달려 들어가는 행위를 '성性을 다하고' '절의를 완성'한 최고의 실천으로 여긴다고 양반들의 의식을 비꼬았다.

***

이상에서 살펴본 바, 조선에서 여성의 정절은 제도와 관념, 문화와 습속 등 매우 광범위한 영역에서 발화되었다. 정절을 권장하고 정절을 강제하는 다양한 장치들이 여성의 삶과 생각을 주도하였고, 오랜 시간을 거치는 동안 자연스럽게 삶의 일부가 되었다. 법과 제도는 관습이 되고 이념과 지식은 풍속이 되어 굳이 외부의 힘을 빌지 않더라도 여성 스스로 자신을 관리해가는 상황이 된 것이다. 여성들은 정절을 지키기 위해 죽음을 불사했고, 정절이 위협받는 상황에서는 응징과 자결 등의 극단적인 방법으로 대처했다. 정절을 위한 것이라면 신체 훼손이나 자결도 여성적 용기이자 기개로서 미화되고 찬양되었다. 이러한 정신과 행위는 대장부에게서도 찾아보기 어려운 의리의 완성이었다. 그런데 여기서 짚어야 할 중요한 문제가 있다. 정절 여성에 대한 이 모든 이야기는 정치권력을 가진 남성들, 지식권력을 가진 남성들의 머리와 입과 손에서 나왔다는 사실이다.

이 책은 '조선 지식인의 성담론'이라는 부제가 시사하듯 조선/유교 지식/남성이 만든 '정절의 역사'인 셈이다. 정절을 주제로 여성의 역사를 구상하면서 가장 아쉬웠던 것은 여성 그 자신의 말이나 글로 남아있는 자료가 거의 없다는 사실이었다. 그나마 전해오는 것은 가족적 삶에 대한 서술이나 문학작품 또는 자신을 드러내지 않은 학술적 글쓰기 류 등이다. 조선시대 자료를 뒤진다고 뒤졌지만 과문한 탓인지 성sexuality을 주제로 한 정절 관련의 여성 글을 찾기가 쉽지 않았다. 더러는 '그녀는 이렇게 말했다' 는 류의 말이 전해오지만 그것은 옛 성현 공자의 '말씀' 이거나 《소학》이나 《열녀전》의 말이지 '여성 그 자신' 의 말은 아니었다. 혹은 여성의 삶과 경험이 반영된 말들이 있다 하더라도 가부장적 망으로 걸러지고 솎아진 것이다. 그래서 남은 것은 대개는 여성을 대상화하거나 여성을 길들이기 위한 말이었다. '여자란 이렇다 저렇다' 를 말하지만 사실은 남성 자신의 '현재' 와 '욕망' 을 반영한 것들이다.

이 책을 쓰는 동안 정절의 역사가 남성들의 전유물이었다는 사실을 한시도 잊은 적이 없다. 대부분의 역사는 지식과 권력을 장악한 사람들에 의해 서술되어 왔다. 여기서 서술 주체의 이해利害에 어긋나는 사실들은 축소되거나 왜곡될 수밖에 없었다. 왜곡과 조작이 의도적이고 조직적인 형태를 띠는 경우도 있는데, 여성 정절에서는 특히 그랬다. 그래서 따로 있을 법한 드러나지 못한 다양한 사실과 진실들을 알고자 한다면 개념이나 문자 그 너머의 것을 읽어내는 기술이 필요하다. 예컨대 정절 자살이 자발적 선택의 형태를 띠지만 정절을 강권하는 사회와 여성적 상황의 복합적 산물이라는 점에 눈을 돌리면 그 자살은 타살이 된다. '난신亂臣의 아내는 대부분 정절이 없다' 거나 '왜군들을 향해 준엄하게 꾸짖은 정절녀' 등이 사실에 대한 묘사라고 보는가. 서사 속에서 서사 주체의 욕망 혹은 절망이 감지되지는 않는가. 이처럼 문헌 자료 그 자체가 모든 것을 말해주지는 않는다. 특히 특수한 일부 계층이 특정한 관점에서 구성한 자료라면 읽기의 방법과 사상이 필요하다. 자료를 어떻게 읽고 무엇을 볼 것인가에 따라 사실이나 진실은 새로워질 수가 있다.

참고문헌

원전 자료

《예기》《시경》《주역》《춘추좌전》《논어》《맹자》《근사록》《소학》《중용》

《三國遺事》

《조선왕조실록》(sillok.history.go.kr)

《승정원일기》

《한국문집총간》(민족문화추진회, minchu.or.kr)

《한국역대문집총서》(경인문화사).

《經國大典》(朝鮮總督府中樞院(編), 서울: 조선총독부)

〈經濟文鑑〉(정도전, 《삼봉집》 권5~6, 한국문집총간, 5.)

〈朝鮮經國典〉(정도전, 《삼봉집》 권7, 한국문집총간, 5.)

《經濟六典拾遺》(전봉덕, 아세아문화사, 1989).

《經濟六典輯錄》(연세대 국학연구원, 신서원, 1993).

《大明律》, 《大明律直解》

《大典續錄》

《大典後續錄》

《大典會通》

《受敎輯錄》

《新受敎輯錄》

《三綱行實圖》(초간본, 세종문화기념사업회, 1982)

《三綱行實圖》(산정본)

《續三綱行實圖》(초간본, 홍문각, 1988)

《東國新續三綱行實圖》

《新增東國輿地勝覽》(1530)

《오륜행실도》(송철의 외 역주, 서울대 출판부, 2006)

《내훈》(소혜왕후, 이경하 역주, 2010)

《列女傳》(유향, 이숙인 옮김, 글항아리, 2013)

《古今烈女傳》

《女四書》(이숙인 역주, 도서출판 여이연, 2003)

《日省錄》

《審理錄》 1~5, (민족문화추진회, 1998)

《동문선》

《대동야승》

《쇄미록》

《패관잡기》(어숙권)

《어우야담》(유몽인)

《사소절》, 《청장관전서》(이덕무)

《연려실기술》(이긍익)

《禮記淺見錄》(권근)

《保閑齋集》(신숙주)

《靜庵集》(조광조)

《退溪集》(李滉)

《국역율곡전서》(李珥)

《高峯集》(기대승)

《龜巖集》(李楨)

《미수기언》(許穆)

《白沙集》(이항복)

《容齋集》(李荇)

《大菴集》(朴惺)

《農巖集》(김창협)

《星湖僿說》(이익)

《湛軒書》, 《湛軒燕記》(홍대용)

《北學議》(박제가)

《與猶堂全書》(정약용)

《亂中雜錄》(조경남)

《燕巖集》(박지원)

《眉巖日記草》(柳希春)

《沙溪全書》(김장생)

《宋子大全》(송시열)

《苔泉集》(민인백)

《艮齋集》(이덕홍)

《順菴集》(안정복)

《凌虛集》(박민)

〈荷潭破寂錄〉(김시양)

《稼亭集》(이곡)

《우계집》(성혼)

《용재총화》(성현)

《동춘당집》(송준길)

《仁政》(최한기)

《松溪漫錄》(권응인)

《梅山文集》(홍직필)

《寒水齋文集》(권상하)

《면암집》(최익현)

《南冥集》(조식, 경상대학교 남명학연구소 옮김, 한길사, 2001).

《南冥集》(경상대학교 남명학연구소, 이론과 실천, 1995).

〈疑讹出辨〉(李鯤變,《壽瑞詩》, 규장각한국학연구원 소장)

〈反李鯤變拙辨詩〉(曺浚明, 규장각한국학연구원 소장)

《小學集註》(성백효(역주), 전통문화연구회, 1999)

《女範》(영빈이씨 편저, 유재영 역주, 형설출판사, 1981)

《우암션싱계녀서》(宋時烈, 필사본 國立中央圖書館藏)

《胎敎新記》(사주당이씨, 최삼섭·박찬국 역주, 성보사, 1991)

《윤지당유고》(임윤지당)

《정일당유고》(강정일당, 성남문화원, 1998)

《閨閤叢書》(이빙허각, 보진재, 1992)

《胎敎神記》(이사주당, 최삼섭역해, 성보사, 2002)

《林下筆記》(이유원)

《주자가례》(주희, 임민혁 옮김, 예문서원, 2000)

《근사록집해》(주희, 이광호 옮김, 아카넷, 2004)

연구서

강명관, 《열녀의 탄생》, 돌베개, 2009.

강정화, 《남명과 그의 벗들》, 경인문화사, 2007.

거다 러너, 강세영 옮김, 《가부장제의 창조》, 당대, 2004.

고갑희, 《성이론》, 여이연, 2011.

고영진, 《조선중기예학사상사》, 한길사, 1995.
금장태, 《유교의 사상과 의례》, 예문서원, 2000.
김경미 등 편역, 《17세기 여성생활사 자료집》(1~4), 보고사, 2006.
_____, 《18세기 여성생활사 자료집》(1~8), 보고사, 2010.
김경미, 《18세기의 가와 여성》, 도서출판 여이연, 2012.
김경식, 《율곡의 향약과 사회교육사상》, 배영사, 1995.
金斗憲, 《朝鮮家族制度研究》, 을유문화사, 1949.
김미영, 《유교의례의 전통과 상징》, 민속원, 2010.
김성우, 《조선 중기 국가와 사족》, 역사비평사, 2001.
김신연, 《조선시대의 규범서》, 민속원, 2002.
김용숙, 《한국 女俗史》, 민음사, 1990.
김현영, 《고문서를 통해 본 조선시대 사회사》, 신서원, 2003.
도널드 시몬스, 김성한 옮김, 《섹슈얼리티의 진화》, 한길사, 2007.
로즈마리 통, 이소영 옮김, 《페미니즘 사상》, 한신문화사, 1994.
르네 지라르, 김진식·박무호 옮김, 《폭력과 성스러움》, 민음사, 2000.
리처드 포스너, 이민아·이은지 옮김, 《성과 이성: 섹슈얼리티의 역사와 이론》, 말글빛냄, 2007.
리타 M. 그로스, 김윤성·이유나 옮김, 《페미니즘과 종교》, 청년사, 1999.
린 헌트, 조한욱 옮김, 《프랑스 혁명의 가족 로망스》, 새물결, 1999.
_____, 조한욱 옮김, 《포르노그라피의 발명》, 책세상, 1996.
마르티나 도이힐러, 이훈상 옮김, 《한국 사회의 유교적 변환》, 아카넷, 2003.
마크 피터슨, 김혜정 옮김, 《유교사회의 창출》, 일조각, 2000.
매릴린 옐롬, 이호영 옮김, 《아내의 역사》, 책과함께, 2012.
메리 E. 위스너-행크스, 노영순 옮김, 《젠더의 역사》, 역사비평사, 2006.
미셸 푸코, 이규현 옮김, 《性의 歷史》(1·2·3), 나남, 1990.
박용옥, 《한국여성 근대화의 역사적 맥락》, 지식산업사, 2001.
박주, 《조선시대의 정표정책》, 일조각, 1990.

성기옥 외,《조선 후기 지식인의 일상과 문화》, 이화여자대학교출판부, 2007.

스피박, 태혜숙 옮김,《서발턴은 말할 수 있는가》, 그린비출판사, 2013.

시미즈 기타로, 이효성 옮김,《流言蜚語의 社會學》, 청람문화사, 1977.

심재우,《조선 후기 국가권력과 범죄 통계―심리록 연구》, 태학사, 2009.

오영교 편,《조선 건국과 경국대전체제의 형성》, 혜안, 2004.

윤호진,《남명의 인간관계》, 경인문화사, 2006.

유교학회 편,《유교와 페미니즘》, 철학과 현실사, 2001.

이능화, 김상억 옮김,《조선여속고》, 동문선, 1990.

이숙인,《동아시아 고대의 여성사상》, 도서출판 여이연, 2005.

이영춘,《강정일당》, 가람기획, 2002.

_____,《임윤지당의 성리학》,《청계사학》11, 1996.

이재룡,《조선 예의 사상에서 법의 통치까지》, 예문서원, 1995.

이종묵,《부부》, 문학동네, 2012.

이혜순·김경미,《한국의 열녀전》, 월인, 2002.

이혜순·임유경 외,《우리 한문학사의 여성 인식》, 집문당, 2003.

이혜순,《조선조 후기 여성 지성사》, 이화여자대학교출판부, 2007.

이화여대 한국여성연구소 편,《韓國女性關係資料集: 近世篇(法典上)》, 이화여자대학교출판국, 1989.

임옥희,《채식주의자 뱀파이어》, 여이연, 2010.

장병인,《조선 전기의 혼인제와 성차별》, 일지사, 1997.

전경옥 외,《한국여성문화사》, 숙명여자대학교 아시아여성연구소, 2004.

정성희,《조선의 성풍속》, 가람기획, 1998.

정해은,《조선의 여성, 역사가 다시 말하다》, 너머북스, 2011.

정호훈,《경민편》, 아카넷, 2012.

조은·조주현·김은실,《성 해방과 성 정치》, 서울대학교출판부, 2002.

조혜란,《고전서사와 젠더》, 보고사, 2011.

주영하 외,《조선시대 책의 문화사―삼강행실도를 통한 지식의 전파와 관습의 형성》,

휴머니스트, 2008.
클라우스 틸레 도르만, 전옥례 옮김,《수다의 매력》, 새로운 사람들, 1996.
최영성,《한국유학통사》상·중·하, 심산, 2006.
최재석,《한국가족제도사연구》, 일지사, 1983.
최홍기 외,《조선초기의 가부장제와 여성》, 아카넷, 2004.
캐슬린 베리, 김은정 옮김,《섹슈얼리티의 매춘화》, 삼인, 2002.
태혜숙,《한국의 탈식민 페미니즘과 지식생산》, 문화과학사, 2004
한국고문서학회,《조선시대 생활사》1·2 , 역사비평사, 2000.
한국국학진흥원 편,《韓國儒學思想大系》, 철학사상편(上·下), 2005.
한국철학사연구회,《한국철학사상가연구》, 철학과 현실사, 2002.
한국사상연구소 편,《자료와 해설-한국의 철학사상》, 예문서원, 2001.
_____,《조선유학의 학파들》, 예문서원, 1996.
_____,《조선유학의 개념들》, 예문서원, 2002.
한국여성연구소,《우리 여성의 역사》, 청년사, 1999.
한국정신문화연구원 편,《朝鮮時代 冠婚喪祭》(Ⅴ), 한국정신문화연구원, 2000.
한스 J. 노이바우어, 박동자·황승환 옮김,《소문의 역사》, 세종서적, 2001.
허권수,《조선 후기 南人과 西人의 學問的 對立》, 법인문화사, 1993.
鄭曉霞, 林佳鬱 編,《列女傳彙編》, 北京: 北京圖書館出版社, 2007.
章乂和·陳春雷,《貞節史》, 上海文藝出版社, 1999.
陳東原,《中國婦女生活史》(民國叢書), 商務印書館, 1937年版.
Chenyang Li, "The Sage and the Second Sex: Confucianism, Ethics and Gender", 2000.
Rosenlee, Li-hsiang Lisa, "Confucianism and Women A Philosophical Interpretation", SUN. 2007.

연구논문

고순희, 〈임란 이후 17세기 우국가사의 전개와 성격〉, 《한국고전연구》 2집, 1996.

김경미, 〈서울의 유교적 공간 해체와 섹슈얼리티의 공간화〉, 《고전문학연구》 35집, 2009.

김기형, 〈口碑說話에 나타난 寡婦의 형상과 의미〉, 《한국민속학》 26집, 1994.

김문준, 〈우암 송시열의 계녀서〉, 《한국사상과 문화》 제23집, 2004.

김선경, 〈조선 후기 여성의 성, 감시와 처벌〉, 《역사연구》 8, 2000.

김현진, 〈《審理錄》을 통해 본 18세기 여성의 자살실태와 그 사회적 含意〉, 《조선시대사학보》 52, 조선시대사학회, 2010.

김홍경, 〈15세기 정치 상황과 성리학의 흐름〉, 《韓國儒學思想大系 Ⅱ: 哲學思想上》, 국학진흥원, 2005.

김훈식, 〈《三綱行實圖》 보급의 사회사적 고찰〉, 《진단학보》 85호, 진단학회, 1998.

_____, 〈16세기 《이륜행실도》 보급의 사회사적 고찰〉, 《역사학보》 107호, 역사학회, 1985.

박 경, 〈殺獄 판결을 통해 본 조선 후기 지배층의 夫妻관계상—《秋官志》 분석을 중심으로〉, 《여성과 역사》 10, 2009.

박순철·김영, 〈中韓 양국의 정절 관념과 그 양상 고찰—明淸과 朝鮮을 중심으로〉, 《한국사상과 문화》 제46집, 2009.

오미영, 〈군사주의와 여성의 섹슈얼리티〉, 《여성연구논집》 제14집, 신라대여성문제연구소, 2003.

오이환, 〈南冥集 諸板本의 刊行年代〉, 《남명학연구》 29집, 경상대학교 남명학연구소, 2010.

우쾌제, 〈列女傳의 전래와 수용양상 고찰〉, 《동방문학비교연구총서》 2호, 한국동방문화비교연구회, 1992.

유승희, 〈조선 후기 형사법상의 젠더 인식과 여성 범죄의 실태〉, 《조선시대사학보》 53, 2010.

윤주필, 〈설화에 나타난 도학자상〉, 《남명학연구》 7집, 경상대학교 남명학연구소, 1997.

이경하, 〈소혜왕후《내훈》의《소학》수용 양상과 의미〉, 《大東文化硏究》 제70집, 성균관대학교, 2010.

이문희, 〈소문의 구성과 상상의 유통〉, 서울대대학원 인류학과 석사학위논문, 1999.

이미림, 〈조선 후기의 젠더의식에 관한 연구: 이덕무의《사소절》을 중심으로〉, 《정신문화연구》 95호, 2004.

李相佰, 〈朝鮮に於ける 婦女再嫁禁止習俗の由來について〉, 早稻田大學東洋思想研究室 編, 《東洋思想研究》, 1936, 149~192쪽.

이상백, 〈재혼금지혼속의 유래에 대한 연구〉, 《이상백저작집》 1, 1978.

이수건, 〈龜巖 李楨의 가계와 生涯 및 退溪 과의 關係〉, 《안동사학》 9·10집, 안동사학회, 2006.

이수건, 〈南冥 曹植과 南冥學派〉, 《民族文化論叢》 제2·3집, 1982.

이숙진, 〈페미니스트 종교연구의 최근 동향〉, 《종교와 문화》 13, 서울대종교문제연구소, 2007.

_____, 〈최근 한국 기독교의 아버지 담론에 대한 비판적 성찰: '착한' 가부장주의를 중심으로〉《종교문화비평》 22, 2009

이숙인, 〈조선시대 교육의 젠더 지형도〉, 《정신문화연구》 102호, 2006.

_____, 〈조선유학에서 감성의 문제〉, 《국학연구》 제14집, 2009.

_____, 〈소문과 권력〉, 《철학사상》 40호, 서울대 철학사상연구소, 2011.

_____, 〈15세기 조선의 개가논쟁〉, 《동양철학》 32권, 한국동양철학회, 2009.

_____, 〈姦獄에 비친 正祖代의 性 인식:《審理錄》을 중심으로〉, 《규장각》 제39집, 2011.

이순구, 〈조선시대 가족의 변화와 여성〉, 《한국고전여성문학연구》 10호, 2005.

이승환, 〈주자의 '횡설'과 '수설': 프레임으로 보는 주자의 성향과 감정 이론〉, 《동양철학》 37, 한국동양철학회, 2012

이정주, 〈전국지리지를 통해 본 조선시대 忠·孝·烈 윤리의 확산양상〉, 《한국사상사학》 28집, 2007.

이태진, 〈15·16세기의 신유학 정착의 사회경제적 배경〉, 《규장각》 제5집, 1981.

이혜순, 〈열녀상의 전통과 변모—《삼강행실도》에서 조선 후기 〈열녀전〉까지〉, 《진단학보》 85집, 1998.

임유경, 〈조선 후기 전에 나타난 여성상의 변모〉, 《어문학》 75집, 2002.

장병인, 〈조선 중·후기 간통에 대한 규제의 강화〉, 《한국사연구》, 121집, 2003.

_____, 〈조선시대 성범죄에 대한 국가 규제의 변화〉, 《역사비평》, 56집, 2001.

전미경, 〈개화기 과부개가 담론분석〉, 《한국가정관리학회지》 제19권 3호. 2001.

정만조, 〈宣祖初 晉州 淫婦獄과 그 波紋〉, 《한국학논총》, 국민대학교 한국학연구소, 1999.

전혜성, 〈유교국가 형법에 비친 조선의 가족규범〉, 《법사학연구》 제24회, 2001.

조은, 〈가부장적 질서화와 부인권의 약화: 조선 전기 재산상속 분쟁사례를 중심으로〉, 《한국여성학》 16권 2호, 2000.

정일영, 〈임진왜란 이후 '敎化'의 양상〉, 《한국사상사학》 제34집, 2010.

정지영, 〈조선 후기의 첩과 가족 질서: 가부장제와 여성의 위계〉, 《사회와 역사》 제65집, 한국사회사학회, 2004.

정진영, 〈16세기 향촌문제와 재지사족의 대응—〈예안향약〉을 중심으로〉, 《민족문화논총》 7집, 1986.

조지만, 〈《수교등록》에 관한 연구〉, 《법학연구》 제51권 제1호, 통권 제63호, 부산대학교 법학연구소, 2010.

조혜란, 〈고소설에 나타난 남성 섹슈얼리티의 재현 양상〉, 《고소설연구》 20, 한국고소설학회, 2005.

최연미, 〈소혜왕후 한씨, 내훈 판본고〉, 《서지학연구》 22집, 2001.

최영진, 〈조선시대 유교의 여성관—율곡의 《성학집요》 〈형내〉를 중심으로〉, 《한국사상사학》 제20집, 한국사상사학회, 2003.

최재석, 〈濟州道의 離·再婚制度와 非儒敎的 傳統〉, 《진단학보》 43집, 1977.

鶴山憲, 〈李朝社會に於ける 再嫁の禁制〉, 《朝鮮》(朝鮮總督府) 348·349호, 1944.

한형조, 〈조선유학의 지형도〉, 《오늘의 동양사상》 제11호, 2004

홍인숙, 〈조선 후기 열녀전 연구〉, 이화여자대학교 석사학위논문, 2001.

황수연, 〈17세기 사족 여성의 생활과 문화―묘지명·행장·제문을 중심으로〉, 《한국고전여성문학연구》 6집, 2003.

주석

1 트로이 원정대에 참가했던 통치자 율리시즈는 전쟁 후 칼립소 섬에 7년 동안 억류되어 있었다. 그런 동안 인근 섬의 왕들은 율리시스의 아내 페넬로페에게 끈질긴 구혼을 한다. 그들의 요청을 거절하기가 어려운 상황임을 안 페넬로페는 시아버지의 대형 수의를 다 짜고 나면 응하겠다고 한다. 그리고는 낮에는 수의를 짜고 밤에는 다시 풀면서 시일을 연장하며 남편의 귀환을 기다린다는 내용으로 호메로스의 대서사시에 나온다.

2 이숙인,《동아시아 고대의 여성사상》, 도서출판 여이연, 2005, 175~181쪽.

3 "艱難苦節, 謂之貞, 慷慨捐生, 謂之烈."《여사서》〈女範捷錄·貞烈〉).

4 이덕무,《士小節》〈婦儀〉.

5 李裕元,《林下筆記》제22권,〈文獻指掌編〉旌閭.

6 "君子之道, 造端夫婦, 王者之化, 始自閨門. 隱微之際, 所係甚重. 帷薄不修, 男女無別, 人道亂而王化泯矣. 其何以爲國家哉. 古昔聖王, 爲禮以節其情欲, 爲刑以制其淫邪. 所以興至治而美風俗也. 故婚姻之制, 謹之於禮典, 犯姦之令, 嚴之於憲典. 蓋出乎禮, 必入乎刑, 禮以正之, 刑以懲之. 聖人之重之也如此, 後之爲紀法之宗者, 其可忽諸"《三峰集》第14卷,《朝鮮經國典》上〈憲典〉犯姦).

7 "有家之道旣至, 則不憂勞而天下治矣"《三峰集》第12卷,〈經濟文鑑〉別集 下).

8 국가가 주도하고 조준이 책임을 맡은 이 법전 역시 육전六典 체제인 이吏·호戶·예禮·병兵·형刑·공工으로 구성되어 있다. 그러나《경제육전》의 실물은 전해지지 않고 있다. 그래서 실록과 기타 문헌에 각 조문이 인용된 것을 토대로 하여 복원한 형태의《경제육전》이 있다. 인용된 조문들을 가능한 체계적이고 정확한 형태로 추출하고 이들 조문을 분석하여 유사한 또는 서로 관련된 조문을 당시의 구분에 맞게 묶어 주는 작업을 통해 복원될 수 있었다.《경제육전》의 복원 작업으로는〈경제육전について〉(花村美樹,《法學論纂》第一部 論集 第五冊, 1932),《經濟六典拾遺》(전봉덕, 아세아문화사, 1989);《經濟六典輯錄》(연세대 국학연구원 편, 신서원, 1993)이 있다.

9《태조실록》원년(1392) 9월 21일.

10《세종실록》13년(1431) 6월 25일.

11《태조실록》5년(1396) 5월 20일.

12《태종실록》6년(1406) 6월 9일.

13 이 내용은《세종실록》8년(1436) 6월 18일자 기사에 소개되어 있다.

14 "《續六典》內, '士大夫之妻, 更適三夫者, 錄于恣女案'"《세종실록》18년(1436) 6월 18일조에서 인용했다).

15 "君子之道, 造端乎夫婦, 及其至也, 察乎天地"《中庸》12장).

16 "忠臣孝子義夫節婦, 關係風俗, 在所獎勸"《태조실록》1년(1392) 7월 28일).

17 의부에 대해 뒤에서 자세히 다루었다.

18 "士族婦女, 失行者(更適三夫者同) 錄案"《經國大典》〈刑典〉禁制條).

19 "失行婦女, 及再嫁女之所生, 勿叙東西班職"《經國大典》〈刑典〉禁制條).

20 "失行婦女之子, 庶孼子孫, 勿許赴"《경국대전》〈禮典〉諸科條).

21 "大典, 贓吏之子孫及失行婦女之子孫, 勿授政府, 六曹, 臺諫, 都事, 守令等職"《성종실록》14년(1483) 7월 6일).

22 매릴린 옐롬, 이호영 옮김,《아내의 역사》, 책과함께, 2012.

23 ○ 凡和姦杖八十, 有夫杖九十, 刁姦杖一百. ○ 强姦者絞, 未成者杖一百, 流三千里. ○ 姦幼女十二歲以下者, 雖和同强論. ○ 其和姦刁姦者, 男女同罪. 姦生男女, 責付姦夫收養, 姦婦從夫嫁賣, 其夫願留者聽. 若嫁賣與姦夫者, 姦夫本夫各杖八十, 婦人離異歸宗, 財物入官. ○ 強姦者, 婦女不坐. ○ 若媒合容止通姦者, 各減犯人罪一等, 私和姦事者減二等. ○ 其非姦所捕獲, 及指姦者, 勿論. 若姦婦有孕, 罪坐本婦《大明律》〈刑律〉'犯姦條'.

24 "凡縱容妻妾與人通姦, 本夫姦夫姦婦各杖九十. 抑勒妻妾及乞養女, 與人通姦者, 本夫義父各杖一百, 姦夫杖八十, 婦女不坐, 並離異歸宗"《大明律》〈刑律〉'縱容妻妾犯姦').

25 《성종실록》 8년(1477) 8월 27일.

26 《大典後續錄》〈禮典〉'獎勸'.

27 《大典後續錄》〈刑典〉'禁制'.

28 "失行婦女及再嫁女之所生, 勿敍東西班職. 至曾孫方許以上各司外用之"《大典會通》〈吏典〉京官職).

29 "故聖人之制刑也, 非欲恃此以爲治, 惟以輔治而已. 辟以止辟, 刑期無刑, 苟吾治之已成. 則刑可措而不用矣"《朝鮮經國典》下〈憲典〉).

30 김성우,《조선 중기 국가와 사족》, 역사비평사, 2001, 290쪽.

31 《二程全書》 및《小學》〈嘉言〉에 나온다.

32 김정국, 정호훈 옮김,《경민편》, 아카넷, 2012.

33 《退溪集》권42〈鄕立約條序〉예안향약 28조는 다음과 같다.

○ 極罰: (1) 父母不順者 (2) 兄弟相鬪者 (3) 家道悖亂者(夫妻毆罵 黜其正妻 妻悍逆者 減等 男女無別) (4) 事涉官府有關鄕風者 (5) 妄作威勢擾官行私者 (6) 鄕長陵辱者 (7) 守身孀婦 誘脅污奸者.

○ 中罰: (8) 親戚不睦者 (9) 正妻疎薄者 妻有罪者 減 (10) 隣里不和者 (11) 儕輩相毆罵者 (12) 不顧廉恥 污壞士風者 (13) 恃强陵弱 侵奪起爭者 (14) 無賴結黨 多行狂悖者 (15) 公私聚會 是非官政者 (16) 造言構虛 陷人罪累者 (17) 患難力及 坐視不救者 (18) 受官差任 憑公作弊者 (19) 婚姻喪祭 無故過時者 (20) 不有執綱 不從鄕令者 (21) 不伏鄕論 反懷仇怨者 (22) 執綱徇私, 冒入鄕參者 (23) 舊官餞亭 無故不參者.

○ 下罰: (24) 公會晚到者 (25) 紊坐失儀者 (26) 座中喧爭者 (27) 空坐退便者 (28) 無故先出者.

34 하벌 아래에 4조목이 더 있는데, 이것은 향리와 하층민에 관한 것으로 '고관치죄告官治罪'에 해당하므로 예안향약에서 근본적인 문제가 아니었다(정진영, 〈16세기 향촌 문제와 재지사족의 대응-〈예안향약〉을 중심으로〉, 《민족문화논총》 7집. 106면).

35 《栗谷先生全書》卷十六 雜著三 "過失則謂持身不謹, 事上無禮, 接下無恩, 不遵約令 之類"

36 ○ 告官治罪: 與父母變色相詰者. 辱三寸叔父及同生兄者. 不從父母敎令者. 親貧子 富而不養者. 親死不哀一月內飮酒者.(無改過之意). ○ 上罰: 居喪醉酒者. 祭祀不敬者. 下人不行忌祭墓祭. 叱辱五寸叔父及外三寸從兄者. 下人於上典前言辭不恭者. 外處 罵上典者. 扶執長者下手者. 下人妻打夫者(傷打則告官). 疏薄正妻者(不悛者告官) 潛姦 他人妻及女者(告官), 若悔過願受罪自新者. 誣毀他人者 等. ○ 次上罰: 父母所見處踞 坐者. 騎牛馬過父母所見處者. 不順從上典之敎令者. 行上典之令而凡事不直. 欺罔取 利者. 與三寸叔父及同生兄, 變色相詰者 等. ○ 中罰: 上典所見處騎牛馬過者. 士族 前下人言辭不恭者. 與五寸叔父及外三寸從兄, 變色相詰者. 三寸叔父及兄所見處踞 坐者. 騎牛馬過者, 言辭不恭者. 叱辱長者者. 兄以私嫌打弟, 非出於敎誨者. 無罪而 打妻者(傷打者則上罰). 妻於衆中罵夫者. 與他人妻女扶執相狎者. 言語不實者 等 ○ 次中罰: 下人見士族而不拜者. 騎牛馬不下者. 士族所見處踞者. 外三寸及五寸叔父從 兄所見處踞坐者 騎牛馬過者. 言辭不恭者. 里中男女無禮, 發昵狎淫戲之言者. 醉酒 酗罵者 等 ○ 下罰: 長者所見處踞坐者, 騎牛馬過者. 言辭不恭者. 年長者理直, 而所 敺無傷(治壇打之罪) 等.

37 이 부분은 두 향약보다 훨씬 이른 16세기 전기에 나온 〈경민편〉에서 남편에 대한 처의 배신과 개가를 죄목으로 제시한 것과 비교된다. 《경민편》은 남편에 대한 처의 의무는 있고, 그 반대는 없다는 점이 문제이긴 하지만 여성을 행위주체로 파악했다 는 점은 인정되어야 한다.

38 최재석, 《한국가족제도사연구》, 일지사, 1983 참조.

39 "失行婦女, 及再嫁女之所生, 勿叙東西班職" 《經國大典》〈刑典〉禁制條).

40 "議政府啓, 《元六典》 一款, 凡僧出入寡婦之家者, 以犯色論, 凡尼上寺者, 以失節論" 《단종실록》 1년(1453) 4월 27일).

41 "婦女與尼僧上寺, 以失節論, 載在《六典》"(세종 16년(1434) 5월 1일).

42 儒生婦女上寺者, …… 士族婦女遊宴山間 …… 杖一百《經國大典》《刑典》禁制條).

43 《성종실록》 4년(1473) 7월 16일.

44 《세종실록》 13년(1431) 6월 25일.

45 《세종실록》 13년(1431) 6월 25일.

46 《성종실록》 7년(1476) 4월 26일.

47 《세종실록》 9년(1427) 9월 4일.

48 《세종실록》 17년(1435) 9월 29일.

49 士族之女, 年近三十貧乏, 未嫁者, 本曹啓聞量給資財(《經國大典》〈禮典〉 '惠恤').

50 《세조실록》 13년(1467) 8월 2일.

51 《세조실록》 13년(1467) 8월 5일.

52 《세종실록》 5년(1423) 9월 25일.

53 《대명률》〈형률〉 '犯奸'. "凡和姦杖八十, 有夫杖九十, 刁姦杖一百."

54 《세종실록》 18년(1436) 4월 20일.

55 《연산군일기》 6년(1500) 6월 16일.

56 《연산군일기》 6년(1500) 6월 18일.

57 《성종실록》 9년(1478), 10월 13일. 이 법은 1491년(성종 22)에는 편찬된 《大典續錄》〈禮典〉 雜錄에 등재되었다.

58 《세조실록》 1년(1455) 8월 9일.

59 《중종실록》 7년(1512) 10월 3일.

60 《중종실록》 7년(1512) 10월 18일.

61 《단종실록》 2년(1454) 4월 8일.

62 《예종실록》 1년(1469) 8월 17일.

63 절을 돌아다니며 붙어사는 여인을 가리키는 말로 당시 전라도에서 사용된 방언이라고 한다.

64 《중종실록》 8년(1513) 10월 3일.

65 《명종실록》 1년(1546) 1월 18일.

66 《영조실록》 21(1745) 8월 12일.

67 《영조실록》 21년(1745) 8월 12일.

68 조지만, 《《수교등록》에 관한 연구》, 《법학연구》, 부산대학교 법학연구소, 2010.

69 《受敎輯錄》 〈형전〉 '告訴; 중종 5년(1510)의 승전.

70 《受敎輯錄》 〈형전〉 '推斷; 숙종 16년(1690)의 승전 《형전》 殺獄: 숙종 17년(1691)의 승전.

71 《受敎輯錄》 〈형전〉 '推斷; 숙종 16년(1690)의 승전 《형전》 奸犯: 숙종 10년(1684)의 승전에 의거.

72 《受敎輯錄》 〈형전〉 '推斷; 숙종 16년(1690)의 승전 《형전》 奸犯: 현종 12(1671)의 승전에 의거.

73 《受敎輯錄》 〈형전〉 '推斷; 숙종 16년(1690)의 승전 《형전》 奸犯: 숙종 8년(1682).

74 《新補受敎輯錄》 〈형전〉 '奸犯; 현종 8년(1667).

75 《新補受敎輯錄》 〈戶典〉 '給復; 숙종 40년(1714).

76 《新補受敎輯錄》 〈형전〉 '奸犯; 중종 38년(1543).

77 《新補受敎輯錄》 〈형전〉 '奸犯; 숙종 16년(1690).

78 《숙종실록》 7년(1681) 12월 18일.

79 《新補受敎輯錄》 〈형전〉 '奸犯; 경종 4년(1724).

80 《新補受敎輯錄》 〈형전〉 '추단' 영조 10년(1734)의 승전.

81 《성종실록》 17년(1486) 1월 12일.

82 《세조실록》 9년(1463) 6월 23일.

83 《심리록》의 각 사건들은 1) 범죄가 발생한 지역명과 범죄인의 이름, 2) 사건에 대한 개요, 3) 관찰사와 형조의 조사 보고와 의견을 담은 도계道啓와 조계曹啓, 4) 국왕 정조의 판부判付 순으로 기록되어 있다.

84 《국역 審理錄》(1~5), 민족문화추진회 옮김, 1998.

85 《심리록》에 기록된 1,112건 중 인명범죄가 90.3퍼센트(1004건)에 해당되는데, 그중 살인이 96퍼센트(964건)이고 자살이 4퍼센트(40건)다. 범죄인의 성별은 남자가 965인이고 여자가 39인이다(심재우, 《조선 후기 국가 권력과 범죄 통계—심리록 연구》, 태학

사, 2009).

86 《흠흠신서》 '상형추의'에 나오는 간통[화간] 사건 21건에서 피살자와 살해자는 모두 여자 및 여자 쪽 관련인이라는 것이다. 남자는 자신[이때도 여자의 상대남으로] 외에는 자신과 관련된 사람이 전혀 연루되지 않았다는 것이다(김선경, 〈조선 후기 여성의 성, 감시와 처벌〉, 《역사연구》 8, 2000).

87 《大明律》 〈刑律〉 '犯姦條'.

88 장병인, 〈조선 중·후기 간통에 대한 규제의 강화〉, 《韓國史硏究》 121집, 2003, 287쪽.

89 "其非姦所捕獲及指姦者, 勿論"(《大明律》 〈刑律〉 '犯姦條').

90 《審理錄》 제17권, 〈密陽崔玉萬獄〉.

91 《審理錄》 제21권, 〈西部曺命根獄〉.

92 《審理錄》 제16권, 〈价川尹金伊獄〉.

93 《審理錄》 제22권, 〈祥原權順三獄〉.

94 《審理錄》 제5권, 〈光州朴昆介獄〉.

95 반대로 남편의 음행에 반응하는 여성의 질투는 다양한 장치와 방법으로 억제되어 왔다. 여자의 질투는 속좁음, 악덕으로 간주되어 질투를 없애는 교육과 훈련을 받았던 것이다. 각종 여훈서에는 남편의 '다른 여자'에 대해 질투나 투기를 하지 않는 관대함을 기르는 것을 중요한 덕목으로 제시하고 있다(이숙인, 〈조선시대 교육의 젠더 지형도〉, 《정신문화연구》 29집 1호, 2006).

96 《대명률》의 "처첩이 다른 사람과 간통할 경우 간통 현장에서 남편이 처와 간부를 살해해도 처벌받지 않는다"(《大明律直解》 권19, 〈刑律·人命〉 〈殺死姦夫〉)는 조항을 말한 것이다.

97 《審理錄》 제9권, 〈龍岡李得表獄〉.

98 《審理錄》 제14권, 〈朔州洪宗淵獄〉.

99 《審理錄》 제16권, 〈楚山朴初廷獄〉.

100 "간통 현장에서 잡지 않은 것과 간통죄를 범했다고 지칭한 것은 불문에 붙인다"(《대명률직해》 〈刑律·犯奸〉)는 조항을 말한다.

101 《審理錄》 제16권, 〈定州東方永獄〉.

102 선조先朝[영조英祖]의 수교受敎란 "다른 남자가 치마를 잡아당기거나 그와 마주 앉아 밥을 먹는 장면을 그 남편이 보고 화를 내다가 혹 화가 지나쳐 잘못 사람을 죽였을 경우 모두 가벼운 형률로 처분하라"는 것이다《日省錄》正祖 17년 11월 25일).

103 《審理錄》제18권, 〈鐵山徐乭男獄〉.

104 《審理錄》제18권, 〈信川白同獄〉.

105 《審理錄》제1권, 〈宜寧縣官奴業伊獄〉.

106 《審理錄》제10권, 〈羅州吹三獄〉.

107 《審理錄》제11권, 〈서울南部三漢獄〉.

108 《審理錄》제9권, 〈義州崔聖倜獄〉.

109 《審理錄》제15권, 〈金川朴春福獄〉.

110 《審理錄》제20권, 〈定州李命興獄〉.

111 《審理錄》제4권, 〈平山李德連獄〉.

112 "寡婦之守節者, …… 亦皆有田"《朝鮮經國典》上〈賦典〉經理).

113 《고려사절요》제2권, 〈穆宗宣讓大王〉2년(999).

114 "《經濟六典》有云: '夫死有子息者, 全科遞受. 無子息者, 減半遞受. 本非守信者, 不在此限, 所以勸守信也'"《태종실록》6년(1406) 11월 1일).

115 《태종실록》6년(1406) 11월 1일.

116 《태종실록》11년(1411) 12월 9일.

117 《태종실록》14년(1414) 8월 21일.

118 《태종실록》7년(1407) 12월 12일.

119 조은, 〈가부장적 질서화와 부인권의 약화: 조선 전기 재산상속 분쟁사례를 중심으로〉, 《한국여성학》16-2, 2000, 5~34쪽 참조.

120 《태종실록》7년(1407) 12월 12일.

121 《세종실록》11년(1429) 6월 8일.

122 《세조실록》11년(1465) 12월 16일.

123 "수신전과 휼양전이 다 직전職田이 되었으니"라고 한 구절이 그 전에 이미 혁파되었음을 말해준다《세조실록》14년(1468) 6월 14일).

124 《성종실록》4년(1473) 7월 30일.

125 《성종실록》9년(1478) 8월 25일.

126 《성종실록》11년(1480) 5월 19일.

127 《중종실록》10년(1515) 2월 22일.

128 이숙인, 〈淫獄에 비친 正祖代의 性 인식: 《審理錄》을 중심으로〉, 《규장각》, 2011.

129 《審理錄》제3권, 〈咸平金鳳起獄〉.

130 《審理錄》제25권, 〈咸陽張水元獄〉.

131 이숙인 역주, 《여사서》〈여범첩록〉, 도서출판 여이연, 2003.

132 《審理錄》제30권, 〈安東李碩獄〉.

133 《審理錄》제28권, 〈槐山李巴金獄〉.

134 《審理錄》제29권, 〈沔川李有卜獄〉.

135 《審理錄》제14권, 〈忠州朴升文獄〉.

136 《審理錄》제18권, 〈龜城崔召史獄〉.

137 《태조실록》1권, 1년(1392) 7월 28일.

138 《세종실록》2년(1420) 1월 21일.

139 《정종실록》1년(1399) 12월 1일.

140 정습은 열녀 최씨의 아들이라는 이유로 잡과雜科 응시가 허락되었는데, 절의를 장려하고 풍속을 권면하기 위한 방법으로 여겼기 때문이다(《세종실록》2년(1420) 5월 7일). 잡과를 통한 정습은 서운관書雲觀 감후監候로 은퇴하게 되었는데, 60세가 다 된 정습에게 다시 벼슬이 내려졌다. 그의 효행과 그 어머니의 열행을 높이 샀기 때문이었다(《세종실록》16년(1434) 7월 25일).

141 《태종실록》10년(1410) 5월 12일.

142 《태종실록》15년(1415) 11월 1일.

143 《세종실록》2년(1420) 1월 21일.

144 개가 거절의 서사가 그 절부의 성격 규정에 어느 정도의 무게가 있는가에 따라 개가의 서사보다 더 큰 행위가 있을 경우 그쪽으로 분류했다.

145 《세종실록》20년(1438) 7월 17일.

146 《세종실록》 7년(1425) 4월 26일.

147 《세종실록》 18년(1436) 윤6월 20일.

148 《세종실록》 13년(1431) 5월 17일.

149 《단종실록》 3년(1455) 5월 14일.

150 《단종실록》 3년(1455) 3월 16일.

151 《세조실록》 11년(1465) 5월 30일.

152 《예종실록》 1년(1469) 10월 20일.

153 《성종실록》 20년(1489) 11월 1일.

154 《성종실록》 3년(1472) 2월 18일.

155 《성종실록》 5년(1474) 11월 21일.

156 《연산군일기》 9년(1503) 5월 14일.

157 《연산군일기》 11년(1505) 1월 4일.

158 《중종실록》 2년(1507 5월 3일.

159 《중종실록》 17년(1522) 8월 30일.

160 《중종실록》 23년(1528) 8월 21일.

161 《중종실록》 23년(1528) 8월 21일.

162 《중종실록》 23년(1528) 8월 21일.

163 이이, 《율곡전서》 제18권, 〈外祖妣李氏墓誌銘〉.

164 《명종실록》 3년(1548) 10월 10일.

165 《명종실록》 10년(1555) 3월 29일.

166 《명종실록》 10년(1555) 3월 29일.

167 《명종실록》 14년(1559) 4월 1일.

168 《명종실록》 9년(1554) 6월 28일.

169 《선조실록》 31년(1598) 3월 1일.

170 《선조실록》 34년(1601) 9월 12일.

171 《선조실록》 34년(1601) 9월 12일.

172 《광해군일기》 2년(1610) 1월 5일.

173 《광해군일기》 2년(1610) 1월 17일.

174 《인조실록》 5년(1628) 7월 29일.

175 《인조실록》 9년(1631) 윤11월 18일.

176 《효종실록》 6년(1655) 7월 26일.

177 《현종실록》 4년(1663) 10월 8일.

178 《현종실록》 6년(1665) 10월 5일.

179 《현종실록》 15년(1674) 7월 4일.

180 《숙종실록》 7년(1681) 6월 30일.

181 《숙종실록》 8년(1682) 6월 22일.

182 《숙종실록》 43년(1717) 8월 8일.

183 《숙종실록》 43년(1717) 8월 11일.

184 《숙종실록》 44년(1718) 12월 19일.

185 《숙종실록》 30년(1704) 6월 5일.

186 《숙종실록》 36년(1710) 10월 19일.

187 동해 효부의 이야기는 《여사서》〈여범첩록〉에 나온다. 동해 마을의 젊은 과부 장씨가 시어머니를 봉양하고 살았는데, 그 시어머니가 자신 때문에 며느리가 개가를 못한다고 여겨 자살을 했다. 그런데 그 시누이가 장씨를 살인범으로 관에 고소하여 장씨는 사형을 당했다. 그 후 동해에는 3년 동안 계속된 가뭄으로 살기가 어렵게 되었는데, 새로 부임한 태수가 장씨의 억울함 죽음을 알게 되어 묘소에 가 제사를 지내주었다. 그러자 곧 비가 내려 가뭄이 해소되었다는 이야기다. 장씨의 이야기는 《한서》권71에도 나온다.

188 《영조실록》 30년(1754) 4월 14일.

189 《영조실록》 36년(1760) 11월 19일.

190 《영조실록》 39년(1763) 8월 1일.

191 《영조실록》 34년(1758) 11월 11일.

192 《영조실록》 34년(1758) 1월 17일.

193 《정조실록》 7년(1783) 2월 6일.

194 《순조실록》 32년(1832) 4월 13일.

195 《고종실록》 4년(1867) 12월 28일.

196 조두순은 1826년(순조 26) 황감제시黃柑製試에 장원으로 합격한 후 승지, 대사성을 거쳐 동지부사로 청나라에 다녀왔고, 이조참판, 형조판서 황해도 및 평안도 관찰사를 지냈다. 1862년 이정청釐整廳의 총재관이 되어 삼정三政의 개혁에 주력하고, 조대비와 흥선대원군의 신임을 얻어 국정에 참여했다. 대원군의 명으로 천주교 탄압에 앞장섰다. 문집에 《心庵遺稿》가 있다.

197 《고종실록》 8년(1871) 3월 25일.

198 《고종실록》 8년(1871) 11월 25일.

199 《고종실록》 29년(1892) 7월 18일.

200 《고종실록》 40년(1903) 10월 17일.

201 《선조실록》 25년(1592) 5월 9일.

202 고순희, 〈임란 이후 17세기 우국가사의 전개와 성격〉, 《한국고전연구》 2집, 1996.

203 《광해군일기》 2년(1610) 3월 20일.

204 《선조실록》 36년(1605) 8월 2일.

205 이정암, 《四留齋集》〈三節婦傳〉(이혜순·김경미, 《한국의 열녀전》, 월인, 2002, 47쪽에서 재인용).

206 《선조실록》 37년(1604) 8월 26일 참조.

207 안정복, 〈淑人趙氏行狀〉《순암선생문집》 권25.

208 이혜순, 〈열녀전의 立傳意識과 그 사상적 의의〉, 《조선시대 열녀담론》, 월인, 2002.

209 《중종실록》 24년(1529) 4월 6일.

210 《광해군일기》 2년(1610) 1월 17일.

211 《국조보감》 세조 3년.

212 《중종실록》 23년(1528) 8월 12일.

213 《선조실록》 34년(1603) 12월 26일.

214 《선조실록》 36년(1605) 6월 9일.

215 《선조실록》 36년(1605) 7월 9일.

216 "경상등도체찰사慶尙等道體察使 이덕형이 아뢰기를, '남방南方이 난리를 겪은 뒤 절의를 지켜 죽은 사녀士女가 한둘에 그치지 않습니다. 열행烈行이 두드러져 옛사람에 부끄러움이 없는 자도 있었지만 조정에서 아직까지 표창하는 은전이 없었습니다. 이곳 사람만이 불만스럽게 여겨 한탄할 뿐만이 아닙니다'"《선조실록》 선조 34년 12월 26일).

217 《선조실록》 36년(1605) 6월 9일.

218 《광해군일기》 5년(1613) 12월 12일.

219 《국역승정원일기》 고종 43년(1906), 4월 27일;《고종실록》 47권, 43년(1906) 4월 17일

220 《영조실록》 45년(1769) 4월 5일.

221 《세조실록》 9년(1463) 6월 23일.

222 《亂中雜錄》 一, 선조 25년[1592] 4월 26일조.

223 《亂中雜錄》 一, 선조 25년[1592] 6월 6일조.

224 《亂中雜錄》 二, 선조 25년[1592] 8월 3일조.

225 "사천泗川의 도훈도都訓導 최막금崔莫金은 고성의 적중賊中에 들어가 있었는데 제 집에 왕래하다가 복병伏兵에게 잡혔다. 공술供述하기를 "적중에 자진해서 들어간 것이 아니고 왜놈을 만나 포로가 되어 살려 달라 애걸하고 인하여 적중에 들어갔더니, 적이 먼저 진주의 창고에 있는 곡식이 얼마인 것과 전라도로 가는 바른 길과 얼굴 예쁜 여자들이 어디 있는지를 물었으므로, 아름다운 여자는 모르고 진주의 곡식은 대충 말해주고 전라도로 가는 바른 길은 하동河東이라 했다"《亂中雜錄》 二, 선조 25년[1592] 8월 4일조).

226 《亂中雜錄》 二, 선조 25년[1592] 9월 9일조.

227 《亂中雜錄》 三, 선조 26년[1593] 12월 5조.

228 김시양,〈荷潭破寂錄〉"丙子之亂, 李參判敏求妻尹暉女也, 在江都爲胡所虜而去. 携其孫兒及婢以從, 路由京中, 逢敏求兄聖求於路中. 聊無愧惡之容, 聞者惡之."

229 《亂中雜錄》 三, 선조 27년[1594] 8월 2일조.

230 《亂中雜錄》 四, 선조 38년[1605] 4월조.

231 《연려실기술》 권26,《朝野僉載》.

232 인조 36권, 인조(1638) 16년 3월 11일.

233 《인조실록》 16년(1638) 3월 11일.

234 《인조실록》 16년(1638) 3월 11일.

235 《인조실록》 16년(1638) 3월 11일.

236 《효종실록》 즉위년(1649) 11월 21일.

237 《현종실록》 8년(1667) 7월 6일.

238 《현종실록》 8년(1667) 7월 15일.

239 《정종실록》 1년(1399) 6월 15일.

240 《세종실록》 28년(1446) 6월 7일.

241 《세종실록》 14년(1432) 6월 18일.

242 《단종실록》 1년(1453) 4월 27일.

243 《세종실록》 16년(1434) 5월 1일: "婦女與尼僧上寺, 以失節論, 載在六典."

244 《태종실록》 10년(1410) 4월 4일.

245 《태종실록》 11년(1411) 6월 9일.

246 《태종실록》 13년(1413) 6월 29일.

247 《태종실록》 9년(1409) 8월 28일.

248 《세종실록》 23년(1441) 윤11월 24일.

249 《세조실록》 2년(1456) 5월 7일.

250 《세종실록》 11년(1429) 9월 30일.

251 《세종실록》 27년(1445) 10월 9일.

252 《성종실록》 1년(1470) 5월 5일.

253 《성종실록》 1년(1470) 5월 5일.

254 《성종실록》 1년(1470) 8월 3일.

255 《중종실록》 11년(1516) 5월 18일.

256 《중종실록》 12년(1517) 7월 22일.

257 《중종실록》 16년(1521) 4월 8일.

258 《중종실록》 16년(1521) 4월 11일.

259 《숙종실록》 30년(1704) 9월 24일.

260 《숙종실록》 30년(1704) 11월 14일.

261 《숙종실록》 39년(1713) 5월 14일.

262 정종 1년에 고 김인찬의 처가 간통 사건으로 사헌부의 형추를 받을 때, 김씨의 간통 행적이 덩달아 세상에 알려진 바 있다(《정종실록》 1년(1399) 6월 15일).

263 《태종실록》 15년(1415) 11월 1일: 태종 4년(1404)에 죽은 김주金湊는 고려에서 대사헌을 지냈고, 조선이 건국될 때 태조의 측근에서 신도시 건설에 역할을 했다. 조선에서는 정2품의 좌복야左僕射, 참찬문하부사參贊門下府事 등의 높은 직책을 거친 인물이다. 성곽축조의 권위자로 평가되었다.

264 《세종실록》 9년(1427) 8월 8일.

265 《세종실록》 9년(1427) 1월 3일.

266 《세종실록》 9년(1427) 7월 29일.

267 《세종실록》 9년(1427) 8월 8일.

268 《세종실록》 9년(1427) 8월 16일.

269 《세종실록》 9년(1427) 8월 20일.

270 《세종실록》 11년(1429) 6월 1일.

271 《세종실록》 12년(1430) 9월 5일.

272 《세종실록》 13년(1431) 6월 30일.

273 《세종실록》 14년(1432) 3월 3일.

274 《세종실록》 17년(1435) 3월 4일.

275 《세종실록》 18년(1436) 윤6월 15일.

276 《세종실록》 29년(1447) 7월 17일.

277 세종 117권, 29년(1447) 8월 2일.

278 세종 117권, 29년(1447) 8월 3일.

279 문종 12권, 2년(1452) 2월 13일.

280 《세조실록》 6년(1460) 2월 13일.

281 《세조실록》 8년(1462) 1월 10일.

282 〈三綱行實圖序〉《세종실록》 14년(1432) 6월 9일.

283 《세종실록》 14년(1432) 6월 9일, 〈進三綱行實圖笺〉, "女必貞行必篤 父母不能奪其志 昭然天日之照臨 刀鋸安敢催其心 凜乎氷霜之皎潔 在丈夫而未易 爲烈婦者頗多."

284 《세종실록》 16년(1434) 4월 27일.

285 《고열녀전》의 부분은《고금열녀전》을 통한 것 같다. 명나라 성조 원년(1403)에 만들어진《고금열녀전》은 다음 해인 1404년(태종 4)에 조선에 들어왔다. 150편이 수록된《고금열녀전》에서 66편은《고열녀전》을 재수록한 것이다.

286 皇英死湘, 姜后脫簪, 昭議當熊, 共姜守義, 伯嬴持刃, 女宗知禮, 殖妻哭夫, 宋女不改, 節女代死, 高行割鼻의 10편 정도가 서로 편차는 있지만 남편의 아내로서의 신의와 절개를 지킨 사례로 구성되었다.

287 유향, 이숙인 옮김, 〈有虞二妃〉,《열녀전》, 글항아리, 2013.

288 《삼강행실도》 28, 〈辛氏就死〉.

289 《삼강행실도》 29, 〈宗氏罵晞〉.

290 《삼강행실도》 30, 〈閻薛效死〉.

291 《삼강행실도》 34, 〈張氏墮樓〉.

292 〈進三綱行實圖笺〉(《세종실록》 14년(1432) 6월 9일).

293 《성종실록》 20년(1489) 6월 1일.

294 《성종실록》 20년(1489) 6월 18일.

295 《성종실록》 12년(1481) 3월 24일.

296 "梁氏于歸數月餘. 元兵孔熾若乘虐. 自知未遂偕生計. 誓死蒼天實鑑子. 家室俱爲虜所擒. 緩辭元是活夫心. 忘生抗節誰能犯. 磊落貞姿想至今"(〈梁氏被殺〉《삼강행실도》 60. 산정본《삼강행실도》 22에 재수록).

297 "自治喪具從容死. 千載爭欽烈婦風"(〈明秀具棺〉《삼강행실도》 22).

298 《중종실록》 6년(1511) 10월 20일.

299 李荇, 〈續三綱行實圖笺〉《容齋集》《한국문집총간》109집).

300 《속삼강행실도》에는 '仇氏寫眞'이라는 제목으로 실렸고, 그 근거는《성종실록》 2년(1471) 6월 23일자 기사에 나온다.

301 《속삼강행실도》에 '仇音方逃野'라는 제목으로 실렸고, 단종 1년 윤9월 24일에 그녀의 절행이 왕에게 보고되었다.
302 정일영, 〈임진왜란 이후 '敎化'의 양상〉, 《한국사상사학》 제34집, 2010, 80쪽.
303 규장각 해제 《동국신속삼강행실도》.
304 《광해군일기》 6년(1614) 7월 11일.
305 《동국신속삼강행실도》 〈열녀도〉 권3, '李氏死賊'.
306 《동국신속삼강행실도》 〈열녀도〉 권3, '忠臣金悌甲妻李氏'.
307 《선조실록》 25년(1592) 10월 21일.
308 《광해군일기》 11년(1619) 10월 1일.
309 김시양, 〈荷潭破寂錄〉 "壬辰之亂, 張鴻稱其妻罵賊而死, 朝廷請旌其門. 丙申歲, 黃判書愼奉使日本而還, 倭刷送被虜男婦. 鴻妻在其中, 皆駭愧. 而朝廷不抵鴻欺罔之罪, 可謂失刑."
310 《동국신속삼강행실도》 권6, 〈馬醫金應雲女金召史〉.
311 정일영, 〈임진왜란 이후 '敎化'의 양상〉 참조.
312 《정조실록》 21년(1797) 1월 1일.
313 《중종실록》 12년(1517) 6월 27일.
314 《태종실록》 4년(1404) 11월 1일.
315 우쾌제, 〈列女傳의 전래와 수용양상 고찰〉, 《동방문학비교연구총서》 2호, 한국동방문화비교연구회, 1992, 430쪽.
316 "처음에 김씨를 폐하고 봉씨를 세울 적에는, 그에게 옛 훈계를 알아서 경계하고 조심하여 금후로는 거의 이런 따위의 일을 없게 하고자 하여, 여사女師로 하여금 《열녀전列女傳》을 가르치게 했는데, 봉씨가 이를 배운 지 며칠 만에 책을 뜰에 던지면서 말하기를, '내가 어찌 이것을 배운 후에 생활하겠는가' 하면서, 학업하기를 즐겨하지 아니했다. 《열녀전》을 가르치게 한 것은 나의 명령인데도 감히 이같이 무례한 짓을 하니, 어찌 며느리의 도리에 합당하겠는가?" 《세종실록》 18년(1436) 11월 7일)
317 《중종실록》 12년(1517) 6월 27일.

318 魚叔權, 《稗官雜記》 권4.

319 "왕이 세손과 《列女傳》을 읽고 토론했다"(《영조실록》 42년(1771) 5월 27일). "왕이 주강을 행하여 《列女傳》을 읽었다"(《영조실록》 49년(1778) 12월 11일).

320 민중 여성들의 삶을 반영한 〈福善禍淫歌〉에는 《列女傳》이 《小學》과 《孝經》과 더불어 여자들의 기본 교재였음을 말해준다. 즉 "소학효경 열여전을 십여시에 에와나고 처신범절 힝동거지 침선방적 슈노키도 십사세에 통달ㅎ니 누가아니 칭찬하랴!"라고 했다.

321 "信, 事人也. 信, 婦德也. 壹與之齊, 終身不改, 故未死不嫁"(《禮記》〈郊特牲〉).

322 "姑姊妹女子, 已嫁而反, 兄弟弗與同席而坐, 弗與同器而食"(《禮記》〈曲禮〉).

323 《태조실록》 원년(1392) 9월 21일.

324 "男女不雜坐. 不同椸枷, 不同巾櫛, 不親授. 嫂叔不通問, 諸母不漱裳. 外言不入於梱, 內言不出於梱"(《禮記》〈曲禮〉).

325 "禮始於謹夫婦, 爲宮室, 辨外內, 男子居外, 女子居內. 深宮固門, 閽寺守之, 男不入, 女不出"(《禮記》,〈內則〉).

326 "男不言內, 女不言外. 內言不出, 外言不入"(《禮記》〈內則〉).

327 《小學》은 6장으로 이루어져 있는데, 〈立敎〉,〈明倫〉,〈敬身〉의 장이 근본에 해당한다면 〈稽古〉,〈嘉言〉,〈善行〉은 근본에 대한 구체적인 사례라 할 수 있다. 뒤의 세 편은 立敎, 明倫, 敬身의 내용을 옛 성현들의 실천 사례와 말씀을 통해 제시한 것이다.

328 〈小學書題〉, "古者小學, 敎人以灑掃應對進退之節, …… 而必使其講而習之於幼稚之時, 欲其習與智長, 化興心成, 而無扞格不勝之患也."

329 "衛共姜者, 衛世子共伯之妻也. 共伯蚤死, 共姜守義, 父母欲奪而嫁之, 共姜不許, 作柏舟之詩, 以死自誓."(《小學》〈善行〉) 공강의 이야기는 《열녀전》에 '魏寡夫人'으로, 《삼강행실도》에서는 '共姜守義'라는 제목으로 실렸다.

330 《小學》〈稽古〉,〈열녀전〉에 '채인지처蔡人之妻'라는 제목으로 실렸고, 《삼강행실도》에서 '송녀불개宋女不改'라는 제목으로 재수록되었다.

331 《小學》〈善行〉.

332 《세조실록》9년(1463) 6월 23일.

333 《세조실록》9년(1463) 6월 23일. 영녀는 曹爽의 사촌동생 조문숙의 아내인데, 사신 史臣은 조상의 아내로 착각한 것 같다. 영녀의 절의가 중심 주제다.

334 《允摯堂遺稿》,〈遺事〉, "仲氏奇之, 遂授孝經列女傳及小學四子書等書, 姉大喜. 晝則終日攻女事, 至夜分, 低聲念書."

335 "영조는 왕세손과 《소학小學》을 놓고 문답했는데, 영조가 '쇄소응대灑掃應對'가 치국평천하治國平天下의 근본이 되는 것은 무엇 때문인가?' 하고 묻자, 세손은 '쇄소응대를 행하여 《소학》의 도道를 다하고 그것을 들어다 두게 되면 치국평천하가 됩니다'라고 대답했다"(영조실록》42년(1766) 5월 27일).

336 《중종실록》13년(1518) 6월 6일.

337 소혜왕후, 《內訓》,〈夫婦〉《女誡》〈專心〉전문을 인용).

338 최연미,〈소혜왕후 한씨, 내훈 판본고〉, 《서지학연구》22집, 서지학회, 2001, 351~370쪽.

339 이경하, 《내훈》.

340 《戒女書》20장의 주제는 다음과 같다.〈부모 섬기는 도리라〉,〈남편 섬기는 도리라〉,〈시부모 섬기는 도리라〉,〈형제 화목하는 도리라〉,〈친척 화목하는 도리라〉,〈자식 가르치는 도리라〉,〈제사 받드는 도리라〉,〈손님 대접하는 도리라〉,〈투기 말라는 도리라〉,〈말씀 조심하는 도리라〉,〈재물 절약하는 도리라〉,〈일 부지런히 하는 도리라〉,〈병환 모시는 도리라〉,〈의복, 음식하는 도리라〉,〈노비 부리는 도리라〉,〈돈 거래하는 도리라〉,〈매매하는 도리라〉,〈비손하는 도리라〉,〈종요로운 경계라〉,〈옛사람의 착한 행실이니라〉.

341 《영조실록》10년(1734) 12월 20일.

342 《女四書》〈御製女四書序〉.

343 "夫者天也. 天固不可違, 夫固不可離也."(《여사서》〈女誡·專心〉).

344 《史記》권28,〈田單列傳〉, "忠臣不事二君, 貞女不更二夫."

345 "若夫動靜輕脫, 視聽夾輸, 入則亂髮壞形, 出則窈窕作態. 說所不當道, 觀所不當視. 此謂不能專心正色矣"(《여사서》〈女誡·專心〉).

346 "第一守節, 第二淸貞. 有女在室, 莫出閨庭. 有客在戶, 莫露聲音"《여사서》〈女論語·守節〉).

347 이숙인 역주, 《여사서》, 102쪽.

348 "男非眷屬, 莫與通名."《여사서》〈女論語·立身〉).

349 "一行有失, 百行無成."《여사서》〈女論語·守節〉).

350 "夫妻結髮, 義重千金. 若有不幸, 中路先傾, 三年重服, 守志堅心. 保家持業, 整頓墳塋, 殷勤訓後, 存殁光榮"《여사서》〈女論語·守節〉).

351 이숙인, 〈여사서 읽기의 방법과 사상〉, 《여/성이론》, 2004.

352 《여사서》〈內訓·事君〉.

353 〈여범첩록〉 11장의 각 편명은 '통론統論', '후덕后德', '모의母儀', '효행孝行', '정열貞烈', '충의忠義', '자애慈愛', '병례秉禮', '지혜智慧', '근검勤儉', '재덕才德'이다.

354 《여사서》〈女範捷錄·貞烈〉

355 "董氏封髮, 以待夫歸二十年"《女範捷錄·貞烈》).

356 "劉氏代鼎烹, 而活夫"《女範捷錄·貞烈》).

357 "忠臣不事兩國, 烈女不更二夫. 故一與之醮, 終身不移. 男可重婚, 女無再適. 是故, 艱難苦節, 謂之貞, 慷慨捐生, 謂之烈."《여사서》〈女範捷錄·貞烈〉).

358 "是皆貞心貫乎日月, 烈志塞乎兩儀, 正氣凜於丈夫, 節操播乎靑史者也. 可不勉歟" 《여사서》〈女範捷錄·貞烈〉).

359 이덕무, 《士小節》〈婦儀〉.

360 이숙인, 《동아시아 고대의 여성사상》, 여이연, 2005, 175쪽.

361 家人卦: 家人, 利女貞.(彖曰, 家人, 女正位乎內, 男正位乎外, 男女正, 天地之大義也.) 家人 六二: 无攸遂, 在中饋, 貞吉(象曰, 六二之吉, 順以巽也).

362 "姤女壯, 勿用取女"《周易》〈姤卦〉).

363 "一陰而遇五陽, 則女德不貞而壯之甚也. 取以自配, 必害乎陽"《周易本義》).

364 "夫婦之道, 不可以不久也. 故受之以恒"《周易》〈序卦〉).

365 樊靜, 《中國婚姻的歷史與現狀》, 中國國際廣播出版社, 1990, 25~28쪽.

366 "壹與之齊, 終身不改, 故夫死不可"《禮記》〈郊特牲〉).

367 유향, 《열녀전》 〈정순편〉, 〈절의편〉 참조.

368 徐復觀, 《兩漢思想史》, 學生書局, 1983, 42~45쪽.

369 이숙인, 《동아시아 고대의 여성사상》, 181쪽.

370 이 이야기는 유월俞樾의 〈우대선관필기右臺仙館筆記〉에 나온다. 진동원陳東原, 《중국부녀생활사中國婦女生活史》, 상무인서관商務印書館, 189쪽에서 재인용.

371 李穀, 〈節婦曹氏傳〉, 《稼亭集》 권1.

372 《세종실록》 15년(1433) 2월 24일.

373 송준길, 《동춘당집》 제16권, 〈諸子孫以先祖妣柳氏貞烈呈地主文〉.

374 성혼, 《牛溪集》 제6권, 〈銀娥傳〉.

375 성혼, 《牛溪集》 제6권, 〈銀娥傳〉.

376 성현, 《용재총화》.

377 "陰陽配偶, 天地之大義也. 天地未有生而無偶者. 終身不適, 是乖陰陽之氣, 而傷天地之和也." "女未嫁人而爲其夫死, 又有終身不改適者, 非禮也." "夫女子未有以身許人之道也, 未嫁而爲其夫死且不改適者, 是以身許人也 …… 女子在室, 唯其父母爲之許聘於人也, 而己無所與, 純乎女道而已矣"(歸有光, 〈貞女論〉).

378 李瀷, 《성호사설》 제16권, 〈人事門·强姦〉.

379 최한기, 〈生通〉 《신기통》 제3권.

380 이항복, 〈先夫人閨範〉 《白沙別集》 권4.

381 《艮齋先生文集》 卷七(《한국문집총간》 51), "蓋夫婦陰陽之合而天地之象也. 天地卽一夫婦也. 夫婦亦一天地也."

382 《艮齋先生文集》 卷七(《한국문집총간》 51), "一夫一婦, 各同居一方, 不相變易. 定其配偶, 而更不干犯于他方."

383 《艮齋先生文集》 卷七(《한국문집총간》 51), "大抵有別之別, 有二義. 合天地生成之數, 而一夫一婦, 各共居一室, 更不亂於他人, 此一義也. 雖夫婦同居一室, 男外女內, 內外不相褻, 亦一義也."

384 《艮齋先生文集》 卷七(《한국문집총간》 51), "各有配偶不相亂, 是大別也. 就一人夫婦, 夫外婦內, 是小別也."

385 《艮齋先生文集》卷七(《한국문집총간》51), "或問別字有二義則然矣. 但近世諸儒, 皆從夫外婦內之說, 而子獨別生他義, 何歟. 日, 此說不但小學本文及禮記中出也. 近取諸人而有貞節之婦, 遠取諸物而有關雎之美, 質之經史, 亦皆有據."

386 성근묵, 〈男女之別〉,《과재집》권5, 한국문집총간 300.

387 성근묵, 〈男女之別〉,《과재집》권5, 한국문집총간 300.

388 박순철·김영, 〈中韓 양국의 정절 관념과 그 양상 고찰―明淸과 朝鮮을 중심으로〉,《한국사상과 문화》제46집, 2009.

389 成俔,《용재총화》권5.

390 張籍,〈節婦吟〉, "君知妾有夫, 贈妾雙明珠. 感君纏綿意, 繫在紅羅襦. 妾家高樓連苑起, 良人執戟光明裏. 知君用心如日月, 事夫誓擬同生死. 還君明珠雙淚垂, 恨不相逢未嫁時."

391 《용재집》제9권.

392 《성종실록》 8년(1477) 8월 27일.

393 《정종실록》, 1년(1399) 1월 9일: 윤문수노尹文殊奴는 그 아버지 윤승례尹承禮가 죽은 후 1년이 지난 시점에서 이문화의 딸과 혼인했는데, 이것이 논죄의 대상이 되었다.

394 《정종실록》 1년(1399) 5월 1일: 사헌잡단 안순安純이 파직된 것은 정처正妻를 소박하고 비첩婢妾을 사랑했기 때문이다.

395 《세종실록》 9년(1427) 8월 17일.

396 《세종실록》 9년(1427) 8월 20일.

397 정효문은 개국 공신인 정총의 아들이자 우의정을 지낸 정탁의 조카다. 세종은 정효문이 공신의 아들이기 때문에 논죄하지 말 것을 명한다. 공신의 아들 정효문은 세종 16년에는 '본처를 소박하고 기생첩을 사랑한 죄'로 탄핵을 받았으나 곧 풀려났고, 판의주목사, 중추원 부사 등의 요직에 계속 제수되었다.

398 《세종실록》 9년(1427) 8월 20일.

399 《세종실록》 9년(1427) 8월 29일.

400 《세종실록》 9년(1427) 9월 1일.

401 《세종실록》 9년(1427) 9월 16일.

402 아들 황치신의 간통 사건이 일어났을 당시 좌의정 황희는 모친상을 당하여 조정의 논의에 참여하지 않았다.

403 《세종실록》 10년(1428) 윤4월 3일.

404 《세종실록》 15년(1433) 12월 4일.

405 《세종실록》 15년(1433) 12월 9일.

406 《세종실록》 11년(1429) 8월 5일.

407 《성종실록》 7년(1476) 9월 5일.

408 《성종실록》 11년(1480) 6월 13일.

409 《성종실록》 11년(1480) 6월 15일.

410 《성종실록》 11년(1480) 7월 9일.

411 《성종실록》 11년(1480) 8월 4일.

412 《성종실록》 11년(1480) 8월 5일.

413 《성종실록》 11년(1480) 8월 8일.

414 《성종실록》 11년(1480) 9월 2일.

415 《성종실록》 11년(1480) 9월 2일.

416 《성종실록》 11년(1480) 10월 12일.

417 《성종실록》 11년(1480) 10월 12일.

418 《성종실록》 11년(1480) 10월 18일.

419 《성종실록》 13년(1482) 8월 8일.

420 《성종실록》 23년(1492) 7월 26일.

421 《성종실록》 14년(1483) 10월 10일.

422 《성종실록》 14(1483) 10월 11일.

423 "扶餘懷古詩"(권응인, 《松溪漫錄》上).

424 《연산군 일기》 6년(1500) 6월 18일.

425 《연산군 일기》 6년(1500) 6월 28일.

426 《중종실록》 7년(1512) 10월 2일.

427 《중종실록》 7년(1512) 10월 18일.
428 《중종실록》 7년(1512) 7월 10일.
429 《정종실록》 1년(1399) 6월 15일.
430 《세조실록》 8년(1462) 4월 27일.
431 《세조실록》 8년(1462) 5월 2일.
432 《세조실록》 8년(1462) 5월 2일.
433 《세조실록》 8년(1462) 5월 12일.
434 《세조실록》 8년(1462) 5월 14일.
435 《세조실록》 13년(1467) 4월 5일.
436 《성종실록》 4년(1473) 11월 8일.
437 《연산군일기》 6년(1500) 2월 12일.
438 《명종실록》 3년(1548) 11월 18일.
439 기대승, 〈논사록〉下, 《고봉집》, 선조 2년(1569) 5월 21일자《한국문집총간》 권40; http://db.itkc.or.kr).
440 자강은 오건의 자字이고 자정은 정탁의 자다. 오건의 집에 보관되어 오던 이 편지를 오건의 아들 오장吳長이 문집편찬을 주관하던 정인홍鄭仁弘에게 넘겨줌으로써 세상에 알려지게 되었다(정만조, 〈宣祖初 晉州 淫婦獄과 그 波紋〉, 《한국학논총》, 국민대 한국학연구소, 2000, 73쪽).
441 조식, 〈與子强子精書〉, 《남명집》《한국문집총간》권31); 《남명집》, 경상대학교 남명학연구소 옮김, 한길사, 2001, 198~202쪽 참조).
442 정인홍, 〈仁弘誌〉《與子强子精書》, 《南冥集》; 《한국문집총간》 31집; http://db.itkc.or.kr)). 이것은 소문에 연루된 남명의 '진실'을 밝히기 위해 쓴 해명성 글로 정인홍이 주관한 초간본에 실렸다고 한다. 그런데 이 글은 남명의 품위와 관련된 것으로 여긴 탓인지 문도들이 주도한 이후의 남명집 편찬에서 사라지게 된다.
443 정인홍, 〈仁弘誌〉, 《南冥集》.
444 정인홍, 〈仁弘誌〉, 《南冥集》.
445 조식, 〈與子强子精書〉, 《南冥集》.

446 기대승, 〈논사록〉下, 《고봉집》; 《선조실록》 2년(1569) 5월 21일.

447 기대승, 〈논사록〉下, 《고봉집》; 《선조실록》 2년(1569) 5월 21일.

448 풍문법은 원래 당唐의 무제武帝 때 처음 채택되어 송宋에서는 언론言路를 확대하는 의미에서 활용하였다. 조선에서도 풍기風紀를 단속하고 강상綱常을 정립하는 데 적극 활용하였다(《선조실록》 2년(1569) 6월 4일).

449 《태조실록》 1년(1392) 10월 11일.

450 《정종실록》 2년(1400) 4월 1일.

451 《정종실록》 2년(1400) 5월 8일.

452 《태종실록》 5년(1405) 7월 26일.

453 《세종실록》 14년(1432) 8월 2일.

454 《중종실록》 32년(1537) 11월 7일.

455 《성종실록》 2년(1471) 5월 25일.

456 《성종실록》 3년(1472) 5월 28일.

457 《성종실록》 16년(1485) 3월 26일.

458 정인홍, 〈仁弘誌〉, 《南冥集》.

459 《예종실록》 1년(1469) 윤2월 11일.

460 정만조, 〈宣祖初 晉州 淫婦獄과 그 波紋〉, 77~78쪽.

461 유희춘, 조선충북부 소선사편수회 編, 《미암일기초》, 280~281쪽.

462 "河之孼妹, 乃李楨之妾也"(정인홍, 〈仁弘誌〉, 《南冥集》).

463 조식, 〈與子强子精書〉, 《남명집》.

464 정인홍, 〈仁弘誌〉, 《南冥集》.

465 진해수는 하종악의 종형제 사위인데, 양자라고 하면 이성입후異姓立後가 되지만 이때는 시양자侍養子의 의미일 것이다. 시양자도 양부모의 재산상속 대상이 되었기 때문에 진해수도 하종악가의 재산문제에 관심이 없다고는 할 수 없다(정만조, 〈宣祖初 晉州 淫婦獄과 그 波紋〉, 78~79쪽 참조). 그렇다면 진해수도 일정한 이해관계 속에서 이 사건을 보고자 했음을 알 수 있다.

466 유희춘, 《미암일기초》, 280~281쪽.

467 《선조실록》5권, 1571년 8월 15일.
468 조식, 〈貞夫人崔氏墓表〉, 《남명집》, 한길사, 2001. 296~299쪽; 정만조, 〈宣祖初 晉州 淫婦獄과 그 波紋〉).
469 조식, 〈軍資監判官李君墓碣〉, 《남명집》, 283~285쪽.
470 李滉, 〈答李剛而〉, 《退溪先生文集》22권.
471 정인홍, 〈仁弘誌〉, 《南冥集》.
472 기대승, 〈논사록〉下, 《고봉집》; 《선조실록》2년(1569) 5월 21일.
473 《石潭日記》上, 선조 5년(1572), 10월. 젊을 적에 조식曺植이 기대승을 보고 "이 사람이 뜻을 얻으면 반드시 시사時事를 그르치리라" 했고, 대승도 역시 조식을 유자儒者가 아니라 하여 두 사람이 서로 좋아하지 아니했다. 기대승이 조식의 허물을 말했기 때문에 조식의 제자들은 기대승을 미워했다.
474 이덕홍, 〈溪山記善錄下〉, 〈艮齋集〉6권.
475 朴惺, 〈晉州淫婦獄〉, 《大菴集》제2권.
476 이수건, 〈南冥 曺植과 南冥學派〉, 《民族文化論叢》제2·3집, 218~221쪽.
477 조식, 〈與吳子强書〉, 《남명집》, 211쪽.
478 이익, 〈人事門·淫訟〉, 《星湖僿說》권7.
479 이익, 〈退溪南冥〉, 《星湖僿說》권10.
480 사별 또는 이별로 배우자와의 관계가 해체되어 홀로된 여성을 지칭하는 과부寡婦라는 용어는 '덕이 적은 부인'이라는 뜻의 '과덕지부寡德之婦'에서 유래한 가부장적인 언어다. 또 '따라 죽지 못한 사람'이라는 뜻의 '미망인未亡人' 역시 객관화된 용어가 아니다. 과부라는 용어가 지닌 문제에도 불구하고, 조선시대의 그 여성들에 대한 논의는 당시 통용된 용어를 그대로 쓰는 것이 맥락적 이해에 도움이 될 것이다.
481 가가嫁는 '시집가다'는 뜻이고, 취娶는 '아내를 얻다'는 뜻이다(《백호통白虎通》가취편嫁娶篇). 혼인 회수와 관련된 용어로 재혼再婚이 남녀 공용의 언어라면 재가再嫁·개가改嫁·삼가三嫁는 여성을, 재취再娶·삼취三娶 등은 남성을 주체로 한 언어다. 사용자에 따라 재혼再婚·재가再嫁·개가改嫁가 혼용되고 있는 점을 감안해서 여기서

도 구분 없이 쓰고자 한다.

482 이것의 문제에 대한 송시열(1607~1689)의 질문은 시사하는 바가 크다. 그는 말한다. "충신은 두 임금을 섬기지 않고 열녀는 두 남편을 섬기지 않는 것이 동일한 의리인데, 우리나라에서는 무슨 까닭으로 두 임금 못 섬기게 하는 법은 세우지 않고 두 남편 못 섬기게 하는 법만 엄하게 했는가?"《宋子大全》卷39〈書〉答權思誠).

483 "왕이 명하기를 정승을 지낸 이와 의정부·육조·사헌부·사간원·한성부·돈녕부 2품 이상, 그리고 충훈부의 1품 이상을 불러, 관제官制의 개혁과 부녀 재혼의 금지 등을 의논하게 했다"(《성종실록》 8년(1477) 7월 17일).

484 "庶孼及再嫁者勿封. 改嫁者追奪"(《經國大典》〈吏典〉外命婦條).

485 정창손鄭昌孫(영의정)·한명회韓明澮(상당부원군)·침회沈澮(좌의정)·윤자운尹子雲(우의정)·윤사흔尹士昕(파천부원군)·김국광金國光(광산부원군)·김수온金守溫(영산부원군)·노사신盧思愼(영돈녕)·김개金漑(판중추)·윤흠尹欽(호조판서)·신승선愼承善(거창군)·정문형鄭文炯(지중추부사)·이예李芮(공조판서)·윤계겸尹繼謙(형조판서)·김한金瀚(첨지중추부사)·이륙李陸(공조참의)·구수영具壽永(지중추부사)·홍도상洪道常(공조참판)·이파李坡(이조참판)·최한정崔漢禎(참의)·성윤문成允文(한성부좌윤)·김뉴金紐(동지중추부사)·이극돈李克墩(예조참판)·침한沈瀚(한성부우윤)·김자정金自貞(예조참의)·김영유金永濡(사헌부대사헌)·이경동李瓊仝(집의)·경준慶俊(장령)·손비장孫比長(대사간)·박효원朴孝元(사간)·김괴金塊(헌납)·김맹성金孟性(정언)·한계희韓繼禧(서평군)·윤필상尹弼商(좌찬성)·홍응洪應(우찬성)·강희맹姜希孟(이조판서)·권감權瑊(화천군)·어유소魚有沼(병조판서)·이훈李塤(한성군)·정효상鄭孝常(계림군)·한계순韓繼純(청평군)·어세공魚世恭(한성부판윤)·임원준任元濬(좌참찬)·허종許琮(예조판서)·류자광柳子光(무령군)·류수柳洙(문성군)가 그들이다.

486 《성종실록》 8년(1477) 7월 17일.

487 《성종실록》 8년(1477) 7월 17일.

488 《성종실록》 8년(1477) 7월 17일.

489 《성종실록》 8년(1477) 7월 17일.

490 《성종실록》 8년(1477) 7월 17일.

491 《성종실록》 8년(1477) 7월 17일.

492 이심의 처 조씨가 과부로 살았는데 현감을 지낸 김주金澍와 중매를 거치지 않고 스스로 혼인했다. 그런데 누이의 혼인 사실을 조씨의 동생 조식趙軾 등이 김주의 강간 사건으로 고발하여 세상에 소문이 나게 했다. 이에 의금부 등에서는 누이를 고발한 이 사건을 괴이하다고 여겨 수사를 하게 되었다. 밝혀진 바 사건의 진상은 조식과 그 매부 송호宋瑚가 누이 조씨의 전민田民을 나누어 점거하려고 모의하여 김주를 강간으로 무고한 것이었다(《성종실록》 8년(1477) 7월 8일).

493 이 사건은 개과법 논쟁이 있었던 당일 중매 없이 스스로 재가한 이심의 처 조씨와 예를 갖추지 않고 장가든 김주를 장杖 80대로 논죄하여 이혼하게 하고, 이들을 강간으로 무고한 조식·송호 등은 장杖 100대에 도徒 3년, 고신告身을 회수하는 것으로 판결났다(《성종실록》 8년(1477) 7월 17일).

494 《성종실록》 8년(1477) 7월 17일.

495 《성종실록》 8년(1477) 7월 17일.

496 《성종실록》 8년(1477) 7월 17일.

497 흥미롭게도 이 개가 논쟁에 참여한 병조판서 어유소魚有沼(1434~1489)는 3년 후 1480년(성종 11)에 박어을우동과의 간통 사건으로 지탄을 받았다.

498 《성종실록》 8년(1477) 7월 17일.

499 《성종실록》 8년(1477) 7월 17일.

500 《성종실록》 8년(1477) 7월 17일.

501 《성종실록》 8년(1477) 7월 18일.

502 "失行婦女, 及再嫁女之所生, 勿叙東西班職"(《經國大典》〈刑典〉禁制條).

503 《성종실록》 10년(1479) 10월 26일.

504 《성종실록》 8년(1477) 7월 20일.

505 《성종실록》 12년(1481) 10월 25일.

506 《성종실록》 14년(1483) 9월 11일.

507 성종대왕묘지문(http://sillok.history.go.kr).

508 "지난달 27일 정전正殿에 낙뢰落雷가 있자 전하께서는 재앙을 만났다 두려워하여 허

물을 들어 자책하시고, 교서를 내려 직언直言을 구하사 산간山間·초야草野에 묻힌 선비들로 모두 폐단을 진술할 수 있게 하셨습니다"(《연산군일기》 3년(1497) 7월 11일).

509 《연산군일기》 3년(1497) 6월 27일.

510 "지금에 재이災異가 거듭 나타나서 정전正殿에 낙뢰落雷했습니다. 하늘이 변을 보인 것이 어찌 까닭 없이 했겠습니까?"(《연산군일기》 3년(1497) 7월 8일)

511 행로行露는 《시경》 〈소남召南〉의 행로行露 장을 말한 것으로, 여자가 정조를 지키는 것을 뜻한다.

512 《연산군일기》 3년(1497) 12월 12일.

513 "食色性也"(《孟子》〈告子〉上).

514 "飮食男女, 人之大欲存焉"(《禮記》〈禮運》).

515 윤필상尹弼商·노사신盧思愼·신승선愼承善·한치형韓致亨·어세겸魚世謙·성준成俊·이극돈李克墩·유지柳輊·이세좌李世佐·윤효손尹孝孫·노공필盧公弼·허침許琛·이육李陸·이숙감李淑瑊·이감李堪·정문형鄭文炯·박안성朴安性·김제신金悌臣·김경조金敬祖·안호安瑚·신준申浚·홍귀달洪貴達·조익정趙益貞·박숭질朴崇質·이극규李克圭·이계남李季男·정미수鄭眉壽·정석견鄭錫堅·이창신李昌臣이 그들이다.

516 《연산군일기》 3년(1497) 12월 12일.

517 《연산군일기》 3년(1497) 12월 12일.

518 《연산군일기》 3년(1497) 12월 12일.

519 《연산군일기》 3년(1497) 12월 12일.

520 《연산군일기》 3년(1497) 12월 12일.

521 《연산군일기》 3년(1497) 12월 12일.

522 《연산군일기》 3년(1497) 12월 12일.

523 《연산군일기》 3년(1497) 12월 12일.

524 이상백, 〈재혼금지혼속의 유래에 대한 연구〉, 《이상백저작집》 1, 1978, 178쪽.

525 《연산군일기》 3년(1497) 12월 12일.

526 《연산군일기》 3년(1497) 12월 12일.

527 《연산군일기》 3년(1497) 12월 12일.

528 《연산군일기》 3년(1497) 12월 12일.

529 《연산군일기》 3년(1497) 12월 12일.

530 왕응의 아내 이씨의 고사는 《소학》에도 소개되었고, 《여사서》에도 나온다. 앞에서 소개되었다.

531 《연산군일기》 3년(1497) 12월 12일.

532 춘추전국기에 진晉의 위무자魏武子가 아들 위과魏顆에게 자기 첩妾을 개가改嫁시키라고 유언遺言했다가 다시 자신을 따라 순사殉死케 하라고 유언했다. 그러나 위과는 인정상 그 서모庶母를 차마 순사시키지 못하고 개가하도록 했다. 그 후 위과가 진秦나라의 용사 두회杜回와 싸울 때 서모의 아버지의 혼령이 나타나 풀을 매어 놓아 두회가 그 풀에 걸려 넘어져 위과의 포로가 되게 함으로써 은혜를 갚았다는 고사다(《春秋左傳》 宣公15年).

533 "彼有不穫稚, 此有不斂穧. 彼有遺秉, 此有滯穗, 伊寡婦之利"《詩經》〈小雅〉大田).

534 "不敢侮鰥寡"《書經》〈周書〉康誥; 無逸); "老而無妻曰鰥, 老而無夫曰寡, 老而無子曰獨, 幼而無父曰孤. 此四者, 天下之窮民而無告者. 文王發政施仁, 必先斯四者"《孟子》《梁惠王》下).

535 《성종실록》 17년(1486) 4월 26일.

536 《성종실록》 17년(1486) 5월 15일.

537 《성종실록》 20년(1489) 1월 21일.

538 《성종실록》 20년(1489) 1월 21일.

539 《성종실록》 23년(1492) 8월 3일(그해 10월 21일에 문경국 조모의 재가가 입법 이전의 일임을 확인한 사헌부는 문윤명의 고신에 서경하기로 결정했다).

540 《세조실록》 9년(1463) 6월 23일.

541 《연산군일기》 6년(1500) 11월 1일.

542 송시열, 《宋子大全》 제13권, 〈擬疏〉.

543 이숙인, 〈조선 유학에서 감성의 문제〉, 《국학연구》 제14집, 2009, 395쪽.

544 과부 옥금이 폭행의 위협을 당하자 그 절개를 보전하고자 스스로 목을 맨 사건이 있었는데, 형조刑曹에서는 옥금이 비록 절개를 지켜 죽음에 이르렀지만 그녀가 재

가녀再嫁女이기 때문에 절개가 이미 휴손되었다고 하여 그녀를 포장하는 은전을 줄 수 없다고 했다(《성종실록》 25년(1494) 2월 13일).

545 삼척 사람 응옥應玉은 남편을 잡아먹는 호랑이를 맨손으로 때려잡고, 남편의 시신을 빼앗아 왔다. 예조에서 의열義烈로 정려하기를 청했는데, 그녀가 두 지아비를 거친 개가녀라는 사실을 밝힌 삼척부사의 상소로 응옥에 대한 정려가 취소되었다 《숙종실록》 37년(1711) 1월 10일).

546 許穆, 《記言》 제45권, 〈烈女傳〉.

547 《인조실록》 2년(1624) 11월 10일.

548 임윤지당, 《임윤지당유고》, 〈崔洪二女〉.

549 서거정, 《東文選》 제101권, 〈烈婦崔氏傳〉; 최씨는 조선 초 진주 호장 정만의 처로 《삼강행실도》에도 실렸고, 절부의 전형으로 늘 거론되는 사람이다.

550 《신증동국여지승람》 제30권, 〈경상도〉.

551 기대승, 《고봉집》〈고봉속지〉 제2권, 잡저 '天使許國魏時亮問目條對'; 중국의 사신이 요구한 문목問目은 조선 사람 중에서 특이한 행실, 효제와 절의가 있는 자 또는 공맹의 심학心學을 잘 아는 자를 그 거주지 및 사실을 낱낱이 기록하라는 것이었다. 이에 기대승은 조선의 효자·충신·열녀의 계보를 죽 나열했는데, 여기서 10명 남짓한 열녀가 소개되었다. 그중 맨 먼저 소개된 이가 바로 최씨다.

552 洪直弼, 〈趙烈女傳〉《梅山文集》 권51, 《한국문집총간》 296.

553 이익, 《성호사설》 제15권, 〈인사문〉, '東國美俗'.

554 이익, 《성호전집》 제47권, 〈烈婦權氏呈文〉.

555 이익, 《성호전집》 제47권, 〈烈婦權氏呈文〉.

556 안정복, 《순암집》 제25권, 〈淑人趙氏行狀〉.

557 안정복, 《순암집》 제25권, 〈淑人趙氏行狀〉.

558 안정복, 《순암집》 제17권, 〈烈女淑人趙氏呈文〉의 글이 그것이다.

559 《영조실록》 14년(1738) 12월 21일.

560 《영조실록》 15년(1739) 1월 11일.

561 《순암집》 제7권 〈與安可中書〉. 가중可中은 안경시安景時(1712~1794)의 자다. 그는

성리학 공부와 후진을 양성하는 일로 평생을 일관했다. 영천에 세거한 전형적인 향촌 선비로 순암과 10여 통의 왕복서신을 남겼다. 순암이 안경시로부터 건네받은 글은 안경시가 1777년의 며느리 하종下從 사건을 다룬〈고 여흥이씨의 實蹟〉이다.《역대문집총간》에 실려 있다.

562 안정복,《순암선생문집》제19권,〈題烈女驪興李氏行錄後〉.

563 안정복,《순암선생문집》제19권,〈題烈女驪興李氏行錄後〉. "孤鶯于飛, 袁鳴求匹. 求之不得, 從死不恤. 亦有烈婦, 感彼成誓. 判合義重, 意切同逝. 有美淑媛."

564 안정복,《순암집》제7권〈與安可中書〉.

565 《국역일성록》정조7년(1783) 1월 25일.

566 이덕무,《청장관전서》제4권,〈兩烈女傳〉.

567 이덕무,〈兩烈女傳〉.

568 이덕무,〈兩烈女傳〉.

569 권상하,《寒水齋文集》권21,〈蓮池契呈文〉.

570 최익현,《면암집》제22권,〈烈婦河氏旌閭記〉.

571 정약용,《다산시문집》제16권,〈節婦崔氏墓誌銘〉.

572 박지원,《燕巖集》제1권,〈金孺人事狀〉.

573 박지원,《연암집》제10권 별집,〈罨畫溪蒐逸〉.

574 박지원,《연암집》제1권,〈烈女咸陽朴氏傳〉.

575 정약용,〈烈婦論〉,《與猶堂全書》1集, 卷11,〈한국문집총간〉281.

576 정약용,〈烈婦論〉.

577 정약용,〈烈婦論〉.

578 崔漢綺,《仁政》제22권,〈用人門〉3.

579 "信, 事人也. 信, 婦德也. 壹與之齊, 終身不改, 故未死不嫁"《禮記》,〈郊特牲〉).

찾아보기

【ㄱ】
간부奸夫 13, 31, 35, 55, 59, 60, 63, 72, 73, 77, 89, 90, 250, 252~254, 256, 258, 259, 262~266, 354, 362, 363
간부奸婦 77, 89
강간强姦 34, 40, 62, 68, 76, 77, 84, 85, 87~89, 104, 119, 123, 130, 238, 239
강상綱常 36, 54, 63~65, 67, 77, 91, 113, 118, 136, 137, 155, 156, 176, 184, 252, 260, 262, 265, 282, 285, 312, 314, 316, 343, 354, 359, 363
강용진姜用珍 96
강희맹姜希孟 260

개가改嫁 8, 13, 26~28, 33, 34, 36, 39, 62, 79, 80, 82, 83, 86, 100, 101, 103, 108~110, 114~116, 130, 131, 149, 182, 183, 186, 187, 192, 193, 202, 203, 206, 208, 121, 218, 224, 228~230, 232~234, 261, 298~307, 309~313, 316, 318~325, 327, 333, 344, 347, 353~357, 361, 365~367
《경국대전》 12, 23, 27, 29, 31, 33, 35, 36, 39, 45, 46, 50, 51, 58~62, 64, 82, 159, 266, 299~301, 305, 311~315, 318, 320, 321, 346, 352, 353, 364

《경민편警民編》 38, 39

《경제문감》 23, 30

《(경제)속육전》 27~30, 46, 152

《경제육전經濟六典》 12, 23, 26, 27, 29, 30, 34, 46, 47, 50, 79, 153, 351, 352

경종景宗(1720~1724) 63, 130

《계녀서戒女書》 211, 213~215, 361

계유정난 210

고개지顧愷之 202

고관치죄告官治罪 40, 41

《고금여범》 223

《고금열녀전古今烈女傳》 177, 180, 200, 201, 202, 204, 221, 223

고려(918~1392) 23, 26, 28, 51, 78, 95, 100, 135, 177~179, 187, 188, 191, 197, 198, 202, 207, 230, 233, 302, 315, 328

《고열녀전古列女傳》 178, 180, 181, 186, 201, 202, 203, 218, 223

고종高宗(1863~1907) 129, 130, 131

공도公道 164, 167, 279, 282, 286

과부寡婦 40, 41, 46, 78, 79, 81, 83, 108, 109, 124, 152, 203, 211, 213, 231, 232, 269, 271~273, 280, 284, 285, 298~306, 310~320, 322, 324, 243, 246, 354, 363~365

곽준郭䞭(1550~1597) 118

곽충보 150, 267, 268

광해군光海君(1608~1623) 116, 118, 130, 174, 194, 214, 326, 358

교부대시絞不待時 261

교형絞刑 31, 35, 62, 64, 68, 257, 262, 264, 267

권근權近(1352~1409) 281

권상하權尙夏(1641~1721) 341, 342

권시權諰(1604~1472) 213, 214

권응인權應仁 264

권채權採(1399~1438) 176

귀유광歸有光(1506~1571) 238

《금사金史》 182, 189

금성산錦城山 58

기대승奇大升(고봉, 1527~1572) 272, 279, 280, 290, 292, 293, 295, 329

길재吉再(1353~1419) 106

김개金漑(1405~1484) 51, 52, 53, 300

김맹강金孟鋼 53, 321

김맹린金孟鏻 53, 321

김문기金文起(1399~1456) 58

김병학金炳學(1821~1879) 129

김상용金尙容(1561~1637) 146, 148

김수흥金壽興(1626~1690) 149

김유악金由岳 270, 271

김은애 90
김장생金長生(1548~1637) 294, 295
김정국金正國(1485~1541) 38, 267
김종서金宗瑞(1383~1453) 162
김주金湊(?~1404) 160, 165
김진규金鎭圭(1658~1716) 159
김한신金漢藎(1720~1758) 125
김효맹金效孟 168

【ㄴ】

난중잡록亂中雜錄 140
《내훈內訓》 202, 211, 212, 214, 216, 218, 221 361
노사신盧思愼(1427~1498) 258, 300, 314

【ㄷ】

단종端宗(1452~1455) 29, 59, 103, 106, 107, 110, 115, 193, 355
단지斷指 111, 112, 113, 115, 116, 134
당唐(618~907) 205, 219 221
《대명률大明律》 34, 35, 53, 68, 72, 261, 354
《대전후속록大典後續錄》 31, 35, 36, 61, 353

《대전통편》 32
《대전회통》 32, 36, 352
덕치德治 37
도미都彌 부인 5~7, 106, 187
《동국삼강행실도》 174, 359
《동국신속삼강행실도》 116, 120, 122, 174, 191, 359
《동국신속삼강행실찬집청의궤》 194
《동국여지승람》 194

【ㅁ】

맹자孟子(기원전 372~289) 293, 319
명明(1368~1644) 142, 178, 187, 188, 192, 200, 20, 204, 205, 238
《명감明鑑》 214
명종明宗(1545~1567) 60, 97, 111, 113, 114, 115, 264, 271, 356
문종文宗(1450~1452) 106, 115, 167
《미암일기초》 288

【ㅂ】

박계현朴啓賢(1524~1580) 276, 277, 284
박곤朴坤 163, 168
박대년朴大年(?~1456) 141

박성朴惺(1549~1606) 293
박어을우동(1430~1480) 13, 256~264, 267, 362, 363
박연朴堧(1378~1458) 25 154 357
박윤장 326, 327
박자안朴自安 96
박자형朴自荊 25, 154, 357
박지원朴趾源(연암, 1737~1805) 99, 331, 343~346, 350, 366
박팽년朴彭年(1417~1456) 141
반고班固(32~92) 244
반소班昭(48~117) 216, 219, 220
반첩여班婕妤 188, 359
백이숙제伯夷叔弟 210
백제百濟(기원전 18~660) 5, 178, 179, 187, 188, 197, 198
범간犯姦 22, 30, 34, 53, 59, 353
법치法治 36
병자호란 141, 144, 146, 148, 149
보모保母 188
복호復戶 12, 62, 63, 84, 85, 96, 97, 100, 103, 105, 106, 111, 112, 117, 120, 121, 123, 135, 136, 338, 354
부덕婦德 177, 188, 206, 240, 243, 261, 361
부도婦道 28, 32, 47, 160, 163, 181, 302

부모傅母 188
부부유별도夫婦有別圖 241
부부조단설夫婦造端說 28, 241
불경이부不更二夫 180, 298
불사이군不事二君 298

【ㅅ】

《사기》 339
사마소司馬所 37
사방지舍方知 268~271
《사소절》 224, 225
사절死節 109, 115, 118, 120, 130, 132, 133, 137
《(산정본)삼강행실도》 174, 185, 186, 188, 190, 197, 198
삼가三嫁 51~53, 300, 301, 303, 315, 321
삼강三綱 14, 135, 176, 318, 322, 323, 326, 342
《삼강행실도三綱行實圖》 13, 7, 87, 100, 101, 112, 123, 174~178, 181~185, 188, 189, 194, 200~202, 223, 231, 232, 358, 359
《삼국사기》 5, 177, 187
《삼국지위지三國志魏志》 209

삼종(지도)三從(之道) 27, 203, 310, 319
상사금지上寺禁止 46
서거정徐居正(1420~1488) 46, 262, 270
《서경書經》 153, 255, 319
서대순徐戴淳(1805~1871) 130
서복관徐復觀(1903~1982) 229
서얼庶孼 31, 33, 299
《석담일기》 293
《선원록》 262
선조宣祖(1567~1608) 40 116, 117, 130, 143, 194, 210, 214, 272, 292, 355
선진先秦 205, 228
설순偰循(?~1436) 190
성sexuality 7, 8, 44, 67, 367
성근묵成近默(1784~1852) 242, 243
성애性愛 11, 240, 242, 362,
성종成宗(1469~1494) 13, 31, 33, 35, 46, 50, 58, 64, 81, 82, 108, 115, 155, 174, 185, 192, 193, 210, 212, 214, 244, 256~259, 262~265, 267, 272, 282, 299, 307~309, 313~316, 318~322, 355, 358, 362~364
성중식成重識 167
성해응成海應(1760~1839) 90
성현成俔(1439~1504) 242, 244
성혼成渾(1535~1598) 233, 235, 236

세조世祖(1455~1468) 82, 103, 108, 115, 268~270,
세종世宗(1418~1450) 35, 46, 47, 50, 81, 96, 103, 104, 114, 115, 150, 152, 154, 160~163, 165, 174, 176, 177, 184, 185, 202, 237, 250~253, 256, 257, 264, 265, 281, 355, 357, 358, 362
《소학小學》 13, 125, 198, 200, 204, 205, 207, 208~211, 214, 222, 339, 360, 368
소혜왕후(1437~1504) 212, 214, 218, 361
《속대전續大典》 32, 77
《속삼강행실도續三綱行實圖》 174, 190~192, 194, 198, 358
손세옹孫世雍 322
송宋(960~1270) 182, 205
송덕봉宋德峰(1521~1578) 288
송시열宋時烈(1607~1689) 213~215, 322, 361
송약소宋若昭 216, 219
송익필宋翼弼(1534~1599) 233, 236
송준길宋浚吉(1606~1672) 232, 233
송헌동宋獻仝 309~312, 316, 317, 319, 365
수隋(581~618) 182, 205

수교受敎 27, 28, 29, 34, 51, 61, 62, 70, 73, 353
《수교집록受敎輯錄》 31, 61, 62
수신전守信田 78~83, 354
숙종肅宗(1674~1720) 61, 63, 121, 122, 130, 156, 357
순손順孫 35, 103
순조純祖(1800~1834) 129, 130 355
순종純宗(1907~1910) 96, 116, 130, 356
《시경詩經》 14, 128, 241, 244, 319, 346
신개申槩(1374~1446) 47
《신당서新唐書》 178, 182, 186, 223
신명화申命和 112
《신보수교집록新補受敎輯錄》 32, 61, 62
신사임당 112
《신속삼강행실도》 194
신숙주申叔舟(1417~1475) 270
신승선愼承善(1436~1502) 314
신용개申用漑(1463~1519) 322
신태영申泰英 157~159, 358
실행失行 12, 26, 30, 31, 34~36, 45~47, 50~55, 57~59, 63, 71, 83, 100, 104, 106, 149, 151~160, 163, 165, 168, 169, 185, 266, 267, 273, 279, 280, 285, 286, 289, 291, 301, 303, 307, 308, 311, 319, 353, 354, 357~359, 364,
《심리록》 66, 67, 77, 84, 91, 353

【ㅇ】
아황蛾黃 105, 181, 358, 359
안경시安景時 337
안정복安鼎福(1712~1791) 331, 334, 336~338
양성지梁誠之(1415~1482) 52
양안量案 37
양의兩儀 271
양희梁喜(1515~1580) 276, 277, 284
어유소魚有沼(1434~1489) 258, 259
《여계女誡》 212, 216, 218~220, 361
《여교女敎》 214
《여논어女論語》 216, 218, 219, 221, 361
여묘살이 100, 103, 106, 107
《여범女範》 202
《여범첩록女範捷錄》 216, 218, 222, 224, 361
《여사서女四書》 13, 87, 125, 216~221, 361
여영女英 105, 181, 358, 359
여흥 이씨 336~338
연산(군)(1495~1506) 55, 108, 110, 115,

265, 266, 271, 309, 313, 318~320, 323, 365

열녀烈女 7, 8, 10, 11, 13, 31, 32, 35, 62, 63, 83, 85, 87, 91, 96~98, 101, 109, 110, 114, 116~118, 121~124, 126~140, 142, 174~178, 180~182, 184, 190, 191, 194~198, 214, 219, 223, 224, 232, 313, 316~318, 325~334, 338~344, 346, 328~350, 353, 356, 364, 366

〈열녀烈女圖〉 7, 100, 101, 119, 176, 177, 181, 185, 186, 188, 190~192, 358, 359197~199,

《열녀전列女傳》 13, 86, 180, 181, 192, 200, 202, 204, 205, 208, 214, 216, 217, 228, 358, 360, 368

〈열녀함양박씨전〉 99

열부烈婦 9, 10, 87, 97, 111, 112, 121, 124, 139, 176, 178, 179, 189, 197, 224, 335, 337, 338, 345, 347, 348, 355

열절烈節 9

영녀令女 86, 179, 186, 209, 210, 222, 223, 310, 316

영락제 221

영조英祖(1724~1776) 32, 61, 63, 123~

127, 130, 139, 210, 214, 216, 217, 334, 340, 361

《예기禮記》 13, 158, 204~208, 237, 245, 318, 319, 360

예안향약禮安鄕約 40, 352

예전禮典 22, 30, 31, 33, 35, 47, 46

예조禮曹 51, 106, 112, 118, 122, 123, 143, 147, 256, 282, 307

예종睿宗(1450~1469) 59, 108, 115

오건吳健(덕계, 1521~1574) 274, 277, 278, 290, 291, 295

오대五代 178, 186, 222, 316

《오륜행실도》 174, 197, 198, 358

왕상王相(1662~1722) 216~218, 222~224

왕응王凝 125, 222, 223, 317

왕절부王節婦 216

《용재총화》 242

우임금 163

원元(1271~1368) 178, 179, 187, 201, 205, 223

위魏(220~265) 186, 205

유감동俞甘同 13, 250~256, 264, 362

유귀수俞龜壽 250, 253

유자징劉子澄 207

유향劉向(기원전 77~6) 180, 205, 228

유희춘柳希春(미암, 1513~1577) 287~289

윤순尹珣(?~1522) 156
윤필상尹弼商(1427~1504) 260, 305, 314, 318, 321
은아銀娥 233~236
음부淫婦 13, 162, 244, 250, 261, 264~266, 274, 277, 278, 287~289, 291, 292, 293, 296, 317, 318
음양론 240
음옥淫獄 67, 295
의부義夫 29, 95, 96, 103
이곡李穀(1298~1351) 230, 231
이귀산李貴山(?~1424) 53
이기李驥(수산수) 257, 261, 262
이난李灡(방산수) 257~259, 262
이덕무李德懋(1741~1793) 10, 90, 224, 338, 339, 340
이덕수李德壽(1673~1744) 216
이덕홍李德弘(1541~1596) 240, 242, 293
이동李소(태강수) 256, 257, 261, 262
《이륜행실도》 198, 199
이상좌李上佐 202
이순지李純之(1406~1465) 268~271
이시발李時發(1569~1626) 137
이시행李時行 326
이언적李彦迪(1491~1553) 322
이원익李元翼(1547~1634) 326, 327, 330

이유원李裕元(1814~1888) 10
이의지인二儀之人 368
이이李珥(율곡, 1536~1584) 37, 40, 41, 112, 293
이익李瀷(성호, 1681~1763) 238, 239, 295, 296, 330, 332~334
이인형李仁亨(1436~1497) 272, 288
이정李楨(구암, 1512~1571) 276~280, 284~287, 289~292, 294, 295
이정구李廷龜(1564~1635) 118, 120
이정암李廷馣(1541~1600) 133
이지李枝(1349~1427) 159
이창신 316, 317, 323
이필화李苾和 138
이항복李恒福(1556~1618) 240
이행李荇(1478~1534) 190, 193, 244
이황李滉(퇴계, 1571~1570) 40, 275, 276, 286, 290~295
이희안李希顔(1504~1559) 276, 283, 284, 289, 292
인선왕후仁宣王后(1618~1674) 143, 145, 147
인조仁祖(1623~1649) 116, 120, 130, 145, 145, 148, 326, 330
인효문황후仁孝文皇后 216, 221
일부종사一夫從事 233, 302, 318

찾아보기 —— 419

임성구지 271
임윤지당(1721~1793) 328
임진왜란 11, 116, 117, 131~134, 141, 142, 143, 194~196, 325, 366

【ㅈ】

자녀(안)恣女(案) 28, 29, 31, 33, 50, 52, 166, 167, 303
장례원掌禮院 138
장리贓吏 31, 33
장선징張善澂(1614~1678) 143, 145, 148
장유張維(1587~1638) 143, 145, 147, 149
장적張籍(766~830) 243, 244
장횡거張橫渠 307
장훤張楦 148, 149
재가再嫁 299~309, 311~316, 318~322, 348, 359, 364
재가녀자손금고법再嫁女子孫禁錮法 13, 39, 314
재이론災異論 309, 314, 320, 366
전한前漢(西漢)(기원전 206~기원후 8) 201, 205
절부節婦 8~10, 12, 29, 95~98, 100~106, 108, 110~124, 129~133, 135, 139, 140, 178, 181, 182, 204, 218, 219, 223, 230, 231, 243, 244, 313, 343, 350, 355, 356, 359, 360
절의節義 11, 12, 38, 53, 55, 57, 82, 83, 88, 96, 104, 106, 109, 111, 112, 120, 133~138, 147, 180, 203, 209~211, 228 274, 198, 299, 301, 307, 310, 312, 313, 315, 317~320, 322~324, 336, 343, 344, 349, 352, 365, 366
정곤鄭坤 96
정광운鄭廣運 334, 336
정구鄭逑(한강, 1543~1620) 225
정도전鄭道傳(1342~1398) 23, 37
정려旌閭 11, 84, 85, 87, 96, 97, 100, 103, 106, 121, 122~124, 126, 128, 129, 133, 138, 182, 233, 234, 326, 338, 340, 342, 354, 356
정렬貞烈 9, 10, 124, 128, 179, 184, 223, 224, 232, 335, 337, 338, 361
정묘호란 120, 130~132 141
정부貞婦 9, 10, 179, 182, 187
정시한丁時翰(1625~1707) 343
정약용丁若鏞(1762~1836) 331, 347~350
정업원 152
정유길鄭惟吉(1515~1588) 288
정이程頤(이천, 1033~1107) 38, 315, 316, 318

정인지鄭麟趾(1396~1478) 270, 271

정인홍鄭仁弘(1535~1623) 276, 277, 283~
285, 287, 288, 290, 292, 294

정조貞操 8, 87, 88, 128, 146, 184, 228,
231, 238, 243, 328, 332, 359

정조正祖(1776~1800) 32, 66, 67, 69~77,
85~90, 123, 126~130, 174, 198, 199,
338, 339, 358, 359

정종定宗(1357~1419) 101, 115, 151, 160,
249

정창손鄭昌孫(1402~1487) 260~264, 300

정초鄭招(?~1434) 231

정총鄭摠(1358~1397) 165

정치화鄭致和(1609~1677) 149

정탁鄭琢(1526~1605) 252, 254, 274, 277~
279, 290~292

정표旌表 95, 100, 102, 104, 106, 110~
114, 116~118, 122~125, 129, 131~
133, 135, 233, 329, 348, 356

조간刁姦 68

조두순趙斗淳(1796~1870) 129, 130

조복초趙復初 161

조서로趙瑞老(1382~1445) 53

《조선경국전朝鮮經國典》 11, 21~23, 27,
30, 78, 79

조성좌 341

조식曺植(남명, 1501~1572) 274~280, 283~
296

조심趙深 161, 162

조유례趙由禮 163, 165~167

조유신趙由信 162, 163, 165

조유지趙由智 162

조준趙浚(1346~1405) 159

조헌趙憲(1544~1592) 322

조화趙禾 159, 160, 162, 168, 268, 357

종사從死 13, 101, 115, 129, 131, 184,
192, 337, 343, 359

《주역》 227, 228, 244

《주자가례》 191

주자학 324

주희朱熹 207, 227

중[僧] 46, 152, 124, 239

《중용》 25, 28, 38, 240, 241

중종中宗(1488~1544) 31, 35, 40, 60, 63,
83, 111, 112, 115, 116 156, 174,
189~191, 200, 202, 210 214, 266
267 276 355

진동원陳東源 229

《진서晉書》 179, 182

진晉(265~419) 179, 183, 205

진秦 229

【ㅊ】

처녀　26, 30, 31, 34, 40, 58, 62, 104,
　　133, 152, 195, 225, 352,
철종哲宗(1831~1863)　130
청淸(1636~1912)　143, 147, 148, 216,
　　217, 219, 220
최명길崔鳴吉(1586~1647)　143, 144, 146,
　　147, 174
최보민崔保民　96
최숙정崔淑精(1433~1480)　35, 244, 245
최익현崔益鉉(1833~1907)　342
최한기崔漢綺(1803~1877)　239, 240, 249
추로지향鄒魯之鄕　140
충忠　14, 132, 175, 190, 198, 347
충신忠臣　11, 29, 35, 95, 111, 118, 128,
　　129, 135, 138, 174, 176, 185, 190~
　　192, 194~196, 218, 224, 342

【ㅌ】

태교　178, 188, 359
태조太祖(1392~1398)　95~97, 100, 101,
　　114, 115, 161, 206, 281, 356, 361
태종太宗(1367~1422)　27, 28, 20, 46, 79,
　　80, 100, 101, 110, 114, 115, 152,
　　159, 179, 187, 192, 200, 202, 210,
　　221, 257, 268, 281, 355

【ㅍ】

풍문공사風聞公事　280~282
풍소의馮昭儀　181, 182

【ㅎ】

하종下從　11, 126
하종악　272, 274, 277~280, 283, 284,
　　286~289, 292
《한서漢書》244
한이겸韓履謙　146
한漢　86, 124, 178, 179, 186, 205, 228,
　　229
한확韓確(1403~1456)　81
할고割股　112, 113
함안 이씨　272, 274, 275~280, 283,
　　286~292, 294, 295, 297, 365
해주향약　37, 40~43, 352
해진解縉(1369~1415)　177, 200
향랑전　123
향약　12, 36, 37, 40~42, 352
허목許穆(1595~1682)　326, 327, 330
허응許應(?~1411)　27

허조許稠(1369~1439) 237, 238
허침許琛(1444~1505) 185
헌전憲典 22 30
헌종憲宗(1827~1849) 130
현종顯宗(1641~1674) 121, 130
형률刑律 32, 34, 53, 55, 76, 253, 265, 266, 353
형전刑典 31~33, 35, 46
형조刑曹 61, 66, 71, 85, 89, 256, 338,
홍양생洪陽生 54
홍직필洪直弼(1776~1852) 329
화간和姦 12, 54, 68, 70, 84, 89 238, 239
화랑花郎 60
화순옹주和順翁主(1720~1758) 125~129
환향녀還鄕女 139, 144, 146~150, 356

황치신黃致身(1397~1484) 250, 252~254, 256
황희黃喜(1363~1452) 253
회사回寺 60
《효경》 192, 211
효자孝子 29, 32, 35, 63, 95, 103, 108, 110, 112, 118, 121, 128~130, 135, 136, 138, 139, 174, 176, 178, 185, 191, 192, 194, 196, 198, 342, 349, 350
효종孝宗(1649~1659) 121, 130, 143, 145, 147, 148, 214, 232
후한後漢(동한, 25~220) 179, 182, 186, 201, 216, 220
훼가출향 290

이 저서는 2009년 정부(교육부)의 재원으로 한국연구재단의 지원을 받아 수행된 연구임
(NRF-2009-812-A00052)

정절의 역사 조선 지식인의 성 담론

- ⊙ 2014년 6월 30일 초판 1쇄 발행
- ⊙ 2015년 7월 6일 초판 3쇄 발행
- ⊙ 글쓴이   이숙인
- ⊙ 펴낸이   박혜숙
- ⊙ 디자인   이보용
- ⊙ 영업·제작   변재원
- ⊙ 펴낸곳   도서출판 푸른역사
  우 110-040 서울시 종로구 통의동 82
  전화: 02) 720-8921(편집부) 02) 720-8920(영업부)
  팩스: 02) 720-9887
  전자우편: 2013history@naver.com
  등록: 1997년 2월 14일 제13-483호

ⓒ 푸른역사, 2015

ISBN 979-11-5612-016-2 93900

· 잘못 만들어진 책은 교환해드립니다.